U0444884

本书由国家社会科学基金重大项目"董仲舒传世文献考辨与历代注疏研究"（项目编号：19ZDA027）、衡水市人民政府"董仲舒研究"专项经费、中国博士后科学基金第72批面上资助项目（项目编号：2022M720825）资助出版。

春秋公羊研究书系 余治平 主编

发天意而正名号
——公羊学语境中的董仲舒名论

张靖杰 著

中国社会科学出版社

图书在版编目(CIP)数据

发天意而正名号：公羊学语境中的董仲舒名论／张靖杰著. —北京：中国社会科学出版社，2024.1

（春秋公羊研究书系）

ISBN 978-7-5227-3007-3

Ⅰ.①发… Ⅱ.①张… Ⅲ.①董仲舒（前179—前104）—哲学思想—研究 Ⅳ.①B234.55

中国国家版本馆CIP数据核字（2024）第034925号

出 版 人	赵剑英
责任编辑	郝玉明
责任校对	谢　静
责任印制	王　超

出　　版	中国社会科学出版社
社　　址	北京鼓楼西大街甲158号
邮　　编	100720
网　　址	http://www.csspw.cn
发 行 部	010-84083685
门 市 部	010-84029450
经　　销	新华书店及其他书店
印　　刷	北京君升印刷有限公司
装　　订	廊坊市广阳区广增装订厂
版　　次	2024年1月第1版
印　　次	2024年1月第1次印刷
开　　本	710×1000　1/16
印　　张	25.75
字　　数	348千字
定　　价	129.00元

凡购买中国社会科学出版社图书，如有质量问题请与本社营销中心联系调换
电话：010-84083683
版权所有　侵权必究

序

曹 峰

靖杰的书稿《发天意而正名号——公羊学语境中的董仲舒名论》即将出版，这本书是在他博士学位论文《"发天意"而"正名号"——董仲舒〈深察名号〉篇文献考辨与经学诠释》基础上修改完成的。2021年9月，靖杰在上海交通大学哲学系余治平教授的精心指导下完成了这部博士学位论文。之后进入复旦大学哲学学院，成为白彤东教授的博士后，继续从事董仲舒政治哲学研究。余治平教授在董仲舒及秦汉哲学方面有精深的造诣，白彤东教授则是诸子学、政治哲学尤其法家研究方面的权威。靖杰既得名师的指导，自身又非常用功，在名学研究上做出了持之以恒的努力，所以他的研究成果逐渐得到了学界的认可，近年以《汉代儒家"名"的政治思想及其价值研究》为题，获得了国家社科基金青年项目，现在已经入职上海大学哲学系，成为一名青年教师，将来成为中国哲学研究方面的后起之秀是可以展望的。我长期从事中国古代名学研究，尤其是"名"与政治思想关系的研究，曾以此为中心撰写了博士学位论文[1]，后来还在上海古籍出版社出版了《中国古代"名"的政治思想研究》一书。[2]

---

[1] 参见曹峰《中国古代における"名"の政治思想史研究》，日本东京大学，博士学位论文，2004年。
[2] 参见曹峰《中国古代"名"政治思想史研究》，上海古籍出版社2017年版。

◎ 发天意而正名号：公羊学语境中的董仲舒名论

可能是这个原因，余治平教授邀请我参加了靖杰的博士学位论文答辩。我对于他的研究主题和近年成果一直抱有浓厚的兴趣，也非常期待在他这个领域做出更大成就，所以当靖杰请我给他的书稿撰写序言时，便毫不犹豫地答应了。

名学研究，本来是个非常小众的领域。因为所谓名学，在二十世纪的学人看来，就是以公孙龙子、惠施、墨辩为代表的那些人关心的话题，他们虽然在诸子百家中占有一席之地，但是规模很小，讨论的事情也和经世致用没有太大的关系，后来就渐渐隐入历史尘烟，成为绝学。一直到了二十世纪才绝学复兴，因为名学之中有着类似西方逻辑学、知识论的东西。对于西学而言，逻辑学、知识论恰恰是他们的基础和命脉所在，所以清末民初走出国门的知识分子，认为既然要向西方学习，就要研究他们之所以强大的科学思维，学习科学思维背后最为根本的东西，那就是西方的思维方式和论说方式。于是严复、王国维等人纷纷热衷于翻译西方的名学（逻辑学）著作，胡适在美国挑选《先秦名学史》作为自己的博士学位论文。在向西方学习逻辑学、知识论的同时，中国人早已有之的类似的东西也被发掘出来，以证明中国人在这方面并非空白。于是，沉寂两千多年的名家名学一时间成为热门的话题，成为中国哲学史、思想史的重要组成部分。

我们不否认，以公孙龙子、惠施、墨辩为代表的名家名学中确实存在着类似西学的思维方式和表达方式，极为珍贵，值得认真对待、深入探究。然而，事实上，名学在中国古代极为复杂，各家各派都热衷于讨论"名"，因此有着非常广泛的话题。孔子、荀子、《公孙龙子》、《尹文子》讲"正名"，老子讲"无名"，黄老道家和法家讲"刑名"，儒家、黄老道家和法家讲"名分"，儒家讲名声、名誉，董仲舒讲"名号"，秦汉魏晋讲"名教"。最为流行的正名论、刑名（形名）论、名实论几乎都有两套话语体系，一套是以公孙龙子、惠施、墨辩为代表的、今天所谓知识论逻辑学意义上的名学，另外一套是流行于其他各家的、今天所谓政治学伦理学意义上的名学。同样，被司马谈在《论六家要旨》和班固在《汉书·艺文志》中塑造出来的"名家"，其实也由两批人组成，一批是二十世纪绝学复兴后大放光芒的名家，以公孙龙子、惠施、墨辩为代表，另外一批是以《尹文子》《邓析子》为代表将名学与政治相结合的名家，讲求形名参同、名实相副以及尊卑名分。此外从"名"的使用上来看，也可以分为两类，虽然都基于名称这个本义，但一部分走向"名"作为语言在使用时所产生的各种问题，这是孔子、荀子、公孙龙子、墨辩以及《吕氏春秋·正名》篇关注的问题，另一部分走向"名"作为一种身分（"身分"和现代通用的"身份"有所不同，含义更为宽泛，与一个人的政治、经济、道德定位有关）标志与法律制度对社会管理产生的影响，这是《管子》《韩非子》以及《吕氏春秋·审分》篇关注的问题。[①]

总之，先秦秦汉之际"名"的思想，其内容之复杂、对当时社会所产生影响之巨大，都是无法否认的思想史现实，然而，受制于西学理论、框架、方法的二十世纪中国哲学史、思想史写作，在材料的选择和使用上，显然存在很大的问题。在名学研究上，最大的特点就是不顾思想史的实际情况，过分地强调以公孙龙子、惠施、墨辩为代表的名家名学，而有意忽视其他的材料，有意忽视其他材料所具有的政治学内涵，或者有意将其他相关材料也朝知识论、逻辑学的方向去解释。所以，如果说二十世纪的名学研究存在着严重偏差，恐怕并非夸大不实之词。

目前的名学研究显然出现了巨大的转变，论域被大大拓宽，从仅具知识论、逻辑学价值的狭义名学转为包括政治学、伦理学价值

[①] 李巍也有一种二分法，他把作为名称的"名"归结为"指称性的名"，把尊卑名位及附属于其上的名声名号归结为"指导性的名"，参见李巍《春秋大义与黄老思潮——〈春秋〉"以道名分"说探析》，《社会科学战线》2019年第4期。

的广义名学。这种转变，这一方面和世纪之交对于二十世纪中国哲学研究方法论的强烈反思有关，也就是说，研究方法、概念使用、材料选择、问题意识自身是否存在问题，这个过去不存在问题的地方，其实存在很大的问题，这就使得中国哲学催生出不少新的命题和新的领域。另一方面也和近几十年不断涌现的新出土文献的刺激有关。过去，我们从事研究时，眼光和观念受制于传世文献，只能看到那些被历史反复淘汰、被后人层层诠释之后留下的东西，这些材料果然就能反映古人全面而真实的面貌吗？这是值得怀疑的。现在马王堆帛书、睡虎地秦简、郭店楚简、上博楚简、清华简、北大简、安大简等新材料一次又一次地冲击着我们的视野，让我们得以直接和两千年前的古人握手。我之所以会从事中国古代"名"的政治思想研究，就是因为二十世纪九十年代阅读马王堆帛书《黄帝四经》的时候，发现里面出现频率最高的概念，不是"道"不是"法"，而是"名"，那么如何解释这一现象呢？我试图从当时的名学研究论著中寻求答案，结果却是失望的，因为，《黄帝四经》里面关于"名"的论述，显然和以公孙龙子、惠施、墨辩为代表的名家名学没有直接关联，虽然大量使用"刑名"，却和《韩非子》笔下作为君主驭臣之术的"形名参同"之术也无法直接对应。《黄帝四经》里面的"名"，从宇宙生成的角度看，是道生万物之后的必然产物，是万物差异性、规定性之表征；从认识世界的角度看，是高明的统治者用来"见知"天下大势、决定行动方案的认知工具；从管理世界的角度看，"名"（包括"刑名""名刑"）就是一种规范和标准，其性质和"法"最为接近。毫无疑问，《黄帝四经》里面的"名"思想是一种典型的政治学说，既然过去的名学研究无法为我提供有效的参考，那就只能另辟蹊径，从政治思想的角度对其作出全新的考察。以《黄帝四经》"名"思想研究为契机，我后来进而扩展到考察古代关于人名物名使用的禁忌，"名"与"法"的密切关系，道家"无名"和"有名"之间的张力，孔子"正名"

学说的真实内涵，荀子政治学说中"正名"的重要地位，《管子》四篇与《韩非子》四篇对于"名"的认识和使用，《吕氏春秋》对流行于战国末年"名"思想的概括，《尹文子》对于战国时期"名"思想的集大成，等等一系列问题。结果发现"名"的政治思想是个尚未开掘的富矿，里面可以探索的新材料、新问题实在是太多了。这种由新材料激发的名学研究新视角、新观念，不仅可以扭转以往名学研究的偏差，拓宽名学研究的范围，也必将对思想史哲学史写作框架的转变、研究视野的调整产生重要的影响。

这一影响波及的范围不仅止于哲学史、思想史，也波及法学史。过去的法学史，毫无疑问会对"法"的问题作出大量的分析和讨论，但是与"法"的观念及其表达最为接近的"名"，却长期得不到重视，实在是一件遗憾的事情。也曾有学者敏感到这一点，例如日本学者津田左右吉提出名家和法家其实无别，"对照法家和名家，这两家几乎可以看作是一家，将名家和法家作名称上的区别，实在是件奇怪的事，司马谈对名家的解释恐有失当之处吧。"[1] 说司马谈之名家定义失当，这是因为二十世纪的人只知道以公孙龙、惠施、墨辩为代表的、与西方逻辑学比较接近的"知识型名家"，而司马谈对"知识型名家"虽有所论及，但却是持批判和否定态度的。在司马谈的心目中，值得肯定的是另外一种名家，即其理论有益于"治"，可以为君主专制主义提供服务的"政论型名家"，这种名家在作用和功能上确实和法家有重合之处。[2]

可喜的是，中国法史学界已经意识到了这个问题。最近湖南大学蒋海松先生出版了一部名为《"法"与"名"》的书籍[3]，标志

---

[1] ［日］津田左右吉：《道家の思想と其の展开（道家的思想及其展开）》，东京：岩波书店1939年版，第255页。中文为笔者所译。

[2] "知识型名家""政论型名家"两种名家是笔者所分，参见曹峰《中国古代"名"的政治思想研究》"序言"及上编第三章"两种名家"。

[3] 参见蒋海松《"法"与"名"》，知识产权出版社2023年版。

着法律史学界开始认真地、全面地审视这个问题。在给此书所撰写的序中，中国法史学界的权威俞荣根教授遗憾地指出："一个靠学研中国古代法思想史吃饭的人，一生竟未能有正面研析'名'在中国古代法中地位与作用的专论。"他认识到"名思想是传统法典的枢纽与灵魂，也是中国古代法哲学能立于世界法哲学之林的根基，这一研究有助于深入探寻礼法中国的基因与底蕴所在。"因而对我曾经做过的一些开拓性的工作给予了很高的评价。同时指出蒋海松先生此书是"法学界首次对名这一传统法哲学核心范畴进行较为系统的著作，颇有创发之功"。因此，我相信，有法学史界的加入，名思想的研究将会更加专精和深入，同时可以预见，将来必然会对中国古代政治思想史格局的改变产生影响。

华东师范大学的荀东锋教授也一直在关注中国古代名思想，已经出版了两部专著《孔子正名思想研究》[①]、《名教与名学——儒家价值理想的实践机制研究》[②]。如果说，先秦时期，"名"还是各家各派的共同话题，那么到了汉代以后，"名"几乎成为儒家学说的专利。因此，从先秦直到中华民国以前，从孔子、孟子、荀子直到历代儒家学者是如何讨论名思想的，这绝对是一个非常庞大的研究对象。这些年荀东锋教授在这个领域做了大量的开拓性工作，他认为古代儒者主要从三个方向论"名"：一是从名言文字的层面，二是从人伦名分的层面，三是从名誉名声的层面，他希望构建这三者间的内在结构，使儒家名学变得更明确和系统。他提出，由孔子实质创立的儒家名学在先秦以后发展为以名教为形式的实践形态，其基本任务是设法使人产生践行儒家价值理想的道德动力。他还进一步提出，"名"在中国古代思想中的重要性被大大低估了，"名"实际上是中国哲学最重要的观念，许多重要的命题都是通过"名"

[①] 参见荀东锋《孔子正名思想研究》，上海人民出版社2016年版。
[②] 参见荀东锋《名教与名学——儒家价值理想的实践机制研究》，商务印书馆2023年版。

展开的，因此"名"是中国哲学的"底本"，因此苟东锋致力于创建"新名学"，从而使名学在新的时代焕发出更大的活力。可以说，苟东锋教授把名学研究从哲学史、思想史的研究带入哲学的创构之中，从而为这门研究注入了活水。

总之，二十一世纪之后，名学研究范围被大大拓宽了，"名"不再仅是知识论研究的静止的、冷冰冰的对象，我们越来越认识到，"名"在中国古代是一种火热的、活生生的东西，"名"作为一种可以改造世界、塑造人生的强大力量，还有很多值得考察和探讨的地方。现在已经有越来越多的学者尤其是青年学者开始关注这个领域，研究成果正在不断地增长。靖杰的研究，正是在这样一种学术史背景下形成的，其意义和价值在于对名学领地的新拓展和对名学内涵的新诠释。

我在拙著《中国古代"名"的政治思想研究》的"结语"中曾经写过这样一段话："至于《春秋繁露》和《白虎通》之名号论为什么会被创立，其内容属于什么性质，刘劭的《人物志》为何会纳入名家之中，这些问题本书尚未检讨，留待今后的考察。"这些内容本应是中国古代"名"的政治思想研究的重要组成部分，之所以未加考察，一方面是因为我将重心放在了先秦，即罢黜百家、独尊儒术之前诸子百家的名学上。另一方面，汉以后的名学显然发生了重大的转变，与经学及儒家政治形态、社会意识关系更为密切，而我在这方面的专业训练相对薄弱，因此就搁置了下来。所以当我听到靖杰以公羊学视野下《春秋繁露》的"名号论"为主题撰写博士学位论文的时候，我是非常高兴的。因为这是一项前人没有做过的工作，又是名学史研究的重要一环，如果能够做好，对中国哲学史、思想史研究具有填补空白的意义。在那篇博士学位论文中，靖杰很好地总结了汉以前与"名"相关各种思想史现象，对《深察名号》篇文献的性质和特征作了详尽的考辩，对董仲舒名号论的经学基础，对董仲舒思想体系中"名"与"天"、心性、教化的特殊关系，《春秋繁露》所见"正名"用例以及"董子辞"这一特殊的春秋笔法作了全面、系统的讨论，我当时就觉得受益匪浅，认为对名学研究有实质性的推动，现在靖杰在精心修改、大量充实的基础上，出版这部专著，使得学界能够全面了解名学在秦汉以后出现的实质性转变，了解儒学思想史中名学的地位和影响，毫无疑问具有重要的学术意义。

《春秋繁露》里面为什么会有《深察名号》篇？这篇独特文章的重要性，过去几乎没有全面认真地探讨过。董仲舒名学在中国名学史上，显然起到承前启后的关键性作用。过去以知识论、逻辑学为主线的名学研究几乎完全不关注此文，而研究董仲舒的学者如果没有名学史的意识，也很难理解董仲舒为何要创作此篇，我想靖杰此书的价值就在于致力说清这一问题。如靖杰所言，可以用"正名以名义"来概括《深察名号》篇的名学主张，就是说董仲舒的"名"不仅指称对象，也包含着"名"对对象之行为与道义的要求，那就是德性。所以"王号"与"君号"各有"五科"，即五种德性，如果缺乏这五种德性，则"不全于王""不全于君"。相应地，"诸侯"、"大夫"与"士"之名，亦内在包含了各自的德性与职分规定。靖杰又将董仲舒的《春秋》诠释与《深察名号》篇中"王号""君号"，乃至"诸侯""大夫""士"之名加以互证，以进一步说明《深察名号》篇为董子真篇，名号学说为贯通董子思想与经学两大畛域的枢要。

董仲舒的名学确实很有特色，首先这是将名号理论和身分制度结合起来的典范，我们发现孔子的"正名"主要是在探讨语言以及名称使用的重要性，就是说孔子意识到语言以及名称使用的不严谨，会导致政治的混乱，这就是《论语·子路》篇"必也正名乎"的要义所在，其最终归节点在"故君子名之必可言也，言之必可行也。君子于其言，无所苟而已矣"。即君子需要严格管理自己的言行，从而使言行保持一致。这一点荀子作了忠实的继承，荀子的

序

《正名》篇要求君子对自己的"心"能够严加管理,"以仁心说,以学心听,以公心辨"。从而避免"邪说辟言之离正道而擅作",避免"用名以乱名""用实以乱名""用名以乱实"之"三惑"。而《吕氏春秋·正名》篇也对孔孟一系的正名理论作了积极回应,"名正则治,名丧则乱。使名丧者,淫说也。说淫则可不可而然不然,是不是而非不非。故君子之说也,足以言贤者之实、不肖者之充而已矣,足以喻治之所悖、乱之所由起而已矣,足以知物之情、人之所获以生而已矣"。这同样是对政治场合中语言表达之恰当准确与否的清醒认识。然而,我们可以明显地发现,这条线索的正名理论和身分制度并没有直接的关联,《论语·子路》篇的"必也正名"和"君君、臣臣、父父、子子"并没有挂上钩,将两者视为天然相关是汉以后的事情。《荀子·正名》也没有和身分制度联系起来,荀子关于"分"有大量的讨论,但唯独在《正名》篇没有涉及。我们在《管子》、《韩非子》、《慎子》、《尹文子》、马王堆帛书《黄帝四经》等黄老道家、法家的著作中,却可以发现大量的把身分和名分关联起来的论述。值得注意的是,《吕氏春秋》既从语言与名称使用的角度讨论了"名"的政治作用,那就是《正名》篇,又从身分、职分、名分的角度阐述了"名"的政治作用,那就是《审分》篇,此篇说"正名审分,是治之辔已。故按其实而审其名,以求其情;听其言而察其类,无使放悖。夫名多不当其实、而事多不当其用者,故人主不可以不审名分也。不审名分,是恶壅而愈塞也"。《吕氏春秋》同时展现这两条"名"思想线索,而且将其设置为前后相邻的两篇,显然认为这都是"名"思想的体现。可是《吕氏春秋》又把《正名》置于《先识览》的最后一篇,把《审分》篇置于《审分览》的第一篇,显然又有刻意区分的意思在里面。那么,这两者是在何时何地由谁开始合流的呢?这还需要作大量深入的研究,但不管怎么说,董仲舒的"深察名号"论显然起到了关键的作用。

◎ 发天意而正名号：公羊学语境中的董仲舒名论

《深察名号》篇中，董仲舒引用了《论语·子路》篇"君子于其言，无所苟而已"。可见他对语言使用与政治影响的关系有深刻的认识。同时，他又界定了从"天子"到"民"的五种"号"，即"故号为天子者，宜视天如父，事天以孝道也。号为诸侯者，宜谨视所候奉之天子也。号为大夫者，宜厚其忠信，敦其礼义，使善大于匹夫之义，足以化也。士者，事也；民者，瞑也。士不及化，可使守事从上而已"。可以看出，这不同于"君君、臣臣、父父、子子"，即不是一个广义的社会伦理体系上的名号系统，而是大一统政治体制下的明确的身分规定与德性要求。所以可以说董仲舒以他独特的方式，把《吕氏春秋》中《正名》与《审分》两套体系融合在了一起。① 这里面既有先秦儒家名学的影子，也有先秦黄老道家、法家名学的影子。

如魏际昌所言，先秦各家的名学最终都可以归结为训诂学。② 在《深察名号》篇中，我们也可以看到训诂学的痕迹，例如他详细地列举了"王"的含义，"深察王号之大意，其中有五科：皇科、方科、匡科、黄科、往科。合此五科，以一言谓之王。……是故王意不普大而皇，则道不能正直而方；道不能正直而方，则德不能匡运周遍；德不能匡运周遍，则美不能黄；美不能黄，则四方不能往；四方不能往，则不全于王。"此外，"士者，事也；民者，瞑也"也是类似的表达。可见在董仲舒这里，"名"并不是随人的主观意志可以随意发挥、制定的对象。必须首先通过严格的语言审定，可以说这是对先秦名学基本特征的尊重。当然这种名称审定也有着深刻的政治意义。春秋公羊学看上去是一种儒家政治思想，但其实质是经学，经学的基底归根结底是语词训诂，董仲舒之所以有

---

① 《春秋繁露》中"考功名"一篇，可以说继承的就是身分制度意义上的名学。即君主专制体制下的政府管理系统和考核制度。

② 参见曹峰《通过训诂谈"名学"：魏际昌的"名学"研究》，《诸子学刊》第26辑，2023年5月。

其独特的"辞法"与"辞论",归根结底又是对先秦名学的尊重和继承,所以如果我们说是先秦名学塑造了董仲舒的思想特征,恐怕也不算夸大。

在古人心目中,名不仅仅是一个指事符号,而是对事物性质的把握。掌握了名,就掌握了事实判断和价值判断,从而可以预判对象最终的结局。因此中国古代曾经有过极为发达的人名物名禁忌。① 这正是董仲舒要在这篇文章中大讲特讲"性"的原因吧,"性"与"名"的关系,可以说是先秦名学的要害,公孙龙子、惠施、墨辩等典型的"知识型名家",虽然未必使用"性"字,但他们讨论的问题无不在于"名"能否准确地把握物性。《荀子》也论及"名"与"性"的关系,但并不详尽。而董仲舒则对此问题有了更为丰富的讨论,董仲舒所述"名"与"性"可能直接上承中国古代对于名可以把握事物性质的信仰。所以《深察名号》首先提道:"名生于真,非其真,弗以为名。名者,圣人之所以真物也。"然后就开始大段描述"性"的问题,应该说这不是偶然的。《深察名号》同时提到,《春秋》在"辨物之理,以正其名"上恰恰是最为较真的。这样《春秋》在名学上就具有了权威地位。

那么"名"来自何处呢?董仲舒也说得很清楚,来自天。"名"的来历,在《深察名号》论之外的传世文献里面很少谈及,仅仅在《老子》首章里面提到"无名""有名"同出于"道",《鹖冠子·环流》的宇宙生成论里面,提到"名"来自"一"和"气"。现在我们通过出土文献发现,古人对这个问题有着很深的兴趣,上博简《恒先》和《鹖冠子·环流》一样,在一个以"恒先"以及"或"与"气"为起点的生成过程中,把"名"嵌入了生成环节之中。马王堆帛书《黄帝四经·称》也说"有物将来,其形

---

① 参见曹峰《中国古代"名"政治思想史研究》上编第一章"关于'名'的政治禁忌"。

◎ 发天意而正名号：公羊学语境中的董仲舒名论

先之。建以其形，名以其名"。可见道家从形而上的角度，对于"名"的由来以及"名"的作用有认真的思考。关于"名"和"天"的关系，仅在郭店楚简《语丛一》中可以看到"有天有命有物有名"的说法，《语丛一》的性质较难断定，学界大多认为这是一部带有儒家倾向的语录，如果是儒家的文献，那么看来儒家也对"名"的来源有过探索。不管怎样，董仲舒一方面继承了这些说法，另一方面也借此将"名"纳入了他以天为最高本体的思想体系之中。

近年公布的清华简《五纪》对我们理解董仲舒的名号论也有很大帮助，清华简《五纪》描述的是以"后"为代表的古代圣王在使天下由大乱到大治时，所做的种种重建世界格局和秩序的工作，这个世界格局非常庞大，天地人鬼均在其间，"后"所做的一项重要工作就是为他们设置名号。人所面对的宇宙存在着一个巨大的鬼神体系，天地日月星辰无不代表神灵，神灵的名号各自不同，德性各自不同，祭祀的时间也各自不同。"凡群神之号：天其号曰苍皇，高畏，上甲有子。地其号曰降鲁，天合有土，上甲有戌。四荒同号曰天荒，有光司晦，上甲有申。四宂同号曰天宂，行犹有伦，上甲有午。四柱同号曰天柱，建安有常，上甲有辰。四维同号曰天维，行望四方，上甲有寅。东司同号曰秉礼，司章，元辰曰某。南司同号曰秉信，司时，元辰曰某。西司同号曰秉义，司正，元辰曰某。北司同号曰秉爱，司度，元辰曰某。四维同号曰行星，有终，曰某。南门其号曰天门、天启，建正，秉信位顺及左右征徒，曰某。北斗其号曰北宗、天规，建常，秉爱，匡天下，正四位，曰某。"可想而知，在世界格局的重建中，名号系统的由谁设立、由谁掌握是一件极为重要的事情，这也应该是古代名称禁忌的重要组成部分，而董仲舒所要深察的名号，毋庸置疑也是这一类关乎国体的根本大事。董仲舒很有可能了解《五纪》这一类阐述天道的文献，同时受其影响，在其天道体系中，也必然会加入名号的内容。按照这一思路，再去翻检传世文献一些我们所忽视的地方，或许可以读出新的深意，如《国语·鲁语》说"黄帝能成命百物，以明民共财"，《大戴礼记·五帝德》所谓"使禹敷土，言名山川，以和于民"，可以说讲的都是名号系统的建立。

通过上述分析可以看出，董仲舒几乎可以视为先秦名学的集大成者，先秦名学均汇聚于此，又被他提炼出一套完整的思想体系。这里面有作为语言的"名"，其使用方法是训诂的手段，在保证价值取向的前提下，董仲舒将其和《春秋》经学特殊的"辞论""书法"关联起来。这里面有用来审查物理和人事的"名"，掌握了这种"名"就可以把握事物的性质，也就是"真"。而"名"之所以有此功能，正因为"名"直接来自"天"，获得了最高的合法性保证。这里面还有代表政治身分、责任以及道德义务、名誉的"名号"，这是一套政治与价值紧密相关的符号系统，一旦建立，就可以使名号的承担者发挥自约束与自我管理的功能，而这正是大一统后汉王朝所急需的东西，这套价值符号体系集名称、身分、德性、名誉于一体，并以《春秋》公羊学关于名辞规范的说明作为旁证，对后世儒家中国产生了极大的影响，汉以后以名教治国，正是这套价值符号体系发挥作用的体现。

靖杰通过考察《深察名号》文本，通过探讨董仲舒名号系统的思想渊源，通过分析董仲舒名学和心性与教化的关系，通过阐明董仲舒"正名以名义"的过程，同时结合《春秋》公羊学特殊的语言使用方法，对董仲舒的名学思想作了全面而完整的研究，有史以来第一次搭建了董仲舒名学体统的完整构架，其学术价值值得高度肯定。就像靖杰在书中说的那样，《深察名号》篇围绕名号及心性议题的讨论皆是为了推行儒家的王道教化张本。就名号学说本身而言，"名"是沟通天人之际的枢要，是将天道规律转换为人道秩序的工具，也是将"心"与"性"接榫到儒家教化议题的关键。"名"既是沟通董学中经学与哲理两个面向的枢要，也是"天人之际，合而为一"的关键，其重要性不言而喻。今后的董仲舒研究、汉代思想史研究、儒学思想史研究、名学史研究，乃至中国哲学史、思想史写作，我认为都有必要重视和参考这些结论。

在董仲舒如何以集大成的方式全面吸收先秦名学各家各派、各条线索的有用元素，如何使其名学体系有效地纳入其天道论中，从而为大一统王朝的政教体系服务，等等方面，我觉得靖杰还存在力有未逮之处，因此在这篇序言中，结合靖杰的研究，谈了一些自己的想法。但无论如何，靖杰目前所做的工作已经值得予以高度评价，也期待靖杰能够在今后的研究中作出更多重要的学术贡献。

曹　峰
2023 年 12 月 4 日于中国人民大学

目 录

绪 论 ·· 1
 第一节 研究主题的选择 ······················· 1
 第二节 研究综述 ·································· 4
 第三节 研究内容与框架 ······················· 21

第一章 《深察名号》篇文本考释 ············ 25
 第一节 辨真伪 ···································· 26
 第二节 征文献 ···································· 42
 第三节 明移篡 ···································· 51
 本章小结 ·· 58

第二章 董仲舒名号学说的思想渊源 ······ 59
 第一节 名号探原 ································ 59
 第二节 孔子"正名"析论 ·················· 75
 第三节 名辩思潮的遗产 ······················ 93
 第四节 援名入儒
  ——《荀子·正名》篇探析 ··············· 114
 本章小结 ·· 127

第三章 顺天应人以真物：名号学说的经学与哲学阐释 ········ 129
 第一节 "天"：建基于《春秋》的形上本体建构 ········ 130
 第二节 "名"何以成为"天人之际" ············· 145

第三节 "名伦等物不失其理"：董仲舒的"物"哲学 … 169
本章小结 ……………………………………………………… 185

第四章 名学视域下的心性与教化 …………………………… 186
第一节 "以心之名，得人之诚"
　　——董仲舒"心"论解义 …………………………… 187
第二节 董仲舒人性论决疑
　　——以孔子、孟子与荀子为参照 …………………… 207
第三节 教为政本
　　——董仲舒的"教化"观念 ………………………… 225
本章小结 ……………………………………………………… 240

第五章 "正名以名义"
　　——董子《春秋》名例三题 ……………………………… 242
第一节 董子《春秋》王义考 ………………………………… 243
第二节 董子《春秋》君义考 ………………………………… 266
第三节 董子《春秋》臣义考 ………………………………… 282
本章小结 ……………………………………………………… 299

第六章 名号学说视域下的董子辞 …………………………… 300
第一节 "属辞比事，《春秋》教也"
　　——作为解经门径的《春秋》辞 …………………… 302
第二节 董子《春秋》辞论：观念与方法 …………………… 320
第三节 董子《春秋》辞法：常辞与变辞 …………………… 342
本章小结 ……………………………………………………… 367

结　　语 ……………………………………………………… 369

参考文献 ……………………………………………………… 375

后　　记 ……………………………………………………… 390

绪　论

第一节　研究主题的选择

汉代大儒董仲舒是中国传统思想与文化发展历程中的一个重要人物，有学者将其与孔子、朱熹并称为"三大巨擘"，并且认为："孔子为中国文化描绘蓝图，塑型创范，一生推销，终不得志……而到了董仲舒，则终于让蓝图落地，借力皇权助推而使其转化成现实的社会体制，所以他是中国文化的总建设师。"[①] 然而，对于董仲舒的研究虽然历经七十余年，却仍然难以认为是充分的：其一，作为董仲舒最为重要的传世文献，《春秋繁露》的文本可靠性有待商榷，给董学研究带来了不少疑难；其二，对于董仲舒的研究往往被归于哲学的领域，对于其经学思想，尤其是《春秋》学的研究仍然较为薄弱；其三，对于董仲舒思想的研究往往举其大者，如天的哲学、政治哲学始终是董学研究中的热门议题，然而，聚焦于其思想中同样具有重要意义的议题，乃至《春秋繁露》中某个特定篇目的研究仍然不足。[②] 有鉴于此，本书试图基于对《春秋繁露》——

[①] 余治平：《重视董仲舒传世文献的挖掘、整理与研究——2019 年中国·德州"董仲舒思想研究高峰论坛"开幕辞》，《德州学院学报》2019 年第 5 期。

[②] 对于董仲舒研究七十余年发展历程的分析，可以参见余治平《风雨沧桑七十年，董学研究归正道——1949 年新中国成立以来的董仲舒哲学研究回望与反思暨"2019 中国·衡水董仲舒与儒家思想国际学术研讨会"开幕式致辞》，《衡水学院学报》2019 年第 5 期。

尤其是其中的《深察名号》篇——的深入剖析，以挖掘董仲舒的名号学说。

以董仲舒的名号学说作为选题，首先是有见于"名"的问题本身所具有的重要性。①"名"是中国哲学史，乃至中国传统思想与文化中的一个重要范畴，《论语·子路》记录孔子回答子路之语，曰："必也正名乎！"② 又《卫灵公》篇："君子疾没世而名不称焉。"③ 粗略地看，前者所谓"名"，或指君臣名分，属于政治问题；后者所谓"名"，指个人名声，属伦理问题。然而，无论是在政治领域主张"必也正名"，还是在社会生活中提倡重名，都指向了"名"本身所具有的重要性，也多多少少提示了"名"所具有的丰富含义。在先秦思想中，不独名家一派，儒家、墨家、道家、法家均有关于"名"的论述，有学者将"名"视为中国哲学的"底本"，足见其重要性。④ 然而，历来对于中国传统思想中"名"的问题的研究既不连续，也不全面。先秦的名家或先秦诸子所论之"名"始终是被关注的重点，及至魏晋时期一转而为对"名教"的批判与"言意之辨"等议题，汉代思想对于这一重要哲学范畴的贡献究竟几何，似乎鲜有学者论及。

董仲舒名号学说本身所具有的承先启后的意义同样值得关

---

① 首先需要说明的是：本书以"名论"为题，涵盖了董仲舒的"名号学说""名学思想"与"名"的思想等范畴。具体而言，三者有广义与狭义的区分。名号学说特指董仲舒的名学思想或"名"的思想，而名学思想或"名"的思想涵盖了董仲舒的名号学说。在具体的使用上，如果突出董仲舒对于先秦时期名学思想的继承则用名学思想或"名"的思想，如专指董仲舒的名学思想，则用名号学说居多。其间不必作特别严格的区分。

② 【魏】何晏注，【宋】邢昺疏：《论语注疏·子路第十三》，载李学勤主编《十三经注疏》（标点本），北京：北京大学出版社，1999年，第171页。

③ 【魏】何晏注，【宋】邢昺疏：《论语注疏·卫灵公第十五》，载李学勤主编《十三经注疏》（标点本），第214页。

④ 参见苟东锋《孔子正名思想研究》，上海：上海人民出版社，2016年，第6页。

注。汉代在整个中国传统思想与文化，乃至民族精神的形成与塑造过程中地位举重若轻。有学者将汉代比作一个漏斗，"先秦的百家思想在这里汇聚、整合，后世的各派学术从这里发端、流出"[1]，作为"群儒首""儒者宗"的董仲舒扮演了十分重要的角色。[2] 就董仲舒的传世文献所呈现的思想面貌来看，其"天人感应"、"天人合一"、"大一统"、仁义观、心性论等思想主张都呈现为承先启后的思想特点，名号学说亦莫能外：一方面，董仲舒所论名号承先秦儒家——包括孔子与荀子——正名说之余绪，并汲取了名家、黄老与法家的名学观点；另一方面，自董仲舒以后，无论是《白虎通》对于"三纲六纪"之为"名教"核心观念的发展，还是字义训释、经义诠释的方法都多多少少可以追溯到董仲舒的名号学说。

自进入现代学术研究的视域中，对于董仲舒的研究渐趋全面、深入，但学界对于名号学说在其整个思想体系中的重要位置尚未有充分的认识。在董仲舒所有的传世文献中，《春秋繁露》与《天人三策》应当是最为重要的。而对于其所载录的内容却有着不同的分判，苏舆即认为："《繁露》非完书也。而其说《春秋》者，又不

---

[1] 李现红：《董仲舒"天人三策在，不废万年传"——余治平教授学术访谈录》，《哲学分析》2015年第5期。

[2] 当然，对于董仲舒的历史地位与影响究竟有多大是存在争议的。如周桂钿在《董学探微》一书中，就董学自西汉至清代之影响均有述及，而英国著名的汉学家鲁惟一则反对周桂钿的历史影响说，认为其"所引用的对董仲舒的评价尚属个别人的观点，缺乏普遍性"，并且，"一直到清代，将董仲舒誉为思想领袖的论调都是极少的，从文献中很难看出人们已经普遍承认董仲舒具有这样的学术地位，他只是一个学者，提出了一些观点而已"。不过，本书聚焦的并非董仲舒的历史面貌，而是其思想面貌，对于这一争议暂且可以搁置。参见周桂钿《董学探微》，北京：北京师范大学出版社，2008年，第369—392页；【英】鲁惟一（Michael Loewe）《董仲舒："儒家"遗产与〈春秋繁露〉》（*Dong Zhongshu, a 'Confucian' Heritage and the Chunqiu fanlu*），陈颢轩、王珏、戚轩铭译，香港：中华书局，2017年，第78、357—358页。

过十之五六。"① 徐复观则持"三分"的观点，认为《春秋繁露》的内容可以分为三个部分，即"《春秋》学""天的哲学"，以及论祭祀与礼制的篇目与杂文共同组成的第三部分，且又以前两部分为主。② 美国学者桂思卓（Sarah A. Queen）则采取"解经编""黄老编""阴阳编""五行编"与"礼制编"的五分法。③ 无论采取何种分判，"名"似乎具有贯通，乃至勾连起董仲舒思想各个部分的重要作用。"名"不仅建基于其"天的哲学"，也贯穿于其《春秋》诠释之中；既关乎儒家的礼制问题，也与黄老以"形名"为核心的执权之术相关。《春秋繁露》中，或许只有阴阳与五行的相关内容离"名"相对较远，其他部分均可由"名"贯通为一。由"名"亦可以打通既往董仲舒研究侧重于思想义理，而忽略其经学面向的弊端，并可使两者勾连为一个有机整体。

综上所述，董仲舒的名号学说，既可被视作汉代名学思想的一个重要范本，也是儒家名学思想发展的一个重要环节，更是进入董仲舒思想本身、回归其自身脉络的一个可供选择的入路。故本书以董仲舒的名号学说作为研究主题，试图收"得一端而多连之，见一空而博贯之"④ 的效果。

第二节　研究综述

上文业已说明：《春秋繁露》的文本面貌存疑，《深察名号》

---

① 【清】苏舆：《春秋繁露义证·自序》，钟哲点校，北京：中华书局，1992年，第1页。

② 参见徐复观《两汉思想史》（二），北京：九州出版社，2014年，第284—285页。

③ 参见【美】桂思卓《从编年史到经典——董仲舒的春秋诠释学》（*From Chronicle to Canon：the Hermeneutics of the Spring and autumn, according to Tung Chung-shu*），朱腾译，北京：中国政法大学出版社，2010年，第86页。

④ 【汉】董仲舒：《春秋繁露·精华第五》，上海：上海古籍出版社，1989年，第24页。

篇亦不能外，且"名"关联起董仲舒思想的诸面向，势必导致对董仲舒的名号学说进行综述会牵涉多领域的研究。概而言之，下面将从文献、思想与经学（特指《春秋》学）三个方面对前人的研究作一爬梳，以为后续研究的开展奠立可靠的基础。如前文所指出的，既往对董仲舒的研究侧重哲学义理的发挥，相对忽略经学诠释。与之相应，既往对于董仲舒名号学说的探究从思想或哲学角度进入者犹多，如：天的哲学、政治哲学、语言与逻辑、《深察名号》篇中的心性论等。下文将一一予以梳理。

一 《深察名号》篇的文献考辨

作为董仲舒最为重要的传世文献，《春秋繁露》的可信程度究竟如何，是困扰千百年来学者的未解之谜。历史上，晁公武、欧阳修、陈振孙、黄震、王应麟、楼郁、程大昌、楼大防、胡仲方、卢文弨、姚际恒、凌曙、苏舆、魏源、朱一新等人从书名、作者、成书年代、篇目、义理等方面均有所辨正。斥之为伪者有之，信之为真者亦有之。后来者则参详比照前贤的成说，以提出自己的观点。黄云眉、顾颉刚、戴君仁等并不认可《春秋繁露》为董子所作。但更为主流的观点是：否认《春秋繁露》全本为真，但基本认可其能被归于董仲舒或董仲舒学派，可以用来作为研究董仲舒的文献。徐复观、钟肇鹏、周桂钿、王永祥、黄朴民、赖炎元、杨济襄等学者均持此立场。

泛论《春秋繁露》的真伪总有些隔靴搔痒。研究的切实推进势必要求对文献有着更为细致的考辨。现有的研究之中，在文献考辨方面较为翔实的学者，首推美国汉学家桂思卓与英国汉学家鲁惟一。桂思卓从董仲舒的生平、著作的流传史，以及《春秋繁露》的作者三个视角，考察《春秋繁露》的可信性。经由将全书内容分为五编，桂思卓扎实推进了《春秋繁露》的文献考辨工作。其中，第一卷到第十卷以解经为主，涉及1—17、23—37共计32篇，被桂

◎ 发天意而正名号：公羊学语境中的董仲舒名论

思卓归于相对可靠的"解经编"。① 在她看来，第1—6篇可能是"整部文献中最为可信的部分"，因为文体一致，即引用《春秋》的具体事例，再以此为基础构建更为抽象的原则。其中对于《春秋》的解读贴切，且文义连缀。部分内容可以在《说苑》中找到记载，更有助于断定其年代。阐释的内容与"天人三策"和"《春秋》决狱"有着一致性，亦可作为支撑的论据。② 第7—37篇，文体转变为散文，阐释的方式亦多见"始于某个一般化的解释性原则，随后再罗列众多实例来论证这一原则"③。鲁惟一在《春秋繁露》的作者与真伪问题上的立场同桂思卓一致，认为其"是一部囊括了不同思想的文集，当中有一部分出自董仲舒，亦有部分是出自后世学者"④。书中辟有一节，专门讨论"《春秋繁露》各篇主题"，作者首先对各篇的主题进行凝练与归并，继而采用盖里·阿巴克尔（G. Arbuckle）研究《山川颂》的方式对《春秋繁露》的内容与真伪进行逐卷逐篇的考察。⑤

落实于《深察名号》篇，桂思卓将之视作"对《春秋》之'正名'功能的长篇论述"，并认为其"可能是董仲舒的论著"⑥。从篇章主题来看，《深察名号》篇作为对孔子《春秋》"正名"主张的发挥，将之视作董仲舒——至少是董仲舒学派——的作品应当

---

① 参见【美】桂思卓《从编年史到经典——董仲舒的春秋诠释学》，朱腾译，第86页。

② 参见【美】桂思卓《从编年史到经典——董仲舒的春秋诠释学》，朱腾译，第89页。

③ 【美】桂思卓：《从编年史到经典——董仲舒的春秋诠释学》，朱腾译，第92页。

④ 【英】鲁惟一：《董仲舒："儒家"遗产与〈春秋繁露〉》，陈颢轩、王珏、戚轩铭译，第225页。

⑤ 参见【英】鲁惟一《董仲舒："儒家"遗产与〈春秋繁露〉》，陈颢轩、王珏、戚轩铭译，第六章。

⑥ 【美】桂思卓：《从编年史到经典——董仲舒的春秋诠释学》，朱腾译，第92页。

没有争议。鲁惟一则怀疑《深察名号》篇并非董仲舒的作品，而"可能是白虎观奏议的会议记录"①。可惜的是，这一论断仅仅停留于猜测层面，虽然他关注到《深察名号》篇、《实性》篇与《循天之道》篇的问答方式，以及对《孟子》的征引，但对于为何推断其为白虎观会议的讨论纪要，未能给出可靠的论据。此外，邓红用《天人三策》来校正《春秋繁露》中的董仲舒"真篇"以推定《深察名号》篇为真，在方法上具有创造性。② 不过，在两个文本的参详比照与何以推定其为真的论述方面，仍有进一步推进的余地。

从《深察名号》篇内容出发来考订其中某一段甚至某一节的真伪则未能进入现代学者的讨论之中。王道焜、卢文弨、俞樾、凌曙、苏舆等人虽然在校注《春秋繁露》的过程中业已就个别错简、脱漏或篡乱等文本问题有所论述，但未成系统。事实上，目前对于《深察名号》篇的文本考辨也就止步于此了。

二 "名号"之为"天人之际"

从《深察名号》篇的内容来看，董仲舒的名号学说首先体现出贯通"天人之际"的重要特质。徐复观对名号学说的把握即从"天的哲学"与《春秋》诠释两个角度谈及董仲舒的"正名"思想。不过，徐复观对于文字有做精密训释工作的必要性只是持有限度的认可，总体上对于董仲舒的"正名"思想抱有否定态度：一方面，"《春秋繁露》中的训诂，不是寻常的训诂，不宜轻易援引"③。《春秋繁露》中的许多字训，如"侯""大夫"乃至"王号"与"君号"的五科，在徐复观看来只是"顺着声音，随意连想枝蔓，

---

① 【英】鲁惟一：《董仲舒："儒家"遗产与〈春秋繁露〉》，陈颢轩、王珏、戚轩铭译，第258页。
② 参见邓红《〈春秋繁露〉"董仲舒真篇"新探——以"贤良对策"检索〈春秋繁露〉的尝试》，《衡水学院学报》2020年第2期。
③ 徐复观：《两汉思想史》（二），第340页。

◎ 发天意而正名号：公羊学语境中的董仲舒名论

完全走到与正名相反的方向"①。另一方面，"更糟的是，仲舒把正名的问题，也要组入他的天的哲学大系统里面去……这把名还原到原始社会中的咒语上去了"②。可见其对于董仲舒的"正名"思想持总体上的批判态度。周桂钿对名号学说的研究则相对完备，即：关注到了董仲舒名号学说的政治性的同时，也论及了"名发天意"对于定名、用名的规范意义，既对《春秋》之中"名"所寓的褒贬之义有所讨论，更回到彼时讳名的社会风俗与历史语境中探讨了董仲舒的"名讳论"。③ 余治平从天人相与之际的伦常角度解读董仲舒的名号学说，分析了董仲舒名号学说中对于"洪名"与"私名"的区分，以及正名的三个标准：天、真与义。④ 刘国民从天的哲学与《春秋》诠释两个角度把握董仲舒的正名理论。在他看来，董仲舒的名号论有"命名"与"正名"两个部分，不过无论哪个部分，都势必合乎天道、天意。⑤ 孙秀伟从"天人感应"的角度出发，将董仲舒的名号学说视作汉代封建大一统的"形上论证"："君民以各自名号作为拘于宇宙天人系统秩序之中的具体表现，是从形上层面赋予了君君、臣臣、父父、子子的儒家"正名"思想之理论可能，但若从封建社会现实出发，董仲舒通过宇宙本体之天对君民名号的确定，更多的是为了限制约束作为封建专制君主的天子的为所欲为——天子虽高踞于万民之上，但仍受制于天人系统之中。"⑥ 罗毓平指出：董仲舒的《深察名号》讲正名，目的即在于解

---

① 徐复观：《两汉思想史》（二），第340页。
② 徐复观：《两汉思想史》（二），第340—341页。
③ 参见周桂钿《董学探微》，第九章。
④ 参见余治平《唯天为大——建基于信念本体的董仲舒哲学研究》，北京：商务印书馆，2003年，第332—335页。
⑤ 参见刘国民《董仲舒的经学诠释及天的哲学》，北京：中国社会科学出版社，2007年，第135页。
⑥ 孙秀伟：《董仲舒"天人感应"论与汉代的天人问题》，博士学位论文，陕西师范大学，2010年，第159页。

决"天人之际"的问题，是对超越的形上本体的追寻。首先他明确地在名与实之间介入"圣人"作为认知的中介。其次，将"名"的本体上溯至"天"。董仲舒"将天、人的现实性与人的超越性，通过从名上升到本体、把本体落实到礼、将人安顿给天的本体建构的逻辑进路，来达到社会与自然在理论中的圆融，获得了实践的成功"①。薛学财从"天人合一"的思想主线入手，试图追问董仲舒的"名号"何以构成"天人之际"的内在机制的问题。作者将名号的神圣化或神秘化视作"今文经学家的一大创造"并指出"圣人是名号得以神圣化的动因，而声训则是手段"。② 援文字训诂的视角以入思想之探讨同样能够触及董仲舒名号学说的内在机制。郝祥莉立足于从"天人关系"的角度考察董仲舒的"名号"思想。作者指出，董仲舒继承、发展了孔子的"正名"思想，把"天"的概念引入其政治哲学之中，并且将"名号"的神圣性归之于"天"。由此构建的"名号"理论，被董仲舒视作圣人经国的重要手段。③

三 "名"的政治哲学

董仲舒提出名号学说的真正目的，在于建构一套以"名"为核心的政治秩序。李宗桂在政治哲学的框架下诠释董仲舒的名号学说，指出："正名分是治理天下的必要前提"，"制定名号是为了确定上下尊卑贵贱，建立稳定的社会秩序"，"名是审定是非的理论标准"以及"名是圣人代天而发的"四点。④ 林存阳关注到"帝王"的"名号"在秦汉之际的流变，董仲舒对于"君""王"之名的考

---

① 罗毓平：《〈深察名号〉本体建构的逻辑进路》，《船山学刊》2011年第2期。

② 薛学财：《名号的神圣性及其在天人之间的中介作用——〈春秋繁露·深察名号第三十五〉笺释》，《中国图书评论》2015年第12期。

③ 参见郝祥莉《董仲舒"天人关系"视域下的"名号"思想研究——以〈春秋繁露·深察名号〉篇为例》，硕士学位论文，吉林大学，2018年。

④ 参见李宗桂《论董仲舒的政治哲学》，《社会科学研究》1992年第3期。

◎ 发天意而正名号：公羊学语境中的董仲舒名论

订自然也在讨论之列。① 崔涛则从对《春秋》的政治哲学解读、"儒家政治理念的历史性言说"、"儒家政治理念的形上诉求"、"世俗君权的合法性"与"儒学制度化"四个方面系统阐述了董仲舒的政治哲学，对于"名"的关照，即涉及《春秋》之中的隐微书写与政治理念的抽象阐发。② 王四达则将深察名号学说定性为"治国思想"，并进一步指出：以名治国并非出自董仲舒，而本来就是西周礼制社会的重要特征。当然，董子对于先秦诸子的名号学说仍然有所推进，例如：纳入天意、区分"名"与"号"之"散"与"凡"的关系，强调"名生于真"，插入"圣人"作为传达天意的中介等。③ 程郁以《深察名号》篇为中心，揭示董仲舒界定"性""情"的名学，以名号学说建立和安排理想的王政秩序，试图将现实权力安置于儒家的价值秩序，并以之为王道学说的理论基石。④ 安文强从社会伦理和政治伦理两个角度，阐述了董仲舒不但继承了前人"正名"思想的精华，而且根据当时的政治社会现实，强调了"正名"思想中"名分之正"与"辨别物名"的含义，突出了"正名"在治理国家中的重要作用。文章强调董仲舒的"正名"在伦理层面就是根据"名"确定人的身份，遵守伦理规范，即仁、义、礼、智、信。⑤ 黄波以对"圣人所发天意"与"名生于真"的分析入手，提出董仲舒论"名"的政治性，也关注到了其"名号"思想与《春秋》的关联。并且，在将董仲舒的"名号"定性为"治

---

① 参见林存阳《帝王名号的历史考察》，《中国社会科学院研究生院学报》1998年第2期。

② 参见崔涛《董仲舒政治哲学发微》，博士学位论文，浙江大学，2004年；崔涛《董仲舒的儒家政治哲学》，北京：光明日报出版社，2013年。

③ 参见王四达《"深察名号"与汉儒对礼制秩序的价值探索——以〈春秋繁露〉和〈白虎通义〉为中心的考察》，《学术研究》2011年第3期。

④ 参见程郁《深察名号——董仲舒王道建构的名辩学基础》，《诸子学刊》2014年第1期。

⑤ 参见安文强《董仲舒正名思想研究》，硕士学位论文，湖北大学，2014年。

天下之大端"的基础上,将"深察名号"的政治实践解读为:"析名见义""返名求实""揽名责实""名伦等物"四个方面。作者有意识地反对从西方的逻辑学与哲学范畴出发理解董仲舒的"名号",并走向对于"政治"的"名"的关注。①

四 工具性的"名"

"名"作为沟通"天人之际"、订立政治秩序的名字与称号,显然具有工具的性质。早期的中国哲学研究受哲学的学科分类影响较大,研究者往往将"名号"视作逻辑学与认识论的研究对象。对于董仲舒名号学说的研究也存在这一倾向。关汉亨从逻辑与认识论的角度切入名号学说的研究,把"名则圣人所发天意"视作逻辑命题,并条分缕析地将之拆解为由天意、名号、圣人三个概念所组成的论题,将其称为"具有神秘主义色彩的先天概念的三环说"。② 蔡伯铭将董仲舒的名号学说称为"神学逻辑思想",探讨了"名生于真"的"正名理论",并将董仲舒以同类相动为基础的推类方式逻辑化地称为"偶类连贯的推演方法"。③ 刘培育同样将董仲舒的名号学说称为"神学逻辑",并以秦汉以后八百年的逻辑发展为视域考察了董仲舒的名号学说。④ 王永祥则探讨了辨物理、真天意的名论,审得失、著是非的辞指论、"无类类比"和"循名得理"的认识方法,显然是从认识论的角度解读名号学说。⑤ 李振纲将"辨物之理以正其

---

① 参见黄波《董仲舒名号思想简论》,《唐都学刊》2016 年第 4 期。
② 关汉亨:《关于董仲舒的先天概念说——逻辑史札记》,《光明日报》1964 年 4 月 3 日,引自《中国逻辑思想论文选(1949—1979)》,中国逻辑学会,1980 年。
③ 蔡伯铭:《董仲舒的神学逻辑思想》,《湖北师范学院学报》(哲学社会科学版)1987 年第 3 期。
④ 参见刘培育《秦后八百年逻辑发展概观》,《自然辩证法研究》1988 年第 6 期。
⑤ 参见王永祥《董仲舒评传》,南京:南京大学出版社,1995 年,第六章。

名"视作儒家一条重要的认识论原则,不过也认识到董仲舒"正名"理论的政治伦理意义远大于认识论原则的意义。① 刘桂荣则从类推逻辑、"名实"思想两个方面试图论证董仲舒对荀子逻辑思想的继承,并进一步分析了董仲舒如何将继承自荀子的逻辑观念结合于"天"的哲学而发展成为大一统政治服务的理论依据。② 罗亚娜(Jana S. Rošker)在对汉代逻辑思想与认识论的研究中将董仲舒的名号学说纳入考察的视野。"名"的"异声同本",为认识的关联结构提供基础,也正是由于物与物之间共享了相同的基础,类推才成为可能。③ 吴龙灿从"认识论"的角度切入董仲舒的"深察名号",认为:"董仲舒用'深察名号'的认识论方法诠释了《春秋》的微言大义",因此,以"深察名号"的认识论方法为基础,可以展开对三统说、德刑说,乃至更为宽泛的政治、伦理学说的讨论。④

还有一种从工具性出发的解读是将"名"解释为名言、文字。就董学思想本身而言,徐复观站在《春秋》学的角度,认为董仲舒所谓"正名"就是训释或训诂的工作。⑤ 魏义霞从名言的角度,把握儒家自孔子、荀子与董子一脉的"正名"思想,指出董仲舒在"深察名号"的名义下,通过实对名之符从有别于荀子的思路提出了名实相副的解决方案,同时将基于阴贱阳贵的等级秩序注入正名之中。

---

① 参见李振纲《董仲舒思想五题》,《河北学刊》1999年第1期。

② 参见刘桂荣《论董仲舒对荀子逻辑思想的接受》,《合肥学院学报》(社会科学版)2011年第1期。

③ 参见 Jana S. Rošker, *Traditional Chinese Philosophy and the Paradigm of Structure* (*Li* 理), Newcastle upon Tyne:Cambridge Scholars, 2012, pp. 34 – 35;Jana S. Rošker, "Specific features of Chinese logic:analogies and the problem of structural relations in confucian and Mohist discourses", *Synthesis philosophica*, Vol. 29, No. 1, 2014。

④ 参见吴龙灿《董仲舒"深察名号"的认识论及其实践意义》,载王中汇、李存山主编《中国儒学》(第十五辑),北京:中国社会科学出版社,2016年,第115—127页。

⑤ 参见徐复观《两汉思想史》(二),第339页。

在董仲舒那里，作为语言的"名"与"号"是圣人传达的天意，无论正名还是命名都是天意的体现，本身就是人与上天和谐的一部分。① 王传林则不局限于名号学说，而谈及《春秋繁露》所特有的语言现象，诸如同、合、喻、通、和、比、类等修辞范式，所涉并不局限于《深察名号》篇，拓展了从语言角度研究董仲舒的视域。② 就汉代经学与训诂学的互动来看，吴礼权对于汉代语言哲学史的研究，将汉代的经学、班固的《白虎通》、刘熙的《释名》、许慎的《说文解字》置于语言哲学的发展脉络之中。触及汉代字书发展与经学兴盛之间的关系。其中作为公羊大师的董仲舒，身先士卒地拔高名、字解释的重要性，即便不与后来训诂之学的发展直接相关，也在一定程度上启发了后来者。③ 孟琢则直接从儒家的"正名"思想出发，探讨中国训诂学的发展脉络。董仲舒的名号学说，既糅合了侧重义理阐发的经学与语言文字解释的训诂，又在"王""君""民"等字上突出了声训的方法，构成儒家"正名"思想与训诂学发展互动的关键一环。④

可以发现，从逻辑学和认识论的角度研究董仲舒的名号学说，得其形却失其本。"循名责实"也好，类推也罢，仅仅是方法。相较之下，从"名言"的角度进入董仲舒的名号学说，似乎更贴合儒家"正名"的发展脉络与董仲舒作为公羊先师的经学取向。

五 心性之学与《深察名号》篇的结构问题

就《深察名号》篇的内容来看，心性之学也是其重要的组成部

---

① 参见魏义霞《儒家的语言哲学与和谐意识》，《黑龙江社会科学》2010年第4期。

② 参见王传林《修辞立其诚——〈春秋繁露〉的语言现象举要》，《衡水学院学报》2018年第4期。

③ 参见吴礼权《中国语言哲学史》，台湾：商务印书馆，1997年，第三章。

④ 参见孟琢《论正名思想与中国训诂学的历史发展》，《北京师范大学学报》（社会科学版）2019年第5期。

◎ 发天意而正名号：公羊学语境中的董仲舒名论

分，除却泛泛地从人性论的角度探讨董仲舒的"心""性"范畴，也有部分学者关注到何以在《深察名号》篇中要谈及心性问题，触及了心性思想与"正名"思想的关系。王冬关注到董仲舒如何经由正名来实现对既往人性思想的改造与发展，试图回到董仲舒探讨人性思想的真实路径。① 谌祥勇则从"正名"角度切入董仲舒人性思想的内部，反对将董仲舒的人性论判定为性朴说、二元论、性三品说等皮相之见。聚焦于董仲舒如何从"性之名"来论述人性的内在理路。②

上述讨论仅仅提及了"正名"对于论述人性思想的意义，却未言及对于心、性的讨论为何要安排在以"名"为主题的《深察名号》篇中。如下研究对于这一问题有初步的涉猎李旭然比照了老子、荀子的思想与董仲舒的"深察名号"理论，认为："性、情、欲既是实存的，因而也是根据天命而有其名称，所以，在名称与实质的关系上，人就是与天道合一的。那么，治理人事的关键就在于厘定各种名称，各种名称全部符合天道，即是天道的完全实现，使人在本质上符合于天道。"③ 薛学财则指出："名号体系的教化要想真的发挥作用，就不得不依靠个人的'心'来领受它，但它又不能强大到足以威胁名号所建构的世界。"④ 曹峰（2017）谈及《荀子·正名》的结构时谈及人性与正名之关系，认为："'所缘以同异'指的是'正名'能为所有人接受的心理机制……既然人人都有相同的认知器官，遵循相同的认知原理，那就不存在无法接受'约名'的问题，如果能接受具有公共性和规定性的'约名'，那

---

① 参见王冬《从正名论推出人性论：董仲舒人性学说新探》，《衡水学院学报》2016年第5期。

② 参见谌祥勇《心柂而乘教——"正名"思想笼罩下的董仲舒人性论》，《国际儒学论丛》2019年第1期。

③ 李旭然：《老、荀思想关照下的"深察名号"理论》，《科学·经济·社会》2013年第3期。

④ 薛学财：《名号的神圣性及其在天人之间的中介作用——〈春秋繁露·深察名号第三十五〉笺释》，《中国图书评论》2015年第12期。

么就具备了接受'正名'的心理条件。这也是荀子为何要反复论'性'这个概念的原因。"① 这一论断对于探讨董仲舒《深察名号》篇中名号与心性的关系具有借鉴意义。

六 《春秋》诠释中的"正名"

董仲舒将"深察名号"作为订立政治秩序的方法，当然不是一套抽象的"空言"，而是见诸其对于《春秋》的诠释之中。因此，对于名号学说的深入剖析，必须将其置于《春秋》经义的诠释中加以考察。

公羊家讲究"微言大义"，将"正名"视作公羊学的要义，可以发现董仲舒在解《春秋》经的过程中，多多少少都涉及"正名"的问题。冯友兰即将董仲舒的"深察名号"说归于《春秋》大义中予以讨论。② 徐复观从《春秋》学的角度出发，将董仲舒的"正名"理论视作训诂或训释的工作。③ 周桂钿也对《春秋》诠释中的辞指关系问题有较为详备的分析。④ 李祥俊认为从认识论的角度分析名号学说，不若将其还原到《春秋》的"微言大义"之中，从经学诠释的角度，回答"名"何以重要的问题。⑤ 周光庆从名号、辞指、事例三个方面，试图回答董仲舒如何经由新的解释方法论诠释《春秋》建立起新的儒学理论体系的问题。⑥ 刘国民则指出：《春秋》为圣人所作，《春秋》之辞即名号并从诠释学的角度解读

---

① 曹峰：《中国古代"名"的政治思想研究》，上海：上海古籍出版社，2017年，第128页。
② 参见冯友兰《中国哲学史》，北京：中华书局，1947年，第544—555页。
③ 参见徐复观《两汉思想史》（二），第339页。
④ 参见周桂钿《董学探微》，第十章。
⑤ 参见李祥俊《董仲舒的认识论和经学解释学》，《唐都学刊》1999年第1期。
⑥ 参见周光庆《董仲舒〈春秋〉解释方法论》，《孔子研究》2001年第1期。

◎ 发天意而正名号：公羊学语境中的董仲舒名论

董仲舒的《春秋》诠释问题。① 平飞则从"正名"切入公羊学的义理脉络，把握其政治思想的伦理向度。②

上述研究尽管关照到了董仲舒《春秋》诠释中的"正名"主张，提及了"文字""书法""辞指"等关键概念，但并非真正进入经学的话语系统。圣人笔削《春秋》，即经由一名、一字以行褒贬。在董仲舒的《春秋》诠释之中，"正名"的方法集中体现在对"辞"的条分缕析之中。段熙仲对于董仲舒《春秋》学的事、辞、义、例均有阐述，其第三编"属辞"中有"述董"一章，将董仲舒的"辞法"分为二十二种。③ 余治平以段熙仲的分法为底本，对于董仲舒的二十二种辞法作了更为细致的论述。④ 然而，这一工作对于董仲舒的辞法研究详备有余，条理不足，其中有些可以归并，例如"微辞""婉辞"与"温辞"，有些仅仅是属辞的原则而非具体的"辞法"，例如"慎辞""辞指""事辞同异""无达辞"。有些则是指称具体对象的辞法，例如"不君"之辞与"不子"之辞。如何去其繁重，归并整合成一个更为条理、系统的董仲舒《春秋》"属辞"理论，有待进一步思考。

此外，陈明恩从文字的深层意义角度挖掘董仲舒《春秋》学的诠释法则、语辞解读与条例建置。⑤ 杨济襄以董仲舒的《春秋》学义旨为研究对象，以"王道正义"作为董仲舒《春秋》学的核心，重在阐明"义法"，反对以何休为依归的"义例"之学，在"辞"

---

① 参见刘国民《董仲舒的经学诠释及天的哲学》，第 135 页。
② 参见平飞《汉代公羊家政治考量的伦理向度》，《现代哲学》2014 年第 1 期。
③ 参见段熙仲《春秋公羊学讲疏》，南京：南京师范大学出版社，2002 年，第三编第二章。
④ 参见余治平《董子春秋义法辞考论》，北京：上海书店出版社，2013 年，丙卷。
⑤ 参见陈明恩《诠释与建构——董仲舒春秋学的形成与开展》，台北：秀威出版有限公司，2011 年，第三章。

的问题上,作者尽管偏向于"《春秋》无达辞"的总体原则,但对于"辞"的分析也同样可观。① 黄铭试图在公羊学的脉络中探讨董仲舒的《春秋》学,对其以天为基础的公羊系统,以及大义与微言均一一论述。其中较为突出的贡献有如下两点:第一,作者将"辞"视作董仲舒《春秋》学的方法论;第二,作者对董何异同有较为深入的讨论,认为董与何之间存在着"以义解经"与"以例解经"的差异,是家法、师法之间的不同,在公羊学的核心概念上分别董、何并不合适。② 王刚将"《春秋》无达辞"作为董仲舒"辞论"的灵魂。经董仲舒的发挥,坚持了用"辞"中的简约性,在"达义"的基础上发展了孔子的"辞论",从而在其天人之学中将《春秋》改造为最可依凭的基本文本。③

综上,董仲舒《春秋》学中的"正名"问题集中体现于其"属辞"之法中。然而,对于董子辞的研究还远未穷尽。"《春秋》无达辞",但又得"慎辞",得鱼而后忘筌,但又不得不依靠筌,两者之间的微妙关系是董仲舒论"辞"的精华所在。系统探究董仲舒的"属辞"之法,仍然是研究董仲舒《春秋》思想,乃至名号学说的重要工作。

七 名学视域下的董仲舒名号学说

近年来,苟东锋主张的"新名学"为本书提供了开展研究的理论视野。"新名学"的基本主张大致有如下三点:第一,"名"是中国古代思想的"底本"(或称为"核心价值观"),具有本质上的

---

① 参见杨济襄《董仲舒春秋学义法思想研究》,台北:花木兰文化出版社,2011年,第三章。
② 参见黄铭《推何演董:董仲舒〈春秋〉学研究》,北京:生活·读书·新知三联书店,2023年,第一、六章。
③ 参见王刚《"〈春秋〉无达辞"的知识生成与董仲舒的〈春秋〉"辞论"》,《衡水学院学报》2017年第5期。

◎ 发天意而正名号：公羊学语境中的董仲舒名论

重要性，它不仅与先秦诸子的核心问题均有关联，从一定程度上也贯穿了整个中国思想史；第二，"名"是一个跨学派的综合性问题，是中国哲学的一个核心概念，也是沟通中西哲学的一个通道；第三，就研究方法而言，"新名学"的研究不再局限于"反向格义"的方法，大大提升了"名"在中国哲学与思想研究中的地位，也大大扩展了"名"在现代学术研究中的范围。① 苟东锋对于"新名学"的主张，也得到了一些学者的响应，胡传顺以苟东锋之"新名学"为对象，深入讨论了其所需要面对的理论难点、方法困境等。② 晋荣东则从伍非百对先秦"名辩"思想的深入研究入手，探讨"新名学"之研究可能。作者肯定苟东锋的主张的同时，也适当地指出在"新名学"的概念上两者存在些许出入。③

"新名学"的研究不局限于"反向格义"的方法，在涉及名言与思想的问题上，游刃于中西之间是其重要特点。比利时汉学家戴卡琳（Carine Defoort）从论辩学的传统出发，论及语言何以能关乎现实，即具有影响现实的力量。经由对《鹖冠子》文本的细致分析，作者不无洞见地指出："中国古代的诸子百家，包括《鹖冠子》在内，讲究实用语言文字的艺术技巧，或者说讲求实用'名'，亦即名词、名称、名声、专门名词、称号等等。"④ 正是因

---

① 苟东锋在其博士学位论文（复旦大学，2012年）基础上修改而成的《孔子正名思想研究》一书是"新名学"研究范式的代表著作，而其"新名学"的主张可以参见《"新名学"刍议》（《思想与文化》2015年第2期）与《"名教"：古代中国的核心价值观》（《社会科学报》2020年2月27日）两篇文章，本书的研究亦多受其启发。

② 参见胡传顺《"新名学"研究之洞识、疑难和展望——关于苟东锋名学新观点的释义学考察》，《思想与文化》2015年第2期。

③ 参见晋荣东《历史分析与文化诠释——一种名辩研究的新方法》，《思想与文化》2015年第2期。

④ 【比利时】戴卡琳：《解读〈鹖冠子〉——从论辩学的角度》，杨民译，沈阳：辽宁教育出版社，2000年，第175页。英文版参见 Carine Defoort, *The Pheasant Cap Master（Heguanzi）：A Rhetorical Reading*, New York：SUNY Press, 1997。

为如此,"名"的力量才得以透入现实,对于改变,乃至形塑现实的政治秩序起到了至关重要的作用。在《名还是未名:这是问题》一文中,作者回顾其历年来的名学研究,指出"正名""转谓"和"说服性定义"作为其用来审视中国古代"名"的思想的三种工具各有其适用范围与问题。戴卡琳的研究反思了某种对于"正名"的习见观点。① 同时,"转谓"和"说服性定义"的提法也在一定程度上深入"名"的内在机理,并提供了一种有别于汉语思想"自话自说"的别样理论视角。周光庆则通过探讨董仲舒、王弼、朱熹、戴震的解释方法论,试图勾勒一条中国的解释传统谱系,触及了如何将"新名学"的视域纳入中国古代解经传统的问题。② 刘梁剑以我们运思于其中的汉语处于何种境况,汉语有何特质,汉语在多大程度上有助于开启汉语之思的特质等问题为开端,透入汉语言哲学的研究。作者首先从汉语言的特质分析入手,探讨汉语言哲学的可能。继而就汉语之语法结构与思想关键词进行了哲学的分析,对于汉语的声音、文字与表达结构,语言之形式及其力量等问题均有涉及,在一定意义上拓宽了中国传统思想研究的路径。③

属意于把握"名"的嬗变的思想史研究也应归于"新名学"的论域。冯契对于董仲舒的研究尽管侧重于从天道观、儒学神学化的角度予以解读,但关注到汉代思想作为先秦"名实之辩"到魏晋"言意之辨"的转变的过渡环节,显然对于理解董仲舒的名号学说

---

① 参见 Carine Defoort,"How to Name or not to Name:That is the Question in Early Chinese Philosophy", *Keywords in Chinese Culture*, Li Wai-yee and Yuri Pine (Ed.), Hong Kong:Chinese University of Hong Kong,2020。中文翻译参见戴卡琳《名还是未名:这是问题》,崔晓姣、张尧程译,《文史哲》2020 年第 1 期。

② 参见周光庆《董仲舒〈春秋〉解释方法论》,《孔子研究》2001 年第 1 期。

③ 参见刘梁剑《汉语言哲学发凡》,北京:高等教育出版社,2015 年,第二章。

◎ 发天意而正名号：公羊学语境中的董仲舒名论

有着重要的启发。① 曹峰的政治思想史研究是以思想史的方式治"名学"的代表。在《中国古代"名"的政治思想研究》一书中，作者先就"名"相关的政治问题展开讨论，对"名"的政治禁忌、作为政治思想的"名"论、名家的两种分类（"知识型名家"与"政论型名家"）以及"名"如何与"法"结合的问题进行深入的剖析。继而就孔子的"正名"思想，《荀子》《管子》《韩非子》《黄帝四经》《吕氏春秋》《尹文子》中所见之"名"进行个案分析。结论部分，作者对《春秋繁露》和《白虎通》之名号论的性质、刘劭的《人物志》的学派归属等问题留下疑问。同时，该书检视了汉代的政治背景与"名"的思想之间的互动关系直接启发了本书的思考，即如何在思想史的脉络中，把握董仲舒，乃至汉代名学思想的新发展。②

"名教"与"三纲"的观念，作为名号学说的实际应用与延伸，也可以借之反思董仲舒名号学说。张造群从"名教"的发展脉络的角度，研究董仲舒"三纲五常"的名分体系。③ 方朝晖（2014）则通过系统梳理董仲舒"以天正君"的观念，试图纠正人们以为董仲舒"维护专制""绝对服从"的长期误解。④ 徐广东（2014）同样从三纲角度阐发董仲舒之思想。通过对三纲五常之道德原则的系统梳理，作者对其进行了深刻的反思，同时也试图为今日之伦理建设提供宝贵的借鉴。⑤

或许可以认为，较之于既往的名学研究，"新名学"的研究方

---

① 参见冯契《中国古代哲学的逻辑发展》（中），上海：东方出版中心，2009年，第283页。
② 参见曹峰《中国古代"名"的政治思想研究》，第224页。
③ 参见张造群《礼治之道——汉代名教研究》，北京：人民出版社，2011年。
④ 参见方朝晖《为"三纲"正名》，上海：华东师范大学出版社，2014年。
⑤ 参见徐广东《三纲五常的形成和确立——从董仲舒到〈白虎通〉》，黑龙江：黑龙江大学出版社，2014年。

法实则是兼采古今中西的理论资源，用以解决"名"何以重要的抽象问题。本书以董仲舒的名号学说为研究对象，具体来看，即可以把问题区分为如下三个层次：第一，在董仲舒的思想之中，"名"（广义的"名"，自然也包括"号"）何以重要；第二，汉代思想的发展脉络中，董仲舒的名号学说何以重要；第三，就"名"何以重要这一最具普遍性的问题而言，董仲舒的名号学说作出了怎样的贡献。

综上所述，历来对于名号学说的思想研究视角多元，议题繁复。若仅举其要者，或可认为："名号"发之于言、形之于字作为沟通"天人之际"的中介，落实于《春秋》诠释之中，并用以奠定现实的高下尊卑的政治秩序。前人的研究虽然多少涉及其中的某一方面，或某两个方面，但鲜有能够系统研究董仲舒的名号学说者，更遑论将名号学说的哲学阐发与经学诠释共冶一炉了。

第三节　研究内容与框架

本书以董仲舒的名号学说为研究对象。围绕董仲舒的《春秋》诠释，考察《春秋繁露》以及董仲舒其他传世文献中"名"的相关论述。董仲舒的名学思想继承先秦儒家的"正名"思想，并进一步发展了公羊家经由《春秋》"属辞比事"来表达褒贬进退之意的理论。以现有的研究来看，传世文献《春秋繁露》中的《深察名号》篇一般被视作董仲舒的作品，然而，无论从文本到思想仍然疑问颇多，值得进一步深入研究。具体而言，各章内容如下。

第一章将以前人的研究成果为基础，进一步论证《深察名号》篇的文本可靠性。传世文献《春秋繁露》的真伪至今存疑，其中，《深察名号》篇尽管被归于董仲舒，但究竟是否一定是董仲舒的作品至今未有定论。现有对于《春秋繁露》的文献研究，大多聚焦于从整体上考量，缺乏对单篇的考校，即剖析文本本身的文辞、义理是否能够嵌入《春秋繁露》的脉络之中，是否合乎董仲舒及其所处时代的思想面貌，是否合于彼时的文辞体例。

第二章聚焦于从思想史角度研究董仲舒的名号学说。秦汉之际的名学思想发展脉络是研究《深察名号》篇的重要理论背景，挖掘董仲舒名号学说的思想史意义亦是本书的撰著目的之一。一种习见的观点认为，先秦百家争鸣的局面在有汉一代不复存在，"名辩思潮"的昔日繁盛也就此褪去。然而，这一观点显然忽视了汉代名学思想的传承与发展。自先秦"名辩思潮"观之，董仲舒的名号学说并非独独继承了孔子一派的"正名"思想，也兼收并蓄了黄老、法家的名学观点。

第三章将从"顺天""应人"与"真物"三个方面，剖析名号学说的理论架构。董仲舒明确将"名"视作"天人之际"，那么，如何理解"天人之际"则成了理解董仲舒所谓"名"的锁钥。一方面，"天"是"名"的形上根据，"名"生于"天"，"名"是"天意"的显现；另一方面，"天意"归本于"人"，是民心的体现。而作为"际"的"名"，承担了关联与沟通天、人两端的重要作用。同样不能忘记的是"名"作为对"物"的指称在董子的名学思想中亦占有一席之地，从"真物"与"别物"作为"名"的基本功能，到"物"的分判与归类，是"名"赋予了天地万物以秩序。

第四章聚焦于《深察名号》篇中的心性学说。就现有的文本来看，《深察名号》篇所呈现的是彼此若即若离的三个部分，即名号学说概述，对于政治性的"名"与"号"的考订以及"心""性"之名的辨析。然而，这样的篇章布局本身存在颇多问题：第一，为何从名号学说的概述，一转而到了政治性的名与"心""性"之名的考订，两者之间是方法与应用之关系，抑或有更为深层次的关联？第二，在"正名"之为一种政治主张的语境下，作者进一步考察"心"与"性"之名，两者之间，除却方法与应用之关系，似乎并不相属，作者如此排篇，用意何在？第三，《深察名号》篇后紧接着《实性》篇，而董仲舒的心性之学何以要分在两篇讨论。且若将《深察名号》篇与《荀子·正名》进行比较，可以发现两者在论述的内容上有相似之处。且《荀子》的《正名》篇后即《性恶》篇。两个文本之间在结构上的"巧合"又要如何理解？本章以"深察名号"为方法剖析董仲舒心性学说中"心""性"与"教"三个重要范畴，也在展开对于董仲舒心性学说的研究过程中试图进一步明晰《深察名号》篇的文本结构。

第五章则转入对董仲舒《春秋》学的研究。《深察名号》篇中有对于天子、诸侯、大夫、士、民之名的考订，而又以"王号"与"君号"罗列"五科"之论述最为详备。故本章试图以《深察名号》篇中的"王""君"与"臣"（包括诸侯、大夫与士）之名号的考订为基础，与董子《春秋》诠释中对于王、君乃至臣之义的申发，以说明：董子所谓"正名以名义"的"义"，就其本质而言，即"《春秋》之义"。一则以申明董子建基于《春秋》诠释的名号学说，一则亦从思想与内容角度进一步强化《深察名号》篇的文本可靠性。

第六章探讨董仲舒关于《春秋》辞的论述。"辞"即语词、语言，理应是名学思想研究的题中之意。在《春秋》诠释的过程中，"辞"不啻解读《春秋》的门径，而"属辞比事"即解读《春秋》的核心方法论。在《春秋繁露》中，董子围绕"辞"所展开的论述不可谓不详备。然而纷繁错综，未成系统。本书即试图予之以条理、系统。具体而言，董子论"辞"之表述可以区分为两个方面，即辞论与辞法。所谓"辞论"，即董子所总结的解读《春秋》之一般观念与方法；所谓"辞法"，即董子根据《春秋》之中某类表述的特点加以概括所得的语言现象。对于董子之辞论与辞法开展研究，既是将"名"的议题贯穿于董子《春秋》诠释的重要尝试，也有助于深化对"正名以名义"、由名以见义的认识。

总之，本书以经学诠释与文献考辨为核心，以哲学的剖析与观念史的钩稽为两翼，综合、系统地展开对董仲舒名号学说的研究。以论证《深察名号》篇的文本可靠性为前提，本书旨在揭橥董仲舒如何经由"《春秋》辨物之理以正其名"的进路建构其名号学说，并论证其在董仲舒思想中的重要位置。

第一章 《深察名号》篇文本考释

　　由文字以通乎义理，是理解中国古代思想的正途。面对《春秋繁露》这一疑窦重重的文本，如何辨其真伪，继而就字、词、句等不同维度揭橥文本之面貌于真实无妄，是理解其思想的必由之路。这一方面，前辈学者业已积累了较为可观的成果。自宋以降围绕文本之真伪、作者、篇目、内容等方面前贤均有论及，却因缺乏实质性的可靠证据而只得阙如之处所在多有，苏舆《春秋繁露义证》后所附之《春秋繁露考证》对各方观点备录甚详，可资借鉴。今世学者于《春秋繁露》之文本考辨多有用力，于单篇之真伪的考订常有突破定见之处，但多为一家之言，未能收定论之效。就《春秋繁露》之注释而言，凌曙《春秋繁露注》、苏舆《春秋繁露义证》、董天工《春秋繁露笺注》、刘师培《春秋繁露斠补》等清人注疏均具有极重要的参考价值，而今人赖炎元、曾振宇亦曾为《春秋繁露》作（译）注，可供参考。钟肇鹏之《春秋繁露校释》（校补本）汇集各家注释，为迄今为止收录《春秋繁露》注疏最为完备者。①

---

① 在文本校勘与注释的汇集整理方面，钟肇鹏主编《春秋繁露校释》（校补本）无疑是迄今为止最为完善的整理本。不过，本书对于《春秋繁露》的原文主要参考上海古籍出版社1989年影印的卢文弨校本。聚珍本取明《永乐大典》所收楼钥本"补订""删改"而成，卢文弨又据明代嘉靖蜀中本和程荣、何允中两家之本再校，相对完善。凌曙《注》、苏舆《义证》皆在其后。特此说明。

前辈学者对于《春秋繁露》的文献研究与字词考释业已积累了相当可观的成果,然而,对于《深察名号》篇的真伪及其文本面貌却鲜有论及。究其缘由,或许在于该篇论述的核心为儒家的"正名"观念,又掺杂了黄老、法家的名学观点;阐释《春秋》的正名说,又与前六篇之解经体式不同。前半部分以"正名"为论述的核心,后半部分则转而谈"心"论"性"。较之于其他或主题明确,或关键概念突出,或可证之以史册的篇章,《深察名号》篇并无便宜的抓手可以用来辨别真伪,若要从文献角度研究《深察名号》篇宛如雾里看花。必须承认:以现有的文献材料无法支撑起对《深察名号》篇可靠性的切实证明。本书只能尽可能地说明董仲舒与《深察名号》篇的关联,并进一步明晰该文本的面貌,以为后续研究的展开奠定文献基础。

第一节　辨真伪

无论从书名、篇目、作者乃至成书年代来看,作为传世文献的《春秋繁露》始终是一个充满争议的文本。对其真伪的考辨自宋代以降络绎不绝,及至今日仍无定论。对于其中特定章节篇目的考订,也势必受制于整个文本的模糊面目。即便如此,以现有的文本为依据,仍然可以在一定程度上作出合理的推测,以推进对于《深察名号》篇的文本可靠性的论证。本节将从钩稽《春秋繁露》文本的形成过程开始,经由对其真伪的考辨过渡到对《深察名号》篇的剖判,以期对《深察名号》篇的文本面貌有一个更为明晰的认知。

一　《春秋繁露》之文本形成过程

《春秋繁露》之书名以及今本之十七卷、八十二篇(阙三篇,实为七十九篇)的形式并非出自董仲舒的手笔,甚至不见于汉代应是学界所共知。《汉书·艺文志》仅载"董仲舒百二十三篇"与

"公羊董仲舒治狱十六篇"，《汉书·董仲舒传》中另有"说《春秋》事得失"数十篇的说法，可见，既无今本《春秋繁露》之题名①，亦与十七卷、八十二篇之数相去甚远。《后汉书·明德马皇后纪》作《董仲舒书》。《春秋繁露》书名首见于《西京杂记》，其言曰："董仲舒梦蛟龙入怀，作《春秋繁露》词。"②《隋书·经籍志》明确记载"《春秋繁露》十七卷，汉胶西相董仲舒撰"③，与今本卷数相同，《唐志》亦然。及至北宋，则有数本并行。如欧阳修（1007—1072）所记："《汉书·董仲舒传》载仲舒所著书目百余篇……今其书才四十篇，又总名《春秋繁露》者，失其真也。予在馆中校勘群书，见有八十余篇，然多错乱重复。又有民间应募献书者，献三十余篇，其间数篇，在八十篇外。乃知董生之书，流散而不全矣。"④ 其中三十余篇本与八十篇本并不完全重合，甚至在八十篇外。而四十篇本究竟与八十篇本是否完全重合，欧公并未言明。或许可以合理推断，四十篇本并未超出八十篇本。及至南宋，十卷、三十七篇本与十七卷、八十二篇本并行，卒以十七卷、八十二篇为定本。黄震（1213—1280）《黄氏日钞》记此过程较为详备：

---

① 《汉书·董仲舒传》："仲舒所著，皆明经术之意，及上疏条教，凡百二十三篇。而说《春秋》事得失，《闻举》《玉杯》《蕃露》《清明》《竹林》之属，复数十篇，十余万言，皆传于后世。"可见《蕃露》仅仅是篇名。余嘉锡即指出："古人著书，其初仅有小题（谓篇名），并无大题也（谓书名）。"此说似乎亦可证之于《春秋繁露》。余嘉锡：《古书通例》，上海：上海古籍出版社，1985年，第30页。
② 【晋】葛洪：《西京杂记》，周天游校注，西安：三秦出版社，2006年，第96页。
③ 【唐】魏征等撰：《隋书》卷三十二，北京：中华书局，1973年，第930页。
④ 【宋】欧阳修：《书春秋繁露后》，《文忠集》卷七十三，载【清】纪昀等编《景印文渊阁四库全书》（第一一〇二册），台北：商务印书馆，1983年，第573页。

◎ 发天意而正名号：公羊学语境中的董仲舒名论

  本朝《崇文总目》："《繁露》十七卷，八十二篇"，与隋、唐志卷目同。目谓"其义引宏博，非出近世"。然总以《繁露》为名，又即用《玉杯》《竹林》题篇，已疑后人附著矣。及《中兴馆阁书目》止存十卷三十七篇。新安程大昌读《太平寰宇记》及杜佑《通典》，见所引《繁露》语言今书皆无之，因知今书之非本真。又读《太平御览》，古《繁露》语特多。《御览》，太平兴国间编葺，此时《繁露》尚存，今遂逸不传。合此三说观之，是隋、唐、国初《繁露》已未必皆董仲舒之旧，中兴后《繁露》又非隋、唐、国初之《繁露》矣。近世胡尚书榘为萍乡宰日，刊之县斋，仅三十七篇而已。其后得攻媿楼参政校定本，十七卷八十二篇之旧复全。其兄胡槻既刊之江东漕司，其后岳尚书珂复刊之嘉禾郡斋，世遂以为定本。①

"隋、唐、国初《繁露》已未必皆董仲舒之旧，中兴后《繁露》又非隋、唐、国初之《繁露》"的判断大体揭示出《春秋繁露》在不同时期的辑录中所采篇目不尽相同，其间选取之标准与篇目究竟如何已无从知晓。且三十七篇本与八十二篇本并不相同，何以选择后者作为定本亦不得而知。如陈振孙（1179—1261）虽认为《春秋繁露》之文本面貌尤为可疑，但"古书存于世者希矣，姑以传疑存之可也"②。故取篇目较多，录之较详者存之。其间真伪，乃至有多少篡乱固然难辨，但及至宋代已有与如今所见到的八十二篇之面貌相当的版本了。《春秋繁露》的第一个通行本，即宋嘉定四年（1211）江右计台本，即采十七卷、八十二篇之数。

  关于此十七卷、八十二篇之由来，明代学者胡应麟（1551—

---

  ① 【宋】黄震：《黄氏日钞》卷五十六，载【清】纪昀等编《景印文渊阁四库全书》（第七〇八册），第447页。
  ② 【宋】陈振孙：《直斋书录解题·春秋类》卷三，载【清】纪昀等编《景印文渊阁四库全书》（第六七四册），第562页。

1602）的观点或可备为一说："此八十二篇之文即《汉志》儒家百二十篇者。仲舒之学究极天人，且好明灾异，据诸篇见解，其为董氏居然，必东京而后，章次残缺，好事者因以《公羊治狱》十六篇合于此书，又妄取班氏所记《繁露》之称系之，而儒家之《董子》世遂无知者。后人既不察百二十三篇所以亡，又不深究八十二篇所从出，徒纷纷聚讼篇目间，故咸失之。当析其论《春秋》者，复其名曰《董子》可也。"① 今存董仲舒《公羊决狱》六则，与《春秋繁露》之文体、主题均不相干，将《公羊决狱》与《春秋繁露》关联起来的说法不足以采信。因此，八十二篇之文的来源即只有"说《春秋》事得失，《闻举》《玉杯》《蕃露》《清明》《竹林》之属，复数十篇，十余万言"与"董仲舒百二十三篇"了。② 然而，何以从"说《春秋》事得失"的数十篇与"董仲舒百二十三篇"，到如今的十七卷、八十二篇亦未可知。不过，"百余篇之所以亡，八十二篇所从出"的文本发展线索确实在一定程度上合乎从《汉志》到《隋志》《唐志》的著录情况，及至宋代与如今相当的十七卷、八十二篇的面貌才逐渐确定下来，可能最为接近实情。③

---

① 【明】胡应麟：《少室山房笔丛·九流绪论中》卷十二，载【清】纪昀等编《景印文渊阁四库全书》（第六七四册），第295页。

② 姚振宗以仲舒本传所谓"说《春秋》事得失"者即《春秋繁露》，不在"明经术之意，及上疏、条教"的百二十三篇内，为《艺文志》所未载者，以驳正王应麟以《春秋繁露》为"百二十三篇"的观点。不过，以今本《春秋繁露》的文本辑录状况来看，其中既有"明经术之意"的篇目，也有"说《春秋》事得失"者，恐怕不能以《汉志》的著录状况一概而论。参见姚振宗《二十五史补编·汉书艺文志拾补》，上海：开明书店，1937年，第19页。

③ 姚际恒（1647—1715）将《春秋繁露》归于"有书非伪而书名伪者"一类，并特意关注到"百余篇之所以亡，八十二篇所从出"的文本发展线索。尽管姚氏斥之为臆测，但也认可其有理。顾实（1878—1956）对于八十二篇之出于《汉志》之百二十三篇的推测并无异议，但在书名、篇名的问题上持不同看法。参见【清】姚际恒《古今伪书考》，顾颉刚校点，上海：朴社，1933年，第65页；顾实《重考古今伪书考》，上海：大东书局，1926年，第21页。

◎ 发天意而正名号：公羊学语境中的董仲舒名论

二 《春秋繁露》真伪辨正

上述对于文本形成过程的钩稽既未能明确《春秋繁露》编订完成于何时，也未明确其出自何人之手，只能对其成书的年代有一个大体的推断，即在东汉以后，南朝齐梁以前。《春秋繁露》的文本面貌依旧模糊，且其内容驳杂，文辞错重，更引人怀疑。历来斥之为伪书者不乏其人。程大昌（1123—1195）即以为："辞意浅薄，间掇董仲舒策语，杂置其中，辄不相伦比，臣固疑其非董氏本书。"① 黄震则指出："今书惟对胶西王越大夫之问，辞约义精，而具在本传，余多烦猥，甚至于理不驯者有之。"② 并条举其例，如"宋襄公由其道而败"之不合理，驳斥孟子"性善"之论而"不识本然之性"等。然而，文辞之"浅薄"也好，"烦猥"也罢，仅仅是主观评价，并不足以作为真伪判断的依据。而黄氏所谓"理不驯"者，苏舆（1874—1914）已有驳正，大抵其不识《公羊》"假事明义"之故也。③ 其言董子"未明乎本然之性"④，实囿于宋儒尊孟之窠臼，并"以理学家言是非古人"⑤，不识董子论性有其过人之处。

比之于姚际恒、顾实认为《春秋繁露》"有书非伪而书名伪者"，黄云眉（1898—1977）的观点更为激进，经由广泛征引前人

---

① 【宋】程大昌：《书秘书省繁露书后》，引自【清】苏舆《春秋繁露义证·附录·春秋繁露考证》，第492页。
② 【宋】黄震：《黄氏日钞》卷五十六，载【清】纪昀等编《景印文渊阁四库全书》（第七〇八册），第447页。
③ 【清】苏舆：《春秋繁露义证·附录·春秋繁露考证》，第489页。
④ 黄震曰："若其谓'性有善姿而未能为善，惟待教训而后能为善，谓性已善，几于无教，孔子言善人吾不得而见之，而孟子言人性皆善，过矣'，是又未明乎本然之性也。"【宋】黄震：《黄氏日钞》卷五十六，载【清】纪昀等编《景印文渊阁四库全书》（第七〇八册），第447—448页。
⑤ 余嘉锡认为："宋以后人读书，好以理学家言是非古人，尤非通方之论。"可谓得之。余嘉锡：《古书通例》，第48页。

第一章 《深察名号》篇文本考释

旧说,黄氏试图辨正《春秋繁露》不独书名为伪,其书亦伪。尤为值得关注的是其辩驳明末文学家钱谦益(1582—1664)对《深察名号》篇中人性论的推崇:

> 钱谦益摘其《深察名号》篇"性比于禾,善比于米,米出禾中,而禾未可全为米也,善出性中,而性未可全为善也",又"民之性,如茧如卵,卵待覆而为雏,茧待缲而为丝,性待教而为善"等句,谓为"析理精妙,可以会通孟荀二家之说,非有宋诸儒所及",则文人好事之谈,极不足据,试以仲舒本传"质朴之谓性,性非教化不成"二语,与是书"性者天质之朴也,善者王教之化也,无其质则王教不能化,无其王教则质朴不能善"等句对照,其矫意离合之迹,盖昭昭也。[1]

钱氏盛赞《深察名号》篇论性之说"会通孟荀",黄云眉却斥之为"文人好事之谈",与黄震所谓"仲舒纯儒,欧公文人"[2]看似如出一辙,实则用心大有不同。黄震之论在于提醒学者谨识仲舒学问,莫以其《春秋繁露》之不明而有遗珠之憾。[3] 黄云眉则直斥钱氏为

---

[1] 黄云眉:《古今伪书考补证》,南京:金陵大学中国文化研究所,1932年,第302页。

[2] 《黄氏日钞》卷五十六云:"欧阳公读《繁露》不言其非真,而讥其不能高其论以明圣人之道,且有'惜哉惜哉'之叹;夫仲舒纯儒,欧公文人,此又学者所宜审也。"【宋】黄震:《黄氏日钞》卷五十六,载【清】纪昀等编《景印文渊阁四库全书》(第七〇八册),第448页。

[3] 苏舆则于《黄氏日钞》考证《繁露》真伪之外,别录一条,可为佐证:"自孟子后,学圣人之学者惟仲舒。其天资纯美,用意盹笃,汉唐诸儒,鲜其比者。使幸而及门孔氏,亲承圣训,庶几四科之流亚矣。其谓正谊不谋利,明道不计功,如许正伦,前无古人。其后能见之发挥者,唯伊洛诸儒。尝见之行事,惟诸葛孔明。所谓汉贼不两立,成败利钝不暇计者也。"转引自【清】苏舆《春秋繁露义证·附录·春秋繁露考证》,第490页。

◎ 发天意而正名号：公羊学语境中的董仲舒名论

无见，更征引《汉书·董仲舒传》与《实性》篇之文对举，并断言其间颇有"矫意离合之迹"。黄氏之说似有批评伪作《春秋繁露》者依圆画方，依托仲舒本传而伪作《深察名号》篇与《实性》篇之"性"论。这一立场与程大昌所谓"间掇董仲舒策语，杂置其中，辄不相伦比"的提法如出一辙。然则识者若参照《汉书·董仲舒传》与《春秋繁露》所载之"性"论，其间固然有所谓"离合"，但其论"性"之关键要点基本一致，无有抵牾之处，"矫意"二字从何而来实不得而知。似乎黄云眉以全书为伪，看任何一字、一句皆是伪作了。

有目《春秋繁露》为伪书者，自然就有视其为真著者，楼钥（1137—1213）为旧本《春秋繁露》作跋，其中指出："其为仲舒所著无疑，且其文词亦非后世所能到也。"① 并引许慎《说文解字》语以证《王道通三》篇论"王"字之真，以仲舒本传之《天人三策》，证《春秋繁露》中论仁义、阴阳、刑德之可信。后来者试图证明《春秋繁露》为真的理路，大体不出楼氏之右。徐复观以《春秋繁露》"虽有残缺，并无杂伪"②。然而，这一立场的问题大抵与辨伪一脉相同，即不能将其观点推至确实。楼钥所谓"文词非后世所能到"，与黄震、程大昌之批评其文辞"烦猥""浅薄"仅是意见之不同。而以《说文解字》与《天人三策》证《春秋繁露》之真伪，亦不能完全坐实。仲舒对策实为因事而作，区区三篇显然也不能囊括其思想的全貌。倘若将可以证之以《天人三策》的篇章、段落视作董子"真篇"，那么无法证之于《天人三策》的就只能"不知阙如"了。

相较于真伪之间的取舍，或许折衷之论显得更为中肯。《四库全书总目》谓："今观其文，虽未必全出仲舒，然中多根极理要之

---

① 【宋】楼钥：《跋春秋繁露》，《攻媿集》卷七十七，载【清】纪昀等编《景印文渊阁四库全书》（第一一五三册），第240页。
② 徐复观：《两汉思想史》（二），第290页。

言，非后人所能依托也。"① 既未以之为全真，亦否认其全为后人造作。苏舆亦指出："盖东汉古学盛而今学微，故董书与之散佚。兹后人採掇之仅存者，前人已疑非尽本真。然微词要义往往而存，不可忽也。"② 简言之，尽管《春秋繁露》未必尽出于董子之手书，但将其视作反映董子思想观点的著作应当没有太大问题。

上述对于《春秋繁露》文本形成过程的钩稽与真伪观点的铺陈旨在明确：《春秋繁露》未必尽出自董子的手书，而是夹杂着董子的作品与后来者的文字。正如余嘉锡所指出："后人习读汉以后书，又因《隋志》于古书皆题某人撰，妄求其人以实之，遂谓古人著书，亦如后世作文，必皆本人手著。于其中杂入后人之词者，辄指为伪作，而秦、汉以上无完书矣。不知古人著述之体，正不如是也。"③ 作为传世文献的《春秋繁露》，其中掺杂了董子本人的作品与观点，但也不乏其后学、门弟子的文字附益其中。美国汉学家桂思卓的观点即代表了这样一种相对审慎的立场："《春秋繁露》是由一位匿名编者汇集而成的作品。'汇集'一词道破了该文献的两个重要面相：该文献既收入了董仲舒本人的论著，也收入了他人对其理论性阐释的记录，而这些阐释则是在不同场合对不同人作出的。"④ 因此，进一步的研究应当着力于明晰《春秋繁露》的文本面貌，而非纠缠于真伪问题。

三 《春秋繁露》文体论析

从文体角度审视《春秋繁露》，乃至《深察名号》篇的工作，

---

① 【清】纪昀等编：《四库全书总目·经部·春秋类·附录》，载【清】纪昀等编《景印文渊阁四库全书》（第一册），第602页。
② 【清】苏舆：《春秋繁露义证·例言》，第1—2页。
③ 余嘉锡：《古书通例》，第119页。
④ 【美】桂思卓：《从编年史到经典——董仲舒的春秋诠释学》，朱腾译，第76页。

◎ 发天意而正名号：公羊学语境中的董仲舒名论

前人的研究相对较少。且汉代尚属各类文体的形成时期，经、传、注、疏，抑或论、说、辩、议，界限未明，间或夹杂。断然以文体论真伪与年代，实未可取。不过，在无法断言《春秋繁露》乃至《深察名号》篇之真伪的前提条件下，想要进一步揭櫫文本之面貌，从文体角度予以考察不啻一个可观的进路。

首先，就《春秋繁露》的整体面貌来看，今本之八十二篇（阙三篇，实为七十九篇），文无定例，既包括序（《俞序》）、对（《对胶西王越大夫不得为仁》《五行对》《郊事对》）与颂（《山川颂》）等应用文体，更多的则是就特定主题展开论说。考诸《春秋繁露》之文本形成，即如上文所谓"说《春秋》事得失"与"百二十三篇"之来源，可以发现，八十二篇中当以论说的形式居多。其中，"说《春秋》事得失"者，即如"《闻举》《玉杯》《蕃露》《清明》《竹林》之属"，本即为说经义者，考诸今本《繁露》之《玉杯》《竹林》即知。而"百二十三篇"所谓"明经术之义，及上疏条教"，当包括"董仲舒呈送给皇帝的'上疏'和下达给其随从者的'条教'"这类应用之文体①，亦当包括平日授业与著述所留下的非官方文字。

就"论说"的体例来看，《春秋繁露》中所见之大多数篇章皆可归于论说，但也存在着主题与形式的多方面差异。刘勰《文心雕龙·论说》曰："圣哲彝训曰经，述经叙理曰论。论者，伦也；伦理无爽，则圣意不坠。"② 可见，"论"之功用在于"述经"与"叙理"两个方面，其行文之目的在于论理（伦理）畅达，彰明圣意。论之主题千差万别，形式亦有殊异。刘勰所谓"四品"与

---

① 【美】桂思卓：《从编年史到经典——董仲舒的春秋诠释学》，朱腾译，第52页。

② 【南朝梁】刘勰：《增订文心雕龙校注·论说第十八》，黄叔琳注，李详补注，杨明照校注拾遗，北京：中华书局，2000年，第245—246页。

"八名"，即涵盖了"论"从内容到形式的区分。① 以此审视《春秋繁露》，亦可明确其以论为主的总体面貌。无论是解经抑或说理，均就不同主题展开论说，其行文之体例或有不同，如《楚庄王》《玉英》《王道》诸篇以解经为主，《同类相动》《仁义法》《必仁且知》等篇，则围绕特定主题展开论证，以阐明其所论之规律、义旨；而如五行诸篇与郊祀诸篇，则更接近于平铺直叙，直陈其事而已。虽统之为"论"，《春秋繁露》之各篇又间杂以议、说、传、引、序等不同形式，无法一概言之。

更值得关注的是："论"这一文体的形成有其过程。"《论语》以前，经无'论'字，《六韬》二论，后人追题"，可见，《论语》是刘勰认为的"论"之始祖；而后，庄周之《齐物论》，《吕氏春秋》之"六论"可谓周秦时期"论"之代表；"石渠论艺，白虎通讲；述圣通经，论家之正体也"，则代表着汉代明经之论的正体典范②；随后又举班彪之《王命论》、严尤之《三将论》及至魏晋时期之各类论说，又有精密与否之差等。如果根据刘勰之定义，"论"代表的是"弥伦群言，而精研一理"的文体的话，那么，自秦汉至魏晋，"论"之发展尤有从粗疏到精密之过程。细绎《齐物论》或《吕氏春秋》之六论，其中多排比而成，终汇于一理。及至魏晋之"论"，则有"师心独见，锋颖精密"之效，其架构较周秦之论要来得严整，论理也更为绵密。以此而观《春秋繁露》之"论"，显然更接近于秦汉阶段。且严格按照刘勰所提出的"论"之标准而言，"论"只关乎"一理"，而《春秋繁露》所杂多有，当归入

---

① 所谓"四品"与"八名"："详观论体，条流多品：陈政则与议说合契；释经则与传注参体；辨史则与赞评齐行；诠文则与叙引共纪。故议者宜言，说者说语，传者转师，注者主解，赞者明意，评者平理，序者次事，引者胤辞：八名区分，一揆宗论。"【南朝梁】刘勰：《增订文心雕龙校注·论说第十八》，黄叔琳注，李详补注，杨明照校注拾遗，第246页。

② 【南朝梁】刘勰：《增订文心雕龙校注·论说第十八》，黄叔琳注，李详补注，杨明照校注拾遗，第246页。

◎ 发天意而正名号：公羊学语境中的董仲舒名论

"诸子"的范畴。在《诸子》篇中，他将陆贾《典语》、贾谊《新书》、扬雄《法言》、刘向《说苑》等皆归为"诸子"，认为其尽管"或叙经典，或明政术"，但"博明万世为子，适辨一理为论"。① 不过"论"与"诸子"的区分，并不在于文体、形式方面，聚焦于单篇，则诸子亦不过"论"之汇集而已。可见，《春秋繁露》无论就其论之体式，抑或文本之汇集性质，都与秦汉诸子更为切近。

如果将视角聚焦于《春秋繁露》中最为核心的"解经"部分，或可进一步发现文体的视角对于辨伪工作带来的启发。《春秋繁露》中解《春秋》经篇章的划分历来存在出入，由狭至宽可以区分为如下几种主要观点：（1）以《俞序》为断，仅取前十七篇者，以赖炎元为代表②；（2）以前十七篇为主，又兼及其他诸篇者，以徐复观、黄朴民为代表③；（3）取前十卷共计三十二篇者，以桂思卓为代表④；（4）凡与《春秋》有关皆可归入《春秋》学者，以陈明恩为代表。⑤ 如何划分，建立在对《春秋》学究竟采取广义或狭义的理解上，同时也取决于究竟如何看待《春秋繁露》这一文本，未

---

① 【南朝梁】刘勰：《增订文心雕龙校注·诸子第十七》，黄叔琳注，李详补注，杨明照校注拾遗，第230页。

② 参见赖炎元《春秋繁露今注今译·自序》，台北：商务印书馆，1984年，第4页。

③ 两者之间又有所区别，如徐复观认为："《三代改制质文》第二十三、《爵国》第二十八、《仁义法》第二十九、《必仁且智》第三十、《观德》第三十三、《奉本》第三十四等，皆专言《春秋》，应列入于《俞序》第十七之前。"如此，则共计二十三篇。黄朴民则又将《春秋繁露》中之《春秋》学内容分为两类："本《春秋》以立论者"，包括《楚庄王》《玉杯》《竹林》《玉英》《精华》《王道》《灭国》《随本消息》《盟会要》《观德》《奉本》《郊义》《郊祭》《顺命》等，以及"对《春秋》主旨的抉微与总结"，包括《正贯》《十指》《重政》《俞序》《二端》《符瑞》《仁义法》等。徐复观：《两汉思想史》（二），第284页；黄朴民：《天人合一：董仲舒与汉代儒学思潮》，长沙：岳麓书社，1999年，第49—50页。

④ 参见【美】桂思卓《从编年史到经典——董仲舒的春秋诠释学》，朱腾译，第96页。

⑤ 参见陈明恩《诠释与建构——董仲舒春秋学的形成与开展》，第31页。

有，也难有定论。不过，从文体角度而言，可以认为：无论采取广、狭不同的理解方式，《春秋繁露》之解经部分皆为"论"，而"论"之形式又可以区分为"述经"与"叙理"两类，前者专指本于阐发《春秋》经传之篇目，而后者则指向了将《春秋》视为论据用以说明某些普遍义旨的篇目。对于《春秋》解经篇目内部的文体差异，桂思卓、于雪棠等学者已有相关讨论。① 要言之，论述主题之差别与文体的差异错综交织，可能意味着文本的不同来源，而《春秋繁露》本即涵盖"明经术之义，及上疏条教，凡百二十三篇"之文，亦包括"说《春秋》事得失"之数十篇，更不能排除其门弟子与后学之篡入。

更有一种论点试图将《春秋繁露》归之于"传"之体式。《四库全书总目》言及："《春秋繁露》虽颇本《春秋》以立论，而无关经义者多，实《尚书大传》《诗外传》之类，向来列之经解中，非其实也，今亦置之于附录。"② 沈钦韩《汉书疏证》则提出《春秋繁露》可能为《公羊外传》的猜测，不过余嘉锡以为应当存疑。③ 且无论《春秋繁露》本即由多种文本缀合而成，难以一概论之。仅就其中解经的部分而言，《春秋繁露》之解经篇目，亦与

---

① 桂思卓关注到："第一篇至第六篇的文献体裁与第七篇至第三十七篇不同，后者大部分都是散文。《春秋繁露》最开始的六篇大约包括四十个段落，其中的很多段落采用相同的问答式叙事结构。更进一步说，第六篇的最后一个段落也是该篇最长的一个段落。它重复了前几篇所探讨的论题，并将为数众多的道德原则与《公羊传》的具体篇章联系起来。这可能代表着解经编所汲取的第一部分文献的结束。"于雪棠同样意识到问答形式在解经部分中的特殊性，认为前十七篇中包含"问难形式"的五篇，即《楚庄王》《玉杯》《竹林》《玉英》与《精华》以及不包括问难形式的一般论体。参见【美】桂思卓《从编年史到经典——董仲舒的春秋诠释学》，朱腾译，第86页；于雪棠《先秦两汉文体研究》，北京：北京师范大学出版社，2012年，第128页。

② 【清】纪昀等编：《四库全书总目·经部·春秋类·附录》，载【清】纪昀等编《景印文渊阁四库全书》（第一册），第603页。

③ 参见余嘉锡《古书通例》，第110页。

◎ 发天意而正名号：公羊学语境中的董仲舒名论

《韩诗外传》，乃至《公羊传》之论说方式不同。《韩诗外传》的论说方式往往是先述其事、明其义，而后征之以经。而《春秋繁露》的论说方式则要驳杂得多，如桂思卓所言，其中既有对于《春秋》经传的贴切解读，也有以某个特定主题为线索，统摄经传事例的行文方式。而《公羊传》之为"传"，自与《春秋繁露》之"论"有所区别。门弟子口授心传，将其微言大义记于竹帛，是为文本之"传"。而"传者转师"，即由师徒辗转授受之意，是为动作之"传"。《春秋繁露》之解经各篇中，以特定主题援引《春秋》、排比事例之各篇自与《公羊传》之体式相去邈远，即如纯为解经之诸篇，亦与《公羊传》之体式殊异。一方面，《春秋繁露》前五篇多有问答，而与《公羊传》之问答不同。《公羊传》之问答乃口授心传之遗迹，存在着层层推进，由文字、名物之训诂而推至义理阐发的特点，而董生解经虽然也多涉问答，但往往就事起义，未如解经之"传"般层层递进之形式。有学者将两个文本的解经体式之差异概括为"辩而裁"与"博而切"，认为《公羊传》"依经以辨理"，董生"合经以立义"，大体揭示出两个文本在解经方法乃至体式上的不同。[1] 要之，《公羊传》与《春秋繁露》之解经诸篇，虽在形式上合乎"一家之学，体例不同"之内、外分法，但断然以《公羊外传》予《春秋繁露》之解经篇目则未必合适。

不过，如果将秦汉传注体式之流变纳入视域，则可以推知：《春秋繁露》的解经诸篇在文本面貌上与秦汉时期的"传"体更为亲近。如虞万里所指出，秦汉之际并无"注"名，经师所著大抵以"传"为称。且汉初并无分传附经之例，传文与经别行，经由章句之"分章析句"，才为"注"体这一新兴而简明的体式奠定基础。[2] 换言之，西汉时期经师的著作归于"传"者多有，其解经体式亦有所差

---

[1] 参见于雪棠《先秦两汉文体研究》，第126—136页。
[2] 此处的讨论受惠于虞万里老师在2020年6月至7月课上讲授的"秦汉传注与章句体式之流变"。谨此说明并致谢！

异，如《毛诗诂训传》《韩诗外传》《公羊传》虽同为传体，但传的形式仍有差异。将《春秋繁露》之解经诸篇置于西汉经师传经之"传"的序列亦存在一定道理。且《公羊传》于汉景时期著于竹帛，为传体兴盛时期。董生与胡毋生"同业"，虽未参与撰著《公羊》，却同为传《公羊》的先师。① "传者转师"，《公羊传》与董生解经均为转述/发明师说这一点上又可相通。

无论从论体的发展还是传体的流变来看，《春秋繁露》——尤其是其中解经诸篇——所呈现的面貌与西汉时期的文本均较为亲近。当然，这一推论远非坚实可靠。如若将上述论断落到实处，则需要分单篇予以考察。不过，仅从还原《春秋繁露》之文本面貌，而非寻求可靠之辨伪依据的角度而言，从文体的角度切入仍有其可观之处。

四 《深察名号》篇考辨

对于《深察名号》篇的文本进行考辨，受制于上述对《春秋繁露》整体面貌的基本理解。然而，历来文献学者考察《春秋繁露》，言及《深察名号》篇者实属罕见，仅有楼钥发明的以《天人三策》校正《春秋繁露》的方法可以延及《深察名号》篇。② 此外，钱谦益所推崇、黄云眉所辨伪的仅仅是《深察名号》篇的后半部分，即论"性"的内容，其前半部分对于"正名"学说的申述，乃至"君""王""诸侯"与"大夫"等名号的考订，则几乎不在文献考辨之列。究其缘由，一则《深察名号》篇中的名号论一般被

---

① 《汉书·儒林传》记载："胡毋生字子都，齐人也。治《公羊春秋》，为景帝博士。与董仲舒同业，仲舒著书称其德。"【汉】班固撰，【唐】颜师古注：《汉书·儒林传第五十八》，北京：中华书局，2012年，第3111页。

② 黄朴民接续楼钥的方法，以《天人三策》与《春秋繁露》的文本进行比照、对参，以说明其可以信从。邓红则以《天人三策》来检索《春秋繁露》中的董子"真篇"。参见黄朴民《董仲舒〈春秋繁露〉考辨》，《衡水学院学报》2014年第6期；邓红《〈春秋繁露〉"董仲舒真篇"新探——以"贤良对策"检索〈春秋繁露〉的尝试》，《衡水学院学报》2020年第2期。

◎ 发天意而正名号：公羊学语境中的董仲舒名论

视作对孔子《春秋》"正名"学说的发挥，继圣人之说而为言，无甚可怪之处，不若后文之谈"心"论"性"，议者纷纭，参详比照之余或可稍补于《深察名号》篇之辨伪工作；二则征诸前汉文献，论"名"者乏善可陈，可资参详互证者更是寥寥。因此，历来注疏、辨伪在《深察名号》篇上着力不多，实为无从下手之故。及至今日，情况亦并未好转，仅有相对合理的推测而已。本书所能做的也只是在前人观点的基础上，进一步明晰《深察名号》篇的文本面貌。

首先，如果接受上文《春秋繁露》之为汇集了"说《春秋》事得失"之数篇与"明经术之义，及上疏条教，凡百二十三篇"之文的观点，可以合理推测《深察名号》篇极有可能出自《汉志》所著录之"百二十三篇"。就《深察名号》篇所叙述的主题来看，其核心是"对《春秋》之'正名'功能的长篇论述"[①]。具体而言，又可以区分为名号理论的概述、政治性名号的考订与对心性学说的展开，三者之间经由"名"这一线索关联起来。桂思卓将《春秋繁露》的第一—六、七—十七、二十三—三十七共计三十二篇归于"解经编"。其中，第一—六篇以问答形式为主，所论内容大多是对《春秋》经与《公羊传》的贴切解读，其余诸篇则"起始于对《公羊传》之一般原理的阐释"[②]。此外，《俞序第十七》又承担了叙述作者撰著志意，提纲挈领的作用，使得前十七篇又具有相对独立的可能性。《深察名号》篇具有明确而独立的主题，又与前六篇对《春秋》经传文字的贴切解读（"说《春秋》事得失"）不同，且不处于前十七篇之列，可以推断，其来自"百二十三篇"的可能性最大。

推断《深察名号》篇来自"百二十三篇"，并不意味着没有后人篡入，乃至拼凑的可能。英国汉学家鲁惟一猜测《深察名号》篇

---

① 【美】桂思卓：《从编年史到经典——董仲舒的春秋诠释学》，朱腾译，第92页。

② 【美】桂思卓：《从编年史到经典——董仲舒的春秋诠释学》，朱腾译，第96页。

第一章 《深察名号》篇文本考释

可能是公元前79年白虎观会议的会议纪要。然而，鲁惟一仅仅提及了该篇的问答形式，全书中鲜见的对《孟子》的征引（仅《深察名号》《实性》与《循天之道》三篇征引《孟子》），以及《白虎通》对"名号"（terminology）的关注三点，并未就此具体展开。[①]然而，两个文本除了均包含对于"名号"的关注之外，并没有任何直接证据表明两者之间存在直接的关联。如果将《深察名号》篇与《白虎通》的相关文本进行比照，可以发现《白虎通》作为官方试图统一经义而编定的著作，其撰著的目的、体式与《深察名号》篇均有所不同。且《白虎通》往往体现出某种对《深察名号》篇的深化与明晰。仲舒之说流传于汉世，并由其门弟子或服膺其学问的儒生引入白虎观会议的讨论，最终被辑录入《白虎通》的文本发展线索似乎更为合理。[②]不过，这一观点为审视《深察名号》篇的文本状况提供了一个绝佳的角度：《深察名号》篇中的诸多观念至少在汉代有所流传、衍变，甚至为官方所接受，既然认可《春秋繁露》为后来者编辑而成的作品，且上述证据在一定程度上提示其中可能有拼凑与后人篡入的痕迹，那么，《深察名号》篇未必为董子原文亦可知矣。与桂思卓对《春秋繁露》整体面貌的判断相一致，《深察名号》篇同样可能是一篇董仲舒的著作与对其后学的阐发相混杂的文献。[③]

文献阙如而不足征，断言《深察名号》篇之真伪仍然不具有可操作性，不过上述讨论也从形式与内容等各方面呈现出该篇的复杂

[①] 参见【英】鲁惟一《董仲舒："儒家"遗产与〈春秋繁露〉》，陈颢轩、王珏、戚轩铭译，第258页。

[②] 历来研究汉代思想的学者乐于将《春秋繁露》与《白虎通》中的许多观念进行比照研究，且认为两个文本在观念层面有所承继。然而，从文本参与的角度，仍然有进一步申述的余地。在辨伪方面，似乎没有证据可以证成鲁惟一的观点，但这一视角启发本书从文本比照角度进一步分析《深察名号》篇的文本可靠性。具体可参见本章第二节"征文献"中有关《白虎通》的讨论。

[③] 参见【美】桂思卓《从编年史到经典——董仲舒的春秋诠释学》，朱腾译，第96页。

◎ 发天意而正名号：公羊学语境中的董仲舒名论

面貌。《春秋繁露》乃至《深察名号》篇的文本面貌之模糊，至多在实证意义上削弱，而非勾销了董仲舒与被归之于他的这一文本间的关联，不过该篇可以在一定程度上代表董仲舒或董仲舒学派的名学观点应当无疑。

第二节 征文献

对于《深察名号》篇文本可靠性的论证，可以在与汉代其他文献的对参与比照中得以进一步加强。征诸《天人三策》，可以由两者表述与观点的相近之处进一步证明《深察名号》篇之为董仲舒及其门弟子的作品；证诸汉代的其他文献，可以发现《深察名号》篇中的某些典故、话题之为彼时之共识。

一 《深察名号》篇与《天人三策》的文本对参

以《天人三策》校正《春秋繁露》的方法发端于南宋楼钥而几成定式，凡欲证《春秋繁露》之真，必引《天人三策》为据。然而，这一方法并非没有争议。前述程大昌、黄云眉等怀疑论者认为《春秋繁露》的编者缀辑《天人三策》之语，试图以假乱真。然而，这一怀疑本身即建立在以《春秋繁露》为伪书的基础上，实则倒因为果，并无助益于《春秋繁露》之辨伪工作。[①] 事实上，

[①] 真正对以《天人三策》证《春秋繁露》之真的方法构成挑战的是对《天人三策》之真伪本身的怀疑。2000 年，孙景坛于《南京社会科学》发表论文《董仲舒的〈天人三策〉是班固的伪作》，列举种种理由以证其说，如与《史记》所记之不合，西汉时期无人提及，三策之排序、时间，等等，都构成了作者质疑《天人三策》非董仲舒之作的理由。然而，这一对《天人三策》彻底否定的观点并不为学界所接受。对策时间问题历来都有争议，如"元光元年说"和"元光五年说"等，"三策"之排序经班固编辑时有所调整也属常理。即便如今《汉书·董仲舒传》所载之《天人三策》非董仲舒的原作，而经过了班固的编辑与修订，在没有坚实可靠的证据支持伪作说的情况下，将《天人三策》视作董仲舒的作品并代表其思想，仍然是相对可靠的观点。

第一章 《深察名号》篇文本考释

《天人三策》与《春秋繁露》在具体表述与观念上的相承是切实存在的。① 具体到《深察名号》篇也同样如此。两者之间表述相近、观点一致之处有数例，参见表1-1：

表1-1 　　《深察名号》篇与《天人三策》文本比照表

关键词	《深察名号》篇的表述	《天人三策》的表述
元	《春秋》大元，故谨于正名。名非所始，如之何谓未善已善也	《春秋》谓一元之意，一者万物之所从始也，元者辞之所谓大也。谓一为元者，视大始而欲正本也（《对策一》）
天人之际	天人之际，合而为一	《春秋》之中，视前世已行之事，以观天人相与之际，甚可畏也（《对策一》）
王	受命之君，天意之所予也；王者往也	臣闻天之所大奉使之王者，必有非人力所能致而自至者，此受命之符。天下之人同心归之，若归父母，故天瑞应诚而至（《对策一》）
君	君者元也，君者原也	为人君者，正心以正朝廷，正朝廷以正百官，正百官以正万民，正万民以正四方（《对策一》）
教化	民受未能善之性于天，而退受成性之教于王	凡以教化不立而万民不正也。夫万民之从利也，如水之走下，不以教化堤防之，不能止也……古之王者明于此，是故南面而治天下，莫不以教化为大务（《对策一》）

---

① 邓红对"以思想理路论真伪"的进路有所批判，不过，在文献阙如而不足征的情况下，这或许是如今唯一可用的方法。落实到《深察名号》篇，邓红仅征引"《春秋》大元，故谨于正名"一条可与《天人三策》对参，但即便如此，两者的文本也并不完全一致。仍然未能跳脱以观点、思想理论证真伪的窠臼。因此，文献的互证与以思想理论论真伪并非非此即彼的关系，而应当视为互补的方法。参见邓红《〈春秋繁露〉"董仲舒真篇"新探——以"贤良对策"检索〈春秋繁露〉的尝试》，《衡水学院学报》2020年第2期。

· 43 ·

◎ 发天意而正名号：公羊学语境中的董仲舒名论

续表

关键词	《深察名号》篇的表述	《天人三策》的表述
情性	如其生之自然之资谓之性。性者质也 身之有性情也，若天之有阴阳也 天两有阴阳之施，身亦两有贪仁之性。天有阴阳禁，身有情欲栣，与天道一也	命者天之令也，性者生之质也，情者人之欲也。或夭或寿，或仁或鄙，陶冶而成之，不能粹美，有治乱之所生，故不齐也（《对策一》） 天令之谓命，命非圣人不行；质朴之谓性，性非教化不成；人欲之谓情，情非度制不节。是故王者上谨于承天意，以顺命也；下务明教化民，以成性也；正法度之宜，别上下之序，以防欲也；修此三者，而大本举矣（《对策三》）

如表1-1所示，《天人三策》——尤其是《对策一》——与《深察名号》篇在关键概念上的重合度十分可观。

第一，对策与《深察名号》篇中对于"元"的重视均来自《春秋》之对"元"的推重，有所不同的是，对策之中以《春秋》"贵元重始"为归宿，《深察名号》篇则从"《春秋》大元"出发，主张"名"之为人伦之始，乃至论辩（性之）"未善已善"之始。

第二，"天人之际"的说法，在汉代逐渐兴起。在《天人三策》与《深察名号》篇的使用中，前者意在回答武帝"三代受命，其符安在？灾异之变，何缘而起"的策问，因为在《春秋》之中，天与人之间的互动不乏以灾异谴告或符命为表现形式。后者则关注"名"之为天意与人事的沟通环节。

第三，对策之中对于君、王的论述可以在《深察名号》篇所谓"君号"与"王号"的"五科"中找到对应。并且，因为武帝策问涉及"三代受命"与"灾异之变"，董仲舒在回答如何为君、为王的问题时，"天"的维度也贯穿始终。此外，对于如何为君、为王的探讨涉及"王道"的问题。"王道"一词在《天人三策》中出现六次之多，而在整本《春秋繁露》中，"王道"一词也仅出现十次。由此可知，《天人三策》具有明显的针对性。

· 44 ·

第四，《天人三策》不仅是对武帝策问的回应，也是董仲舒向时君介绍其政治主张的绝佳机会。概而言之，对策之中董仲舒的主张或可概括为：选贤能、设庠序、行教化、施德政。其中，"德政"流于抽象，官员的考陟与庠序的设立是实操层面的问题，真正居于核心位置的则是对于"教化"的主张。在《天人三策》中，"教化"一词出现了十六次之多，可见其重要性。不过，与《天人三策》对于"教化"的推崇有所不同，《深察名号》篇对于"教"的主张与心性问题相关，因为"质朴之谓性"，因此才需要圣人教之而后善。由是观之，《深察名号》篇所论当属"教化"的内在机制，《天人三策》所论则是"教化"的具体举措。

第五，对于"情"与"性"的讨论，《天人三策》与《深察名号》篇并无二致，不过后者对于"性""情""欲"及"善"等概念的论述更为充分，对策之中为便宜之故仅取其结论而已。并且，正是在对策之中，补足了"教化"与"情性"之间的逻辑环节，使得两个主题得以融会贯通，故而可与《深察名号》篇相互发明。

除却上述两个文本之间相似，乃至一致的内容之外，仍有两处值得关注。一则是《对策》批评秦政"师申商之法"："诛名而不察实，为善者不必免，而犯恶者未必刑也。是以百官皆饰（空言）虚辞而不顾实，外有事君之礼，内有背上之心，造伪饰诈，趣利无耻。"① 与之相应的观点是《春秋繁露·考功名》篇中的"揽名责实"。另一则是《对策》中关于教化、礼乐制度作为维系社会稳定的重要工具的强调②，与《深察名号》篇疑似错简至

---

① 【汉】班固撰，【唐】颜师古注：《汉书·董仲舒传第二十六》，第2184页。

② 董仲舒《对策》云："教化已明，习俗已成，子孙循之，行五六百岁尚未败也。"又："道者，所繇适于治之路也，仁义礼乐皆其具也。故圣王已没，而子孙长久安宁数百岁，此皆礼乐教化之功也。"【汉】班固撰，【唐】颜师古注：《汉书·董仲舒传第二十六》，第2179、2174页。

◎ 发天意而正名号：公羊学语境中的董仲舒名论

《玉英》篇的文字表达了某种相通的意涵，所谓"是故治国之端在正名。名之正，兴五世，五传之外，美恶乃形"①。"名"是"礼"与"法"不可或缺的载体。"名"所体现的某种对"名"所指称对象的规定，在儒家的语境中即所谓"礼"。在此意义上，"名"可以归于"礼"。可知，对"礼"的重视与对"名"的重视有其内在相通之处。

综上，将《天人三策》与《深察名号》篇两个文本参照比对，可以发现：两者之间共用一套概念系统，拥有一套内在相通的思想观念。两者之间的差异可以理解为文体与主题的不同。《天人三策》受限于武帝之问，故回答也势必体现出显著的针对性。《深察名号》篇则以"名"为核心展开论述，不受限于现实的撰著目的，以至于在某些具体问题上也要比对策所论更为详备、深入。经由上文之文本互参，若以《天人三策》为董子之作品，那么将《深察名号》篇视为董仲舒（学派）的作品也应当成立。并且，在两个文本的比较与参详之中，更能发现某些相互发明的可能。

二　汉代文献中其他与《深察名号》篇相近与相关的表述

除《汉书·董仲舒传》所载的《天人三策》之为董仲舒本人的作品可以直接用来证成《深察名号》篇的文本可靠性之外，汉代的其他文献，如《新书》《韩诗外传》《说苑》《淮南子》《论衡》《白虎通》等，也同样可以服务于这一目的。不过与《天人三策》和《深察名号》篇之间直接的关系不同，汉代其他文献中的相近或相关表述只能在一定程度上说明《深察名号》篇与汉代其他文献，或具有某种共识性的观点或使用相同的比喻，或观念之间有所流传。具体例证详见表1－2：

---

① 【汉】董仲舒：《春秋繁露·玉英第四》，第19页。

第一章 《深察名号》篇文本考释

表1-2　汉代文献中与《深察名号》篇相同、相近的表述表

关键词	汉代文献中的相关表述
天人之际	礼乐损益，律历改易，兵权，山川，鬼神，天人之际，承敝通变，作八书（《史记·太史公自序》）
	上下各千岁，然后天人之际续备（《史记·天官书》）
	披艺观之，天人之际已交，上下相发允答（《史记·司马相如列传》）
	圣人存神索至，成天下之大顺，致天下之大利，和同天人之际，使之无间也（《法言·问神卷第五》）
	善为政者、循情性之宜，顺阴阳之序，通本末之理，合天人之际（《韩诗外传》卷七）
民	夫民之为言也，暝也；萌之为言也，盲也（《新书·大政下》）
卵雏、茧丝之喻	茧之性为丝，弗得女工燔以沸汤，抽其统理，不成为丝。卵之性为雏，不得良鸡覆伏孚育，积日累久，则不成为雏。夫人性善，非得明王圣主扶携，内之以道，则不成为君子。《诗》曰："天生蒸民，其命匪谌。靡不有初，鲜克有终。"言惟明王圣主然后使之然也（《韩诗外传》卷五）
	茧之性为丝，然非得工女煮以热汤而抽其统纪，则不能成丝；卵之化为雏，非慈雌呕暖覆伏，累日积久，则不能为雏；人之性有仁义之资，非圣人为之法度而教导之，则不可使向方。故先王之教也，因其所喜以劝善，因其所恶以禁奸（《淮南子·泰族训》）
情性	董仲舒览孙、孟之书，作情性之说曰："天之大经，一阴一阳；人之大经，一情一性。性生于阳，情生于阴。阴气鄙，阳气仁。曰性善者，是见其阳也；谓恶者，是见其阴者也。"（《论衡·情性》）
	凡人之性，莫不欲善其德，然而不能为善德者，利败之也；故君子羞言利名，言利名尚羞之，况居而求利者也（《说苑·贵德》）

上表所列文献中，"天人之际"的说法在汉初逐渐成为一个重要的思想议题，《史记》《韩诗外传》《法言》等文献中均有提及；以"暝"训"民"，首见于《新书》，与《深察名号》篇同；卵雏、茧丝之喻

· 47 ·

◎ 发天意而正名号：公羊学语境中的董仲舒名论

也同样出现在《韩诗外传》与《淮南子》中。上述例子至少说明了在《深察名号》篇中，不乏彼时习见的比喻、观念。《论衡》则直接引用董子之语，然而这段话并不以完整的形式见于《深察名号》篇乃至《春秋繁露》之中，也许可以作为董仲舒的著作在汉代流传的文字与传世的《春秋繁露》已有所不同的一则例证；《说苑·贵德》篇的引文同样涉及人性问题，其核心观点与《深察名号》篇相一致，且与《玉英》篇的表述如出一辙，故备录之。①

除却上述文献外，最能体现《深察名号》篇的观点在其身后有所流传的当属《白虎通》，鲁惟一关注到《白虎通·号》篇与《深察名号》篇对于"名号"的问题有相同的关注。事实上，如果将视野扩展到《白虎通》的整个文本，则会发现其对《深察名号》篇的"继承"不仅体现在《号》篇，但凡《深察名号》篇所涉猎之观念，在《白虎通》中均可找到对应。兹列举如下：

表 1-3 　　《深察名号》篇与《白虎通》的文本对参表

关键词	《深察名号》篇的表述	《白虎通》的表述
心	栣众恶于内，弗使得发于外者，心也。故心之为名栣也	心之为言任也，任于恩也（《情性》）
情性	言人之质而无其情，犹言天之阳而无其阴也 性之名非生与？如其生之自然之资谓之性 人之诚，有贪有仁。仁贪之气，两在于身	情性者，何谓也？性者，阳之施；情者，阴之化也。人禀阴阳气而生，故内怀五性六情。情者，静也，性者，生也，此人所禀六气以生者也。故《钩命决》曰："情生于阴，欲以时念也；性生于阳，以就理也。阳气者仁，阴气者贪，故情有利欲，性有仁也。"（《情性》）

---

① 《玉英》篇云："凡人之性，莫不善义，然而不能义者，利败之也。故君子终日言不及利，欲以勿言愧之而已，愧之以塞其源也。"【汉】董仲舒：《春秋繁露·玉英第四》，第 24 页。

第一章 《深察名号》篇文本考释

续表

关键词	《深察名号》篇的表述	《白虎通》的表述
名	鸣而施命谓之名 名则圣人所发天意，不可不深观也 名详而目	人必有名何？所以吐情自纪，尊事人者也（《姓名》） 名者，幼小卑贱之称也（《姓名》） 名或兼或单何？示非一也。或听其声，以律定其名；或依事、旁其形。故名或兼或单也（《姓名》）
号	謞而效天地谓之号 号凡而略	帝王者何？号也。号者，功之表也，所以表功明德，号令臣下者也（《号》）
天子	号为天子者，宜视天如父，事天以孝道也	天子者，爵称也。爵所以称天子者何？王者父天母地，为天之子也（《爵》）
君	君者群也	君，群也，下之所归心（《三纲六纪》）
王	王者皇也，王者方也，王者匡也，王者黄也，王者往也	皇，君也，美也，大也（《号》） 王者，往也，天下所归往（《号》）
诸侯	号为诸侯者，宜谨视所候奉之天子也	侯者，候也。候逆顺也（《爵》）
大夫	号为大夫者，宜厚其忠信，敦其礼义，使善大于匹夫之义，足以化也	大夫之为言大，扶进人者也（《爵》）
士	士者，事也	《传》曰："进贤达能，谓之大夫也。士者事也，任事之称也。"（《爵》）

表1-3所示的两个文本间的对比，可以区分为三组概念。第一，心、性与情。这一组概念中，《白虎通·情性》篇与《深察名号》篇中的相应表述高度一致，无论是"心之为名（言）任（栣）"，还是以"阴阳"论"情性"、以"生"训"性"，抑或引用纬书《孝经钩命决》以"仁贪"论"性情"，无不体现出两个文本之间的高度契合。不过，《白虎通·情性》篇又在此基础上发展出了"五性六情"说。第二，名与号。鲁惟一关注到《号》篇中的"名

◎ 发天意而正名号：公羊学语境中的董仲舒名论

号"（terminology）观念，与《深察名号》篇有相似之处。如若深入两个文本在名号问题上的不同致思进路，则会发现两者间的差异至为显著。在《深察名号》篇中，"名"首先与命名活动相关，凡物莫不有名，"号"与"名"相对，具有更为抽象的概括性，故名散而号凡。此外，《深察名号》篇也涉及名号的来源问题，并将天意、圣人等概念引入其对名号问题的讨论，呈现出试图构建一套以"天"为基础，以名号为核心的系统理论的思想倾向。《白虎通》固然也体现出对广义的"名"的重视，如以《爵》《号》《谥》三篇位于全书之首。然而，其关注点则是政治性的"名号"与"爵称"，至于对"姓""氏"与"名"的讨论则聚焦于具有政治身份的个体——如诸侯、大夫、士——的命名、取号，及其所体现的政治意蕴。换言之，在《深察名号》篇中，对于名号的讨论起始于如何命名、谁来命名的抽象理论问题，而在《白虎通》的脉络中，对于此类抽象问题并不关心，而是侧重于名字、称号的现实政治与经学诠释的意义。第三，自"天子"以至于"士"的名号。这一部分两个文本之间表现出了高度的一致性。并且《白虎通》的表述更为明晰。例如在《号》篇，对于统治者称号的讨论涉及"帝""王""皇"与"天子"等，并赋予每一个"号"以特定的含义。在《深察名号》篇中，尽管也论及"王号"，但其意义的指涉枝蔓牵连以至于"五科"，其中所涉兼及《白虎通》所谓"王"与"皇"。

综上所述，征诸《天人三策》，可以发现《深察名号》篇可以代表董仲舒（学派）的观点无疑；征诸汉代的其他文献，可以说明《深察名号》篇中存在不少在汉代属于共识性的观念或表述。而在与诸如《论衡》《说苑》《白虎通》等东汉文献的比照中，可以发现《深察名号》篇的许多观念在汉代即有所流传，甚至为官方所接受。或许可以下一断语：《深察名号》篇之为董仲舒（学派）的作品，虽然未必全出于董仲舒之手，但其主要观点应当归于董仲舒。

第三节　明移篡

今本《春秋繁露》所载之《深察名号》篇非董子之旧，上文已有论证。随之而来的问题则是如何进一步揭橥《深察名号》篇的文本面貌。这也就涉及了文本的移动与篡改问题：一方面，篇内的移篡涉及篇章结构及其义理脉络；另一方面，有本属该篇的文字篡入《春秋繁露》的其他篇章，则势必导致上下文，乃至义理脉络的不连贯。历来对《春秋繁露》进行校雠、注释的学者也偶有论及其中移改之处，对于《深察名号》篇之移篡问题贡献较多者，则有俞樾（1821—1907）《春秋繁露平议》、与苏舆《春秋繁露义证》，本书将以之为基础，进一步明晰《深察名号》篇所涉及的移篡问题。具体而言，《深察名号》篇中共计有四处可能的移篡，试一一分析如下。

一　"瞑也者"句的移改

俞樾对"号其大全，瞑也者，名其别离分散也"一句中"瞑也者"的位置提出异议：

> 樾谨案："此本作'号其大全，名其别离分散也'。故下文曰'号凡而略，名详而目'，正承此言。'瞑也者'三字，当在上文。"按：上文云："士者，事也。民者，瞑也。士不及化，可使守事从上而已。"此下当有"瞑也者"云云，乃释"民者瞑也"之义，传写夺之，又误着在后耳。①

---

① 【清】俞樾：《诸子平议》卷二十六，北京：中华书局，1954年，第526页。

俞樾指出："瞑也者"当移至前文"民者，瞑也"句后，不过后有阙文，文辞不通。陶鸿庆（1859—1918）则认为此句当改为："士者，事也，士不及化，可使守事；民者，瞑也，从上而已。"① 即将"可使守事从上而已"拆作两截，前半句解"士"，后半句释"民"。武英殿聚珍本、卢文弨抱经堂从书本、苏舆本则以"瞑"为"名"，"瞑也者"，当作"民也者"，如此文义自然通顺固不待言，但宋本即作"瞑"而非"名"，且"瞑""名"字形相去甚远，传抄之误的可能性不大。钟肇鹏汇集诸家注释，以为：俞、陶之移改"句读虽通，但以意移置"②。

　　本书以为：俞、陶固然"以意"移改，但不为无据。其理由有三。第一，就《深察名号》篇对于"五号"的讨论来看，除"民"之外，皆有解释之语。且为何"士者，事也"后不接"士不及化"句，却在其中插入"民者，瞑也"，令人怀疑其有错置的嫌疑。第二，就"士"的含义来看，以"事"为训是其通义，但以"从上"训"士"却有异议，且于理似有未合。《大戴礼记·哀公问五义》记载哀公与孔子的一则对话，孔子明确指出："所谓士者，虽不能尽道术，必有所由焉；虽不能尽善尽美，必有所处焉。是故知不务多，而务审其所知；行不务多，而务审其所由；言不务多，而务审其所谓。知既知之，行既由之，言既顺之。"③ 一言以蔽之，"士"的职分在于恪尽职守，即不必贪多务得，这也正是"士"所"不能尽"之处。即《深察名号》篇所谓"不及化"者，但"有所由""有所处"，体现出"士"仍有一定的道义担当。《孔子家语·正论

---

① 转引自钟肇鹏主编《春秋繁露校释·深察名号第三十五》（校补本），石家庄：河北人民出版社，2005年，第650页。
② 钟肇鹏主编：《春秋繁露校释·深察名号第三十五》（校补本），第650页。
③ 【清】王聘珍：《大戴礼记解诂·哀公问五义第四十》，北京：中华书局，1983年，第10页。

解》记载另一则孔子之语："古之士者，国有道，则尽忠以辅之，国无道，则退身以避之。"①《新书·大政下》记载贾谊的观点，认为："故夫士者，弗敬则弗至；故夫民者，弗爱则弗附。故欲求士必至、民必附，惟恭与敬、忠与信，古今毋易矣。"②及至《白虎通·爵》篇，"士"同样被视作一个爵称。凡此种种，无不体现出以"从上"训"士"似乎未能妥帖。第三，以"从上"释"民"更为合理。以"从上"训"士"并不能体现出"士"在定义上的属差，因为处于政治序列中的每一个个体都有"从上"的义务，天子要从天、诸侯要从天子、大夫要从诸侯云云。但是，"民者，瞑也"，既然未觉，故只能"从上"，较之于"士"之"守事"而言显然有所区别，《深察名号》篇主张"谨于正名"，在称号、职分的厘定上，应当有十分精确而深入的考量。陶氏之改未必是董子之旧，但于理得之。

二 《深察名号》篇篡入《玉英》篇的文字

在考察完"王号"与"君号"之后，《深察名号》篇又转向对"名"的讨论。所谓"名生于真，非其真弗以为名"，然而话犹未尽，却又插入了论"性"的内容，俞樾怀疑此处有错简：

> 樾谨案："此下（笔者案：'不可以相谰也'句）当接'《春秋》辨物之理'，至'五石、六鶂之辞是也'六十三字，下有脱简在《玉英》篇，其文曰'是故治之端在正名'，至'非子路之所能见'三十六字。《深察名号》篇至此已毕。篇首云：'治天下之端，在审辨大，辨大之端，在深察名号'，末

---

① 【三国魏】王肃注：《孔子家语·正论解第四十一》，【日】太宰纯增注，宋立林校点，上海：上海古籍出版社，2019年，第358页。
② 【汉】贾谊：《新书校注·大政下》，阎振益、钟夏校注，北京：中华书局，2000年，第347页。

◎ 发天意而正名号：公羊学语境中的董仲舒名论

云'是故治国之端在正名'，首末正相应也。今定其文如左。"

诘其名实，观其离合，则是非之情，不可以相谰已。《春秋》辨物之理，以正其名。名物如其真，不失秋毫之末。故名陨石，则后其五，言退鹢，则先其六。圣人之谨于正名如此。君子于其言，无所苟而已，五石、六鹢之辞是也。是故治国之端在正名，名之正兴五世，五传之外，美恶乃形，可谓得其真矣。非子路之所能见。①

这一移改牵涉甚广，既涉及《深察名号》篇内的文序调整，也关乎《深察名号》篇错简篡入他篇的文字。首先，俞樾对篇内文序的移置可谓合理，经此移改，论"名"的部分与论"性"的部分彼此泾渭分明，一目了然；其次，就篡入《玉英》篇的文字来说，苏舆也关注到此三十六字疑为《深察名号》篇文，但与俞樾所移置的位置有所不同，苏舆以为《玉英》篇三十六字或在"名生于真"之前，然而并未给出任何论证。② 相比之下，俞樾则以为《深察名号》篇以论"治天下"始，以"治国"终，首尾呼应，可备为一说。然而，判断这一移改本身是否合理，仍然要考察其是否贴合其原本所处的上下文语境。以今本《春秋繁露·玉英》篇观之，其以"元"起文，接之以"是故治国之端在正名……非子路所能见"，而后即解经的内容③，文义并不连属。且就"元"与"名"这两个

---

① 【清】俞樾：《诸子平议》卷二十六，第526页。
② 参见【清】苏舆《春秋繁露义证·深察名号第三十五》，钟哲点校，第283页。
③ 《玉英》篇亦涉及移篡问题。苏舆以为"非子路之所能见"后，当接《重政》篇"惟圣人能属万物于一"至"大其贯承意之理矣"，及《二端》篇"是故《春秋》之道"至"五者俱正而化大行"两端，随后才是解经文字。谭献、钱塘亦以为此处当有移篡。然而，文献无征，只得备录其说。倘若《玉英》开篇后即接《重政》与《二端》论"元"之文，则"是故治国之端在正名"更显突兀。参见钟肇鹏主编《春秋繁露校释·玉英第四》（校补本），第122页。

关键概念来看，后文所论之《春秋》经义彼此独立，仅以前三段议论为例：第一段以宋缪公、吴王僚与卫宣公之居正、受命与得众之不同情境展开讨论，继而比较鲁桓公与齐桓公之是否有忧惧之心，提出人主"反道除咎"的重要性；第二段以鲁隐公"观鱼于棠"为事例，以明人君求利之大恶；第三段讨论经礼与变礼。实在很难以单一的线索——如"元"或"名"——统摄起来。就此而言，"是故治国之端在正名"句与《玉英》篇的上下文并不契合，将之移改至《深察名号》篇有其合理之处。

三 《深察名号》篇篡入《天道施》篇的文字

如果认为可能存在《深察名号》篇篡入他篇的文字，那么以"名"为关键词检索今本《春秋繁露》，可得另一则十分可疑的文本：

> 名者所以别物也，亲者重，疏者轻，尊者文，卑者质，近者详，远者略，文辞不隐情，明情不遗文。人心从之而不逆，古今通贯而不乱，名之义也。男女犹道也，人生别言礼义，名号之由人事起也。不顺天道，谓之不义，察天人之分，观道命之异，可以知礼之说矣。见善者不能无好，见不善者不能无恶，好恶去就，不能坚守，故有人道。人道者，人之所由，乐而不乱，复而不厌者。万物载名而生，圣人因其象而命之。然而不可易也，皆有义从也，故正名以名义也。物也者，洪名也，皆名也，而物有私名，此物也，非夫物。故曰：万物动而不形者，意也；形而不易者，德也；乐而不乱，复而不厌者，道也。①

---

① 卢文弨所校聚珍本在《天道阴阳》篇。参见【汉】董仲舒《春秋繁露·天道阴阳第八十一》，第99页。

◎ 发天意而正名号：公羊学语境中的董仲舒名论

这一段文字的移篡问题更为复杂，宋本原在《天地阴阳》篇"功过"下，凌曙从张惠言校移置于《天道施》篇，苏舆从之，又曰："疑是《深察名号》篇中文，因提行别处。"① 鲁惟一亦在对《天道施》篇的考察中列出这一观点，不过并未置评。② 今本《春秋繁露·天道施》篇共有两段。第一段以"天道施，地道化，人道义"起笔，讨论的是由天、地、人三者构成的世界如何运作的准则，其中，又以人及其"礼义"为论述的核心。第二段以"名者所以别物"起笔，但最终的落脚点在"正名以名义"，与第一段中对于"礼义"的问题相契合。因此，"名"在《天道施》篇中被组织进"礼义"的讨论中，而非相反。故本书以为：将之移改至《深察名号》篇不尽合理，仅备为一说，但其论"名"之诸说仍然可以纳入董仲舒名号学说之范畴予以讨论。

四 《深察名号》篇论心性部分的移改及其与《实性》篇之关系

对于"名生于真"一整段的移改顺势也就涉及了对《深察名号》篇心性论部分的改动，这一改动在《深察名号》篇内部并未造成太大的影响，事实上，文序的调整使得该篇名号论与心性论泾渭分明，义理脉络也更为清晰。不过俞樾的论述亦涉及《深察名号》篇与《实性》篇的关系问题：

> 樾谨案："此下当接'柾众恶于内'云云。自此以下，即为《实性》上篇。董子论性，必反求诸性之名，故曰：'性之名非生与？'论心必反求诸心之名，故曰：'心之为名柾也。'盖古人言义理，不离声音训诂，即孔子正名之义。《实性》篇

---

① 【清】苏舆：《春秋繁露义证·天道施第八十二》，第467页。
② 参见【英】鲁惟一《董仲舒："儒家"遗产与〈春秋繁露〉》，陈颢轩、王珏、戚轩铭译，第276页。

与《深察名号》篇，所以相次也。后人因两篇之文有相近者，遂将篇首'今世暗于性'云云，误羼入《深察名号篇》'春秋辨物之理'一节之上，而两篇遂不可分矣。今定此为《实性上篇》，而'孔子曰名不正则言不顺'以下，则为《实性下篇》。庶不失董子之旧乎？"①

俞樾认为：《深察名号》篇自"今世暗于性……不可不察也"后当接"栣众恶于内"段，并将之划归为《实性上篇》，今本《实性》篇当为《实性下篇》。这一看法有见于《深察名号》篇中名号论与心性学说相对独立的文本面貌，但是否应当以《实性上篇》《实性下篇》为"董子之旧"值得推敲。苏舆指出："《荀子·正名》篇亦言性情，则此在《深察名号》中不误，但文有错简耳。《实性》篇中语多与此复，疑出后人缀辑。俞分为上下篇，似未当也。"②相较两说，本书以苏舆为是。其理由有二。第一，今本《春秋繁露》本为后人编纂之作品，所谓"董子之旧"自是假想而已。第二，苏舆以《深察名号》篇中自有论性情之义，且证之《荀子·正名》篇的说法有其合理性。今本《荀子》于《正名》篇后紧接着《性恶》篇，《春秋繁露》于《深察名号》篇后接之以《实性》篇。编辑者是否对《荀子》有所参考无从考证，但两者在篇章布局上的某种近似，恐怕难以"巧合"二字概而论之。这一点在《深察名号》篇与《正名》篇的比照中可以得到进一步的强化。③

上文所引俞樾、陶鸿庆、苏舆、鲁惟一等人对于移纂的讨论尽管大多以意测度，但其中不乏经学家对于文献的洞明烛照。其中，关于"瞑也者"句的移改未必合理，但陶氏之论文从字顺，或可备

---

① 【清】俞樾：《诸子平议》卷二十六，第527页。
② 【清】苏舆：《春秋繁露义证·深察名号第三十五》，钟哲点校，第285页。
③ 详见本书第二章第四节相关讨论。

为一说。"名生于真"一段的移改使得文义更为通顺，《玉英》篇的文字移入《深察名号》篇也十分合理，不过《天道施》篇的一段则未必合适；至于《深察名号》篇与《实性》篇的关系问题，俞樾认为从今本《深察名号》篇中分出《实性上篇》的看法则有多此一举之嫌。这一对于文本面貌的进一步澄清，与其说是在追求还原不可还原的"董子之旧"，毋宁视其为一个理解《深察名号》篇乃至董仲舒的名号学说的基于文本脉络的视角。以之为基础，我们既可以把握《深察名号》篇内部各议题之关系，又能将董仲舒论"名（号）"的文本视作一个整体加以审视。

本章小结

厘清《春秋繁露》的文本面貌，是研究董仲舒思想的先决条件。然而，自《春秋繁露》编成以来，围绕这一文本的真实性与可靠性的争讼不绝，未有定论，也确实是一个难以回避的问题。这一点上，在没有新的文献、史料证据的前提下，也很难突破现有的困局。故本书从真伪考辨、文献互证与文本考订三个方面，对《春秋繁露》，尤其是《深察名号》篇的文本面貌作进一步的澄清，试图为后文的研究开展奠定相对可靠的文献基础。

本书认为：今本《春秋繁露》所载之《深察名号》篇可能出自《汉书·董仲舒传》与《艺文志》所载之"百二十三篇"与"说《春秋》事得失"的数十篇，但是否为董子之旧实不得而知。合理的推断或许是：其中掺杂着董仲舒本人的著作与后世门弟子的论述，其中的主要观点与《天人三策》契合，也与汉代的其他文献可以在一定限度内互证，总体上可以体现董仲舒的思想。不过，因《春秋繁露》并非董子之旧，而是经由后人编辑而成的，难免有错简、移篡的情况，《深察名号》篇内的移改，以及篡入其他篇目的文字在本章第三节也均一一予以辨正。

第二章　董仲舒名号学说的思想渊源

对于名、号、称、谓的重视古已有之，而建基于这一信念基础上所发展起来的名学思想又构成了理解先秦思想的重要线索。因此，本章旨在剖析这一重"名"传统对于董仲舒名号学说的影响。对于这一问题的探讨涉及如下两个方面。第一，探究"名"与"号"的字源在一定程度上可以直接揭示自古以来重"名"的原始信念，而先秦时期的名学思潮亦发轫于此。第二，先秦时期对"名"的重视促使了各家各派对"名"的广泛讨论，是中国古代名学思想的渊薮，儒家的"正名"、道家的"无名"、黄老的"形名"、名家的"名辩"都可以在这一视域中予以领会。董仲舒的思想以儒学为宗，亦兼采黄老、法家、阴阳家与名家等诸子之学。对于集中体现其名学思想的《深察名号》篇也应当在广义的名学视域中予以解读，而非局限于儒家一派。

因此，本章将围绕上述两个方面，梳理董仲舒名号学说的思想渊源。第一节将探源"名""号"，从字源角度把握重"名"观念的由来以及"名"与"号"之同异；第二节至第四节则分别处理孔子的"正名"观念、战国中后期的"名辩思潮"以及荀子的正名说如何推进"名"的思想——尤其是儒家"名"的思想——的发展，以及何以成为董子名号学说的思想渊源。

第一节　名号探原

顾名思义，"深察名号"即对"名"与"号"的深入剖析。汉

◎ 发天意而正名号：公羊学语境中的董仲舒名论

语中，名、号、称、谓都被视作指称对象的符号。研究董仲舒的名号学说，则首先需要厘清何谓"名"、何谓"号"？这不仅涉及在董仲舒的语境中，"名"与"号"究竟所指为何，亦需要深入汉语思想，探究对于命名、称谓的原初理解。董仲舒对"名"与"号"的探讨既关乎对此二字本义与来源的探究，亦涉及在《春秋》学语境中对于"人名""物名""地名"之书法的讨论。因此，本节将首先对"名"与"号"进行溯源，探讨其在汉语思想中的源头，如何理解"名"与"号"二字，继而略论董仲舒对于"名"与"号"的讨论在何种意义上可以接续到这一重"名"的传统。

一 释"名"

先秦文献中不乏对"名"的讨论，如"名者，实之宾也"，"名也者，正形者也"，"名有三科"等。不过，就"名"之发生提出明确观点的却言之寥寥，如"王者之制名""名以指实"云云，已是后话，对于"名"之一字的真正意涵仍需从字源与字形角度着手。

从字形来看，"名"字从口从夕，《说文·口部》的解释或可备为一说："名，自命也。从口夕。夕者，冥也。冥不相见，故以口自名。"[①] 在许慎来看，"名"起源于在昏暗之中视物不清，需

[①] 【汉】许慎著，【清】段玉裁注：《说文解字注·口部》，上海：上海古籍出版社，1981年，119页。当然，是否从"夕"也有待商榷，《古文字诂林》即收录了从口、从月等说。如唐桂馨《说文识小录》即持从口之说："《说文》误认为夕者夥矣。凡物不能自名均由人命之。"又马叙伦《说文解字六书疏证》则持从月之说，并认为："夕、月一字，月夕二部之字，惟梦有不明之训。盖即朦之本字。谓有月而朦胧耳。夫有月则能相见。"并考诸古字字形，提出"名"与"明"古为一字的说法；戴家祥在《金文大字典》中又予以辨正，认为"名"的下半部分也未必是窗或者口，而是"器物之统谓，概括地表示一切事物。月光照物则明，名初意当为明"。"名"究竟是从夕，从口还是从月，自然关乎古文字之本义究竟为何。但本书并无力处理这一问题。事实上，无论是从"夕"表示昏暗之中有所见而以口命之，还是从"月"表示照见明白而得以命之，皆合乎"名"的基本规定。参见《古文字诂林》编纂委员会《古文字诂林》（二），上海：上海教育出版社，1999年，第24—25页。

得名以明之的生存与交往需求。不过，此处所谓"夕"或"名"不能执定以天时晨昏解，从"无名"到"名"的转变，实则是人与物从自然状态逐步产生交集、交往，形成群落、社会而自然而然产生的生存需求。虞万里即指出："太古之人无名，及有图腾崇拜，人际交流、战争，各举图腾为别，此尚是公名。论者谓私名之起，起于以口自名，起于独立单位之建立，起于个人图腾迷信。此虽属推测，尚自成理。"[1] "公名"与"私名"指向了"名"的不同用途，前者归于社会、人伦、政治领域，而将后者归于"图腾迷信"虽属推测，但对"重名"传统的溯源而言则不无裨益。

可以口自名自然也可以口名物。"名"之为"自命"的含义不难过渡到"命"，即命名、指称。《广雅·释诂》："命，名也。"王念孙《广雅疏证》曰："名、鸣、命古同声同义。"[2] 就"物"而言，"名"来源于人的命名。在此命名或指称的活动中，"名"与其所指称的对象（"实"）的对应作为"名"的基本规定才得以确立。因为无论对人还是物而言，"名"均意味着对对象的指称，是表征对象的符号。如《释名·释言语》曰："名者，名实事使分明也。"[3] 人与物均由"名"来指称，即经由指称以显示自身，更是经由"名"来实现人我、彼此相互区别的目的。这恰恰构成了"名"的基本功能。

古人对于"命物之名"的来源有一套假说，即"名"由圣人赋予，所谓"黄帝正名百物以明民共财"[4]。其中，"黄帝正名百

---

[1] 虞万里：《先秦名字、爵号、谥号、庙号与避讳论略》，载袁行霈主编《国学研究》（第七卷），北京：北京大学出版社，2000年，第47页。

[2] 【清】王念孙：《广雅疏证·释诂》，虞万里主编，张靖伟、樊波成、马涛等校点，上海：上海古籍出版社，2017年，第543页。

[3] 【汉】刘熙：《释名·释言语》，北京：中华书局，2016年，第50页。

[4] 【汉】郑玄注，【唐】孔颖达疏：《礼记正义·祭法第二十三》，吕友仁整理，上海：上海古籍出版社，2008年，第1803页。

物"是对上古先民识物、命名活动的假托,而"明民共财",则体现出"命名"活动的意义在于别民贵贱,取物自用。① 换言之,"命名"并不只是赋予物一个"名"那么简单,而是对所"名"之物的本性予以体认。② 并且,借由认识、命名活动,使得人可以将物由其自然状态转而为人所用。这一观念又与对古圣先王的尊崇相交融,衍变而为圣王对"名"或"制名"的专有权,如《管子·心术上》所谓"名者,圣人之所以纪万物也",《荀子·正名》篇所谓"王者之制名"等。

对于人的"命名"则要复杂得多。一则,"命名"的过程有详细的规制。《礼记·内则》记载卿大夫以下的名子之法:"三月之末……妻以子见于父……姆先,相曰:'母某敢用时日只见孺子。'夫对曰:'钦有帅。'父执子之右手,咳而名之。妻对曰:'记有成。'遂左还,授师,子师辩告诸妇诸母名,妻遂适寝。夫告宰名,宰辩告诸男名,书曰:'某年某月某日某生。'而藏之,宰告闾史,闾史书为二,其一藏诸闾府,其一献诸州史;州史献诸州伯,州伯命藏诸州府。"③ 简而言之,子生三月始得由父命名。其中,"父执子之右手,咳而名之",记述的是命名行为本身。夫与妇之间的对答则是经由命名仪节来体现教养之意。④ 告名于宗族、记名于书册并藏诸

---

① 孔颖达疏曰:"'以明民'者,谓垂衣裳,使贵贱分明,得其所也。"又:"'共财'者,谓山泽不彰,教民取百物以自赡也。"【汉】郑玄注,【唐】孔颖达疏:《礼记正义·祭法第二十三》,第1804页。

② 孔颖达疏曰:"'黄帝正名百物'者,上虽有百物而未有名,黄帝为物作名,正名其体也。"【汉】郑玄注,【唐】孔颖达疏:《礼记正义·祭法第二十三》,吕友仁整理,第1804页。

③ 【汉】郑玄注,【唐】孔颖达疏:《礼记正义·内则第十二》,吕友仁整理,第1159—1160页。

④ 孔疏曰:"夫对曰'钦有帅'者,钦,敬也。帅,循也。夫对妻言:当教之令其恭敬,使有循善道。"又:"妻对曰'记有成'者,当记识夫言,教之使有成就。"【汉】郑玄注,【唐】孔颖达疏:《礼记正义·内则第十二》,吕友仁整理,第1162页。

官府更体现出对"名"本身的重视。① 二则，所命之"名"本身亦有详细的规定。《礼记·内则》云："凡名子，不以日月，不以国，不以隐疾；大夫、士之子，不敢与世子同名。"② 又《曲礼上》："名子者，不以国，不以日月，不以隐疾，不以山川。"③《左传·桓公六年》所记鲁国大夫申繻之语论"名"更为详备："名有五，有信，有义，有象，有假，有类，以名生为信，以德命为义，以类命为象，取于物为假，取于父为类。不以国，不以官，不以山川，不以隐疾，不以畜牲，不以器币。周人以讳事神，名，终将讳之。故以国则废名，以官则废职，以山川则废主，以畜牲则废祀，以器币则废礼。"④ 取"名"的诸种禁忌实则出于讳"名"的要求，一则取名本身要避免与尊者、长者同名，一则尊者、长者之名需在日常使用中避讳，因此才有"不以国，不以官，不以山川"等禁忌。可以发现，无论是对物的命名（"明民共财"），还是对人的命名，都体现为伴随社会的发展，分别与等级的意识逐渐融入"名"的使用的过程。⑤

除"命"之外，与"名"相关的字有令、明、铭、鸣、号、

---

① 虞万里指出："古代对命名之重视，即于此可见。名，由今人观之，乃实体之符号，以区别于人我而已，而在原始民族，则将之作为人身不可分割之一部分，惜名如身，爱名如命。"虞万里：《先秦名字、爵号、谥号、庙号与避讳论略》，载《国学研究》（第七卷），第47页。

② 【汉】郑玄注，【唐】孔颖达疏：《礼记正义·内则第十二》，吕友仁整理，第1164页。

③ 【汉】郑玄注，【唐】孔颖达疏：《礼记正义·曲礼上第一》，吕友仁整理，第68页。

④ 【晋】杜预注，【唐】孔颖达正义：《春秋左传注疏·桓公三年至六年》，载李学勤主编《十三经注疏》（标点本），北京：北京大学出版社，1999年，第180—183页。

⑤ 如虞万里所指出："从原始的名字禁忌到两周的幼名冠字，名字的称谓中已注入了由氏族制度发展至商周而日益完善的等级称谓制。等级称谓制掩盖了取字讳名的原型，使表现出上可名下、下不可名上、平辈尊称表字的敬名现象。"虞万里：《先秦名字、爵号、谥号、庙号与避讳论略》，载袁行霈主编《国学研究》（第七卷），第50—51页。

◎ 发天意而正名号：公羊学语境中的董仲舒名论

字等。"名"之含义随着字的孳乳而不断延伸，构成了一个以"名"为核心的、声近形似义通的解释链。前人对之已有相当可观的讨论，本书仅概而述之。① 第一，"名"既然从口，势必涉及在自称、自命过程中以口发声。《字诂·名》释曰："以声相命曰名。"② 因此，"名"又往往与"鸣"互释。《说文解字·鸟部》曰："鸣，鸟声也，从鸟从口。"段玉裁注曰："引申之，凡出声皆曰鸣。"③《广雅·释诂》则径直将两者关联起来："鸣，名也。"王念孙《广雅疏证》进一步解释："名之言鸣与命也。名、鸣、命古亦同声同义。"④ 可见，"名"作为自命或者命物的活动，势必借由声音得以实现。第二，"名"作为一种自我显露的方式又可经由"铭"字的释义进一步强化。《礼记·祭统》曰："夫鼎有铭，铭者，自名也，自名以称扬其先祖之美，而明著之后世者也。"⑤ 郑玄曰："铭，谓书之刻之以识事者也。自名，谓称扬其先祖之德，著己名于下。"⑥《释名·释典艺》："铭，名也，述其功美使可称名也。"⑦"铭"实则为记事之铭文，而"自名"之"名"，又是人

---

① 如王念孙《广雅疏证》言及上述诸字，皆以"同声同义"论之。陆宗达《"名"、"命"、"明"、"鸣"义相通说》不仅论及四字"乃音近义通的同源字，古代互训、互用，今之词义也未区别明显"，更论及由"名"到"字"，以及"命"与"令"，"令"与"号"等字的关联。周光庆亦有相似的说法。参见陆宗达、王宁《训诂与训诂学》，太原：山西教育出版社，1994年，第249页；周光庆《"名"族词考论》，《江汉大学学报》（人文科学版）2007年第6期。
② 【明】黄生：《字诂·名》，转引自宋福邦、陈世铙、肖海波主编《故训汇纂》，北京：商务印书馆，2003年，第326页。
③ 【汉】许慎著，【清】段玉裁注：《说文解字注·鸟部》，第301页。
④ 【清】王念孙：《广雅疏证·释诂》，虞万里主编，张靖伟、樊波成、马涛等校点，第543页。
⑤ 【汉】郑玄注，【唐】孔颖达疏：《礼记正义·祭统第二十五》，吕友仁整理，第1891页。
⑥ 【汉】郑玄注，【唐】孔颖达疏：《礼记正义·祭统第二十五》，吕友仁整理，第1891页。
⑦ 【汉】刘熙：《释名·释典艺》，第93页。

名的含义。在"铭"与"名"的互释之中,"名"与"实"("事")之间实现了某种微妙的转换,即将对"事"的记载体现为由"名"所承载的功业、美德的流传。这与上文所论在名字之后,要告名于宗族、记名于书册、藏名于官府的内在逻辑如出一辙。

"名"记之于册则成了"字"。《周礼·春官》:"掌达书名于四方。"郑注曰:"古曰名,今曰字,使四方知书之文字,得能读之。"① 其中,"书名"涉及典册之名,如《尧典》《禹贡》,也关乎其文字。《仪礼·聘礼》:"百名以上书于策,不及百名书于方。"郑注曰:"名,书文也,今谓之字。"② 可见"名"亦是"字",只是"字"特指书之于册的"名"。又孔子"正名"二字,皇侃《论语义疏》引《论语郑氏注》曰:"正名,谓正书字也。古者曰名,今世曰字。《礼记》曰:'百名已上,则书之于策。'孔子见时教不行,故欲正其文字之误。"③ 与其《仪礼》注中的表达如出一辙。由此,"名"的问题不仅关乎人、物的名字、称谓的使用问题,也关乎书之于册的文字。而在文字的流传、衍变过程中,如何重拾"名"或"字"的含义又构成了经学诠释的问题。载之于册的古圣贤的文字,其确切含义究竟为何,其撰著的目的又待如何理解?在此意义上,文字与经义,在宽泛的意义上,又构成了一对名实关系。许慎即指出:"盖文字者,经艺之本,王政之始,前人所以垂后,后人所以识古,故曰本立而道生。"④ 戴东原同样认为:"由文字以通乎语言,

---

① 【汉】郑玄注,【唐】贾公彦疏:《周礼注疏·春官宗伯·外史》,载李学勤主编《十三经注疏》(标点本),北京:北京大学出版社,1999年,第712页。

② 【汉】郑玄注,【唐】贾公彦疏:《仪礼注疏·聘礼》,载李学勤主编《十三经注疏》(标点本),北京:北京大学出版社,1999年,第450页。

③ 【魏】何晏集解,【南朝梁】皇侃义疏:《论语集解义疏》,载【清】纪昀、永瑢等编《景印文渊阁四库全书》(第一九五九册),台湾:商务印书馆,1983年,第457页。

④ 【汉】许慎著,【清】段玉裁注:《说文解字注》,第1327页。

◎ 发天意而正名号：公羊学语境中的董仲舒名论

由语言以通乎古圣贤之心志，譬之适堂坛之必循其阶，而不可躐等。"① 由训诂以通义理，成了理解中国传统思想的正途。②

综上，"名"之一字孳乳衍生，其义逐渐丰沛，形成一个声近、形似、义通的解释链。一方面，"名"作为"命"的含义，无论是命物以"名"还是命子以"名"，其属人的性质都居于核心位置。离开人则无所谓"名"，《老子》所谓"道隐无名"，若将"道"作自然解，也就是说在自然状态下便无所谓"名"。另一方面，就"名"的功用而言，"名"起源于昏暗处自命以明的生存需求，因此"名实使分明"的含义尤为凸显，"名"之为命人及物以名的含义则体现出社会日趋完善后区别人物的现实需求，"名"之为"字"的含义则表现为解经释字的过程中，名言、文字对于圣人之志意的呈现。或可说，由人及物，"名"之一字几乎贯穿于由语言到书字的各种形式。

二 论"号"

"号"与"名"在字义上的相通不难理解。"号"之本意为呼号，与"名"之为"鸣"均以声音为手段。③ 用以训"号"的

---

① 【清】戴震：《戴震文集·古经解钩沉序》，赵玉新点校，北京：中华书局，1980年，第146页。

② 不过，对于以"文字"以通乎"义理"的致思进路也有一派观点认为应当审慎待之。徐复观即反对以文字训诂治思想史的方法，他指出："目前许多治国学的人，一面承乾嘉学风之流弊，一面附会西方语言学的一知半解，常常把一个在思想史中保有丰富内容的名词，还原牵附为语原的原始性质。因为我国文字的特性，上述方法，便常得出更坏的结果。"徐复观：《中国人性论史·先秦篇》，北京：九州出版社，2014年，第3页。

③ "號"与"号"古时并非一字，《说文·号部》："号，痛声也。从口在丂上。凡号之属皆从号。"又："號，呼也。从号，从虎。""凡號之属皆从號"可见两字义本相通。段玉裁注曰："凡嗁號字古作号……今字则號行而号废矣。"可见，在假借使用过程中繁字逐渐为简字取代，终成一字。不过，两字均与发声相关。"号"字从口从丂，丂象气之亏舒，可见"号"为以口发生之意；"號"则从口从虎，象虎之呼啸。参见【汉】许慎著，【清】段玉裁注《说文解字注·号部》，第382页。

"令",与用以训"名"的"命"又是同源字。①《尔雅·释诂》谓:"命、令,告也。""令"与"命"均有告喻、使告的含义,其义亦可推之于"名"与"号"。不过与"名"所具有的命名、指称的含义不同,"号"与"令"的互释或可说明,"号"更侧重发声以表意的义涵。《说文解字》训"令"为"发号",段玉裁注曰:"《号部》曰:'号者,嘑也。'《口部》曰:'嘑者,号也。'发号者,发其号嘑以使人也。是曰'令'。《人部》曰:'义相转注,引伸为律令、为时令'。"②"号"亦以"令"为训,《一切经音义》:"号,施令也。"《礼记·乐记》:"铿以立号。"郑注曰:"号,号令,所以警众也。"③《读书杂志·逸周书第一》:"举旗以号令。"王引之按曰:"号即令也。"④"号"与"令"的互训,揭示出"号"与其说是单纯的呼号、发声,不若说是经由发声这一行为传达发声者的意志。

"号"与"名"的相通更直观地体现在"名号""称号"等含义。《集韵·号韵》曰:"号,一曰名称。"《逸周书·周月》,"变服殊号",朱友曾《集训校释》曰:"号,名号也。"⑤ 可知,"号"亦是"名"。商周时期之爵号、谥号、庙号,均为属人的、包含某种价值或尊卑等级秩序的称谓系统。不过,"号"与"名"终究有所不同。《诗·小雅·正月》有"维号斯言",马瑞辰举《春秋繁露》与《周官·司常》为例,释曰:"名与号对文则异,散文则通。'维号斯言',即《论语》'名之必可言也'之义。"⑥ 两字相

---

① 参见王力《同源字典》,北京:商务印书馆,1982年,第329页。
② 【汉】许慎著,【清】段玉裁注:《说文解字注·号部》,第382页。
③ 【汉】郑玄注,【唐】孔颖达疏:《礼记正义·乐记第十九》,吕友仁整理,第1536页。
④ 【清】王念孙:《读书杂志·读逸周书杂志第一》,虞万里主编,徐炜君、樊波成、虞思徵、张靖伟等校点,上海:上海古籍出版社,2017年,第7页。
⑤ 【清】朱右曾:《逸周书集训校释·周月弟五十一》,载王云五主编《万有文库》,北京:商务印书馆,1912年,第86页。
⑥ 【清】马瑞辰:《毛诗传笺通释》卷二十,北京:中华书局,1989年,第604页。

◎ 发天意而正名号：公羊学语境中的董仲舒名论

通固不待言，但若咬文嚼字、辩名析义，则需进一步明晰"名"与"号"之异由何而来。

除却"名"与"号"在特定环境下的不同使用（例如就人的称谓而言，名、字、号的区别），两者的差异或可从观念层面略作考述。一方面，"名"与"号"均以声音为其构成要件而起源于交往与生存的需求，但"号"的声音维度更具有原发性，以此，"号"也比"名"更具有公共性。虞万里就中国古代"幼名冠字"与避讳之关系的相关讨论，并引入摩尔根、弗雷泽的人类学视角指出，"周人之字即所谓第二名字"，之所以要两名，或与原始社会之禁忌有关，而后才逐渐发展为"敬其名"（讳名）而称其表字的现象。① 可见，"人名"分属公私两域。郑玄注"敬其名"，曰："名者，质，所受于父母，冠成人，益文，故敬之也。"② 就"文质"而言，"质"作为本质、实质是人是其所是的部分，理应不能随意示人。更遑论所谓乳名、小名。因此，"名"大可不必在人与人之间随意流通，而仅为个人"默而识之"。相反，"号"则势必在人际间流通交往才得以成立，无论是尊号、爵号，还是绰号、诨号，起号者势必想要此号为人所知。故"号"的社会与政治属性要比"名"来得更为突出；另一方面，"名"与"号"的字源分析业已指出，"名"之为"自命"来源于昏暗之中自我指称的生存需求，其中对于人与物的指称始终占据核心位置，换言之，无论赋予"名"多少属人的、价值的因素，都不能颠覆名实对应的先决条件。"号"则有所不同，就"号"之为"呼号"的含义而言，其纯为发声，指"实"与否却不得而知。不过，"号"与"令"的互通揭示出，"号"之为发声，意在使人明其意。或可推断，"名"更侧重

---

① 参见虞万里《先秦名字、爵号、谥号、庙号与避讳论略》，载《国学研究》（第七卷），第49—51页。
② 【汉】郑玄注，【唐】贾公彦疏：《仪礼注疏·士冠礼》，载李学勤主编《十三经注疏》（标点本），第55页。

客观性,即对"实"的指称,"号"更偏向价值性,即发号者、起号者个人意志与观念的表达。可以认为,"号"比之于"名"在公共性与价值性两个方面更为突出。

在"名"与"号"的具体使用中上述论断亦可得到印证。先秦文献中,凡言"名"者,有人名、物名、地名、器名,尽管也承载一定的价值,体现属人的特性,不过始终以名实相应为先决条件。一个典型的事例为《春秋·桓公二年》:"夏,四月,取郜大鼎于宋。"《公羊传》曰:"此取之宋,其谓之郜鼎何?器从名,地从主人。器何以从名?地何以从主人?器之与人,非有即尔。宋始以不义取之,故谓之郜鼎;至乎地之与人则不然,俄而可以为其有矣。"① 经由系于名词之定语的变化,可以体现撰著者的不同志意,但"鼎"之为"鼎"本身并不会有任何变化。对于"号"的使用,如爵号、谥号、尊号等,则更侧重于体现起号者的价值判断。以"谥号"为例,"古礼,既死而议谥,谥定而卜葬,遣之日读而谥之,葬后称谥,不再称名"②。作为人死后所起之"号","谥"旨在总结其一生行迹,有着盖棺论定的功能。《逸周书·谥法》曰:"谥者,行之迹也。号者,功之表也。"③《白虎通·谥》言:"谥之为言引也,引列行之迹也。所以进劝成德,使上务节也。"④ 陈立注曰:"《通典》引《五经通义》云:'谥者,死后之称,累生时之行而谥之。善行有善谥,恶行有恶谥,所以为劝善戒恶也。谥之

---

① 【汉】何休解诂,【唐】徐彦疏:《春秋公羊传注疏·桓公第四》,刁小龙整理,上海:上海古籍出版社,2014年,第128—130页。
② 虞万里:《先秦名字、爵号、谥号、庙号与避讳论略》,载《国学研究》(第七卷),第53页。
③ 【清】朱右曾:《逸周书集训校释·谥法弟五十四》,载王云五主编《万有文库》,第92页。
④ 【清】陈立:《白虎通疏证·谥》,吴则虞点校,北京:中华书局,1994年,第67页。

◎ 发天意而正名号：公羊学语境中的董仲舒名论

言列，陈列其行，身虽死，名常存也。'"① 故《礼记·乐记》认为"闻其谥"可以"知其行"，即从谥号可大致了解其人的生平乃至德行。谥号的拟定本身也体现对于等级秩序的贯彻，如"死而谥，今也。古者生无爵，死无谥"②，可见是否享有谥号与其所处的社会地位密切相关③。不过在具体的操作层面，实则是臣子考述君父德行并拟议谥号④，以此，"谥法"以评价为核心，体现出鲜明的价值属性⑤。

综上，对于"号"之为呼号与称号的讨论旨在从名号之异同角度，分析"号"的特殊性。简而言之，"号"的声音维度更具有原

---

① 【清】陈立：《白虎通疏证·谥》，吴则虞点校，第 68 页。
② 【汉】郑玄注，【唐】贾公彦疏：《仪礼注疏·士冠礼第一》，载李学勤主编《十三经注疏》（标点本），第 59 页。
③ 虞万里对此有所总结："定型于两周的谥法，与当时的等级制互为制约。表现在两方面：一、上可谥下，下不可谥上。天子之谥，告南郊称天以谥之；诸侯由天子谥，具体事宜由史官掌之；卿大夫由诸侯亲谥。春秋之世，卿大夫议谥诸侯及同僚，并不上请，谥法之制已废弛。二、有爵则有谥，无爵则无谥。古者大夫五十而爵，故死则为谥；不满五十死，未受爵，故无谥。士无爵，故亦无谥。此制行于西周，春秋初犹然，无骇、羽父、柔、挟等未爵无谥即其证。鲁庄之时，谥始及士，僖、文而下，滥谥无等。"虞万里：《先秦名字、爵号、谥号、庙号与避讳论略》，载《国学研究》（第七卷），第 51—52 页。
④ 《白虎通·谥》记载："天子崩，臣下至南郊谥之者何？以为人臣之义，莫不欲褒大其君，掩恶扬善者也。故之南郊，明不得欺天也。"可见，天子作为人间权力的最高者，其谥号的拟定要上告天听，然而，如若除去对巫术与神明的信仰，其实质或许是经由特定的仪节来为给臣下议定君上谥号之行为以合法化的根据。
⑤ 据《史记·秦始皇本纪》记载，"秦王初并天下"，旋即令丞相、御史大夫等人拟定"名号"："今名号不更，无以称成功，传后世。其议帝号。"李斯、王绾等人即奏之以："王为'泰皇'。命为'制'，令为'诏'，天子自称曰'朕'"，"泰皇"为尊号，以其功德可比肩三皇。"制""诏"与"朕"则将特定名称变为天子专享。更有意味的是：始皇试图废除谥法，其制诏："朕闻太古有号毋谥，中古有号，死而以行为谥。如此，则子议父，臣议君也，甚无谓，朕弗取焉。自今已来，除谥法。朕为始皇帝。后世以计数，二世三世至于万世，传之无穷。"让秦始皇真正煞有介事的是臣子议论君父的举动，或可为上文所论之一则例证。

发性，因此，始终处于公共领域中才得以存在。而其比之于"名"所具有的先在的客观性更体现出对价值义涵的呈现。《白虎通·号》篇对于"号"的定义则融合了上述两个面向："号者，功之表也，所以表功明德，号令臣下者也。"① "号"之为"功之表"体现的是不同称号背后的德性（本质）规定。"号"之为"号令"则以上下尊卑的等级秩序为最终归宿。

三 董仲舒所谓"名"与"号"

上文对于"名""号"二字的讨论旨在探明董仲舒所论之"名"与"号"的字义与字源。董仲舒对于"名""号"的解读大体不出此二字的基本规定，不过仍有标新立异之处，兹从同异两面略述之。

就同的一面来看，《深察名号》篇中对于"名"与"号"之基本作用及其所体现的事实与价值的两重性并未跳脱"名""号"二字的基本规定。例如："名生于真，非其真，弗以为名。"② 所谓"真"即"实"，可见董子对于"名"与"真"的相合、相与仍然视作"名"的本质规定。对于"号"的使用，同样也更侧重于其对价值属性的体现，如："父之子也可尊，母之子也可卑，尊者取尊号，卑者取卑号。故德侔天地者，皇天右而子之，号称天子。其次有五等之爵以尊之，皆以国邑为号。其无德于天地之间者，州国人民，甚者不得系国邑。皆绝骨肉之属，离人伦，谓之暗盗而已。无名姓号氏于天地之间，至贱乎贱者也。"③ 此处"号"的使用当然合乎马瑞辰所谓"散文则通"的规律，不过，何以称"尊号"或"卑号"，而不以"尊名"或"卑名"为论，亦足以说明上文所论的两者之别。

---

① 【清】陈立：《白虎通疏证·号》，吴则虞点校，第43页。
② 【汉】董仲舒：《春秋繁露·深察名号第三十五》，上第60页。
③ 【汉】董仲舒：《春秋繁露·顺命第七十》，第85页。

◎ 发天意而正名号：公羊学语境中的董仲舒名论

真正值得关注的是《深察名号》篇中对于"名""号"二字的创造性诠释。第一，在"名"的来源问题上，虽有诸如以口自名，"黄帝正名百物"等推测，但将"名"的来源与根据系之于"天"，却是董仲舒的独特之处。所谓"天不言，使人发其意；弗为，使人行其中。名则圣人所发天意，不可不深观也"①。在此，"名"成了圣人代天立言的手段，且经由"天"的加持，"名"由世俗世界的"命"与"明"提升为本体论、形上学意义上的"天意"。

第二，对"名"与"号"的解读，《深察名号》篇仍然"以声为训"②，所谓"鸣而施命谓之名，謞而效天地者为号"，"名之为言，鸣与命也；号之为言，謞而效也"，云云。③就《深察名号》篇的完成时间来看，上引"命"与"鸣"之训直接参与汉语思想中对于"名"的共识的塑造过程。至于以"号"之训"謞"，其读音有 hè 与 xiāo。《尔雅·释训》曰："谑谑謞謞，崇谗慝也。"④ 其音为 hè，其义为盛烈之貌，与《深察名号》篇之"号"义不合。卢文弨注引《庄子·齐物论》"激者謞者"，以为读若孝，"与效、号声相谐"。⑤ 成玄英疏曰："謞者，如箭镞头孔声。"⑥ 与"号"一声之转，义又相合，当以之为准。不过，以"效"训"号"却触及了声训的边界，毕竟"号"字本无"效法"之义。因此，以"效"训"号"的根据当在声训之外。如若将上述"天"的维度纳入考量则不难理解，因为以声训的方式将"效"组织进"号"的

---

① 【汉】董仲舒：《春秋繁露·深察名号第三十五》，第59页。
② 【清】苏舆：《春秋繁露义证·深察名号第三十五》，钟哲点校，第278页。
③ 【汉】董仲舒：《春秋繁露·深察名号第三十五》，第59页。
④ 【晋】郭璞注，【宋】邢昺疏：《尔雅注疏·释训》，载李学勤主编《十三经注疏》（标点本），北京：北京大学出版社，1999年，第106页。
⑤ 【汉】董仲舒：《春秋繁露·深察名号第三十五》，第59页。
⑥ 【晋】郭象注，【唐】成玄英疏：《庄子注疏·齐物论第二》，北京：中华书局，2011年，第25页。

第二章 董仲舒名号学说的思想渊源

解释链实则是为了将"名"与"号"一并组织进"天"的哲学的理论尝试，声训仅仅提供了形式上的关联而已。

第三，在"名"与"号"的"对文则异"方面，《深察名号》篇以详略、凡目分释"名""号"，所谓"名众于号，号其大全。名也者，名其别离分散也。号凡而略，名详而目。目者，徧辨其事也；凡者，独举其大也"①。对于"名"有详略的论述并非发自董仲舒，先秦时期名家、墨家，乃至《荀子》皆有对共名（达名）、类名、私名的类似区分。但将之归于"名"与"号"的差别却是董仲舒的首创。并且，为了进一步明晰"名"与"号"之为详略、凡目的区别，《深察名号》篇以祭祀与田猎之制四时不同为例："享鬼神者号，一曰祭。祭之散名，春曰祠，夏曰礿，秋曰尝，冬曰蒸。猎禽兽者号，一曰田。田之散名，春苗，秋蒐，冬狩，夏狝。"② 四时不同制实为突出顺天应时，也是为了凸显"天意"二字，所谓"无有不皆中天意者。物莫不有凡号，号莫不有散名，如是"③。

---

① 【汉】董仲舒：《春秋繁露·深察名号第三十五》，第59页。
② "夏狝"二字为后来者质疑《深察名号》篇非董子之文的一则论据。其理由在于：按四时之序，"夏狝"何以列于其他三时之后，本就疑为后人篡入之文；又按公羊家法，只有三时之田，并无四时之田。董子为公羊先师，何以违逆公羊家法。围绕这一问题聚讼不止。卢文弨以为："此从公羊说，故与《周礼》《左氏传》《尔雅》异。然《公羊·桓四年传》，并无夏狝之文。何休云：'不以夏田者，《春秋》制也。以谓飞鸟未去于巢，走兽未离于穴，恐伤害于幼稚。故于苑囿中取之。'则此夏狝二字，当是后人妄加，以为衍文可也。"苏舆则以《穀梁》《韩诗外传》以证四时田之合理。今人钟肇鹏比照诸家之说，以为："苏说未确。《公羊》三时田制说与《礼记·王制》《说苑·修文》所谓'天子诸侯无事则岁三田'之说合。皮锡瑞《王制笺》亦以《深察名号》篇中'夏狝'二字为后人所加。董子为《公羊》大师，自当用《公羊传》。卢校是。总之，《公羊》三时田制说与古文家《周礼》《左传》《尔雅》异，与今文家《穀梁》《韩诗》亦不同。苏注不别同异，强为之说，未合。"本书以为：仍以卢说为是。"夏狝"二字至多用以证《深察名号》篇有好事者之篡入，并不足以证其为伪作。钟肇鹏主编：《春秋繁露校释·深察名号第三十五》（校补本），第653页。
③ 【汉】董仲舒：《春秋繁露·深察名号第三十五》，第60页。

◎ 发天意而正名号：公羊学语境中的董仲舒名论

此外，董仲舒并不停留于作为认识规律的名实观，而是将之转化为《春秋》诠释的基本方法。兹举二例。第一，董仲舒运用名实范畴试图论证"改制不变道"。《楚庄王》篇曰："《春秋》之于世事也，善复古，讥易常，欲其法先王也。然而介以一言曰：王者必改制。自僻者得此以为辞，曰：古苟可循，先王之道何莫相因？世迷是闻，以疑正道而信邪言，甚可患也。答之曰：人有闻诸侯之君射《狸首》之乐者，于是自断狸首，悬而射之，曰：安在于乐也！此闻其名而不知其实者也。今所谓新王必改制者，非改其道，非变其理，受命于天，易姓更王，非继前王而王也。若一因前制，修故业，而无有所改，是与继前王而王者无以别。"① 董仲舒以"狸首"之名实相迷为例，试图说明的是所谓改制并非彻底地破旧立新，而是循旧造新。《汉书·董仲舒传》所载之对策亦曰："故王者有改制之名，亡变道之实。"② 第二，董仲舒以名实范畴论《春秋》之"贵志"。《玉杯》以许止之弑父与赵盾之弑君为例，经由对《春秋》之辞的分析，指出："夫名为弑父而实免罪者，已有之矣；亦有名为弑君，而罪不诛者。"③ 许止因未能为父尝药而责之以"药杀"，赵盾以未能讨弑君之贼赵穿而责之以弑君。然而，许止不久后因自责郁郁而终，赵盾"天呼无辜"且"别牍复见"。孔子宽宥两人之罪，其背后的根据在于此二人均无弑君之志。可见，名与实既体现为《春秋》记事之辞与所记之事的关系，也构成了行为者之志意与其行为之评判的关系。对于董仲舒而言，名实耦合的基本规定固然在《深察名号》篇与《春秋繁露》的其他文字中有所提及，但真正体现"名"的理论之处，在于《春秋》诠释中对于名实范畴的灵活运用。

---

① 【汉】董仲舒：《春秋繁露·楚庄王第一》，第10页。
② 【汉】班固撰，【唐】颜师古注：《汉书·董仲舒传第二十六》，第2190页。
③ 【汉】董仲舒：《春秋繁露·玉杯第二》，第14页。

第二章　董仲舒名号学说的思想渊源

综上,《深察名号》篇对于"名""号"二字的解读基于字源与字义的基本规定,但在董仲舒试图建构其天的哲学与《春秋》诠释的过程中,又对"名"与"号"的含义与使用加以改造。其中,尤以"天"的观念最为凸显,贯穿于董仲舒创造性的"名""号"释义的所有方面,无论就"名"的性质与来源,还是详略、凡目之分别,乃至声训,都体现出"名"与"号"由"天"而起,应"天"而发。

第二节　孔子"正名"析论

无论如何理解《论语》中的"正名"二字,将孔子视作见诸文献的、使用"正名"一词的第一人应当不存在争议。① 本书以追溯董仲舒名号学说的思想渊源为鹄的,当然要关注到其与孔子"正名"思想的关联。传世文献《春秋繁露》中的"正名"二字凡五见,兹列举如下②:

  1. 是故治国之端在**正名**。名之正,兴五世,五传之外,美恶乃形,可谓得其真矣,非　子路之所能见。③
  2.《春秋》辨物之理,以正其名。名物如其真,不失秋毫之末。故名陨石,则后其五,言退鹢,则先其六。圣人之谨于

---

① 怀疑论者甚至对孔子是否提出"正名"有所怀疑。苟东锋在陈启云的研究基础上补充材料,论述甚详。可以参见苟东锋《孔子正名思想研究》(上海:上海人民出版社,2016年)第一章第一节。本书认为:孔子是见诸文献的、使用"正名"二字的第一人,尽管并未形成完整、系统的正名学说,却有草创之功无疑。
② 此外还有"正名号"一条:"是正名号于天地,天地之所生,谓之性情。"但与"正名"之固定用法有别,故不列入讨论。参见【汉】董仲舒《春秋繁露·深察名号第三十五》,第61页。
③ 【汉】董仲舒:《春秋繁露·玉英第四》,第19页。

◎ 发天意而正名号：公羊学语境中的董仲舒名论

正名如此。君子于其言，无所苟而已，五石、六鹢之辞是也。①

3.《春秋》大元，故谨于**正名**。名非所始，如之何谓未善已善也。②

4. 圣人**正名**，名不虚生。天子者，则天之子也。以身度天，独何为不欲其子之有子礼也。③

5. 万物载名而生，圣人因其象而命之。然而可易也，皆有义从也，故**正名**以名义也。④

其中，第1、2条或直接引用《论语·子路》"必也正名乎"一节原文，或化用其义，与孔子所谓"正名"有着直接的关联；第2、3条，则与《春秋》相关。若将《春秋》视作孔子笔削之书⑤，则亦与孔子相关；第2、4、5条均言及"圣人"，但措辞各异。其中第2条从上下文推断，"圣人"当为孔子。第4条只是用"圣人正名"来承接上文尧所言及的"天"，与下文规劝舜之为"天子"应当承担责任。"正名"仅仅承担了"天"与"天之子"的联结，"圣人"可以指尧，也可能是虚指。第5条则近似黄老家言，而略有不同。⑥ 以此观之，董仲舒所引述的"正名"二字，与孔子有着两个方面的关

---

① 【汉】董仲舒：《春秋繁露·深察名号第三十五》，第60—61页。
② 【汉】董仲舒：《春秋繁露·深察名号第三十五》，第62页。
③ 【汉】董仲舒：《春秋繁露·郊祭第六十七》，第83页。其实当为《郊语》篇错简于《郊祭》之文，前人已有辨正。参见钟肇鹏主编《春秋繁露校释·郊祭第六十七》（校补本），第923页。
④ 【汉】董仲舒：《春秋繁露·天地阴阳第八十一》，第99页。本为《天道阴阳》篇纂入文字，具体考辨见本书第一章第三节。
⑤ 董仲舒作为公羊先师即采取这一观点："仲尼之作《春秋》也，上探正天端，王公之位，万民之所欲，下明得失，起贤才，以待后圣。"【汉】董仲舒：《春秋繁露·俞序第十七》，第35页。
⑥ 《管子·心术下》曰："凡物载名而来，圣人因而财之，而天下治，实不伤，不乱于天下，而天下治。"黎翔凤：《管子校注·心术下第三十七》，梁运华整理，北京：中华书局，2004年，第778—779页。

联：第一，董子接过孔子"必也正名"的主张，并加入自身对于"正名"的理解，以成其名号学说；第二，董子注意到《春秋》中的"正名"，并将之视作与《论语·子路》所谓"正名"一而二、二而一的主张。不论董仲舒的看法在多大程度上合理，将名号学说溯源至孔子的"正名"思想恐怕没有可疑之处。那么，值得进一步追问的便是：孔子所谓"正名"究竟所指为何，而在董仲舒的使用与承继中孔子的"正名"又所指为何？

一 《论语》所见"正名"的经学诠释

《论语·子路》记载了孔子与子路的一则对话，"正名"二字由此见诸文献：

> 子路曰："卫君待子而为政，子将奚先？"
> 子曰："必也正名乎！"
> 子路曰："有是哉，子之迂也！奚其正？"子曰："野哉由也！君子于其所不知，盖阙如也。名不正，则言不顺；言不顺，则事不成；事不成，则礼乐不兴；礼乐不兴，则刑罚不中；刑罚不中，则民无所措手足。故君子名之必可言也，言之必可行也。君子于其言，无所苟而已矣。"[1]

其中，"卫君待子而为政"提示了此番问答的历史背景。《史记·孔子世家》记载："是时，卫君辄父不得立，在外，诸侯数以为让。而孔子弟子多仕于卫，卫君欲得孔子为政。"[2] 卫世子蒯聩因欲弑南子而得罪灵公，出奔于外，灵公过世后，蒯聩欲奔丧而不得，因

---

[1] 【魏】何晏注，【宋】邢昺疏：《论语注疏·子路第十三》，载李学勤主编《十三经注疏》（标点本），第171页。
[2] 【汉】司马迁撰，【南朝宋】裴骃集解，【唐】司马贞索隐，【唐】张守节正义：《史记·孔子世家第十七》，北京：中华书局，2014年，第2341页。

◎ 发天意而正名号：公羊学语境中的董仲舒名论

其子辄以王父（灵公）之命拒而不纳。在这一问题上，孔子提出若要正卫国之政，必以"正名"为先。然而，何谓"正名"则生出一番分歧。问题的根源在于究竟如何看待卫灵公、卫出公辄与卫庄公蒯聩之关系。或以为蒯聩得罪于其父而出奔，且灵公有废世子之意，故不应以蒯聩为世子。辄之拒父实为拒逆臣，而非拒父；或以终灵公一生并未真正废黜蒯聩，其世子之名犹存，故辄拒父为无道；或以辄从王父之命，而有拒父命之道；更有以废辄而立郢，以从灵公之命。众说纷纭，莫衷一是。① 在这一问题上，厘清史实或许并不容易。但所谓"正名"首先是"正世子之名"可能不存在争议。② 以蒯聩为世子，则有理应即位之意。辄不从父命，即不以父为父。蒯聩有父之名，却未能教令其子。孔子"正名"所指，正为当时卫国君臣父子之名位不正而为言。

"正世子之名"或许为"正名"之本义与历史义，但由"名正""言顺""事成""礼乐""刑罚"逐层递推显然超过了"正世子之名"的具体语境，因为正蒯聩之名推导不出名正言顺、礼乐刑罚，前者与后者是特殊与一般之关系，其间有不可逾越的逻辑鸿沟，故只能将之理解为孔子以此为由发其议论。谢良佐云："正名虽为卫君而言，然为政之道，皆当以此为先。"③ 可见，就"必也

---

① 程树德《论语集释》广引诸家之说，纷繁错综。其中，全祖望与刘宝楠认为蒯聩未被废，因此辄拒蒯聩为无据。夏炘则为辄开罪，也认可孔子认为"父居于为外，子居于内"为不正，并将之与《春秋》"大居正"之义相联系。毛奇龄认为"所谓正名者，正欲辨其受命之名、拒父之名也"。辄并未受命于灵公，而是得益于公子郢。就此来看，辄拒父即其罪。朱熹则征引他人观点，认为所谓"正名"，应当是孔子"上告天子，下告方伯，废辄立郢"，王阳明又驳斥这一观点。纷繁往复，难求定论。参见程树德《论语集释·子路上》，程俊英、蒋见元点校，北京：中华书局，1990年，第886—890页。
② 程树德《论语集释》引刘宝楠《正义》云："正名者何？正世子之名也。"程树德：《论语集释·子路上》，程俊英、蒋见元点校，第886页。
③ 【宋】朱熹：《四书章句集注·论语集注》，北京：中华书局，1983年，第142页。

正名"一节前后文义来看，特殊含义的"正世子之名"在后半段抽象成了一般意义的"正名"或"名正"。

搁置卫国之政的历史境遇，而仅就"名不正，则言不顺"以下的文字来看，又可分为两段："名不正"至"民无所措手足"为一段，将"名""言""事""礼乐""刑罚"、治"民"的问题勾连为一个关联的整体。但"名"何以与所列之后项相关，孔子并未解释。"君子名之必可言也"至节末，则别为一段。"故"字提示出前后两段之间的逻辑关系：因为"名"对于礼乐、刑罚、治理百姓如此重要，故君子要"于其言，无所苟"。换言之，所谓"正名"，是要求统治者在施政过程中谨言慎名，对于自己所说的话，所订立的名，要有一丝不苟的态度。这一解释固然中肯，但如果采取这一看法，究竟要如何以"正名"劝诫卫国的时君（辄）呢？"正世子之名"与此处强调的告诫统治者要谨言慎名之间，似乎又没有必然的联系。子路认为孔子为"迂"，可能有见于其于事上迂腐，毕竟"正名"并不像"足兵""足食"与"为政"之间的联系如此紧密。也可能有见于其理迂远而不通，孔子难道想要让辄放弃君位，让于蒯聩？或许孔子有此意，并以之表达不愿为政于乱邦的隐微之志。① 但不妨还可以向前追溯以寻找关联，即辄与蒯聩之争，正也是卫灵公言之不明，立世子不正的缘故。"君子于其言，无所苟"与"正名"不光针对辄与蒯聩之关系，也可以就卫灵公而言。倘当时立世子得正亦不至于有今日之乱。可见"正名"一义实贯穿了卫国三代人的纠葛。

---

① 《论语·述而》记载："冉有曰：'夫子为卫君乎？'子贡曰：'诺，吾将问之。'入，曰：'伯夷、叔齐何人也？'曰：'古之贤人也。'曰：'怨乎？'曰：'求仁而得仁，又何怨？'出，曰：'夫子不为也。'"这段对话与《论语·子路》所载"正名"一节的历史背景似乎相同。伯夷、叔齐以让德名世。相较之下，辄与蒯聩父子相争毫无半点谦让，孔子即以此明志。不过"让"之为"德"固然为孔子所推崇，但以"正名"的视角观之，"正名"实则强调"居正"，让而不正，虽贵其让，却有危身亡国之虞。因此，"正"当在"让"先。

◎ 发天意而正名号：公羊学语境中的董仲舒名论

"正名"二字在《论语》中仅此一见，但被认为与之相关的文本共有三则：

> 子曰："觚不觚，觚哉！觚哉！"①（《论语·雍也》）
> 季康子问政于孔子。孔子对曰："政者，正也。子帅以正，孰敢不正？"②（《论语·颜渊》）
> 齐景公问政于孔子。孔子对曰："君君，臣臣，父父，子子。"公曰："善哉！信如君不君，臣不臣，父不父，子不子，虽有粟，吾得而食诸？"③（《论语·颜渊》）

上述文本均未有一字论及"名"，却被视作孔子"正名"思想的体现。具体来看，"觚不觚"实则是借所设酒器之名表达戒酗酒之意，有"顾名思义"的含义在其中。毛奇龄《论语稽求篇》发此义甚详："觚不觚者，戒酗也。觚，酒器名。量可容二升者，其义寡也……故凡设器命名，义各有取。君子顾其名当思其义，所谓名以实称也。今名虽为觚，而饮常不寡。实则不副，何以称名？"④ 孔子恐怕不会有"名实"的概念，即便以名实而论，亦与上文以"必也正名"一节原文为核心的解释不合。"政者，正也"一节，其核心在于"帅"字，"帅"即"率"，表达率领、表率的含义，强调的是为政者正己而后正人，与后文"君子之德风，小人之德草。草上之风，必偃"⑤ 旨趣相类。尽管与"必

---

① 【魏】何晏注，【宋】邢昺疏：《论语注疏·雍也第六》，载李学勤主编《十三经注疏》（标点本），第80页。
② 【魏】何晏注，【宋】邢昺疏：《论语注疏·颜渊第十二》，载李学勤主编《十三经注疏》（标点本），第166页。
③ 【魏】何晏注，【宋】邢昺疏：《论语注疏·颜渊第十二》，载李学勤主编《十三经注疏》（标点本），第163页。
④ 程树德：《论语集释·雍也下》，程俊英、蒋见元点校，第412页。
⑤ 【魏】何晏注，【宋】邢昺疏：《论语注疏·颜渊第十二》，载李学勤主编《十三经注疏》（标点本），第166页。

也正名"一节均是劝诫为政者要着眼于自身,但其"正"的对象与义涵均有所不同,可置而不论。至于"齐景公问政"一段,《论语集释》引钱坫《论语后录》曰:"夫子以昭公之二十五年至齐,当景公三十年,是时陈僖子乞专政,行阴德于民,景公弗能禁,是不能君君臣臣也。"① 又引刘申受《论语述何》云:"时景公宠少子舍而逐阳生,后阳生因陈乞弑舍而立,大乱数世,国移陈氏,是不能父父子子,以致臣得篡国也。夫子早见及此,故其对深切如此。"② "正名"要求统治者谨言慎名,与此处要求君、臣、父、子各如其所是显然有所差别。但反过来看,"君"若不君,则其为君之"名"势必不正,两者均针对特定历史语境下君、臣、父、子名位不正的情况,似乎又不能断然以为两者无关。且所谓"世子"即处在君—臣、父—子关系中最为微妙的位置上。朱熹即指出:"必也正名乎!孔子若仕卫,必先正其君臣父子之名。"③ 如果"正世子之名",可以视作"正名"的本义,那么,"正君臣父子之名"只是进一步抽绎出"世子"所处之名位与关系的本质而已。换言之,"正世子之名",既意味着在彼时卫国的情境下摆正辄与蒯聩的名位,而将其推而扩之,即"正君臣父子之名"。将"正名"与"君君,臣臣,父父,子子"比而观之有相互发明之效。④

---

① 程树德:《论语集释·颜渊下》,程俊英、蒋见元点校,第855页。
② 程树德:《论语集释·颜渊下》,程俊英、蒋见元点校,第855页。
③ 【宋】黎靖德编:《朱子语类》卷四十三,北京:中华书局,1986年,第2100页。
④ 胡适对于"正名"与"君君,臣臣,父父,子子"的关系并未简单将两者视为等同,而是关注到两者若合符节之处。在《中国哲学史大纲》中,胡适的表述是"正名的宗旨,不但要使觚的是'觚',方的是'方',还须要使君真是君,臣真是臣,父真是父,子真是子"。而在早先的《先秦名学史》中,胡适的表述则是"正名的最后宗旨是要在天下重建理想的社会关系,做到君君,臣臣,父父,子子"。可见,胡适将"正名"视为手段,"君君,臣臣,父父,子子"则是"正名"的结果或目的。参见胡适《中国哲学史大纲》,上海:上海古籍出版社,1997年,第70页;《先秦名学史》,上海:学林出版社,1983年,第44页。

◎ 发天意而正名号：公羊学语境中的董仲舒名论

综上，就"必也正名"一节的原文观之，从"正名"到"于其言无所苟"，再到《论语》中与"正名"相关的文献，"正名"在《论语》中的含义可以得到初步明晰，即首先是"正世子之名"，其次是"正君臣父子之名"，核心的主张是为政必先正名，即强调"名正言顺"对于为君主治理邦国的重要意义。换言之，孔子关注到立名不正对于政治的巨大影响，因而提出正名说。言至于此，何谓"正名"的问题似乎得到了解答。不过，仍然存疑的是：上述对于"正名"的解释，尽管已竭力避免使用一切后起的范畴，诸如"名分""名实""形名""名言"等，但毋庸讳言，本书仍然处在以今解古的方法论笼罩之下，诸种"正名"解释均在一定程度上影响，乃至支配了如今解说"正名"的视域。那么，是否有可能——甚至有必要——排除一种带有前见的"正名"解释，或者说，种种后起的范畴，究竟在多大程度上是合理的，是下文要回答的问题。

二 诠释与还原——以"名实""名分"释"正名"

自孔子提出"正名"二字以来，后世不断阐发乃至争讼，使得"正名"一说愈演愈繁，竟成了孔子，乃至儒家思想的一个重要标志。诸种"正名"的解释平行并置，后来者读到"正名"一节，难免有云山雾绕之感。有学者试图爬梳"正名"诸解，其极致则是呈现一条完整、系统的"正名"解释脉络。也有学者试图回到"正名"的历史语境——亦是上文的致思路径——予以一个贴合历史与文本语境的解释，并力驳诸多范畴的掺入无益于厘清"正名"的原意。前者倾向于诠释与建构，后者则力主还原与解构。事实上，无论是建构还是还原，都受"正名"一义在孔子思想中的重要性这一前提的支配。换言之，若没有后来者孜孜不倦地对"正名"二字的反复申述，并将之推至孔子思想中举重若轻的位置，也不会有如今解释或还原"正名"之论的繁盛。且自董仲舒的名号学说观之，还原到孔子"正名"的历史与文本语境必不可少，后来者对之

第二章　董仲舒名号学说的思想渊源

进行的阐发亦当思之，只有如此，才能真正理解"深察名号"究竟在何种程度上继承并发展了孔子的"正名"学说。本书立场处于两者之间：既试图还原孔子"正名"的本来面貌，同时亦要考虑到后起的诸种解释中的合理性。

笔者目力所及，苟东锋《孔子正名思想研究》爬梳孔子"正名"思想的诠释脉络最为详备。作者对"正名"思想的古注今解均有涉猎，并试图由对"正名"诠释的梳理，把握儒家思想的发展脉络。具体来看，苟著将古人的诠释概括为"形名解""名实解""名字解""名分解"与"历史解"五种，今人的研究则分为柏拉图主义派、马克思主义派、语言哲学派、还原主义派与当代新儒家派，且"诸解之间往往互有訾应，有些解释的内部也存在严重争议"[1]。此外，作者从观念层面提揭出古人解释"正名"的两个要素具有代表性，即"强调'名'本身有一种对'实'的力量，以及强调'名'的确定性、清晰性和界限性"[2]。由此，我们似乎可以化繁为简，直接把握孔子"正名"思想中最为精要的部分，即后来所谓"名实"与"名分"。暂且搁置书名中"逻辑"二字可能带来的争议，汪奠基《中国逻辑思想史》一书对孔子"正名"思想的概括同样可观："孔子的正名思想，事实上包括这两方面：一为'正形名'的名实概念，一为'正名分'的伦理规范意义。所谓正形名，主要属于自然、社会和一般事物的客观历史观察；所谓正名分，则是属于主观政治伦理方面的实践法则问题。前者是要做到立名言，别同异，明是非，辨真伪等有关逻辑内容的'事实判断'的认识；后者则是实行定名分，治纲纪，正理平治，以及明贵贱，别善恶等以封建政治伦理为基础的'价值判断'的问题。"[3] 温公颐

---

[1] 苟东锋：《孔子正名思想研究》，第62页。
[2] 苟东锋：《孔子正名思想研究》，第63页。
[3] 汪奠基：《中国逻辑思想史》，武汉：武汉大学出版社，2012年，第109页。

◎ 发天意而正名号：公羊学语境中的董仲舒名论

认为："孔子正名逻辑的两个来源，一个是政治伦理化，另一个则是古代'正名物'的思想。"① 从源头来看，亦可说明孔子所谓"正名"何以存在互为关联，又彼此独立的两个方面。"正名"诸解，均可接续到这两条线索之中。一条线索以"名实"为核心。"名实"问题触及名以命物的问题，因此与名言或名字相关。名以指物，物以应名，两者相待而成。所谓"形名"，其核心要义在于："名者，名形者也；形者，应名者也。"② 无论如何看待"形"与"实"之于"物"的关系，"名"用以指称"物"应当没有疑问。另一条线索则以"名分"为核心。"名分"的观念涉及伦理与政治秩序，其背后仍然以"名实"的观念为基础，即认为"实"与"名"有对应的关系，才不仅可以要求"名"反应"实"，更要求"实"以应"名"，"名"之为"分"，也就是"物"之是其所是。无论是"名实"还是"名分"均又包含在对觚觯与辄的关系的历史解读中。③

与注重从"名实"与"名分"两条主要脉络建构孔子的"正名"思想的立场相反的，是另一种苟著称之为"还原主义派"的立场。还原主义试图回到历史与文本的语境中，尽可能揭示孔子"正名"的原始含义，并竭力将一切后来附会给孔子的概念剔除出去，上文所谓"名实"与"名分"即在此列。曹峰与戴卡琳的观点堪称代表。曹峰从概念的发展脉络将"正名"与"名实""名分"的观念剥离开来："'名''实'成为认识论上相对的概念，'正名'真正成为一个重要的话题，与名家的兴起有着重要的关系……'名实'论和'正名'说最为兴盛的时代在战国中晚期……到了这个时代，'正名'才真正和'名实'论结合起

---

① 温公颐：《先秦逻辑史》，上海：上海人民出版社，1983年，第173页。
② 【先秦】尹文撰，【汉】仲长统校定：《尹文子·大道上》，上海：上海古籍出版社，1990年，第2页。
③ 参见苟东锋《孔子正名思想研究》，第65页。

来……同样，与'君君臣臣，父父子子'相关之'名分'论也是到了战国中晚期之后，才随着君主集权主义的发展，社会分工与等级秩序的强化，一下成为社会的热门话题。"① 此外，曹峰还征引比利时汉学家戴卡琳的观点，认为："把'正名'和'觚不觚'、'君君臣臣父父子子'、'政者正也'联系起来的做法可能始于胡适。"② 在《名还是未名：这是问题》一文中，戴卡琳又重申了这一观点。③ 然而，这一近乎怀疑主义的立场亦有可以商榷之处。

首先，就对孔子"正名"一节的解读来看，曹峰的观点与"名分""名实"的观念并不存在实质性的抵牾，尽管其始终站在反对用"名实"论、"名分"论解释"正名"的立场。曹峰认为："从整段文章的文义来看，其重点有二。其一，'名'对政治即礼乐刑罚有着直接的影响。第二，'名'所对应的对象是'言'与'行'，但主要是'言'，因为最后结论归结到'君子于其言无所苟而已矣'。此外，既然是卫君'待子而为政'，那么孔子的'正名'就是站在统治者的立场上思考政治的具体问题，而不是作什么哲学的反思。"④ 又："'正名'的保障手段也只是依赖君子'于其言无所苟'，即依赖君子的自发道德意识，而非外在的规范。"⑤ 作者对"名"的确切所指几乎什么都没有说，而仅仅将其视作孔子关注到"名"或"言"对政治有重要影响的问题意识，我们仍然无法知道孔子提出"正名"的语境中究竟什么是"名"。"名实"与"名分"观念的引入恰恰将对于"正名"的研究导向深入、条理，

---

① 曹峰：《中国古代"名"的政治思想研究》，第111页。
② 转引自曹峰《中国古代"名"的政治思想研究》，第114页。
③ 参见【比利时】戴卡琳《名还是未名：这是问题》，崔晓姣、张尧程译，《文史哲》2020年第1期。
④ 曹峰：《中国古代"名"的政治思想研究》，第112页。
⑤ 曹峰：《中国古代"名"的政治思想研究》，第112页。

才能将"名"之所以为统治者所重视的缘由真正揭示出来。且统治者要关注"名"的意识与后世"名分"思想中主张"圣人制名""王者制名",强调"名"必须攥在统治者手里可谓一脉相承。孔子那里自然不会有明确的"名分"观念,但强求一种剔除任何后起范畴的解读,似乎会陷入不可说的迷障;其次,"正名"一节的原文,和《论语》中与"名"(可能)相关的文本之间的关联,仍然有其合理性。例如只要承认孔子慨叹"觚不觚"确有所指而非一句空言,那么这句话就势必触及了"名实"关系与"顾名思义"。"君君,臣臣,父父,子子"是否涉及"名分"暂且不议,但上文的分析业已指出其与"正名"同样针对君臣父子名位不正的历史情境。因此,不能因为缺乏直接的关联就截断两者之间在抽象观念层面的契合。由文以入理,既不拘泥于文辞上的直接关联,也不囿于观念的束缚,则不应彻底否定"觚不觚","君君,臣臣,父父,子子"可以与"必也正名"一节互相发明的可能。

本书认同曹峰的观点,认为"正名"提示出孔子对于语言与政治关系的敏感。且后世在诠释的过程中不断建构起来的正名理论,则远超过了孔子"正名"之原初含义。也认同戴卡琳将胡适对于上述四条文本之间关系视作建构性的诠释。但问题的另一面或许是:胡适的观点未尝不是一个洞见。我们不能以今日的视野菲薄古人,或像审视逻辑推演之前件与后件,把握概念之内涵与外延的明晰性与严格性来要求孔子。孔子的"正名"思想由后世说者"叠床架屋"才有了如今的规模,但在还原与诠释、解构与建构之间维持平衡理应是诠释者的基本立场。陈启云即指出:"'正名章'虽然是由某特别历史事件而引发;'正名'论也可能是针对蒯聩和卫君辄间的父子名分。但这不能证明'正名章'不具有普遍性的哲学意义。从历史眼光来看,《论语》里面记载孔子的言行,大多是在特定的历史状况中发生的,本身都是特定的历史事件,不仅'正名'章如此。我们不能因此而否认《论语》大部分文字的广义哲学意义。"① 一言以蔽之，以历史与文本语境解读"正名"，强调"正世子之名"与"正君臣父子之名"的第一性为前提，而需要纳入后来者对于"名实""名分"等范畴引导下的有益解读。两者之间不应抵牾，而应相辅相成、互为表里。

三 《春秋》学视域下的孔子"正名"观

从董子的"深察名号"回溯孔子的"正名"观，《春秋》中的"正名"思想亦不可忽略。孔子笔削《春秋》有明文载于史册，而成了公羊家赋予《春秋》以超越于具体历史书写的政治意义并尊孔子为"素王"的根据。孟子曰："世衰道微，邪说暴行有作，臣弑其君者有之，子弑其父者有之。孔子惧，作《春秋》。《春秋》，天子之事也。"② 司马迁在《太史公自序》里则记载董生（应为董仲舒）的话："周道衰废，孔子为鲁司寇，诸侯害之，大夫壅之。孔子知言之不用，道之不行也，是非二百四十二年之中，以为天下仪表，贬天子，退诸侯，讨大夫，以达王事而已矣。"③ 在《孔子世家》中，司马迁也言及，孔子"乃因史记作《春秋》，上至隐公，下讫哀公十四年，十二公。据鲁，亲周，故殷，运之三代。约其文辞而指博。故吴楚之君自称王，而《春秋》贬之曰'子'；践土之会实召周天子，而《春秋》讳之曰'天王狩于河阳'；推此类以绳当世。贬损之义，后有王者举而开之。《春秋》之义行，则天下乱臣贼子惧焉"④。可见，将孔子与《春秋》关联起来，直接赋予

---

① 陈启云：《中国古代思想文化的历史论析》，北京：北京大学出版社，2001年，第129页。
② 【清】焦循：《孟子正义·滕文公章句下》，沈文倬点校，北京：中华书局，1987年，第452页。
③ 【汉】司马迁撰，【南朝宋】裴骃集解，【唐】司马贞索隐，【唐】张守节正义：《史记·太史公自序第七十》，第4003页。
④ 【汉】司马迁撰，【南朝宋】裴骃集解，【唐】司马贞索隐，【唐】张守节正义：《史记·孔子世家第十七》，第2352页。

◎ 发天意而正名号：公羊学语境中的董仲舒名论

《春秋》以表达孔子王道大义之理想的功用，使其从记事的鲁史上升为"经"的高度。

上述对于孔子与《春秋》关联的描述中，和"正名"相关之处有二：首先，孔子并非王，没有实际的政治权力，其以《春秋》所托之对乱臣贼子的声讨，是由褒贬进退鲁国十二公、二百四十二年间事的"文辞"来实现的。因所记之事繁而杂、所托之意幽而深，若要不流于"断烂朝报"、无益之记事，则势必在文字表述上下足功夫，所谓"约其文辞而指博"是也。读者读《春秋》、经师解《春秋》，对于其中圣人之意的体悟都势必在一字一词上着眼。"大义微言"莫不如是。

就"文辞"的方面来看，孔子所谓"正名"似乎与《春秋》之文辞并没有直接的关联，而是在汉人注经、解经过程中形成的重视名物、书字的意识，将之投射于孔子"正名"的观念，并赋予其"正名字"或"正书字"的含义。例如：马融注"正名"为"正百事之名"，皇侃《论语义疏》引《论语郑氏注》："正名，谓正书字也。古者曰名，今世曰字。《礼记》曰：'百名以上，则书于策。'孔子见时教不行，故欲正文字之误。"[1] 程树德《论语集释》引钱大昕《潜研堂集问答》云："《礼记·祭法》云：'黄帝正名百物。'而仓颉制文字即于其时。名即文也，物即事也，文不正则言不顺而事不成。马郑本无二义，故唐以前说《论语》者因之。"[2] 从马、郑之注与钱大昕的折衷调和之说来看：马融所谓"正百事之名"实际上跳脱了孔子正名说的历史情境，而以孔子有正当世之名物的志意；而"黄帝正名百物"与仓颉造字的传说共同为"名"与"字"（"文"）的互通背书，并在无形之中，将"正名"的工作抬高到圣人、圣王之事业的位置。此外，用以命物、指事的是"名"，书于

---

[1] 程树德：《论语集释·子路上》，程俊英、蒋见元点校，第890页。
[2] 程树德：《论语集释·子路上》，程俊英、蒋见元点校，第890—891页。

策、形于文的是"字"。① 其中恐怕汉人附会的成分居多，至少回到"必也正名"一节的文本与历史语境中，并不能读出"正名"之为"正名字"或"正书字"的意思。

不过，这一解释却可以无缝衔接到《春秋》的书法义例上，成为《春秋》诠释的一个方法论依据。因为《春秋》经由一字褒贬，最终的目的则是确立一个可供参照的政治秩序，推行王政教化，所谓"属辞比事，《春秋》教也"②。"辞"指"文辞"，具体而言，一名、一字，乃至书不书名或字，都是托于《春秋》的志意，而经师、读者则要对此仔细琢磨、体会，才能与孔子对话，体会圣人用心之深。胡适将《春秋》中"正名"的含义区分为三个层面，即"正名字""定名分"和"寓褒贬"。三者之中以"正名字"为核心，所谓"《春秋》的第一义，是文法学、言语学的事业"③。只有用语精确、用字精当才能有等级秩序（名分）的确立与价值评判（褒贬）的寓意。胡适甚至将"君子于其言，无所苟而已矣"一句，视为"一切训诂书的根本观念"，且认为《公羊》《穀梁》都含有字典气味。④ 这一将"正名"与诠经、训诂勾连起来的观点难免有联想与臆断的成分。不过自孔子笔削《春秋》的观念一脉而下，"正书字"或"正名字"在孔子思想中——尤其是《春秋》，乃至一切经书的诠释中——的重要性愈发凸显出来，却又是理固宜然。

其次，"贬天子，退诸侯，讨大夫"或使"乱臣贼子惧"之为

---

① 汪奠基征引《刘申叔先生遗书·论理学史序》的观点，指出："本来正名与正名字的方法是不可分的。作名以辨物，述名以指实，俱见于字书《尔雅》。古人询事考言，则诘其名实……类族辨物，则观其离合。"汪奠基：《中国逻辑思想史》，第109页。
② 【汉】郑玄注，【唐】孔颖达疏：《礼记正义·经解第二十六》，吕友仁整理，第1903页。
③ 胡适：《中国哲学史大纲》，第71—72页。
④ 参见胡适《中国哲学史大纲》，第75页。

◎ 发天意而正名号：公羊学语境中的董仲舒名论

孔子笔削《春秋》的用意指向的是对现实政治秩序的规制，这就与孔子为政必先"正名"的主张高度一致了。且两者均围绕君、臣、父、子的政治与伦理身份，在"名"的内涵上高度契合。马一浮即指出："约而言之，《春秋》之大用在于夷夏、进退、文质、损益、刑德、贵贱、经权、予夺，而其要则正名而已矣。'必也正名'一语，实《春秋》之要义。'君君、臣臣、父父、子子'，即庄生所谓'道名分'也。"① "正名"之为"正世子之名"可以抽绎为"正君臣父子之名"而以"君君、臣臣、父父、子子"为注脚。后者又在《春秋》二百四十年的"贬天子，退诸侯"，以"属辞比事"为方法，实现对君、臣、父、子各得其正的王道大义的申述中得到进一步强化。以孔子笔削《春秋》为前提，上述论证构成了一个近乎完美的闭环。孔子所谓"正名"可以直接与《春秋》所道的"名分"互相证明乃至强化。"名分"或"名位"的概念似乎顺理成章地进入"正名"的语境中，并得以游刃于"必也正名"一节的历史语境与《春秋》所载的君臣父子的褒贬进退之中。

然而，上述推论仍然有值得推敲之处。因为，"名分"一义并不来自孔子，也不来自儒家，而是得自黄老。《庄子·天下》中，历来被视为概括《春秋》要旨的"《春秋》以道名分"一语，也出自黄老的立场。李巍即指出："'名分'这个表达及其主要意谓皆与孔门无关，实际出于黄老。《庄子·天下》所谓'以法为分，以名为表'，也正是在黄老的意义上言说'名分'。"② 这促使我们重新思考"名"与"名分"、孔子的正名说与《春秋》所谓"名分"的关系，并进一步探讨，在何种意义上，"《春秋》以道名分"是可以成立的。

---

① 马一浮：《复性书院讲录》，济南：山东人民出版社，1998 年，第 89—90 页。

② 李巍：《春秋大义与黄老思潮——"〈春秋〉以道名分"说探析》，《社会科学战线》2019 年第 4 期。

第二章 董仲舒名号学说的思想渊源

对于这一问题的分析,不妨从观念发展的脉络与观念本身两个方面分析。就观念发展的脉络来看,李巍的观点敏锐地把握到发端于战国中后期并一直延续到汉初的黄老思潮对《春秋》学,尤其是公羊学的影响。并试图驳斥一种习见的、将一切经学观念归于孔子的"原教旨"想象。孔子提出"正名"的主张时并无"名分"一词。上述从"必也正名"一节的历史与文本语境的分析,也无法径直将"正名"之"名"解释为"名分",故以"名分"解"正名"似乎并不合理。然而,倘若从观念本身来看,可以进一步追问的问题似乎是:当孔子说"必也正名乎"的时候,是否有后来"名分"的含义在其中?汪奠基对于"名分"一词的分析或许值得关注:"名分定义的范畴,具有类别、地位、历史、时间、权度、数量、等级以及有关人事的种种不同方面,所以它可能标立出对于是非、同异、善恶、贵贱、真伪以至对错等有关社会活动的指导意义和作用。"[1]"名分"的义涵逐渐丰满得益于黄老思潮,但孔子说"必也正名乎"的时候,蒯聩与辄之名位、等级,均是"正"的对象,也当属"名"的应有之义。因此,"名分"的概念尽管是后起的,但我们仍然可以认为,孔子所谓"正名"多多少少包含了"名分"的义涵于其中。换言之,"《春秋》以道名分",既意味着"正名"与"名分"在抽象的观念层面有互通的可能,也提示出历史上黄老思潮与儒家思想的交锋与汇通。以"《春秋》以道名分"概括《春秋》义旨,未必得其真容,却也失之未远,其中必有历史的理性。孔子笔削《春秋》,"贬天子,退诸侯,讨大夫",以行素王之志意。其中,褒贬进退之意,由《春秋》之中一名一字来体现,故关注《春秋》之中的名例与辞法是解读《春秋》的关键方法。而其所褒贬进退者,则是君不君,臣不臣,父不父,子不子的乱世之事。因此,尽管"《春秋》以道名分"与"名分"一词得自黄老,

---

[1] 汪奠基:《中国逻辑思想史》,第112页。

◎ 发天意而正名号：公羊学语境中的董仲舒名论

但仍然可以视作孔子"正名"思想在《春秋》之中的体现。

围绕《春秋》学中的"正名"与孔子"必也正名"一节的比照，把握"正名"之为"正名字"与"正名分"的含义。前者立足于《春秋》的褒贬用辞，体现为对一名一字的重视，后者则以关注君臣父子名位之正与不正得以相通。"正名"一义体现于《春秋》之中即"正辞"，由辞以见的义，首先是君臣父子的"名分"。孔子的"正名"与《春秋》之中的"名字"与"名分"之间，并非等同的关系，需得将汉人注经中掺入的观念与黄老思潮的影响纳入考量。但仍然要意识到：孔子的正名说毕竟有草创之功，不能因其缺乏概念的明晰性就贸然截断与后来者的关联。因此，我们仍然可以在一定限度内认可孔子所谓"正名"的主张贯穿于《春秋》之中，胡适所谓"一部《春秋》便是孔子实行正名的方法"①，不失为一个洞见。

本节从孔子"必也正名"一节的文本与历史语境出发，揭示"正名"之为"正世子之名"与"正君臣父子之名"的义涵。并在后世"正名"学说的诠释与还原中，力主一种持平之论，即以"正名"之历史原意为依托，兼采"名分""名实"等合理的解释。此外，在《春秋》的视域中，孔子所谓"正名"呈现为"正名字"与"正名分"两层含义，前者与《春秋》之中的"文辞"对应，后者则关乎《春秋》所要实现的"褒贬进退"之意。尽管"《春秋》以道名分"是由黄老思想的引入而产生的表述。但结合第二部分与第三部分的讨论，我们仍然可以在一定限度内认可"《春秋》以道名分"与孔子的"正名"主张相待而成。由"名"到"名分"，是概念从粗疏逐渐走向精微的过程。也是孔子的"正名"学说解释愈繁、愈发精密的过程。

而与本书的研究相关之处在于：董仲舒既直接援引孔子的"正

---

① 胡适：《中国哲学史大纲》，第70页。

名"一说，又在《春秋》学的语境中强调"正名"的重要性。其中，既有将"名实"范畴引入"正名"的努力，如"名生于真"，又有对"王""君""诸侯""大夫""民"之"名"的考订，乃至在《春秋》经传的具体诠释中，体现"名分"的义涵。在董仲舒那里，《春秋》所谓"正名"与孔子所谓"正名"已经水乳交融、不分彼此了。

第三节 名辩思潮的遗产

自春秋至战国，"礼崩乐坏"、名实离乱的局面日益严重，"名"的问题也变得愈发重要，各家各派都注意到"名"的重要性。儒家主张"正名"，道家提出"无名"，墨家强调"取实予名"，黄老法家主张"刑名法术"。① 王琯指出："惟当时诸子之言正名，有兼有专。兼者，如管子、韩非以法家谈名，荀子以儒家谈名，墨子以墨家谈名，尸子、吕子以杂家谈名。在其学说全部只占一域，或为所标主义之一种基念，或以论旨旁衍与名相通。"② 可见"名"的思想在彼时可说是蔚为大观。冯契用"名实之辩"钩稽这一时期的思想发展脉络③，郭沫若将先秦时期围绕"名"所展开的思考与论辩称为"名辩思潮"④，即有见于"名"在先秦思想中的突出地位。

---

① 苟东锋：《孔子正名思想研究》，第8页。
② 王琯：《公孙龙子悬解·读公孙龙子叙录》，北京：中华书局，1992年，第23页。
③ 参见冯契《中国古代哲学的逻辑发展》（上），第27页。
④ 郭沫若：《十批判书》，北京：人民出版社，2012年，第261—262页。此外，周云之对于"名辩思潮"的定义或许更为明晰："'名辩思潮'并不直接等同于中国古代逻辑，而是指中国古代逻辑思想在萌发和发展时期提出的一些涉及名和辩的具体问题或典型命题的争论，因此这些在当时（先秦）争论的有关名辩的具体问题或典型命题尽管包含着丰富的逻辑思想，但并不都是古代逻辑本身的合理内容。"周云之：《名辩学论》，沈阳：辽宁教育出版社，1996年，第29页。

◎ 发天意而正名号：公羊学语境中的董仲舒名论

从董仲舒的名号学说反观先秦诸子中"名"的相关论述，不难发现：董仲舒对于"名号"的推崇与主张绝非儒家"正名"思想的一系单传，而是汲取百家，其中兼有名家、黄老与法家之言。具体来看，名家在"名实"的意义上发展了名学，在对"名辩"的主张中，将"名实"问题的讨论逐渐引向精微；黄老法家主张形名法术，对于"名分"的论述最为详备。董仲舒的名号学说实则承继了名辩思潮的遗产，而可以接续到广义的名学脉络之中。

一 从"名家"之学到"名学"思想

"名家"又称"形名家"[①]，以辨名析词为特点，常作无稽之言。其名称固然是司马谈在《论六家要旨》中所起的，但论题却早已有之。伍非百认为："'名'之称盖始于尹文，其后司马谈、班固因之，世遂以好微眇之言，持无穷之辩者，谓之'名家'，实非古谊。"[②] 因其擅长辨名析词，把玩概念，使得"名家"之学往往被视作逻辑与认识的研究对象，逻辑研究也一度占据名学研究的主流。曹峰指出："受西方逻辑学长期影响的'名家'研究，'名家'的内涵变得非常狭隘。提到'名家'，绝大部分人有一种先入为主的想法，那就是指以公孙龙、惠施、墨辩为代表的，关注物性、玩弄概念、研究推理、具有抽象思辨特征的那一批人。"[③] 如此，只有公孙龙、惠施、后期墨家方可归于名家。不过，也有不少学者关注到"名"的丰富内涵，并试图厘清"名家"不同派系的思想倾向，名家思想研究的边界也得以重塑。伍非百采取三分的方式，即

---

① 汪奠基指出："先秦人除尹文单称过'名'以外，一般都称为'形名'。《战国策》苏秦说：'形名之加，皆曰白马非马。'庄子说：'故书曰有形有名，形名者，古已有之。'"汪奠基：《中国逻辑思想史》，第47页。
② 伍非百：《中国古名家言》，成都：四川大学出版社，2009年，第2页。
③ 曹峰：《对名家及名学的重新认识》，《社会科学》2013年第11期。

第二章　董仲舒名号学说的思想渊源

名法派、名理派与名辩派。① 董英哲将名家区分为主流派与非主流派。其中，"一个是以惠施、公孙龙为核心的主流派，把自然现象作为研究的侧重点，采用了反向的思维方式；另一个是以尹文为代表的非主流派，把社会现象作为研究的侧重点，采用了常规的思维方式"②。曹峰则将名家学派区分为"知识型名家"与"政论型名家"，虽然现有的名学研究往往聚焦于前者，但后者的影响显然更大。③ 这一对名家不同派系的划定极具启发，即将名家思想研究的外延扩展到以"名"为核心的社会与政治思想。

如若把论述的焦点从"名家"转向"名学"，那么研究的边界将进一步扩大。从"名辩思潮"的角度观之，以"名"为核心的论述也不局限于狭义的名家，势必关照到黄老、法家的名学观点。董英哲认为，"名家是春秋战国时代'百家'中最活跃的一个学派，处于'争鸣'的核心地位，可以说是'百家争鸣'的一个关节点"④。苟东锋在研究孔子"正名"思想时强调"名"所具有的"本质重要性"，并借用俞宣孟所提出的"底本"概念，试图将"名"定位为中国哲学的"底本"。⑤ 各家各派借由"名"所表达的思想，其旨趣不尽相同，但"名"之为先秦思想的一个重要的"关节点"、一个沟通各家思想的枢要，应当不成问题。故本书所论也不局限于名家两派，而关注如何在广义的名学脉络中定位董仲舒的名号学说。

以上述名学的视角观之，对"名"在各家思想中所呈现的复杂性，尤其是政治性的关注与《深察名号》篇的立言宗旨密切相关。名家所提倡的"正名实"或"循名责实"，不仅是一个逻辑与认识

---

① 参见伍非百《中国古名家言》，第1页。
② 董英哲：《先秦名家四子研究》，上海：上海古籍出版社，2013年，第24页。
③ 参见曹峰《对名家及名学的重新认识》，《社会科学》2013年第11期。
④ 董英哲：《先秦名家四子研究》，第3页。
⑤ 参见苟东锋《孔子正名思想研究》，第19、6页。

◎ 发天意而正名号：公羊学语境中的董仲舒名论

的命题，也是一种政治主张。① 具体到《深察名号》篇，其中固然有对"真物"与"别物"的强调，对"洪名"与"私名"的区分，但更为重要的是借助"名"的社会与政治功用，维护君尊臣卑的等级秩序，以实现王道正义。由此，对于《深察名号》篇的解读可以接续到发端自先秦的名辩思潮。这一观点在苏舆为《深察名号》篇所作之题解中可以得到进一步说明：

> 本书《郊语》篇："圣人正名，名不虚生。"《天地阴阳》篇："名号之由人事起也。"《仪礼·丧服传》："名者，人治之大者也。"《左氏传》："名以制义。"《释名》："名，明也，名实使分明。"《尹文·大道》篇："形以定名，名以定事，事以检名。察其所以然，则形名之于事物无所隐其理矣。名有三科：一曰命物之名，方圆白黑是也；二曰毁誉之名，善恶贵贱是也；三曰况谓之名，贤愚爱憎是也。"案：名家之学，以综微核实为功，以正名析词为本，此即名学也。《荀子》亦有《正名》篇。《春秋》治人必先正名，《穀梁》于五石、六鹢之词发其微，《公羊》学盖与之同。②

苏舆对于文献的征引有一个逐层外推的序列，即从《春秋繁露》到儒家经籍再到古名家言。这一解读游刃于两个并行不悖的脉络中，即名学的脉络与儒家/《春秋》学的脉络。前者赋予《深察名号》篇以某种理论的基础，后者则在诸如"五石、六鹢"之辞中走向精微细密，即将正名付诸实践，两者互为表里。因此，我们可以将董

---

① 曹峰对先秦名学的分派建立在两条线索、两套体系的基础之上："正名论、名实论、形名论作为战国秦汉时期盛行的话题，几乎都有两条线索，两套体系，既是知识论的，又是政治学的。"曹峰：《中国古代"名"的政治思想研究》，第65页。

② 【清】苏舆：《春秋繁露义证·深察名号第三十五》，钟哲点校，第277页。

仲舒的名号学说归于广义的名学范畴。

下文将从"正名实"与"定名分"两个角度具体探讨名号学说对先秦名学观点的继承。① 有必要说明的是：本书无意给出两者关系的强论证，即论证名号学说对于某个特定文本或观点的继承关系，而是经由文本的参详比照，试图在广义的名学思想发展脉络中，定位董仲舒的名号学说。因此，讨论也将游刃于名家诸说之间，以广泛的文本为基础，抽绎出特定的观念和线索。②

二 正名实——名学思想的第一义

何谓"名"？是研究"名"的学者首先要面对的问题。在先秦名家的语境中，对于这一问题的回答关乎"名"的性质与功能，也触及了名学思想中的核心与基础，即名实关系。

---

① 提取"正名实"与"定名分"两个方面，既是考虑到先秦名学思想与董仲舒名号学说的内在关联，也得益于前述曹峰"两条线索，两套体系"的观点与苟东锋的研究成果。苟东锋对于孔子"正名"思想的研究建立在其对"名"的内涵三分的概念基础上，即名言、名分与名声。然而，"刑名"作为法令、法规的含义，在董仲舒的名号学说已趋于淡化，且可以在较为抽象的意义上归并于"定名分"。"名声"只在君臣的互动关系中被提及，因此也可以将君臣对"名声"的不同占有归于"名分"的含义。故本书采取两分的方式。参见苟东锋《孔子正名思想研究》，第15页。

② 文献方面，"正名实"部分将主要围绕《公孙龙子》与《墨辩》展开，兼及《荀子·正名》与《尹文子》等相关材料。"定名分"部分则专注挖掘黄老与法家对"名"的社会与政治功用的认识，涉及《黄帝四经》《尹文子》《管子》《韩非子》《商君书》与《吕氏春秋》等文本。其中，《公孙龙子》尽管有所残伪，但作为先秦名家的重要作品应当无疑。《墨辩》则被视作战国时期后期墨家的作品，其中对"名、辞、说、辩"的观点对于理解先秦时期"名辩"的思想至关重要。相较之下，黄老之学的文献则要驳杂得多。1973年长沙马王堆出土的《经法》《十大经》《称》《道原》四篇，称为《黄帝帛书》，学界也倾向于认为此四篇即《汉书·艺文志》所著录的《黄帝四经》。《黄帝四经》的面世不仅拨开了以往围绕于黄老之学的迷雾，也为钩稽先秦"刑名法术"思想的脉络增加了重要的材料。诸如《尹文子》《邓析子》历来被视作残伪的文本，在与《黄帝四经》的互证中也增加了论证其可靠性的筹码。而诸如《管子》《韩非子》《商君书》《申不害》等文本中的黄老思想，也可以在此脉络下予以领会。

◎ 发天意而正名号：公羊学语境中的董仲舒名论

《公孙龙子·名实论》云："名实谓也。"① 即关注到"名"与"实"在"（称）谓"层面的关联。"实"在不同思想家那里也有不同的表述，如"形"或"物"。②《尹文子·大道上》："名有三科……一曰命物之名，方圆黑白是也。"③ 可见"命物"是"名"的基本含义。又："名者，名形者也；形者，应名者也。""形"指有形的器物，与无形的大道相对。"名"与"形"之间的关系是对偶的，即名以指实，实以应名。类似的观点在先秦时期不一而足，例如《经法·论》："名实相应则定，名实不相应则静。"④《管子·九守》："修名而督实，按实而定名。"⑤《荀子·正名》："名闻而实喻，名之用也。"⑥《韩非子·扬权》："名正物定，名倚物徙。"⑦《列子·杨朱》引老子言，"名者实之宾"⑧ 云云。

---

① 王琯：《公孙龙子悬解·名实论第六》，第91页。
② "形"作为"物"的外在表现对于"名"有着直接的规定，以名命物也多指其形者居多。古者造字亦有象形。而对于"形名"一词，曹峰认为："'形名'很有可能是一个民间早已流行、耳熟能详的词，在阴阳数术类文献中适用最早，具有很强的实用性。后来各家均能接受，使其成为自身理论中的重要概念，和这个词不具备强烈的学派倾向，又具有规则、规范意义，有着一定的关系。"曹峰：《中国古代"名"的政治思想研究》，第59页。
③【先秦】尹文撰，【汉】仲长统校定：《尹文子·大道上》，第2页。
④ 原作"名实不相应则定"，"不"字疑衍。参见《经法·论》，载国家文物局古代文献研究室编《马王堆汉墓帛书》（壹），北京：文物出版社，1980年，第54页。
⑤ 黎翔凤：《管子校注·九守第五十五》，梁运华整理，第1046页。
⑥【清】王先谦：《荀子集解·正名第二十二》，沈啸寰、王星贤点校，北京：中华书局，1988年，第422页。
⑦【清】王先慎：《韩非子集解·扬权第八》，钟哲点校，北京：中华书局，1998年，第45页。
⑧ 以"名"为"实之宾"虽然看似以宾主关系勾连起"名"与"实"，但老子、杨朱，乃至《庄子·逍遥游》中的许由，强调名、实之间的宾、主关系本质上是试图消解"名"对"实"的制约，甚至勾销"名""实"之间的必然联系。如《杨朱》篇："实无名，名无实。名者，伪而已矣。"又："名者，固非实之所取也……实者，固非名之所与也。"杨伯峻：《列子集释·杨朱篇》，北京：中华书局，1979年，第238、218、232页。

第二章　董仲舒名号学说的思想渊源

对于"名"与"实"如何在"谓"的层面关联起来，谭戒甫认为："名以命形，名形不过为实，名实当乃得谓之，故曰'名实，谓也'。若知此名之非此形，又知此名之不在此形，则名实不当而不谓矣。"① 这一解释不仅将"实"作为"名"所要把握的对象，也将"实"解作真实、实际，以表达用以指物、命物之"名"的恰当与确切。王琯的断句与解释走得更远："'谓'，训称谓，《广雅·释言》'指也'。言凡百事物本原无名，经人指称，乃为某名。其由人而得之实，非实真体，亦经人指称，乃为某实。"② 谭注与王注的差别在于究竟如何看待"实"，即将之作为"形"（"实"）的真实描摹与反映，还是作为"名"所把握的（不具有客观性的）"对象"而已。与之相应，"谓"的含义也有所差别，即作为"名"与"实"之间的耦合关系，还是"名"对"实"的指称与把握。但将之作为名实关系的基本规定，名实之间的耦合应当没有疑问，仅仅在这样一种耦合发生在主观还是客观世界的看法上有所差异。《墨子·经说上》说得简单直接："所以谓，名也。所谓，实也"，且"名实耦，合也"③。

然而，名实之间的耦合仅仅是名家的理论设想。《经法·四度》反复论及名过其实或名实不符的情况："声华〔实寡〕者，用（庸）也。"④ 又："声泏（溢）于实，是胃（谓）威（灭）名。"⑤

---

① 谭戒甫：《公孙龙子形名发微》，北京：中华书局，1963年，第62页。
② 王琯：《公孙龙子悬解·名实论第六》，第91页。
③ 吴毓江：《墨子校注·经说上》，孙启治点校，北京：中华书局，1983年，第479页。
④ 《经法·四度》，载国家文物局古代文献研究室编《马王堆汉墓帛书》（壹），第51页。
⑤ 《经法·四度》，载国家文物局古代文献研究室编《马王堆汉墓帛书》（壹），第51页。据陈鼓应：《黄帝四经今注今译》改正，参见《黄帝四经今注今译》，北京：中华书局，2016年，第156页。

又："名进实退,是胃(谓)失道,其卒必[有]身咎。"① 《经法》的作者显然认为,名过其实不仅是对实的贬低("庸"),也是对"名"的伤害("灭")。因此,"世有因名以得实,亦以因名以失实"②。名实相得的理想状况毕竟不是自然而然产生的,仍然需要人为地去促成,故形名家往往主张"正名实"。

"正名实"的主张可以具体析分为"正实"与"正名"两个方面。《公孙龙子·名实论》对此有十分精到的论述："其正者,正其所实也。正其所实者,正其名也。"③ 谭戒甫认为："其正维何?厥义尤二:(一)正其所实;(二)正其名。如白以命色,马以命形,色形双具,白马成物者,正其所实也。所实既正,于是人见白之色,马之形,即呼之曰白马者,正其名也。"④ "正实"意味着"名"对"实"的检证,即确认"名"所指称的对象具有其应有的形色或性质(形色或性质亦有其"名")。"正名"则意味着由此实而得其名之正。《公孙龙子·名实论》云："物以物其所物而不过焉,实也。"⑤ 王琯解释道："所谓物者名也。凡名某物,与其所名某物之自性相适相符合,而不过分;其某物之自性相,即谓之实。"⑥ 也就是说,以名命物,必有合乎该物之属性、特质包含于此物之名内,如此方得称之为实。换言之,"正实"也受"名"的支配,否则所谓"白"之色与"马"之形亦不复存在,世间只余彼彼此此、这这那那的"指"(称)而已。因此,"物"之为"物",即蕴含在"物"之名中,在物诞生之初,指物以为名之后,

---

① 《经法·四度》,载国家文物局古代文献研究室编《马王堆汉墓帛书》(壹),第52页。
② 【先秦】尹文撰,【汉】仲长统校定:《尹文子·大道上》,第6页。
③ 王琯:《公孙龙子悬解·名实论第六》,第89页。
④ 谭戒甫:《公孙龙子形名发微》,第59—60页。
⑤ 王琯:《公孙龙子悬解·名实论第六》,第87页。
⑥ 王琯:《公孙龙子悬解·名实论第六》,第87页。

第二章　董仲舒名号学说的思想渊源

"名"即承担了指"实"的功能。①"正名"与"正实"互为表里，构成"正名实"的一体两面。《邓析子·转辞》站在"形名"的角度，亦触及了名实之互"正"（相互规定）："循名责实，实之极也。按实定名，名之极也。参以相平，转而相成，故得之形名。"②

抽象意义上的"正名实"，势必在具体的论域中呈现为对"物"的具体命名。如何将人我、彼此区分开来，实现对不可穷极之万事万物的分类、归纳与把握，也就成了"正名实"的应有之义。除却《公孙龙子》对彼与此、白与马、坚与石精密到甚至背离常识的析分，论述较为精当的应属《墨辩》：

　　《经上》："名，达、类、私。"
　　《经说上》："名：'物'，达也；有实必待文多也命之。'马'，类也；若实也者必以是名也命之。'臧'，私也；是名也止于是实也。声出口，俱有名，若姓字俪。"③

---

① 事实上，"物"与"指"的关系要远比上述所论来得复杂，只是本书处理名实而不专论指物，故去繁就简。《公孙龙子·指物论》中对于"指"（称）和"物"（象）的关系有十分深刻的认识："物莫非指，而指非指。天下无指，物无可以谓物。非指者天下，而物可谓指乎？"谭戒甫《公孙龙子形名发微》云："盖指义有二，即'名''谓'之别。其指目牛马之指，谓也；因而所指目牛马之形色性亦曰指，名也。后《坚白论》'视之得白，拊之得坚'，章炳麟谓'坚与白，其德也'。然则形色性三者可称为德，亦即此所谓指耳。"又："直而言之，世人所谓物之实体，全然无有；所谓物者不过指之表见，故曰物莫非指。是以物之与指，虽立二名，而吾人所感觉之指，其所呈者又皆吾人之所谓物。则物即指，指亦即物也。指既为物，物名得专，则物非指。物既非指，则指亦非指，故曰'而指非指'。"也就是说，在这句话中，"指"区分为"名"与"谓"两个不同的用法，相当于英语中的 name 用作名词（名）与动词（谓）。而在指物关系中，"指"是用以指称"物"的形、色与性，而非"物"本身，因为本无所谓"物自身"的概念，但离开了对于形、色与性的"指"（称），也就无所谓"物"了。参见谭戒甫《公孙龙子形名发微》，第18—19页。

② 【先秦】邓析：《邓析子·转辞篇》，上海：上海古籍出版社，1990年，第4页。

③ 吴毓江：《墨子校注·经说上》，孙启治点校，第479页。

◎ 发天意而正名号：公羊学语境中的董仲舒名论

"物"即"达名"，或曰"万物之通名"，"马"即"类名"，即一类事物所共有之名；"臧"即私名，为其所专有，而不与他人共享。谭戒甫将此三者翻译为"达名"（Genesis Noun）、类名（Species Noun）与"私名"（Proper Noun），可谓得其义旨。① 与之相似的，是《荀子·正名》里对"名"之"共"与"别"的递推："物也者，大共名也。推而共之，共则有共，至于无共然后止。有时而欲徧举之，故谓之鸟兽。鸟兽也者，大别名也。推而别之，别则有别，至于无别然后止。"② "共名""达名"或"通名"，在"正名实"的实际操作中，意义并不甚大，"物"之为"物"，并没有揭示任何实际的内容。"类"或"别"的视角，才是"正名实"的着力之处。《尹文子·大道上》主张："名称者，何彼此而检虚实者也。自古至今，莫不用此而得，用彼而失。失者由名分混；得者由名分察……合彼我之一称而不别之，名之混者也。故曰：名称者，不可不察也。"③ "分"亦是"别"，即彼与此之间的差异与边界，只有将彼此之间的区别揭示出来，才能"名定则物不竞"④，即名与实的耦合关系达到无过无不及。

《公孙龙子》《墨辩》乃至《荀子·正名》等文献中，对于"名"的分类与使用以及彼此之名的"分"与"别"，往往在逻辑或语言的论域中展开，即将名实关系视作概念与对象、词与物之间的关系。其立论的目的往往在于"辩"。《荀子·解蔽》："析辞而为察，言物而为辨。"⑤《墨子·小取》："夫辩者，将以明是非之分，审治乱之纪，明同异之处，察名实之理，处利害，决嫌疑焉。

---

① 参见谭戒甫《墨辩发微》，第163页。
② 【清】王先谦：《荀子集解·正名第二十二》，沈啸寰、王星贤点校，第495—496页。
③ 【先秦】尹文撰，【汉】仲长统校定：《尹文子·大道上》，第2—3页。
④ 【先秦】尹文撰，【汉】仲长统校定：《尹文子·大道上》，第4页。
⑤ 【清】王先谦：《荀子集解·解蔽第二十一》，沈啸寰、王星贤点校，第409页。

摹略万物之然，论求群言之比。以名举实，以辞抒意，以说出故。以类取，以类予。"①"辩"即有言语上的辩论以争胜的含义②，也意味着彼与此在语词（"名"）上的分辨、分判。"名"——包括与名相关的"辞"与"说"——在"辩"的活动中居于方法论的核心位置。同时，也将是非、同异、治乱、利害、嫌疑等需得辩（分、别）而后能明的事项与"名"勾连在一起。在此，"正名实"的作用已然越出逻辑与语言的层面，并切实地介入社会与政治之中。以名辩见长的公孙龙，也主张推其"白马非马"之论，"以正名实，而化天下"③。当然，"白马非马"仅仅在语言、逻辑的层面"正名实"，其能否实现"化天下"的目的——甚至是否会起到反作用——是值得商榷的，不过其"化天下"的初衷，却也明确提示出作为"辩士"的公孙龙并非为辩而辩，仍然保留着对现实的关切。这一点在黄老、法家的名学观点中得到了进一步延伸。

三 定名分——"循名责实"的治国术

将"正名实"推至"化天下"是先秦名学思想——尤其是黄老与法家的名学思想——的一个核心观点，也正是在此意义上，"名"的政治性才得以彰显。就"名"的重要性来看，"名"的正与不正直接关乎社会的治乱，例如：

> 三名：一曰正名一曰立（位）而偃，二曰倚名法而乱，三曰强主威（灭）而无名。④

---

① 吴毓江：《墨子校注·小取第四十五》，孙启治点校，第642页。
② 《墨子·经上》："辩，争彼也。辩胜，当也。"参见吴毓江《墨子校注·经上》，孙启治点校，第478页。
③ 王琯：《公孙龙子悬解·迹府》，第34页。
④ 《经法·论》，载国家文物局古代文献研究室编《马王堆汉墓帛书》（壹），第53页。

◎ 发天意而正名号：公羊学语境中的董仲舒名论

> ［名］正则治，名奇则乱。正名不奇，奇名不立。①
> 名正则治，名倚则乱，无名则死，故先王贵名。②
> 有名则治，无名则乱，治者以其名。③
> 名实相生，反相为情。名实当则治，不当则乱。④
> 名正则治，名丧则乱。⑤

不同文本对于"名"与治乱的关系有着近似的表述，既是观念的承继，也可以视作形名之学对"名"的共识。值得深入探究的问题是："名"究竟有何种力量可以承担起影响，甚至塑造社会治乱的功能。⑥ 对于这一问题的回答，可以从三个方面予以分析。首先，就中国古代名学思想的发端来看，"名"的问题始终不是一个纯粹的语言问题，而仅仅以探究语言为方法，表达对现实的关切。戴卡琳即认识到这一点："这些作家对君主的不善于知人论世而忧心忡忡，所以才促使他们深入研究语言的本质，以重新命名、评价、描述和塑造世界。这些作家对语言感兴趣，说到底，不是源于纯语言学，不是源于认识论，从严格的意义上来说甚至也不是源于论辩学，而只是与政治和社会秩序有着直接的关系。"⑦ 其次，就

---

① 《十大经·前道》，载国家文物局古代文献研究室编《马王堆汉墓帛书》（壹），第76页。
② 黎翔凤：《管子校注·枢言第十二》，梁运华整理，第252页。
③ 黎翔凤：《管子校注·枢言第十二》，梁运华整理，第241页。
④ 黎翔凤：《管子校注·九守第五十五》，梁运华整理，第1046页。
⑤ 许维遹：《吕氏春秋集释·先识览·正名》，北京：中华书局，2017年，第426页。
⑥ 葛兰言即有此困惑："如果它原本只是一个避免文字混乱的问题，避免描述现实发生错误的问题，那么我不明白，仅仅通过名份的分类，怎么能希望在众人中建立秩序？"转引自【比利时】戴卡琳《解读〈鹖冠子〉——从论辩学的角度》，杨民译，第182页。
⑦ 【比利时】戴卡琳：《解读〈鹖冠子〉——从论辩学的角度》，杨民译，第176页。

第二章　董仲舒名号学说的思想渊源 ◎

"名"本身的特质来看,"名"不仅仅是对"实"的客观反映。以名指称某物的行为也就不存在绝对的必然性。正如"名实谓也"条王琯注解所指出的,"实"并非客观的对象,而势必呈现为主体借由"名"对外部对象的把握。在人与物的交往活动中,人赋予物以名称。"正名实"之为命名或定义的行为,实则是主体与对象、人与物的互动。最后,就汉语之中的命名方式来看,名与名、名与实之间也在一个较为宽泛的意义上相互关联,并不严格遵照同一律。胡适关注到"系词"在西方逻辑中扮演的重要角色,而古代汉语中的系词往往被省略了。[①] 陈汉生（Chad Hansen）则认为古代汉语缺乏语法上的形态学,汉语中的句子像是一组"名词串"（string of names）。[②] 刘梁剑即把"名词串"的概念与汉语中的"辞"等同起来。[③] 戴卡琳指出："'AB 也'的公式。虽然这个表达法常常使用动词'to be'（esse）,翻译为'A 是 B',但是这不是说存在一种共同的本质。相反,倒不如将它解读为一种更宽泛的联系,比如 A 涉及 B、与 B 有联系、由 B 所产生或者应该看成 B,这样要更好一些。"[④] 逻辑地看,"A 是 B"符合同一律。种加属差的定义方法也往往意味着所定义的对象具有唯一与排他的特性。然而,汉语中"A, B 也"的句式并不强调前件与后件之间的一致, A 与 B 的关系是松散的,可以表示等同、关联、从属、相似等所有关系。换言之, A 与 B、C、D……都可以经由"X, Y

---

① 胡适认为："一个中文的命题或者辞和西方的与之相当的东西的不同在于系词。系词在西方的逻辑中具有十分重要的地位,而在中文的命题里却被省略,它的位置仅用短暂的停顿来表示……在结构上,用荀子的话来说,一个命题或者辞是,'兼异实之名以论一意也'（《荀子·正名》）。"胡适：《先秦名学史》,第41页。

② 转引自刘梁剑《汉语言哲学发凡》,第91页。

③ 刘梁剑认为："古代汉语没有命题（proposition）,与之相对的则是名词串,或者简单地说,辞。"刘梁剑：《汉语言哲学发凡》,第92页。

④ 【比利时】戴卡琳：《解读〈鹖冠子〉——从论辩学的角度》,杨民译,第155页。

◎ 发天意而正名号：公羊学语境中的董仲舒名论

也"的句式勾连起来，但其间的关系则需要读者自行领悟。这样一种"定义"方式在诸如《广雅》等字书中对于字的互释，乃至循环解释中可以得到证明。

名实关系的或然性以及汉语中命名方式的松散，使得"名"的作用在汉语思想中难以实现像逻辑学中由概念组成命题一般严谨，但也使得命名同时成了附着并不断延伸价值观念的活动而具有某种赋予物与事以意义的功能，戴卡琳称其为"名谓之网"。① 社会的治乱，也正是在此意义上系之于"名"。对此，儒家、黄老乃至法家有着高度的共识。人人有其名、物物有其名，这也就意味着每一个被命名的人、事、物均在"名谓之网"上占据一个节点，并与其他的节点相连，"名"也就顺势导向了"分"。"分"即"别"或"辨"，约略等于逻辑学中的"属差"概念。《荀子·礼论》谈及礼的起源时用到"度量分界"一词，亦可用以把握"分"的含义。在社会生活领域"分"又体现为职分、职守。因此，"名分"一词也就意味着各守其分、各尽其职。《商君书·定分》云："夫名分定，势治之道也；名分不定，势乱之道也。"② 又："夫卖者满市而盗不敢取，由名分已定也。故名分未定，尧、舜、禹、汤且皆如鹜焉而逐之；名分已定，贫盗不取。今法令不明，其名不定，天下之人得议之，其议人异而无定。人主为法于上，下民议之于下，是法令不定，以下为上也。此所谓名分之不定也。夫名分不定，尧、舜犹将皆折而奸之，而况众人乎？"③《吕氏春秋·审分》篇的作者将"名分"比作"治之箬"："正名审分，是治之箬已。故按其实而审

---

① 戴卡琳认为："传统的道德是靠一种儒家的名谓之网来维系，这种名谓之网当然也就是价值的判断之网，它根深蒂固，牢不可破，所以也能够构成一种相似的威胁。"【比利时】戴卡琳：《解读〈鹖冠子〉——从论辩学的角度》，杨民译，第221页。

② 蒋礼鸿：《商君书锥指·定分第二十六》，北京：中华书局，1986年，第146页。

③ 蒋礼鸿：《商君书锥指·定分第二十六》，第145页。

其名，以求其情；听其言而察其类，无使放悖。夫名多不当其实而事多不当其用者，故人主不可以不审名分也。不审名分，是恶壅而愈塞也。"①"辔"即驭马的缰绳，人君借由"正名审分"来治理邦国，等同于御者以缰绳驭马，正所谓"治者以其名"。这一比喻的意义在于："名"与"治"的关系，不再仅仅是客观意义上的"名正则治"，而转化为在上者——可以是圣人，也可以是为君者——借由"名"来治国理政的手段。《申不害·大体》曰："为人君者，操契以责其名。名者，天地之纲，圣人之符。张天地之纲，用圣人之符，则万物之情无所逃之矣。"②"名"成了为君者或圣人治理天下的权柄和枢要。

以"名"为核心的治国术可以用"循名责实"四个字来概括，即为君者牢牢将正名权（或制名、定名、考名的权力）攥在手里，以"循名责实"为手段驾驭臣属：

　　循名责实，君之事也。奉法宣令，臣之职也。（《邓析子·无厚》）③

　　循名责实，察法立威，是明王也。（《邓析子·无厚》）④

　　百官有司，各务其刑。上循名以督实，下奉教而不达。（《邓析子·无厚》）⑤

　　明君之督大臣，缘身而责名，缘名而责形，缘形而责实。（《邓析子·转辞》）⑥

　　君操其名，臣效其形，形名参同，上下和调也。（《韩非

---

① 许维遹：《吕氏春秋集释·审分览·审分》，第434页。
② 【先秦】申不害：《申子·大体》，转引自阮廷焯《先秦诸子考佚》，台北：鼎文书局，1975年，第168页。
③ 【先秦】邓析：《邓析子·无厚篇》，第1页。
④ 【先秦】邓析：《邓析子·无厚篇》，第2页。
⑤ 【先秦】邓析：《邓析子·无厚篇》，第2页。
⑥ 【先秦】邓析：《邓析子·转辞篇》，第4页。

◎ 发天意而正名号：公羊学语境中的董仲舒名论

子·扬权》）①

> 庆赏刑罚，君事也；守职效能，臣业也。君科功黜陟，故有庆赏刑罚；臣各慎所任，故有守职效能。君不可与臣业，臣不可侵君事，上下不相侵与谓之名正。名正而法顺也。（《尹文子·大道上》）②

在此，"循名责实"的职责被归于君，而臣下只需在"名"与"法"的规制下恪尽职守。③ 其中，"庆赏刑罚"归属于"法"的范畴，但在考黜的过程中又可以"变现"为君对臣的评价（"名声"）与名分之小大高低。为君者高高在上，掌握着"名"的最终解释权，为臣者受制于"名"而守职尽分。且只有以考稽名实为基础，为君者才能实现对臣下的有效统御。《管子·明法解》云："国之所以乱者，废事情而任非誉也。故明主之听也，言者责之以其实，誉人者试之以其官。言而无实者诛，吏而乱官者诛。是故虚言不敢进，不肖者不敢受官。乱主则不然，听言而不督其实，故群臣以虚誉进其党，任官而不责其功，故愚污之吏在庭。"④ "名声"出于毁誉，因此巧言善辩之人往往有颠倒黑白、窃取名声的能力。听其言，观其行，闻其名，考其实，考稽名实或"循名责实"不仅

---

① 【清】王先慎：《韩非子集解·扬权第八》，钟哲点校，第47页。
② 【先秦】尹文撰，【汉】仲长统校定：《尹文子·大道上》，第6页。
③ 对于"名""法"并举的现象，曹峰有一番十分精到的述评："战国中晚期至汉初所出现的关于'名'的奇异现象，其实是一个法治国家形成过程中，对规范、准则的作用和意义超乎寻常的追求和崇拜，反过来讲，它正反映了君主地位的不稳定，和法治国家体制的不完善。""然而到了汉初以后，专制君主的绝对权威已经确立，'名'曾经具有的促进规则规范系统发生的机能不再受到重视，'名'思想的舞台日渐小时，'名'思想被法思想取代或者说包容了。历史上，只有和战国中晚期到汉初的特殊时期，'名''法'对举，'名''法'连用的情况才会重新出现。"曹峰：《中国古代"名"的政治思想研究》，第92、93页。
④ 黎翔凤：《管子校注·明法解第六十七》，梁运华整理，第1214页。

第二章　董仲舒名号学说的思想渊源

构成了治国理政的理论基础,也成了选官、任官的手段。

将"循名责实"用作考黜官员的手段,其出发点在于量才选官,并服务于善政。但在法家的视域中,"循名责实"的用心要深远得多:

> 人主将欲禁奸,则审合刑名者,言与事也。为人臣者陈而言,君以其言授之事,专以其事责其功。功当其事,事当其言,则赏;功不当其事,事不当其言,则罚。故群臣其言大而功小者则罚,非罚小功也,罚功不当名也。群臣其言小而功大者亦罚,非不说于大功也,以为不当名也害甚于有大功,故罚。①

以"审合刑名"为核心的考陟官员的标准中,不仅夸大其词不被容忍,保守谦逊也会受到惩处,"审合刑名"扭曲为强求名实相称。"循名责实"作为治国之术,显然已经有了别一层的用意,即维护统治者的威权②,所谓"上下不相侵与,谓之名正"。③《商君书·君臣》直接将明尊卑、别贵贱视作圣人制"名"(特指政治性的"名号")的动机:"古者未有君臣上下之时,民乱而不治。是以圣人别贵贱,制爵位,立名号,以别君臣上下之义。"④ 也正是出于对"名"的重视,《韩非子·八经》主张,"名"决计不能出于百

---

① 【清】王先慎:《韩非子集解·二柄第七》,钟哲点校,第40—41页。
② 维护统治者的威权是审合刑名的实际功用,而其最终的根据在于"道"。《韩非子·主道》:"道者、万物之始,是非之纪也。是以明君守始以知万物之源,治纪以知善败之端。故虚静以待令,令名自命也,令事自定也。"这与《经法·论约》的观点一脉相承,如:"执道者之观于天下也,必审观事之所始起,审其刑(形)名。"【清】王先慎:《韩非子集解·主道第五》,钟哲点校,第26页;《经法·论约》,载国家文物局古代文献研究室编《马王堆汉墓帛书》(壹),第57页。
③ 【先秦】尹文撰,【汉】仲长统定校:《尹文子·大道上》,第6页。
④ 蒋礼鸿:《商君书锥指·君臣第二十三》,第129页。

姓之私人，而必归之于官家。并且将"名号"与"赏罚""法令"三者的有序推行视作"有道之国"的标志。① 就此来看，以"名"（与"法"）作为治国的手段，不仅服务于善治，更服务于维护君主的威权。

总之，"名"的社会与政治功能在于：在上者借由审名定分来织就道德与意义之网，维护自身的威权的同时驾驭、驱策臣属，共同服务于善治。可以说，"名"之为"名分"或"名谓"，真正体现了"名"的思想张力。从"正名实"到"定名分"，前者以辨名析辞为务，后者则以构建意义、塑造秩序为目的。当然，这并不意味着以名辩见长的名学思想被遗弃在故纸堆中。相反，"正名实"始终是名学思想的基本含义，离开"正名实"就不可能有"名"的任何实际的——包括语言的、社会的、政治的——功用。②

四 董仲舒名号学说对先秦诸子名学观点的继承

董仲舒的名号学说接续了孔子"正名"的主张，而其确切的内涵，却与后来的名家、法家乃至黄老之学有着密切的关系。就上文所讨论的"正名实"与"定名分"两个方面来看，前者作为名学思想的理论基础仍然内在于董仲舒的名号学说。后者则与儒家的"正名"主张相结合，成了治国乃至治天下的重要手段。不过，就黄老学说也同样以"正名实"为基础来看，名号学说对前者的继承

---

① 《韩非子·八经》："功名所生，必出于官法；法之所外，虽有难行，不以显焉，故民无以私名。设法度以齐民，信赏罚以尽能，明诽誉以劝沮。名号、赏罚、法令三隅，故大臣有行则尊君，百姓有功则利上，此之谓有道之国也。"【清】王先慎：《韩非子集解·八经第四十八》，钟哲点校，第441页。

② 曹峰对于两派在历史上先后顺序的一个观点可作为"正名实"为"定名分"之基础的一个旁证："《黄帝四经》《尹文子》及《管子》中与'名'、'法'相关的论述均不会早于战国中期，故这两种倾向不是并行的。所谓的'名法派'或'形名法术派'产生于对所谓的'名辩派'既否定又利用的基础上。"曹峰：《中国古代"名"的政治思想》，第79—80页。

第二章 董仲舒名号学说的思想渊源

是间接的,而对于后者的继承则是直接的。

首先,"正名实"的含义在董仲舒那里由一个"真"字体现,所谓:"名生于真,非其真,弗以为名。名者,圣人之所以真物也。"① 苏舆注曰:"先有物而后有名。象形而为字,辨声以纪物。及其繁也,多所假借,原其始,皆以其真。"② 在此,"名"即意味着对"真"(实)的反映与描摹,而"真物"的活动本身,亦需借"名"以为工具。换言之,"真物"即"正名实"。不过,在"名"的起源问题上,董仲舒并未仅仅归之于"真","圣人"与"天"在其中也扮演了重要的角色,即圣人顺天真物而制名,所谓"天不言,使人发其意……名则圣人所发天意,不可不深观也"③。

董仲舒也同样强调在实然层面,"名"的一个重要功用在于"别物",并主张"物也者,洪名也,皆名也,而物有私名,此物也,非夫物"④。在《春秋》学的语境中,"别物"的功能又引申为对"名伦等物"的反复强调:

《春秋》理百物,辨品类,别嫌微,修本末者也。⑤
《春秋》慎辞,谨于名伦等物者也。⑥
亲近以来远,因其国而容天下,名伦等物不失其理。⑦

《春秋》以讥贬诛绝来传达王道正义,仍然要寓价值于事实之中。没有对"名伦等物",即辨别物类为前提,王道正义也将载之于无

---

① 【汉】董仲舒:《春秋繁露·深察名号第三十五》,第60页。
② 【清】苏舆:《春秋繁露义证·深察名号第三十五》,钟哲点校,第283页。
③ 【汉】董仲舒:《春秋繁露·深察名号第三十五》,第59页。
④ 【汉】董仲舒:《春秋繁露·天地阴阳第八十一》,第99页。
⑤ 【汉】董仲舒:《春秋繁露·玉英第四》,第20页。
⑥ 【汉】董仲舒:《春秋繁露·精华第五》,第22页。
⑦ 【汉】董仲舒:《春秋繁露·盟会要第十》,第32页。

◎ 发天意而正名号：公羊学语境中的董仲舒名论

物。因此，在将"正名实"作为其展开名学思考的前提与基础来看，董仲舒的名号学说与先秦的名学观点有契合之处。

董仲舒也继承了黄老家言①，将"名"视作治国的手段，所谓"治天下之端，在审辨大。辨大之端，在深察名号"②。又"治国之端在正名，名之正，兴五世，五世之外，美恶乃形，可谓得其真矣，非子路所能见"③。与将"名"和治乱关联在一起的黄老观点一致，董仲舒也将"名"抬到了治国，乃至治天下的高度。对于"辨大"二字，苏舆解释说："辨，别也。审事物之所以别异与其大纲，故曰'辨大'……或以辨大为辨其大者，失之矣。"④ 董仲舒将"名"视作"治天下之端"或"治国之端"，"辨"与"大"对举，识其"大"者，而小者从之，亦体现"名"之为"名分"的含义。

在官员的管理与考黜上，董仲舒同样继承了黄老与法家"循名责实"的方法："考绩黜陟，计事除废，有益者谓之公，无益者谓之烦。揽名责实，不得虚言，有功者赏，有罪者，功盛者罚重。不能致功，虽有贤名，不予之赏；官职不废，虽有愚名，不加之罚。赏罚用于实，不用于名，贤愚在于质，不在于文。"⑤ 这一表述与

---

① 董仲舒对于黄老思想的继承，前人已有涉猎。其中，余明光从道论、人君南面之术、阴阳刑德理论三个方面，论述了董仲舒与黄老之学的关系。桂思卓则试图将董仲舒的学术分为前后期，前期以黄老为宗，而后期以儒者为宗。陈丽桂对董仲舒和黄老之学的关系论述未出前两位学者之右，不过对董仲舒的《深察名号》篇作出了更为详尽的考察。参见余明光《董仲舒与黄老之学——〈黄帝四经〉对董仲舒的影响》，《道家文化研究》（第二辑），上海：上海古籍出版社，1992 年。【美】萨拉·奎因（Sarah Queen）：《董仲舒和黄老思想》，《道家文化研究》（第三辑），上海：上海古籍出版社，1993 年；陈丽桂：《董仲舒的黄老思想》，《道家文化研究》（第六辑），上海：上海古籍出版社，1995 年。

② 【汉】董仲舒：《春秋繁露·深察名号第三十五》，第 59 页。
③ 【汉】董仲舒：《春秋繁露·玉英第四》，第 19 页。
④ 【清】苏舆：《春秋繁露义证·深察名号第三十五》，第 277—278 页。
⑤ 【汉】董仲舒：《春秋繁露·考功名第二十一》，第 40 页。

第二章　董仲舒名号学说的思想渊源

《尹文子》与《韩非子》的观点相合。在将"名"视作维系在上者的威权方面，董仲舒更是继承了法家的观点："揽名考质，以参其实。赏不空施，罚不虚出。是以君臣分职而治，各敬而事，争进其功，显广其名，而人君得载其中，此自然致力之术也。圣人由之，故功出于臣，名归于君也。"① 苏舆在该篇题解中指出："此篇颇参韩非之旨。"② 从文义上看，此处与《韩非子·主道》篇所主张的"臣有其劳，君有其成功"可谓别无二致。

总之，董仲舒的名号学说对于先秦诸子的名学观点多有继承。就其"正名实"的方面来看，表现为"真物""别物"，乃至"名伦等物不失其理"。就其"定名分"的方面来看，则体现为将"名"作为治国乃至治天下之枢要，并在官员考黜、维护权位方面继承了黄老、法家的观点。这或许是汉家制度儒法并用、"霸王道杂之"在董仲舒名号学说中的体现。

本节旨在从广义的名学思想脉络中探讨董仲舒名号学说对先秦名学观点的继承与发展。具体来看，先秦名学的主要观点大致分为两类：侧重于逻辑与语言意义上的"正名实"，主要以《公孙龙子》与《墨辩》为代表；侧重于社会与政治意义上的"定名分"，主要以黄老、法家为代表。前者是后者得以发展的基础，从"名"的功能上来看，"名"早先服务于"辩"，在"辩"的过程中，"名"的分类与使用愈发精密。在后来的黄老、法家观点中，"名"则服务于社会与政治的目的，呈现为"名分"或"名谓"，是构建意义、塑造秩序的手段。上述两点在董仲舒的名学思想中均有体现，前者与其《春秋》"正名"的主张相结合，表现为"名伦等物"，后者则更多体现为对黄老与法家观点的承继，并服务于"大一统"时代的政治目的。

---

① 【汉】董仲舒：《春秋繁露·保位权第二十》，第39页。
② 【清】苏舆：《春秋繁露义证·保位权第二十》，第169页。

◎ 发天意而正名号：公羊学语境中的董仲舒名论

第四节　援名入儒
——《荀子·正名》篇探析

　　名辩思潮不仅包括名家、黄老与法家围绕"名"所展开的论辩，也促使荀子站在儒家的立场参与其中。今本《荀子》中的《正名》篇即荀子名学观点的代表作。历来围绕《正名》篇的解读始终处于两条脉络的交汇点：儒家的"正名"观与荀子所处的名辩思潮。① 不过，以本书试图溯源董仲舒名号学说的思想资源的角度而言，《正名》篇的理论贡献并不在于对"名""辞""辩说"等概念的剖析，而是仍然以"正名"观念为宗，并汲取名辩思想的积极因素，就何谓"正名"、如何"正名"等问题站在儒家的立场上有所推进。

一　孔门嫡传的"正名"观

　　《荀子》一书对于孔子的推重溢于言表，"非十二子"中包括了非孟轲之言，却要回护孔子、子弓（子游）。《解蔽》一篇，更称"孔子仁知且不蔽"，"德与周公齐，名与三王并"。② 但仅仅就《正名》一篇来看，若要将荀子的名学思想接续到孔子"正名"的脉络，仍然有进一步说明的必要。一方面，《正名》篇无一言及孔

---

① 伍非百《荀子正名解·序》即指出："《荀子·正名》者，何哉？曰：正名，儒家之学也；亦名家之学也。荀子既承儒家之宗，复采名家之要，著为斯篇，是谓集名家之大成者。"胡适在《中国哲学史大纲》中指出："荀卿的名学，完全是演绎法。他承着儒家'春秋'派的正名主义，受了时势的影响，知道单靠着史官的一字褒贬，决不能做到'正名'的目的。所以他的名学，介于儒家与法家之间，是儒法过渡时代的学说。"冯友兰认为孔、孟、荀的"正名"思想一贯而下，而强调荀子的贡献在于往儒家只有"伦理兴趣"的"正名主义"里注入了逻辑的内容。参见伍非百《中国古名家言》，第740页；胡适《中国哲学史大纲》，第236页；冯友兰《中国哲学史》，第373页。

② 【清】王先谦：《荀子集解·解蔽篇第二十一》，沈啸寰、王星贤点校，第393—394页。

第二章　董仲舒名号学说的思想渊源

子,让人怀疑两者之间的承继关系由何而来;另一方面,荀子所谓"正名"往往指正确的(正当的)名称,与孔子所谓"正名"的含义不同。因此,仅仅将荀子归于儒门而认为《正名》一篇接续孔子"正名"而作似乎仍有未尽之处。

对于《正名》篇不引孔子之言的问题前人已有所辨正。陈启云指出:不独《正名》篇不引述孔子,《荀子》通篇引及《论语》的话也非常少。① 苟东锋则认为尽管与今本《论语》相当的版本不大可能晚于荀、墨,但"先秦各家都注重个人创发……因此对于《论语》的正名说,先秦诸子鲜有论及,两汉以后才大量聚讼,这是很自然的"②。可见《正名》一篇不引孔子并不构成问题。若从字面的含义来看,荀子的《正名》篇与孔子"必也正名"一节的主旨与意蕴并不相同。荀子所谓"正名"往往指正确的(正当的)名称,而无孔子所谓"正世子之名"或"正君臣父子之名"的含义。《正名》篇亦有"正其名"之说,《论语·子路》篇"必也正名"一节亦有"名不正"之言。那么,荀子所主张的"正名"到底是什么"名"? 换言之,在"名"的认识上,荀子与孔子之间的差异何在?

荀子所谓"正名"的范围当然要比孔子所谓"正名"大得多。孔子面对卫国之政而提出为政必以"正名"为先,无论将其解释为"正世子之名"还是"正君臣父子之名","名"的边界仅仅局限于政治性的"名"(名位或名分)。荀子撰著《正名》篇的语境则大有不同,所谓"今圣王没,名守慢,奇辞起,名实乱,是非之形不明,则虽守法之吏,诵数之儒,亦皆乱也"③。可见当时名家、辩者之流横行,"析辞擅作名"更使得上至官吏,下至百姓惑于乱名,不知所措。故荀子在《正名》开篇明确提出:

---

① 参见陈启云《中国古代思想文化的历史论析》,第127—128页。
② 苟东锋:《孔子正名思想研究》,第29页。
③ 【清】王先谦:《荀子集解·正名第二十二》,沈啸寰、王星贤点校,第414页。

◎ 发天意而正名号：公羊学语境中的董仲舒名论

"后王之成名：刑名从商，爵名从周，文名从礼，散名之加于万物者，则从诸夏之成俗曲期，远方异俗之乡，则因之而为通。"① 王先谦注云："《康诰》曰'殷罚有伦'，是亦言殷刑之允当也。爵名从周，谓五等诸侯及三百六十官也。文名，谓节文、威仪。礼，即周之《仪礼》也。"② 无论是"刑名""爵名"还是"文名"都是政治性的"名"。此处荀子与其说是在讨论"名"，不若说是在谈论对于夏、商、周的刑罚制度、爵制与礼制的择善而从，颇有孔子"因革损益"的意味。③ 不过，"文名"或"爵名"的范畴仍然能够将孔子所谓"名"（"世子之名"或"君臣父子之名"）纳入其中，因为孔子所谓"正名"关注的并不是剥离一切规定的、抽象的"名"，而是"名"背后的伦理与制度规定（君臣父子或世子所处的关系及其规定）。荀子身处名辩的环境，回应名家、辩者之流的迫切需求已与孔子之世有极大的不同。对"名"的探讨也在名辩的语境下得以深化，所以，探求孔子与荀子所谓"名"的内涵一致不若关注两者之间相通的可能。似乎可以说，荀子所谓"正名"并不等同于孔子所谓"正名"，但荀子所讨论的"名"并不排斥孔子所欲正的"名"。

尽管在"名"之外延的认识上孔子与荀子有所差异，但在为何需要"正名"的认识上，荀子与孔子有着高度的一致。《正名》篇云："王者之制名，名定而实辨，道行而志通，则慎率民而一焉。

---

① 【清】王先谦：《荀子集解·正名第二十二》，沈啸寰、王星贤点校，第411页。
② 【清】王先谦：《荀子集解·正名第二十二》，沈啸寰、王星贤点校，第411页。
③ 《论语·为政》记载："子张问：'十世可知也？'子曰：'殷因于夏礼，所损益，可知也；周因于殷礼，所损益，可知也；其或继周者，虽百世可知也。'"又《论语·卫灵公》云："颜渊问为邦。子曰：'行夏之时，乘殷之辂，服周之冕，乐则韶舞。放郑声，远佞人。郑声淫，佞人殆。'"孔子遍观三代之制，而有因革损益之说，此处荀子之论，即在探讨何谓"正名"的问题上，先强调"有循于旧名"，也就是此处所谓"后王之成名"。

第二章　董仲舒名号学说的思想渊源

故析辞擅作名，以乱正名，使民疑惑，人多辨讼，则谓之大奸。"①仅此一句，可视作《正名》一篇的立言宗旨。如果将其与孔子"名不正则言不顺……则民无所措手足"一段比而观之，孔、荀之同昭然若揭：两者都主张正名以治民。不同之处在于：孔子认为"名正言顺""礼乐刑罚"到治民是一个递进的关系，而荀子则直接将"正名"视作治理国家的必要条件，"礼乐刑罚"顺势被组织进"名"（刑名、爵名、文名）的范畴之中。换言之，荀子对于名言与政治之间关联的理解要比孔子来得更为直截了当。孔子所谓"正名"仅仅提示出"名"（言）对于政治有影响的问题意识，而荀子则已经明确强调"名"的问题直接关乎政治，且直接面对如何实现"正名"、谁来规定"正名"等问题。可以说，荀子接过孔子"正名"的主张并进一步强调了执政者掌握命名权与话语权的重要性。②

再者，如果从"言"的角度切入则会发觉：尽管荀子与孔子在侧重上有所不同③，但荀子仍然在名辩的语境下对孔子"名之必可言"与"君子于其言，无所苟"的观点有所阐发：

> 君子之言，涉然而精，俛然而类，差差然而齐。彼正其名，当其辞，以务白其志义者也。彼名辞也者，志义之使也，足以相通则舍之矣。苟之，奸也。故名足以指实，辞足以见极，则舍之矣。外是者谓之讱，是君子之所弃，而愚者拾以为

---

①　【清】王先谦：《荀子集解·正名第二十二》，沈啸寰、王星贤点校，第414页。

②　曹峰对于荀子的"正名"主张有所总结："语言的问题就是政治的问题，要解决政治的问题必须首先解决语言的问题，说的更直白的话，荀子就是要建立'话语霸权'。"曹峰：《中国古代"名"的政治思想研究》，第127页。

③　陈启云指出："《论语》注重'言'，《荀子》特重'名'，二者有相当距离。后人用荀子的'正名'观念诠释孔子的'正名'观念，这是误解孔子原来思想的一大原因。"陈启云：《中国古代思想文化的历史论析》，第128页。

◎ 发天意而正名号：公羊学语境中的董仲舒名论

己宝。[1]

这一段话承上文"名、辞、辩说"而为言，荀子意识到当时之世参与到名辩之中势所必然，故荀子主张"君子必辩"。[2] 只要是"辩"则难免辩名析辞，作一些过于深入、细碎乃至貌似错乱不齐的论说。[3] 不过，君子对其言语有着严格的要求，能明确认识到言辞服务于表达志意的目的。言过其实或词不达意都不足取。此处，"名足以指实，辞足以见极，则舍之矣"可以视作对"名之必可言也"的阐释与发挥，而"苟之，奸也"更与"君子于其言，无所苟"一句相呼应。

因此，荀子的"正名"思想有许多"名辩"的因素掺入其中，但其正旨与归宗仍在儒家、在孔子。刘师培指出："春秋以降，名理之学日沦。故孔子首倡正名，荀子踵之，作《正名》篇，谓后圣有作正名之道，在于循旧造新。"[4] 章太炎亦认为《正名》与《礼论》两篇"其微言通鬼神，彰明于人世，键牵六经，谟及后世，前年而不能阐明"[5]。康有为以荀子《正名》一篇"发明孔子大义"[6]。由此观之，《正名》一篇实是荀子直面名辩的挑战而作出的回应，是

---

[1] 【清】王先谦：《荀子集解·正名第二十二》，沈啸寰、王星贤点校，第425—426页。

[2] 【清】王先谦：《荀子集解·非相篇第五》，沈啸寰、王星贤点校，第87页。

[3] 王先谦《荀子集解》："涉然，深入之貌。俛然，俯就貌。俛然而类，谓俯近于人，皆有统领，不虚诞也。差差，不齐貌。谓论列是非，似若不齐，然终归于一齐也。"【清】王先谦：《荀子集解·正名篇第二十二》，沈啸寰、王星贤点校，第426页。

[4] 【清】刘师培：《刘师培学术论著·周末学术史序》，劳舒编，雪克校，杭州：浙江人民出版社，1998年，第11页。

[5] 【清】章炳麟：《后圣》，《实学报》（一——一四册），载《中国近代期刊汇刊》，北京：中华书局，1991年，第73页。

[6] 《康有为全集》（第三集），姜义华、张荣华编校，北京：中国人民大学出版社，2007年，第160页。

儒家"正名"观念汲取名辩思想的新发展。这一点在荀子对于"循旧造新"与"制名"的探讨中有更进一步的体现。

二 "循旧造新"与"制名"的规则

"王者之制名"不仅是荀子对于"名"之诞生的历史溯源，也是对现实政治的期许，因此，在"圣王没，名守慢"的大乱之世，荀子呼吁："若有王者起，必将有循于旧名，有作于新名。"① 那么，何谓"旧名"，何谓"新名"，如何"作于新名"，成了亟待回答的问题。

对于"旧名"与"新名"的区分，杨倞注云："名之善者循之，不善者作之。"王先谦则进一步补充："旧名，上所云'成名'也。新名，上所云'托奇辞以乱正名'也。既循旧名，必变新名，以反其旧。作者，变也。《礼记·哀公问》郑注：'作，犹变也。'杨注未晰。"② 杨倞所谓"作"的含义并不明确，不过"作"的通释为创作，孔子所谓"述而不作"即取此义，然而王先谦以"变"释"作"，让荀子对于"新名"的主张从"开新"到"守旧"彻底反转。荀子的观点究竟如何仍要置于《正名》篇的上下文加以考察。首先，所谓"旧名"即"成名"应当没有争议，上文业已明晰，荀子对于夏、商、周之刑名、爵名与文名有所"因革损益"、择善而从，并非全盘接受。其次，荀子所谓"新名"似乎也并非"乱名"或"奇辞"的含义，而应当是与时俱化，名实不应之后应当有所改易的"名"。伍非百即指出："一切名词，随世运与学术之进化，而日易其涵义。涵义即易，而犹沿用旧名，则旧名不足以指新实，故有作新名之必要。例如名有始意粗略而其后逐渐精详者，则一大名补足

---

① 【清】王先谦：《荀子集解·正名篇第二十二》，沈啸寰、王星贤点校，第414页。
② 【清】王先谦：《荀子集解·正名篇第二十二》，沈啸寰、王星贤点校，第414—415页。

◎ 发天意而正名号：公羊学语境中的董仲舒名论

以当之，必分作数小名始合。又有始意偏指而终全指者，或始为有而终为无者。始偏终全，则旧名必须扩大。始有终无，则旧名必须废弃。若仍沿用，或代用，则名实不符，指物淆乱。故于循旧名之外，均须另作新名。"[1] 荀子对于"名"的分类——如"别名"与"共名"、"单名"与"兼名"——有所体认，对名实相应的关注也导向"名约"，那么时移世易之后，"名"有更新的必要也是理固宜然。可见将"作"解为"变"，释"作于新名"为"反其旧"，恐怕不能贴合《正名》篇的义旨。荀子的主张理应是：以循旧为前提，名不副实的旧名需革而作新。在"循旧造新"的问题上，荀子坚持儒家"复古"的立场，也对"名"的因革抱有理性的态度这一立场在如何"制名"的问题上可以得到进一步的印证。

荀子主张"王者之制名"，但并未以统治者占有话语权勾销"制名"活动中的理性规则。相反，《正名》篇对于"制名"规则的探讨具有典范的意义。具体来看，就是"所为有名""所缘以同异"以及"制名之枢要"三点。根据荀子的解释，"所为有名"意味着"名"必有所指、名与实能够相应，所谓"知者为之分别制名以指实，上以明贵贱，下以辨同异。贵贱明，同异别，如是则志无不喻之患，事无困废之祸"。荀子对于"所为有名"的理解仍然区分为事实与价值两个层面。一方面，名以指实，名与实之间一一对应，而不会陷入"异物名实玄纽"，"同异不别"的境地。其理想的状态则是后文所谓"名闻而实喻"，这是"名"的基本功能。另一方面，"名"不仅用以别同异，也用以区分"贵贱"，这显然是借由"名"的功能来为上下有等、贵贱有伦的儒家等级观念张目。

"所缘以同异"强调了"名"的区分必然有赖于同异之别，如何区分同异，则依靠"天官"。"天官"即人的认知官能。色、声、味、臭、形体乃至情感、认知，所有的同或异都有赖于人借由认知

---

[1] 伍非百：《中国古名家言》，第750页。

第二章　董仲舒名号学说的思想渊源

官能加以把握。并且，因为人所具有的官能是天生的，故所谓"同"或"异"均出于认知官能把握对象的同异之别，所谓"凡同类、同情者，其天官之意物也同"①。这与荀子所主张的"名无固宜，约之以命……名无固实，约之以命实"②又是相通的。也就是说，尽管认识是主体把握对象的活动，但因为所有人都具有相同的"天官"，所以"约定俗成"也就是可能的。以此，认知，乃至命名活动才有一个相对客观、统一的标准。

在确定了"名"以别同异的大方向，并回答了如何别同异的问题之后，"制名之枢要"直指制名的根本在于"同则同之，异则异之"。③所谓"制名"无非也就是用"名"来区别事物，这里，荀子引入"状"与"所"的范畴，"状"即性状，"所"即归类。事物的区别无非同中有异，异中有同，相同者归于"一实"，不类者析为"二实"。无论"状"与"所"如何变化，"稽实"才能"定数"（定名）。所谓"制名之枢要"，即按实定名而已。

上述三条"制名"的规则既可用以一般意义上的"命物之名"，即荀子所谓"散名"的制定，也可以反哺于"循旧"还是"作新"的取舍④，更是拒斥名家、辩者之流的"邪说辟言"的

---

① 【清】王先谦：《荀子集解·正名篇第二十二》，沈啸寰、王星贤点校，第415页。

② 【清】王先谦：《荀子集解·正名篇第二十二》，沈啸寰、王星贤点校，第420页。

③ 【清】王先谦：《荀子集解·正名篇第二十二》，沈啸寰、王星贤点校，第418页。

④ 周云之在"散名"与"刑名""爵名""文名"之间作出区隔，认为后者"都不是直接反映客观事物之名，而且基本上都是后王（政府）主观制定的，因而可以主要延用先王制定的旧名"。对于两种"名"的区分是合理的。但荀子对于"名"的深刻认识在于"名约"的观念，即无论是一般事物的"散名"，还是政治性的"刑名""爵名""文名"，都有约定的成分在，均应受"制名"规则支配。不过，"散名"也并非意味着是"新名"，而仍然是"循旧造新"的对象，例如"性""情""伪"等荀子所认为的"散名之在人者"，在荀子以前业已存在，而荀子的工作在于依其旧义而订正之。参见周云之《名辩学论》，第152页。

· 121 ·

"正名"标准。故荀子以上述"制名"的规则,对"见侮不辱""山渊平""牛马非马"等名辩之言一一予以辩驳,最终,落实到"故明君知其分而不与辨也"①。"知其分"和"不与辨"之间的内在紧张体现出荀子"正名"思想一以贯之的立场:一方面,"分"即"辨",如果要明判是非莫若以辨而明为方法;另一方面,荀子又寻求"分"以止"辨",即强调定纷止争,寻求稳定的"名约"或"名守"。

在《正论》篇中,经由对"见侮不辱"这一"异端邪说"的辨正,荀子鲜明地表达了这一立场:

> 子宋子曰:"见侮不辱。"应之曰:凡议,必将立隆正然后可也。无隆正,则是非不分而辨讼不决,故所闻曰:"天下之大隆,是非之封界,分职名象之所起,王制是也。"故凡言议期命,是非以圣王为师。而圣王之分,荣辱是也。②

荀子明确提出,但凡要展开议论辩说,首先就要确立"隆正",王先谦释"隆正"为"中正"③,恰可与"正名"之"正"相呼应。确立"正"的标准才有是非之分、辩讼之决。这一点在"辨莫大于分,分莫大于礼,礼莫大于圣王"④ 的序列中有更为明确的体现。辨别事物(亦是辨明同异)的目的在于定分,而定分的目的在于确立礼仪节文,礼的最终依据在于制礼的"圣王"。所谓"天下

---

① 【清】王先谦:《荀子集解·正名篇第二十二》,沈啸寰、王星贤点校,第422页。
② 【清】王先谦:《荀子集解·正论篇第十八》,沈啸寰、王星贤点校,第342页。
③ 【清】王先谦:《荀子集解·正论篇第十八》,沈啸寰、王星贤点校,第342页。
④ 【清】王先谦:《荀子集解·非相篇第五》,沈啸寰、王星贤点校,第79页。

之大隆……王制是也"①，荀子站在统治者的立场上订立制度的用心昭然可见。由此，"辨"（"辩"）、"名"、"分"与"礼"均是圣王把握与制作的对象，亦是圣王用以使民的工具。可见荀子对于"名辩"本身并没有执念，对于"正名"的推崇仍然以维护政治秩序为目的，并为孔子为政必先"正名"的观点张目。

三 《正名》篇的理路与董仲舒名号学说的继承

上述讨论旨在揭示，《正名》篇是荀子在名实离乱、名辩之言横行的环境下阐释并发展孔子"正名"思想的一篇力作。其中不乏对名辩理论成果的汲取，不过，其立言宗旨仍在推明孔子的"正名"大义。可以认为：孔子、荀子与董仲舒的名学观点代表了儒家"正名"思想在不同历史阶段的三种不同形式。孔子草创，荀子发明，及至董仲舒又有所因革。随之而来的另一个问题是：荀子的"正名"观究竟对后来者，尤其是董仲舒有什么影响。

仅从某些具体的观念而言，两者对"名"的认识有某种相通之处。例如荀子强调"王者之制名"，董仲舒则认为"名"是"圣人所发之天意"，尽管在"名"的来源上认识不一，但其立论的目的都在于为"圣"或"王"的制作权背书。在"名"的分类上，荀子认为有"别名"与"共名"，《春秋繁露·天道施》篇中则成了："物也者，洪名也，皆名也，而物有私名，此物也，非夫物。"② 荀子主张"名"可以用来辨同别异，董仲舒也无出其右；荀子对于"辞"用以表达志意的功能有所认识，而董仲舒则在《春秋》的语境中强调"慎辞"，又有"辞指"关系的相关论说。《正名》篇中，荀子对于"心"以及"性""情""欲"均有讨论，《深察名号》篇亦然。《正名》篇后紧接着《性恶》篇，《深察名号》篇后即

---

① 【清】王先谦：《荀子集解·正论篇第十八》，沈啸寰、王星贤点校，第342页。
② 【汉】董仲舒：《春秋繁露·天道阴阳第八十一》，第99页。

· 123 ·

◎ 发天意而正名号：公羊学语境中的董仲舒名论

《实性》篇。两者对于"性"的主张，在一定程度上也都可以归于"性朴论"的范畴。① 这些具体观念上的相承不胜枚举，但其中不少观念在黄老、法家中也能得见，因此不能明确说是《正名》篇对董仲舒名号学说的影响。关键之处还在更深一层，即两个文献相通的义理脉络。

历来对于《正名》篇的研究，逻辑与认知的视角始终占据主流。近来已有学者对这一研究进路予以批判，认为其没有将《正名》篇视作一个整体而只关注其前半部分对于"名"的分析，忽视了其中后半部分对"心"与"道"、"欲"与"情""性"的探讨。也就是说，如果采取一个整全的视角，论名析辞与谈心论性均应被视作《正名》篇的有机组成部分，且两者之间必有某种内在关联。对于这一问题，曹峰指出："'正名'的活动，不外乎两条路线，一条是外在的设定，即'王者'之制名，另一条是内在的拒绝或接受，强调人的'天君'即心的作用去拒绝'淫言'、'奇辞'，防止'诡辩'，并接受、遵循作为公约的'名'……所以'正名'的获得主要不是来自逻辑的推导，而是从政治上、心理上着手……其实荀子上半部分讲'制名'的原则，下半部分讲正名在于正心。两者是统一的有机的整体。"② 苟东锋对于"辩说""道"与"心"的关系有所论述，"心之象道"，而"道"又是辩说的依据，《正名》篇的前后两个部分由此关联。③ 上述论析直抵《正名》篇的内在理路，不过仍然可以有更进一步的余地，即将正名析辞与谈心论性均收束于"治"的主题。

---

① 对于荀子与董仲舒的人性思想的归属问题当然有所争议，不过，《荀子》认为"性者，本始材朴也"，"性者，天之就也"，董仲舒则认为："性者，生也"，"性者，质也"，故可以归于性朴论的范畴。更为详尽的讨论可以参看第四章。
② 曹峰：《中国古代"名"的政治思想研究》，第131页。
③ 参见苟东锋《孔子正名思想研究》，第169页。

第二章 董仲舒名号学说的思想渊源

将"正名"或"名辩"收束于政治治理，上文已有讨论。关键在于荀子后半段的论述，即围绕"心""道"以至于"性""情""欲"的讨论如何与"治"的主题关联起来。首先，"辨说"与"心""道"处于一个序列：

> 辨说也者，心之象道也。心也者，道之工宰也。道也者，治之经理也。心合于道，说合于心，辞合于说。①

"辨说"以"道"作为评判标准，"心"则具有把握、判断"道"的功能，所谓"心有征知"是也，故"心"就成了将"辨说"与"道"勾连起来的中间环节。此处，荀子所谓"道"并没有《老子》书中那般"玄之又玄"的含义，即与上文所谓"邪说辟言"相对的"正道"，是政治治理首先需要订立的标准，亦是"民易一以道"所提示出的使"民"之枢要。"辨说""心"与"道"三者环环相扣，最终导向了"治"的目的。荀子之所以要突出"心"在"辨说"与"道"之间的中间环节，另有深意，即为后文"治乱在于心之所可，亡于情之所欲"的观点先行铺垫。后文提出"欲"的有无、多寡与治乱无关的观点，又从"散名之在人者"的"性""情""欲"的分析，无非在为欲望的合理性张目。肯定欲望的合理性为前提，荀子从另一个侧面强调了"心"对于"欲"的调节、节制作用，即如何看待"欲"的问题。换言之，只要在"心知"的层面上能够实现对"正道"的归附，"欲"也就不构成问题，即不会为"邪说辟言"所引诱。因此，《正名》篇虽然以"名"名篇，其核心的主旨却在于如何由"正名"与"正心"实现"治"的目的。其中，"正心"的部分又可析分为二：一方面是

---

① 【清】王先谦：《荀子集解·正名篇第二十二》，沈啸寰、王星贤点校，第423页。

"心有征知",强调"心"作为认知的官能在命名、辨名、制名中的重要作用;另一方面是"心之象道",主张"心"对于"王制""正道"的归附,以实现对"欲"的合理调节。

那么,这一内在的理路能否"移植"到对《深察名号》篇的读解呢?仍然以文本为依据略作审视:《深察名号》篇同样以"名"为论述核心。在对"名"的基本规定、政治性的"天子""诸侯""大夫""士""民"之"名",乃至"王号"与"君号"的"五科"进行讨论之后,《深察名号》篇的关注重点亦转向了"心"与"性"的问题。事实上,历来对于《深察名号》篇的读解同样存在侧重于"名"而把"心"与"性"的讨论与《实性》篇归并在一起的倾向。如果采用上述解读《正名》篇的视角则会发现,《深察名号》篇遵循的理路亦是出奇地相似。例如荀子强调"王者之制名"以及"名"背后的"名约",而董仲舒则认为"名"是"圣人所发之天意",两者殊途同归,都是为"圣"或"王"制名、命名的权力背书。又如董仲舒主张"民者,瞑也",与荀子主张"夫民易一以道,而不可与共故"异曲同工。荀子对于"心"和"性"的讨论最终导向了"治",而董仲舒对于"心"的讨论在于强调其所具有的"栣恶"的作用。以"心之名,得人之诚"则导向了对于"性"的讨论,通过将"性"区分于"善"凸显的是"教"——"教化"——的作用。以"教"的视角观之,《深察名号》篇前半部分所述的上自天子,下至庶民之"名",旨在确立一个自上而下的教化序列而已,将之归于政治治理("治")的范畴并无任何不妥。

不过,在《正名》篇与《深察名号》篇中,"心""性"范畴与"名"的问题的关联程度又有深浅的不同。在《正名》篇中,"心""性""情"与"欲"并不构成该篇的关键议题而均可组织进"正名"的问题中加以领会。在《深察名号》篇中,"心"与"性"之"名"的考察相对独立。俞樾认为《深察名号》篇中论

"性"的部分可以单辟为《实性上篇》，即有见于此。当然，我们无法断定董仲舒在构思其名号学说——或董子后学在缀辑《深察名号》篇——时是否参考过与今本《荀子·正名》篇一致或相似的文本，但无论从具体观念还是致思进路，《正名》篇与《深察名号》篇的耦合之处足以让人产生联想。即便无法证明后来者对前者有所继承、汲取，至少可以将之视作儒家"正名"思想在不同历史时期的演进而留下的蛛丝马迹。

综上，孔子主张"正名"，提示出语言对于政治的影响，强调为君者的道德自律；及至荀子对于"正名"的讨论，则将语言与政治的关系直截了当地勾勒出来，并提醒为君者不仅要"正心"，也要关注民众对于"名"的接受，因此"欲""性""情"的主题亦与"正名"的问题勾连起来；到了董仲舒那里，"名辩"的语境转变为"大一统"的诉求，因此在以"正名"为方法确立上至天子、下至庶民的稳定政治序列之后，同样考虑到了"心"与"性"在推行自上而下的教化过程中的积极作用。"心"的作用在于"栣恶"，因此"性"不能归于纯善，因为不是纯善，故需要圣王的教化。圣王制定"正名"，又是实现教化的先决条件。由此构成了一个自"正名""正心"以至于"正政"的关联整体。

本章小结

本章经由勾陈先秦与汉初的名学思想，对董仲舒的名号学说展开追本溯源的工作。中国自古有重"名"的传统，这在"名"与"号"的字源中即透露出些许端倪，而先秦时期逐渐产生、壮大的名学思想又构成了董仲舒名号学说的渊薮。第一，孔子的正名说作为儒家，乃至先秦名学思想的肇端是董仲舒名号学说最为重要与核心的理论资源，无论从"正名"理论的角度而言或《春秋》所呈现的对"名"的重视而言都是如此。荀子的"正名"思想远绍孔子的"正名"观念,在发展儒家"正名"思想方面功不可没。而《正名》篇的文本面貌与《深察名号》篇的相似之处至少在最低限度上提示我们对《深察名号》篇的解读理应在孔子"正名"思想、荀子的正名说与董子的名号学说的脉络中予以挖掘。第二,对于董仲舒名学思想的溯源亦不可简单将之归于儒门一脉,而忽视名家、黄老、法家的名学思想的资源。对于名辩思潮的考察有助于理解董仲舒如何在"名"的论域中汲取先秦诸子的理论资源。一言以蔽之,就如今《深察名号》篇乃至《春秋繁露》所透露出的名学思想而言,其对先秦名学观点的继承无疑是综合而复杂的。

第三章　顺天应人以真物：名号学说的经学与哲学阐释

　　董子所论"名"与"号"贯通经义与哲理两大畛域，且又以经义的诠释为基础与核心。然而，既往对董仲舒名号学说的研究，往往侧重于从哲学的角度出发，分析其以"天"为核心的思想建构，并将"名"的问题组织进其"天的哲学"中[1]，在一定程度上遮蔽了名号学说的经学根底。如若回归到董仲舒的思想本身，而不为某种特定的学科性质掣肘，不难发现：董仲舒的经学诠释与哲学建构在其思想中均具有十分重要的地位，且又以其对《春秋》的诠释为枢要，这一论点同样可以由其名号学说的具体分析中得到证明。故而对董仲舒名号学说的讨论，首先应当从《春秋》学的角度予以观照，这一视角理应贯穿于考察董仲舒思想的全过程，而非仅仅局限于其《春秋》诠释的特定篇目。

　　基于上述名号学说之为贯通经义与哲理两个畛域的基本认识，本书拟从"顺天""应人"与"真物"三个方面对《深察名号》篇展开分析，以期呈现名号学说贯通天人、周全而遍的整体面貌。首先，董仲舒对于"天"的阐发建基于《春秋》以"天"为"元"的诠释，而又体现于以阴阳、四时、五行之运动变化所呈现

---

[1] 徐复观：《两汉思想史》（二），第340页。

◎ 发天意而正名号：公羊学语境中的董仲舒名论

的"天道"与"天意"。其次，"天人之际，合而为一"①，从灾异与人事之互动，再到"名则圣人所发天意"②。在天人交往互通的语境内，"名"发挥着"天人相与之际"的重要作用。最后，"五石六鹢"之辞是理解《春秋》之"名物"观的切入点，由此出发，可以把握董仲舒在《深察名号》篇中所提出之"真物"与"别物"之为"名"的基本功能。

第一节 "天"：建基于《春秋》的形上本体建构

无论从《春秋》学的角度还是哲学的角度切入，"天"作为董仲舒思想的核心范畴当属学界的共识。从"天"的角度出发对董仲舒的思想开展研究，包括围绕"天""天道"或"天意"，乃至"阴阳""五行"等范畴所展开的专门研究，更是董学研究中的"显学"。③ 综观《春秋繁露》与《天人三策》所呈现的思想面貌，实难否认"天"在董仲舒整个理论架构中的重要地位，这一点在对董仲舒名号学说的深入研究中亦绝无可能回避，故本节将主要探讨董仲舒"天的哲学"。具体而言，就其最为核心的范畴而言，"天"与"元"的纠葛关乎如何理解"天"在董仲舒思想中的定

---

① 【汉】董仲舒：《春秋繁露·深察名号第三十五》，第60页。
② 【汉】董仲舒：《春秋繁露·深察名号第三十五》，第59页。
③ 从"天"的角度切入董仲舒思想研究是学界一种较为普遍的做法。徐复观《两汉思想史》（1979）一书将"天的哲学"视作董仲舒思想的重要组成部分；周桂钿《董学探微》（1989）对董仲舒的宇宙论有较为细致的剖析；王永祥《董仲舒评传》（1995）对董仲舒自然神论的宇宙观与"天人感应"的目的论予以剖析；黄朴民《天人合一：董仲舒与汉代儒学思潮》（1999）侧重从"天人感应"与"天人合一"两个面向分析董仲舒"天的哲学"；余治平《唯天为大——建基于信念本体的董仲舒哲学研究》（2003）则从"信念本体"角度把握"天"之为董学的核心；刘国民《董仲舒的经学诠释及天的哲学》（2007）对于董仲舒围绕"天"所构建的系统亦有相当篇幅的分析。此类专著，不一而足。类似论文亦绝不在少数。

第三章　顺天应人以真物：名号学说的经学与哲学阐释 ◎

位。"元"作为"始"被赋予了本体论的意义，而"天"才构成了天地万物及其秩序的最终依归。而以阴阳、五行之周流变化呈现出来的"天道"变化，又经由"人副天数""天人相类"等形式穿彻于伦常世界。可以认为，"天"在董仲舒那里，不仅是宇宙论、本体论的重要范畴，亦具有非常鲜明的价值属性。

一 以"天"为"元"——作为形上根据的"天"

"天"的核心地位，在《春秋繁露》乃至《天人三策》中屡屡被提及，如："天者万物之祖，万物非天不生。"[①] 又："天地者，万物之本，先祖之所出也。"[②] 又："天者群物之祖也"[③] 云云。似乎在董仲舒那里，将"天"视作一切存在之最终根据与万物之所从出者，并不存在任何争议。与之相应，将"天"视作董仲舒整个理论，乃至其名号学说的形上基础，同样顺理成章。然而，细绎《春秋繁露》中的某些特定表述，"天"在本体论上的优先地位，往往又为"元"所"僭越"。因此，若要确立"天"的本体论地位，首先需要厘清"天"与"元"之间的纠葛关系。

董仲舒对"元"的解读建基于其对《春秋》的诠释，例如："谓一元者，大始也。"[④] 又："《春秋》谓一元之意，一者，万物之所以始也；元者，辞之所谓大也。谓一为元者，视大始而欲正本也。"[⑤] 又："《春秋》之道，以元之深正天之端，以天之端正王之政，以王之政正诸侯之即位，以诸侯之即位正竟内之治，五

[①] 【汉】董仲舒：《春秋繁露·顺命第七十》，第85页。
[②] 【汉】董仲舒：《春秋繁露·观德第三十三》，第56页。
[③] 【汉】班固撰，【唐】颜师古注：《汉书·董仲舒传第二十六》，第2187页。
[④] 【汉】董仲舒：《春秋繁露·玉英第四》，第19页。
[⑤] 【汉】班固撰，【唐】颜师古注：《汉书·董仲舒传第二十六》，第2177页。

◎ 发天意而正名号：公羊学语境中的董仲舒名论

者俱正而化大行。"① 又："唯圣人能属万物于一而系之元也……是以《春秋》变一谓之元，元犹原也，其义以随天地终始也……故元者为万物之本，而人之元在焉。安在乎？乃在乎天地之前。"② "元"首先具有"始"或"大始"的含义，即时间含义的开端，进而具有了本或原的含义，即本体论意义上的"开端"。"元"之为"始"（开端）的含义并不难理解，这在《公羊传》对隐公元年"元年春王正月"《经》文的诠释中即可找到根据。就《经》本身而言，"元年春王正月"六字，仅仅是明乎其时间历法的直陈其事，《公羊传》却能发其深意，以为"元年"为"君之始年"，"元"与"始"即在时间维度勾连起来。但在《公羊传》那里，"元（年）""春""王""正月"以及（在隐公元年阙如的）"即位"各为其所统御部分的开端，虽偶有所系（如"月"系于"王"），却不形诸系统。董仲舒的创造之处在于将五者排比连缀，即自"元""天""王""诸侯"以至于"竟内之治"的自上而下的序列，下系于上，环环相扣。将竟内之治系于诸侯，诸侯系于王者，王者系于天的序列属现实政治的论域，而将"天"系之于"元"，却使得"元"至少在时间维度上比之于"天"更具有优先性，这也就是"始"或"大始"的含义。董仲舒所谓"属万物于一而系之元"，亦可以在这一语境中加以领会，即将自天、王以下之所有的现实的，尤其是政治的序列皆统摄于这一"开端"。

不过，从对《春秋》的诠释出发，以"元"作为时间的开端固然有理可说，但将其上升为本体意义的本原、根本，则于理不能无隙。尽管在《春秋繁露》的诸多表述上，"元"表达"本原"的含义，如"君人者，国之元"③，但作为功能性的本原自不可与本体论

---

① 【汉】董仲舒：《春秋繁露·二端第十五》，第35页。
② 【汉】董仲舒：《春秋繁露·重政第十三》，第33页。
③ 【汉】董仲舒：《春秋繁露·立元神第十九》，第37页。

意义上的本原同日而语。① 这就使得"元"之为"本原"的义涵成为争讼之焦点。一种观点以为"元"就是"元气",徐复观、金春峰等人即持此说。② 而这一理路又可远绍至何休《公羊解诂》之以"气"解"元",所谓"变一为元,元者,气也。无形以起,有形以分,造起天地,天地之始也,故上无所系,而使春系之也"③。何休径直以"气"解"元",并将万物之成形、分列均系之于"气"之变化,显然是一种气本论的解释进路。周桂钿则明确反对这一解释,而主张一种"元一元论",在他来看,"'元'就是开始的意思,它是纯时间的概念,不包含任何物质性的内容。"④ "元气"二字,实是"东汉时代何休的思想,既不是《公羊传》的思想,也不是董仲舒的思想"⑤。这一反驳着实有力,因为仅就《春秋》本意乃至董仲舒对于"元"的讨论中,很难认为是董仲舒赋予"元"以"气"的义涵。不过,如若回到董仲舒的整个思想系统之中,或许可以认为:"元"虽不等同于"气",却也未必排斥蕴含"气"的可能。一方面,《春秋繁露》中"元气"凡两见:"一国之君,其犹一体之心也……布恩施惠,若元气之流皮毛腠理也。"⑥ 以及:"王正则元气和顺,风雨时,景星见,黄龙下。王不正则上变天,贼气并见。"⑦ 周

---

① 有一种本于《春秋》经文的解释即认为,"元"就是指人君。刘敞《春秋权衡》:"元年者,人君也,非实太极也。以一为元气,何当于义哉? 其过在必欲成五始之说,而不究元年之本情也。"这一解释本身实出于宋代《春秋》学者舍传求经的解经方式,若准之以《公羊》传文则断不如是。参见【宋】刘敞《春秋权衡》卷八,《景印文渊阁四库全书》(第一四七册),第255—266页。
② 具体观点可以参见徐复观《两汉思想史》(二),第328—329页;金春峰《汉代思想史》,北京:中国社会科学出版社,1987年,第150页。
③ 【汉】何休解诂,【唐】徐彦疏:《春秋公羊传注疏·隐公第一》,刁小龙整理,上海:上海古籍出版社,2014年,第7页。
④ 周桂钿:《董学探微》,第39页。
⑤ 周桂钿:《董学探微》,第44页。
⑥ 【汉】董仲舒:《春秋繁露·天地之行第七十八》,第95页。
⑦ 【汉】董仲舒:《春秋繁露·王道第六》,第25页。

◎ 发天意而正名号：公羊学语境中的董仲舒名论

桂钿指出前者用医学知识来讲政治秩序，后者"元气"与"贼气"并举，均与作为本元意义的"元气"无涉。① 这一质疑可谓合理。不过，《王道》篇中所谓"气"的观念，似乎暗示了在超越于现实政治维度中，有着一个可以与作为现实政治的统治者的"王"互动的存在者的可能。若如董仲舒所言，"元"为"万物之本"云云，那么作为一个纯粹时间概念的、抽象的，甚至是静止的"元"要如何构成万物之本，又要如何"随天地终始"，却是一个难以解决的问题。且《五行相生》篇中明确表示："天地之气，合而为一，分为阴阳，判为四时，列为五行。"② 又《春秋繁露》中屡屡出现的"阴阳之气"的提法，可以推知，"一"本就是"元"的另一种变辞，作为"一"或"元"本就包含着"天地之气"的质素，而后续分判为"阴阳""四时"乃至"五行"，才能说得通。可见，在董仲舒那里，"元"自不必等同于"气"，也未直接提出作为万物之本源的"元气"，但"元"暗含着"气"的存在自有道理可讲。苏舆即指出："其实何本于董，义当有所受之。但董不言元气，何足成之耳。"③ 尽管并不认同何休解"元"为"气"，苏舆仍然将"元"比于《庄子》所谓"气母"、《乾凿度》所谓"气始"④，却又回到以"气"解"元"的窠臼之中。似乎在苏舆看来，何休之说固然有所创发，但在《公羊传》的论域中，以"气"解"元"之滥觞仍当归本于董仲舒。可以认为，"气"作为构成天地万物的"质料"而先于天地万物存在⑤，既符合

---

① 参见周桂钿《董学探微》，第43页。
② 【汉】董仲舒：《春秋繁露·五行相生第五十八》，第76页。
③ 【清】苏舆：《春秋繁露义证·玉英第四》，钟哲点校，第66页。
④ 【清】苏舆：《春秋繁露义证·玉英第四》，钟哲点校，第66页。
⑤ 冯友兰在讨论朱熹的"理气先后"问题时曾区分"逻辑上的在先"与"事实上的在先"："盖依事实言，则有理即有气，所谓'动静无端，阴阳无始'；若就逻辑言，则'须说先有是理.'"本书所论"气"之先于天地万物而存在，亦采用冯友兰之说，认为"气"在事实上在先。如若要追问何者为"逻辑上的在先"，按董仲舒之义或许为"元"。参见冯友兰《中国哲学史》，第906页。

第三章　顺天应人以真物：名号学说的经学与哲学阐释　◎

秦汉时期，特别是稷下黄老之学"气"论的基本观点①，亦暗合了《公羊传》"贵元重始"的大义。

不过，指出"元"包含了"气"的质素，或隐含了"元气"的可能，绝不意味着单纯从质料的角度理解"元"。换言之，如果说"元气"的提法，隐含了某种以"气"为本的气本论的暗示，那么，董仲舒的思想建构显然与气本论相去渺远。一方面，"元"仅在最低的限度内暗含了"气"作为质料的可能，但更为根本的仍然是"元"作为"始"的义涵。王永祥既反对"元一元论"的观点，也反对"元气说"，而提出以"天"为"元"的看法来解释董仲舒的本体论架构，或许是最接近"天"与"元"之关系的本来面貌的理论尝试。在他看来："董著中之'元'虽是其宇宙论的一个重要概念，但它所具有的'始'、'本'、'原'义，非特指哲学本体论的宇宙之本，而是广义的，且不具有实体性，是附属于某事物的，这就是董著中'元'概念的性质和意义。"② 在本体论的意义上，"元"仅仅是"天"所具有之本原意义的表述，如"君人者，国之元"一样，"天"构成了天地万物之"元"，这也就与前文所引之"万物之本，先祖之所从出者"勾连起来了。这一理解进路的巧妙之处在于：既未勾销"元"作为本原、根本的义涵，同时也免于以"元"为本——甚至以"元"统"天"所带来的理论困境。因为，无论采取纯时间维度的解读还是气论的理解，如何构成

---

①　《管子·内业》："凡物之精，此则为生。下生五谷，上为列星。流于天地之间，谓之鬼神。藏于胸中，谓之圣人。"《庄子·田子方》："至阴肃肃，至阳赫赫。肃肃出乎天，赫赫发乎地，两者交通成和而物生焉。"《庄子·知北游》："通天下一气耳。"《荀子·礼论》："天地合而万物生，阴阳接而变化起。"《荀子·王制》："水火有气而无生；草木有生而无知；禽兽有知而无义。人有气、有生、有知、有义，故最为天下贵也。"凡此种种，均可见"气"论之端倪。参见黎翔凤《管子校注·内业第四十九》，梁运华整理，第931页；【晋】郭象注，【唐】成玄英疏《庄子注疏·田子方第二十一》，第379页；【清】王先谦《荀子集解·王制篇第九／礼论篇第十九》，沈啸寰、王星贤点校，第164页、第366页。

②　王永祥：《董仲舒评传》，第96页。

· 135 ·

◎ 发天意而正名号：公羊学语境中的董仲舒名论

天地万物之价值秩序的最终安顿乃至生成，都是以"元"为本所难以回答的。并且，这一以"天"为元的解释进路，同样可以将"气"纳入其中，"天"本身并不排斥作为质素的"气"，这一点以《春秋繁露》中屡见的"天气"一词即可为证。

要之，本节通过对"天"与"元"的纠葛的讨论，试图说明"元"作为开端、本原，并非僭越于"天"之上的存在，也并未动摇董仲舒的哲学之为"天的哲学"或"天学"的整体面貌。"元"确立了作为时间义的开端，也暗含了作为质料的"气"，但又并非纯时间的概念，抑或气本论的建构。换言之，"天""元"与"气"等范畴在董仲舒的思想架构之中并非彼此争胜的关系，而是相互补足，共同构成一个完整的世界图式。如余治平所指出："在董仲舒的世界模式里，有'道'，有'元'，有'气'，有阴阳，有五行，有天、地，还有人，可以说是一幅绚丽多彩的宇宙图景。"[①] 因此，"元"作为本原、根本的含义，在本体论的意义上是依托于"天"的范畴。如果从董学的整体面貌予以考量，其核心观念仍然是"天"。那么，在董仲舒那里究竟何谓"天"？这就有赖于在董仲舒对包括阴阳、四时、五行等范畴的"天道"架构中予以解答了。

二 阴阳与五行——董仲舒的"天道"建构

将"天"视作董仲舒整个思想架构中的最高范畴，仅仅确立了其在董仲舒的宇宙论与本体论中的核心地位。但是，"天"并非一个隔绝于现实世界的、形上的、静止不动的存在。相反，"天"会促成世间万物的运动变化，主导世间万物的运行规律，是为"天道"；"天"也会通过特定形式昭示其意图，以使人间秩序的主宰者接受、领会，是为"天意"。毋庸置疑，对于董仲舒"天学"的读解，势必在其阴阳、四时、五行运动变化的场域内才能真正展开。

[①] 余治平：《唯天为大——建基于信念本体的董仲舒哲学研究》，第89页。

第三章　顺天应人以真物：名号学说的经学与哲学阐释

董仲舒对于其天道运化本身有一个总体的把握："天有十端，十端而止已，天为一端，地为一端，阴为一端，阳为一端，火为一端，金为一端，木为一端，水为一端，土为一端，人为一端，凡十端而毕，天之数也。"① 对于"端"的解释构成了把握这一天道结构的关隘。诸家注释对于"端"字言之甚少，不过从康有为的说法中可以略窥端倪："《论语》曰：'闻一以知十。'一为数始，十为数终。物生而有象，象而后有滋，滋而后有数。凡物皆有大统，一为之始，必有条理，十为之终，一之与十，终而复始，道尽是矣。"② 在康有为看来，"端"即事物的萌生与发端，同时也是事物的端绪、要点，是认知与把握世界的切入点。用"一"与"十"来规范万事万物，即有可穷之"数"为人所认知，同时也有"终而复始"之"道"可供人依循。作为事物的发端，"端"更意味着对于万物之"始"的推重，以传《公羊》而闻名的董仲舒，即将公羊家"重始"的传统注入"天有十端"的建构之中。可见，所谓"十端"即陈列于"天"这一总体范畴下的、构成整个世界图式的最为重要的十个具有根本性与开端性的因素。值得注意的是，"天有十端"之"天"与作为"十端"之一的"天"显然是两个不同的范畴。前者是"作为宇宙总体结构的天"，后者则是"作为'十端'之一的构成性、因素式的天"③。前者指形上的、本体的存在，是"万物之祖"（《顺命》），而后者则与"地"相对待构成了事物存在的场域，即天地之间。

如果说以"十端"为基础所构建的世界图式仅仅说明了"天"作为事物存在的场域，以及"十端"作为事物构成的开端与要素，那么，将阴阳之出与入，五行之变与救纳入其中，却将静止的"天"

---

① 【汉】董仲舒：《春秋繁露·官制象天第二十四》，第45页。
② 【清】康有为：《春秋董氏学·十端》，北京：中华书局，1990年，第125页。
③ 余治平：《唯天为大——建基于信念本体的董仲舒哲学研究》，第151—152页。

◎ 发天意而正名号：公羊学语境中的董仲舒名论

演绎为动态的"天道"。一方面，"天道之大者在阴阳"，"天道"即体现于以阴与阳之相反相成所呈现出的变化机制，如"天道大数，相反之物也，不得俱出，阴阳是也"①。又"天之常道，相反之物也，不得两起，故谓之一。一而不二者，天之行也。阴与阳，相反之物也，故或出或入，或右或左，春俱南，秋俱北，夏交于前，冬交于后，竝行而不同路，交会而各代理，此其文与？天之道，有一出一入，一休一伏，其度一也，然而不同意。阳之出，常悬于前而任岁事；阴之出，常悬于后而守空虚"②。所谓"天道"之"一"，即相反而相成本身，"一而不二"，即意味着阴与阳，即其所统摄的出入、休伏、前后，乃至终始等对反关系虽然在线性的维度中相承接、交汇，却又各安其位、各司其职，不相妨害。苏舆所谓"阴阳虽有交道之时，然各持其分，旋合旋别，不相凌厉"③，即此意。另一方面，"天道"亦体现于"五行"之序列中，"天有五行：一曰木，二曰火，三曰土，四曰金，五曰水。木，五行之始也；水，五行之终也；土，五行之中也。此其天次之序也"④。木、火、土、金、水的排序被董仲舒称为"天次之序"，而五行之"比相生而间相胜"更体现出"天"如何经由五者的排布与互动体现"天道"之运行规律。

阴阳之出与入，五行之顺与逆，又可以与天时和方位相配合，形成一幅完整的世界图景。首先，五行可以与四时相配，而各自承担一定的功能，"五行之随，各如其序，五行之官，各致其能。是故木居东方而主春气，火居南方而主夏气，金居西方而主秋气，水居北方而主冬气。是故木主生而金主杀，火主暑而水主寒，使人必以其序，官人必以其能，天之数也。土居中央，为之天润。土者，

---

① 【汉】董仲舒：《春秋繁露·阴阳出入上下第五十》，第71页。
② 【汉】董仲舒：《春秋繁露·天道无二第五十一》，第72页。
③ 【清】苏舆：《春秋繁露义证·阴阳出入上下第五十》，钟哲点校，第335页。
④ 【汉】董仲舒：《春秋繁露·五行之义第四十二》，第65页。

第三章　顺天应人以真物：名号学说的经学与哲学阐释

天之股肱也。其德茂美，不可名以一时之事，故五行而四时者"①。又："天有五行，木火土金水是也。木生火，火生土，土生金，金生水。水为冬，金为秋，土为季夏，木为春。春主生，夏主长，季夏主养，秋主收，冬主藏。藏，冬之所成也。"② 另一方面，五行又可以与阴阳之变化相配合，"相与一力而并功"，"故少阳因木而起，助春之生也；太阳因火而起，助夏之养也；少阴因金而起，助秋之成也；太阳因水而起，助冬之藏也"。③ 在上述理论架构中，"五行"与"四时"相配，数目的不对等势必导致有所扞格，但通过增加一个"季夏"，在四个方外之外增加一个中央来安顿"土"，尚能自圆其说。但在阴阳的架构中，董仲舒虽然通过将"中夏"解读为"太阳"与"少阴"之交汇，"中冬"解读为"太阴"与"少阳"的交汇，试图将四时之序与阴阳之出入勾连起来，但"中夏"显然不等同于"季夏"之"土"，这也是这一世界图式中的一个缺憾。上述序列如若以表格方式呈现或许更为清晰：

表3-1　　　　　　　阴阳、五行配五方、五时表

阴阳	五行	方位	时节	职能
少阳	木	东方	春	生
太阳	火	南方	夏	暑、长
	土	中央	季夏	主、养
少阴	金	西方	秋	杀、收
太阴	水	北方	冬	寒、藏

阴阳的消长，五行的变化促成了四时的流转，而四时又承担各自的功能，促成万物之生、养、收、藏，经由对天道、阴阳、四时、五行的钩稽，董仲舒试图呈现的是一个周流不息、充满生机的世界图

---

① 【汉】董仲舒：《春秋繁露·五行之义第四十二》，第65—66页。
② 【汉】董仲舒：《春秋繁露·五行对第三十八》，第63页。
③ 【汉】董仲舒：《春秋繁露·天辨在人第四十六》，第69页。

◎ 发天意而正名号：公羊学语境中的董仲舒名论

式。所谓"天之道，有序而时，有度而节，变而有常，反而有相奉，微而至远，踔而致精，一而少积蓄，广而实，虚而盈"①。天道之运行变化，莫不如是。

当然，在董仲舒那里，所谓"天"及其主导阴阳与五行的周流变化并不是一个客观的、与人无涉的世界图式。所谓"天道"或"天意"本身即隐含着对于某种规律、意志的肯认。董仲舒对于"天"的探讨不仅意在描绘一个周全而遍的宇宙图式，更是为了给伦常世界寻找最终的依托。"天"不仅是高高在上的、支配着世间万物的存在者，更具有某种意志来促成或组织某些事件，告诫人要去或不要去做某事。可以认为，"天"的价值或意义属性，才是董仲舒花费如此多的笔墨去描绘一个由阴阳、四时、五行共同构成的世界图式的真正目的。故下文将聚焦于董仲舒如何经由天道之运行规律来凸显天的意志。

三 "人副天数"——人对天的形式效法

如所周知，中国古代哲学中"天"的含义颇为丰富②，而在董仲舒对"天"的使用中，也包含了"天道""天象""天志""天意"等"天"的不同面向。如果说以"天"为"元"的本体论预设，以及以阴阳、五行为核心的"天道"运转大体上与"人"的存在无关，那么，"天志""天意"等表述多少隐含了某种目的论的预设，且前者为后者奠立基础，是后者的根据。《如天之为》篇曰："天意难见也，其道难理。是故明阳阴、入出、实虚之处，所

---

① 【汉】董仲舒：《春秋繁露·天容第四十五》，第69页。
② 冯友兰曾谓"天"有五种义涵："在中国古代文字中，所谓天有五义：曰物质之天，即与地相对之天。曰主宰之天，即所谓皇天上帝，有人格的天、帝。曰运命之天，乃指人生中吾人所无奈何者，如孟子所谓'若夫成功则天也'之天是也。曰自然之天，乃指自然之运行，如《荀子·天论篇》所说之天是也。曰义理之天，乃谓宇宙之最高原理，如《中庸》所说'天命之为性'之天是也。"冯友兰：《中国哲学史》，第55页。

第三章　顺天应人以真物：名号学说的经学与哲学阐释

以观天之志。辨五行之本末顺逆、小大广狭，所以观天道也。"① 经由阴阳、五行所构成的图式仅仅是对天地之间运作规律的描摹指向对人道世界的关涉。这一点也是对董仲舒"天的哲学"开展研究所不可略过的重要面向。不妨认为，由天道、阴阳、四时、五行的层层建构，指向了对人道世界的由抽象而具体的关注。广义的"伦常"——包括政治与道德领域——无一不在"天"的关照之下。

"天"对于人道世界的关照首当其冲地表现为"人副天数"。就人本身而言，人的存在就是天的副本，是对于阴阳五行，乃至"天数"的摹写："天地之符，阴阳之副，常设于身，身犹天也，数与之相参，故命与之相连也。天以终岁之数，成人之身，故小节三百六十六，副日数也；大节十二分，副月数也；内有五脏，副五行数也；外有四肢，副四时数也；占视占瞑，副昼夜也；占刚占柔，副冬夏也；占哀占乐，副阴阳也；心有计虑，副度数也；行有伦理，副天地也。"② 以"天地之符，阴阳之副，常设于身"为预设，"阴阳"与"五行"被纳入对人之身体构造的解释中，"五脏"之"五"，"哀乐"相对待之"情"，都设于人之一身，就其规律而言，则都可以在"五行"与"阴阳"的形式中觅得。对于人性的解释也遵循阴阳的形式规则："人之诚，有贪有仁。仁、贪之气，两在于身。身之名，取诸天。天两有阴阳之施，身亦两有贪、仁之性。"③ 人性之所以"有贪有仁"，也正如天一分为两而有阴阳。可见，无论是对于人的外在身体的构造，还是对于内在人性的奠基，都离不开阴阳五行。在更大的范围内，董仲舒更以"阴阳"比于"天地""君臣""父子""夫妇"，以"五行"比于"五事""五德""五方""四时"（将夏分判为"季夏"和"夏"）以及司农、司马等五种官职。在这一系列的"比附"之中，"副类"与"副

---

① 【汉】董仲舒：《春秋繁露·如天之为第八十》，第98页。
② 【汉】董仲舒：《春秋繁露·人副天数第五十六》，第75页。
③ 【汉】董仲舒：《春秋繁露·深察名号第三十五》，第61页。

◎ 发天意而正名号：公羊学语境中的董仲舒名论

数"将"天"与"人"在形式上关联起来，并被董仲舒应用于人事政治的方方面面，并为其申发"天"所具备的道德与政治意蕴背书。以五行比之于"五方"与"四时"为例："五行之随，各如其序。五行之官，各致其能。是故木居东方而主春气，火居南方而主夏气，金居西方而主秋气，水居北方而主冬气；是故木主生而金主杀，火主暑而水主寒，使人必以其序，官人必以其能，天之数也。土居中央，为之天润，土者，天之股肱也，其德茂美，不可名以一时之事。"① 经由将五行与方位、季节相结合，甚至为了配"五"之数而在四时之中增加了"季夏"，使其合乎形式（"数"与"类"）上的一致性。在此，"五"作为"数"显而易见，而"水、火、木、金、土"通过"象其物宜"所得到的"象"则扮演了"类"的角色。火之热性与夏配合，水之寒性与冬配合，都具备以建立在直觉体验基础之上的、不容辩驳的合理性。推至极致，则凡有热性者皆可归于"火"之一类，凡有寒性者皆可归于"水"之一类。正是有了"副数"与"副类"的动作，阴阳五行与天道以及人事的许多方面才得以实现形式上的高度契合。

如果说"人副天数"仅仅是在静态意义上人道对天道的模仿、比附，那么"终而复始"的天道运行，及其阴阳、四时、五行之周流变化，则更能体现出董仲舒试图以天道贯通伦理、政治的用心。《阴阳终始》篇对于天道——阴阳、四时、五行——之运行规律有所钩稽，并继而指出："天之道有伦、有经、有权。"② 根据董仲舒对天道运行变化的描述来看，他似乎并未对"伦"与"经"作出严格区分。若析而论之，或许可以认为："伦"为条理，"经"为常道。所谓"少阳就木，太阳就火，火木相称，各就其正"，即五行之各如其序、各处其位。析而言之为"伦"，统而言之为"经"。不过，若

---

① 【汉】董仲舒：《春秋繁露·五行之义第四十二》，第65页。
② 【汉】董仲舒：《春秋繁露·阴阳终始第四十八》，第70—71页。

第三章　顺天应人以真物：名号学说的经学与哲学阐释

就天道之运行而言，则所谓"经"又与"权"相对待。在《阳尊阴卑》篇中，董仲舒即十分明确地指出："天以阴为权，以阳为经。"以"经"为阳之生养，以"权"为阴之藏夺。故在秋季"从金"时，董仲舒以为"伤火功"，即对阳之生养之职的削弱。

"天"因其覆载万物的整全性质，而势必"有伦、有经、有权"。"天道"之周流运行也势必四时齐备，不能缺一时，或任于一偏："天之道，春暖以生，夏暑以养，秋清以杀，冬寒以藏。暖暑清寒，异气而同功，皆天之所以成岁也。"① 但在天道之阳与阴、经与权的关系问题上，天所体现出来的并非一种阴阳并重齐行的"公正"态度，相反，以"成物""成岁"为最终目的的天道，势必"贵阳而贱阴""显经而隐权"。首先，对于阳的推重体现为对天所具有的生养之职的推重，由生养而仁爱，则体现为"天"所具备的"仁"的特质。《天地阴阳》篇即指出："天志仁，其道也义。"② 又《为人者天》篇曰："人之血气，化天志而仁。"③ 苏舆注曰："案血气流通，犹天心周溥，故病麻木者谓之不仁。"④ 所谓麻木而不仁，即如明道以"手足痿痹"释"不仁"，并非"仁"之本义。⑤ 考诸先秦文献，"仁"多作亲、爱解。⑥ 故董仲舒将天的仁爱之心归于对天地万物之覆载养育："仁之美者在于天。天，仁也。天覆育万物，既化而生之，有养而成之，事功无已，终而复始，凡举

---

① 【汉】董仲舒：《春秋繁露·四时之副第五十五》，第74页。
② 【汉】董仲舒：《春秋繁露·天地阴阳第八十一》，第98页。
③ 【汉】董仲舒：《春秋繁露·为人者天第四十一》，第64页。
④ 【清】苏舆：《春秋繁露义证·为人者天第四十一》，钟哲点校，第310页。
⑤ 程颢以为："医书言手足痿痹为不仁，此言最善名状。仁者，以天地万物为一体，莫非己也。认得为己，何所不至？若不有诸己，自不与己相干。如手足不仁，气已不贯，皆不属己。"【宋】程颢、程颐：《二程集·河南程氏遗书卷第二上》，王孝鱼点校，北京：中华书局，1981年，第15页。
⑥ 如《孟子·尽心上》："亲亲，仁也。"《说文·人部》："仁，亲也。"参见【清】焦循《孟子正义·尽心上》，沈文倬点校，第899页；【汉】许慎著，【清】段玉裁注《说文解字注·人部》，第657页。

· 143 ·

◎ 发天意而正名号：公羊学语境中的董仲舒名论

归之以奉人。"① "天"不仅生养万物，更以万物奉养人。② 可知董仲舒所谓"天"的建构，本即为人而立。以"仁爱"为宗旨所展开的"天道"，又演绎为阳尊阴卑、德主刑辅的对应关系。一方面，根据时节与方位流转中的阴阳变化，董仲舒以贵贱论阴阳，所谓"阳气出于东北，入于西北，发于孟春，毕于孟冬，而物莫不应是。阳始出，物亦始出；阳方盛，物亦方盛；阳初衰，物亦初衰。物随阳而出入，数随阳而终始，三王之正随阳而更起。以此见之，贵阳而贱阴也"③。阳主生养，阴导衰夺，天意以"仁"，自当"贵阳而贱阴"。另一方面，阴、阳又与刑、德相配。如："阳，德气也；阴，刑气也。"④ 天道之"贵阳而贱阴"，而人主应当与天同好同恶，自当"务德而不务刑"。且顺之则成"王道"，反之则为"逆天"。⑤

综上，建基于《春秋》"元年，春，王正月"的创造性诠释，董仲舒将"天"与"元"关联起来，《春秋》之"贵元重始"，在董仲舒的论域中则转换为将"天"确立为形上本体。阴阳、四时与五行之运动变化则构成了所谓"天道"。"人副天数"的比附则确立了人对于天的效法。"天"之为董学之大本、大根，董学之为"天学"的面目确乎无疑。将对于"名"的关照置于其"天的哲学"的论域中无可厚非。不过，天与人相关而相连，舍人而论天，则是"蔽于天而不知人"的玄远之论。余治平总结"天"的各种属性，又指出"天"所具备的"信念本体"特质，可谓一大创获。

---

① 【汉】董仲舒：《春秋繁露·王道通三第四十四》，第67页。
② "举归之以奉人"有两解，苏舆以为："圣人奉天，天奉人，相参相互，以成事功，凡一本于仁而已。"即以"奉"为尊奉之意；又钟肇鹏引杨树达《春秋繁露札记》曰："本书《服制象》篇云：'天地之生万物以养人。'即此章奉人之义。"当以杨解为是。【清】苏舆：《春秋繁露义证·为人者天第四十一》，第311页；钟肇鹏主编：《春秋繁露校释·为人者天第四十一》（校补本），第734页。
③ 【汉】董仲舒：《春秋繁露·阳尊阴卑第四十三》，第66页。
④ 【汉】董仲舒：《春秋繁露·阳尊阴卑第四十三》，第67页。
⑤ 【汉】董仲舒：《春秋繁露·阳尊阴卑第四十三》，第67页。

其为"本体",故为世间万物奠基;又是"信念",故与人道世界息息相关。① 这一信念并非仅仅是上文对于"天道"之阴阳、四时、五行的信,也并不仅限于对于天道、天秩的形式效法,而势必在天与人的交往互通之中才能成立。这就涉及了"天人之际"的问题了。何谓"天人之际","名"又何以成为"天人之际",故下文将探讨"名"究竟如何"顺天"而"应人"。

第二节 "名"何以成为"天人之际"*

《天人三策》中董仲舒所谓"天人相与之际"大体上指的是灾异与人事之"二端",然而,若将《春秋繁露》,乃至汉代其他文献中有关"天人之际"的相关表述纳入考量则会发现"天人之际"并不限于"二端"。《韩诗外传》卷七:"传曰:善为政者,循情性之宜,顺阴阳之序,通本末之理,合天人之际,如是则天气奉养而生物丰美矣。"② 阴阳、情性乃至天人,以总括世界万物之变化规律,而其中天与人的互动又构成十分重要的一隅。又扬雄《法言·问神卷第五》:"圣人存神索至,成天下之大顺,致天下之大利,和同天人之际,使之无间也。"③ 圣人以"天人之际"的和洽为要务,

---

① 余治平认为:"在董仲舒,'信'被安排在'天'上。这个'天'是世界万物的根本,也是人世生活的凭依。"并且,"董仲舒哲学系统里的天与其说是超越的神本体,还不如说是来自人内心的信本体"。"信本体"或"信念本体"的提法切实地将"天"与"人"的关系拉近一层,而不仅仅是认识、把握乃至思辨的客体对象,而成为内在于生命之流的本体信念。参见余治平《唯天为大——建基于信念本体的董仲舒哲学研究》,第119页。

* 本节主要内容以《"名"何以为"际"?——论天人关系视域下的董仲舒名号学说》为名,发表于《吉林师范大学学报》(人文社会科学版)2023年第1期。

② 【汉】韩婴:《韩诗外传集释》卷七,许维遹注释,北京:中华书局,1980年,第262页。

③ 汪荣宝:《法言义疏·问神卷第五》,北京:中华书局,1987年,第141页。

◎ 发天意而正名号：公羊学语境中的董仲舒名论

唯其如此方可治理天下。又司马迁撰著《史记》以"究天人之际"为其理论上的野心。凡此种种，皆以"天人之际"作为治学、治国者所势必思考的问题。《深察名号》篇对于"名"之为"天人之际"的论述，大体上也应当在这一视域中予以领会，所谓"事各顺于名，名各顺于天。天人之际，合而为一"，天与事即天人两端，而"名"又何以承担起沟通天人的职责，则是本节试图回答的问题。

一 "天人相与之际"——灾异与人事"二端"

董仲舒论"天"之要旨，并不局限于在本体意义上推明作为"万物之祖"之"天"。天发其意，人必受之。人行其事，天必应之。在天与人的互动之中，董仲舒试图构建其"天人感应"之说。而其思想之渊源在于《春秋》所论之"灾异"。《汉书·董仲舒传》对于武帝策问与董仲舒对策的记述更为明晰地体现出以"灾异"来理解天人相与之互动关系的倾向。武帝策问之以"三代受命，其符安在？灾异之变，缘何而起"，前半截关注刘汉王朝何以"受命"，后半截围绕灾异，探究的是如何校验为政得失。董仲舒的对策首先点出："天人相与之际，甚可畏也。"天、人两端经由一个"与"字勾连起来，提示了两者并存共在，而又交往互通的可能。

董仲舒对于"灾"与"异"的区分并不十分显豁，在《王道》篇（与《二端》篇）中，从日食、流星等天象之异，到山崩、地震、大水、大旱等自然灾害，以《春秋》的视角观之，皆"异之，以此见悖乱之征"。此不别"灾""异"，均视之为非常之事。而在《必仁且智》篇，董仲舒仅以小、大区分"灾""异"，所谓"其大略之类，天地之物有不常之变者，谓之异，小者谓之灾。灾常先至而异乃随之。灾者，天之谴也；异者，天之威也。谴之而不知，乃畏之以威"[①]。按照一般的理解，"灾"有害于人物，"异"仅见于天象，无

---

① 【汉】董仲舒：《春秋繁露·必仁且智第三十》，第54页。

伤于人物，以"异"重于"灾"，似乎有违常识。对于这一问题的回答，势必进一步考究董仲舒对于"灾"与"异"的理解。《天人三策》中董仲舒的回答约略提示出灾先异后的时间顺序，"国家将有失道之败，而天乃先出灾害以谴告之，不知自省，又出怪异以警惧之，尚不知变，而伤败乃至"①。先有灾害以告诫人君之无道，如若不知悔改，才会出"异"以戒惧之。《必仁且智》篇的一段表述可视为董仲舒对策之语的翻版，灾与异的时间顺序也更清晰："凡灾异之本，尽生于国家之失。国家之失乃始萌芽，而天出灾害以谴告之；谴告之而不知变，乃见怪异以惊骇之，惊骇之尚不知畏恐，其殃咎乃至。以此见天意之仁而不欲陷人也。"②"国家之失"—"灾"—"不知变"—"异"—"不畏恐"—"殃咎乃至"的顺序一目了然。正是由于"异"是对于人君的二次警告，故"异"要重于"灾"。何休对于"灾"与"异"的区分要比董仲舒来得明晰："灾者，有害于人物，随事而至者。"③又："异者，非常可怪，先事而至者。"④何休之说自可视为对董仲舒"灾异"说的发挥与发展，然而，在突出"异"的预警性上，实是受到了彼时流行的谶纬说的影响。⑤相形之下，董仲舒对于灾异的论述，尽管在时间顺序上体现的是人君治国与天之谴告间的往复与互动，却并未突出强调"灾"或者"异"的预警性质。事实上，如若回到《公羊传》的本义，其所谓"灾异"当在戒惧人君"奉天法古"，施仁心，行善政。如若颠倒

---

① 【汉】班固撰，【唐】颜师古注：《汉书·董仲舒传第二十六》，第2174页。
② 【汉】董仲舒：《春秋繁露·必仁且智第三十》，第54页。
③ 【汉】何休解诂，【唐】徐彦疏：《春秋公羊传注疏·隐公第三》，刁小龙整理，第90页。
④ 【汉】何休解诂，【唐】徐彦疏：《春秋公羊传注疏·隐公第二》，刁小龙整理，第58页。
⑤ 黄开国对于董、何灾异之说的异同有所剖判："何休讲灾异，与董仲舒的最大不同就在于，董仲舒以灾异皆为上天的谴告，而何休特别强调记异对未来的预警。这一改变，与谶纬神学对孔子与《春秋》的神化有关。"黄开国：《公羊学发展史》，北京：人民出版社，1997年，第364页。

◎ 发天意而正名号：公羊学语境中的董仲舒名论

"灾异"与"人事"的时间顺序，则成了神鬼之说，因此董仲舒明确指出："因恶夫推灾异之象于前，然后图安危祸乱于后者，非《春秋》之所甚贵也。"①《公羊》灾异之说为后来者所诟病，即在于颠倒了这一顺序，丢失了告诫人君之旨，反成推天象、演灾异，以为人主施政——无论是善政还是暴政——张本之说，这是后汉灾异之说与董仲舒的不同之处。

天出灾异以谴告人主，人主则要有"见微知著"的洞识，"畏而不恶"的态度，以及改过迁善的行动，唯其如此，才能维系其治理的安定与长久。《二端》篇曰："《春秋》至意有二端，不本二端之所从起，亦未可与论异也，小大微著之分也。夫览求微细于无端之处，诚知小之将为大也，微之将为著也。吉凶未形，圣人所独立也，虽欲从之，末由也已，此之谓也。"② 经由将"灾异"说与《周易》见微知著的智慧相结合，意在提示为君者注意体察灾异及其背后的天意告诫与民心向背，所谓"见天意者之于灾异也，畏之而不恶也，以为天欲振吾过，救吾失，故以此报我也"③。人君理应对灾异采取敬畏而非忌讳的态度，"天意"作为"灾异"背后的根据，实则是用以告诫人君补偏救弊，以免招致天命转移而失去天下。当然，灾异之应虽然直接报在黎民百姓身上，而与天交通，承受"天命"的却是天子。一旦天与人二端之间的张力达到无法缓和的地步，"天"就会褫夺人主所受之"天命"，改弦更张，另择新主。在这样一套由"灾异"而谴告人君，又在人君失道之后另择新主的理路。试图把"天"塑造为超越于人间帝王的存在者，以此，所谓"灾异"与"天意"，既为统治者的合法性张本，同时也作为政治治理的矫正机制发挥作用。

上述经由灾异钩稽天道与人事的互动，并非以论灾异为最终目

---

① 【汉】董仲舒：《春秋繁露·二端第十五》，第35页。
② 【汉】董仲舒：《春秋繁露·二端第十五》，第35页。
③ 【汉】董仲舒：《春秋繁露·必仁且智第三十》，第54页。

第三章 顺天应人以真物：名号学说的经学与哲学阐释

的。本书真正关切之处在于天意、天命与民心之间的纠葛。一方面，"天意"由"灾异"而显现，其极端表达是"天命"的与夺。换言之，天与人的交往互通，以"天命"所与者，也就是人世间之"天子"作为媒介。"天人感应"或"天人之际"中所谓"人"固然指向具有集体性质的"大写的人"，但在现实的政治秩序，及其实际的政治运作方面，却首先意味着"天子"接受天意，承受"天命"。① 如果用余英时的观点来看，则董仲舒所谓"天人之际"或"天人感应"，无疑与"旧天人合一"更为切近，而体现出与内在超越之"新天人合一"较为疏离。② 另一方面，所谓"天意"或

---

① 这一天人关系中，"人"的双重性在商周时期就已奠立。经由对《尚书·泰誓》等文本的分析，庞朴即指出："人被分成了两种：一种是大多数的老百姓，芸芸众生；一种是奉天者或天的代理人。于是，天与人的关系，在这里被转换成了两种人的关系，体现为两种人的存在。其中，老百姓虽是大多数，却无缘直接通达天廷；天代表虽是活的天，也免不了要受'天视''天听'的监视。由此生发出来的王道霸道，德治法治，传贤传子，入世出世，一幕幕政治戏剧，一套套社会理论，一篇篇高头讲章，一件件出处进退，无非是这种天人关系在种种形式上的映现。"庞朴：《作为生存背景的天人合一论》，载刘小枫、陈少明主编《经典与解释》第3期，北京：华夏出版社，2004年。

② 余英时《论天人之际》一书对"天人合一"有新与旧的分判，"新天人合一"脱胎于"旧天人合一"，但两者又有全然不同的性质。以巫文化为核心的"旧天人合一"中，"天"往往指的是神鬼的世界，其中，地上的人王或"帝"掌握了"巫"作为沟通天人的力量，甚至扮演了"群巫之长"的角色。而以"内向超越"为核心的"新天人合一"则是"思想家在轴心突破过程中发展出来的，它的特征可以归纳为一句话：'道'与'心'的合一。这个新合一既完全与鬼神无涉，其中自不可能为巫的活动留下任何空间"。作为一家之言，其新、旧"天人合一"之说是否合理，学界已有较为翔实的讨论。但若以之准董仲舒的"天人感应"说，则可以发现董仲舒天人之说的纠葛：一方面，其"天人之际"的框架大体上是在"旧天人合一"——也就是巫文化的背景下，强调人君、人主沟通天人之职能——之中，而有别于"内在超越"意义上的"天人合一"；另一方面，其对于"天"的理解，既含鬼神的世界于其中，却又将"道""气"等语汇纳入其中，以形成一个具有更为复杂特质的"天"来支配、引导人的世界，乃至与人交通。参见余英时《论天人之际：中国古代思想起源试探》，台北：联经出版社，2014年，第63页。

· 149 ·

◎ 发天意而正名号：公羊学语境中的董仲舒名论

"天命"，其形上的根据固然在"天"，也就是那个支配、掌控世间运作的最高本体（或"信念本体"），但其背后的根据却是"民心"。从君与王的属性来看，"王者，民之所往。君者，不失其群者也"①。这是用字训的方式强调民心向背与王之为王、君之为君的内在关联。而从为君、为王者维系自己的权力角度而言，"君者，民之心也；民者，君之体也。心之所好，体必安之；君之所好，民必从之"②。又："民无所好，君无以权也。民无所恶，君无以畏也。无以权，无以畏，则君无以禁制也。"③ 在位者的权柄来源于对民之好恶的与夺，如果民无所措其手足，则天子之权亦无所展布，这是典型的黄老之论。前者是对君与王的德性要求，而后者则更多指向了执权存国之术。无论从哪个角度来看，重视，乃至尊重民心，对于在位者而言都十分必要。而"民心"即表现为"天意"，或可说，"天意"即"民心"，所谓"天意常在于利民"④。又："古之圣人，见天意之厚于人也，故南面而君天下，和以兼利之。"⑤ 其余诸如以《春秋》"苦民""害民"之例反证为君者当爱民利民之辞更不胜枚举。在论及尧舜、汤武之天命转易时，董仲舒将天、君、民三者之关系说得十分透彻："天之生民，非为王也，而天立王以为民也。故其德足以安乐民者，天予之；其恶足以贼害民者，天夺之。"⑥

以"灾异谴告"为表现形式的"天人感应"说反映了董仲舒天人关系的动态面向。不过其最终所归结之处，仍然在于"人"，或可说，"天"与"天道"所具有的本体地位也好，经由"灾异谴

---

① 【汉】董仲舒：《春秋繁露·灭国上第七》，第 30 页。
② 【汉】董仲舒：《春秋繁露·为人者天第四十一》，第 65 页。
③ 【汉】董仲舒：《春秋繁露·保位权第二十》，第 38 页。
④ 【汉】董仲舒：《春秋繁露·止雨第七十五》，第 90 页。
⑤ 【汉】董仲舒：《春秋繁露·诸侯第三十七》，第 63 页。
⑥ 【汉】董仲舒：《春秋繁露·尧舜不擅移汤武不专杀第二十五》，第 46—47 页。

告"所实现的"天意"与夺也罢,"天"看似具有高高在上的特点,其最终仍然服务于人世间的政治秩序。① 这是董仲舒以儒学为根底,吸纳阴阳五行学说以适应汉帝国的政治诉求的理论创造。

可以发现,在经由"灾异谴告"所实现的天与人的交往互通之中,"天人之际"的具体含义隐约可见,即天与人之间既有分,又有合,彼此有别,又交往互通的关系。然而,如若局限于"二端"论"天人之际",则无法回答"名"何以作为"天人之际"的问题。故下文将进一步考察"际"的丰富义涵,一则可以深化"二端"作为"天人相与之际"的解读,一则为将"名"视作"天人之际"提供支撑。

二 "际":合际、分际与交际

在中国古代哲学的天人关系中,肇端于先秦时期的"天人合一"或"天人相分"代表了两种核心观点。而"天人之际",作为一个在汉代逐渐兴起的语词,却并未真正得到重视。或者说,"天人之际"仅仅提示出一个视域或论域,往往被视作提醒为政者关注天人关系的一个语词,而并不具体主张什么,使得其并未真正进入思辨的论域。然而,如若从"天人之际"的角度分析"名"在董仲舒思想中的重要位置,则势必对何谓"天人之际"的问题深究一层。何谓"天人之际",不妨从"际"字着眼。

---

① 庞朴指出:"不知饱尝了多少次人为的自然灾难的折磨,也不知多少人因之过早结束了自己的自然存在,人们终于慢慢懂得,'阴阳、四时、八位、十二度、二十四节,各有教令,顺之者昌,逆之者不死则亡……春生夏长、秋收冬藏,此天道之大经也,弗顺则无以为天下纲纪'(司马谈《论六家要旨》),于是遂有了种种维护、调节、赞美自然意义上的天人合一的习俗、理论、法令乃至学派生长出来,来指导人们安排其自然活动,成为人类存在的一种普遍的文化背景。"中国古代思想对于天人关系的思考大体建立在对自然灾害的反思这一原初动力之上,虽然表现为对"天"之神威难测之敬畏,而其最终仍然要"制天命而用之",即转换为人道秩序的理论资源。庞朴:《作为生存背景的天人合一论》,载刘小枫、陈少明主编《经典与解释》第3期。

◎ 发天意而正名号：公羊学语境中的董仲舒名论

　　字书对于"际"字的解释最早当推《尔雅》与《说文》。《尔雅·释诂》曰："际，捷也。"郭璞注曰："捷谓相接续也。"① 《说文·𨸏部》："际，壁会也。"段玉裁注曰："两墙相合之缝也。引申之，凡两合皆曰际。际取壁之两合，犹'间'取门之两合也。"② 所谓"壁会"，即墙壁之接缝，与《尔雅》所谓"接"之义同，为相交接之意。段玉裁进一步指出，"凡两合皆曰际"，且与"间"义相通。《说文·门部》："间，隙也。"段注曰："隙者，壁际也。引申之，凡有两边有中者皆谓之隙。隙谓之间。间者，门开则中为际，凡罅缝皆曰间，其为有两有中一也。"③ 无论以门还是以壁为喻，"际"所提示的交接或交际的意涵都有非常明确的边界，两墙合缝而仍有缝，两扉合门而仍有隙，徐铉以为："夫门夜闭，闭而见月光，是有间隙也。"④ 《小尔雅·广诂》："际，界也。"《广韵·祭韵》："际，畔也。"《一切经音义》："际，畔也，界也。"从"缝"到"界""畔"，即强调了"际"所具有的界限义，突出"际"之两端各自所具的边界。不过，"际"字所标示的界限之意，并未勾销"际"之两端交往互通的可能。《广雅·释诂》，"际，会也"，"际，合也"。可知"际"有会、合之意。又《楚辞后语·绝命词》，"冤际绝兮谁语"，朱熹注曰："际，交也。"⑤ 交际、合会，亦"际"字应有之义。

　　上述对于"际"字字义的考察提示出"际"所具备的三个内

---

① 【晋】郭璞注，【宋】邢昺疏，《尔雅注疏·释诂下》，载李学勤主编《十三经注疏》（标点本），第 49 页。
② 【汉】许慎著，【清】段玉裁注：《说文解字注·𨸏部》，第 1286 页。
③ 【汉】许慎著，【清】段玉裁注：《说文解字注·门部》，第 1037 页。
④ 【汉】许慎著，【宋】徐铉校定：《说文解字·门部》，北京：中华书局，2013 年，第 249 上页。
⑤ 【宋】朱熹：《楚辞集注·绝命词》，蒋立甫点校，上海：上海古籍出版社，2001 年，第 244 页。

第三章　顺天应人以真物：名号学说的经学与哲学阐释

在相关的义涵，即合际、分际与交际。① 上文对于"二端"作为"天人之际"的考察亦不脱这一三分的框架。"合际"意味着两者合而为一，共成一体。就天人关系而言，"天人之际"之为"合际"的义涵并非不言自明。"天有十端"业已明确了"天"对于"人"的涵摄。而天、地、人三者各如其位，所谓"天德施，地德化，人德义。天气上，地气下，人气在其间"②。又："天地人，万物之本也。天生之，地养之，人成之。"③ 三者为参，而难以言合，且比天、地亦可言际，所谓"天地之际"是也。可知"天人之际"的提法有其特定的用意。如果将世界区分为自然世界与人为世界，那么，在自然世界的层面主张"天人合一"并不具备任何意义，因为人亦自然中之一物而已。《河南程氏遗书》卷第六："天人本无二，不必言合。"④ 可谓得之。然而，如若站在人为世界的角度来看，主张"天人之际，合而为一"，则隐含了在意义维度将人道抬升到可以与天道并举的层面。荀子说"制天命而用之"，事实上，制"天人之际"者，同样意在用之。这一点可以在对"天人合一"的进一步析分中得到证成。首先，广义的"天人合一"作为一种观念呈现出不同的价值取向，余敦康将"天人合一"理解为天道与人

---

① 本书对于"际"字的讨论得益于前辈学者的相关成果。陈赟与刘梁剑的船山研究均触及了"际"字复杂的义理内涵。陈赟认为："分际与会通意义相反，但却同被包含在'天人之际'之'际'中。因此，'际'乃是一个'思辨的字眼'。"刘梁剑则提出分际、相际与交际的三分，并强调"际"作为视域的意义。董平则主张"天人之际"与中国古代文化中的"边界意识"的内在关联。上述三位学者对本书均有直接启发。参见陈赟《回归真实的存在——王船山哲学的阐释》，上海：复旦大学出版社，2002年，第210页；刘梁剑《天·人·际：对王船山的形而上学阐明》，上海：上海人民出版社，2007年，第4、8页。董平《天人之际：中国传统文化中的"边界"意识》，《衡水学院学报》2020年第3期。
② 【汉】董仲舒：《春秋繁露·人副天数第五十六》，第74页。
③ 【汉】董仲舒：《春秋繁露·立元神第十九》，第37页。
④ 【宋】程颢、程颐：《二程集·河南程氏遗书卷第六》，王孝鱼点校，第81页。

◎ 发天意而正名号：公羊学语境中的董仲舒名论

道的循环论证，并进一步区分"以人合天"与"以天合人"两种进路的观点值得借鉴。要之，"以人合天"即以"天"为主，强调人道最终要合乎天道，而"以天合人"则以"人"为主，其最终目的是以天道来证成人道。① 董仲舒的天道观不啻典型的"以天合人"的进路。在天人关系中，董仲舒主张天与人的相关、相类，均可以在"天人合一"的视域中予以领会，但"天"又终究是为"人"服务的。就"人副天数"而言，天道、天数无论取其"类"还是取其"数"——阴阳、五行乃至四时、十二月、三百六十日之"数"或"类"——都具有不可移易的性质，而人之比附于天之"数"或"类"者，则直接为养生、善政等议题提供天道的支撑，形式上的"人副天数"最终导向的是天道对人道的建设性指导乃至支配。与之相似，"灾异"与"人事"之两端，虽然董仲舒强调为政者当见微知著、善观天道，而其最终目的则在于告诫人君补偏救弊，实现善政，至少不为天命所废黜。可见，天人合一或"天人之际"作为"合际"，旨在将天与人在价值维度置于同一个平面，而在董仲舒那里，这样一种将天道与人道在价值维度并置最终导向用天道指导、服务人道的目的。

"分际"则提示了由"际"字勾连的两端之间有其分界，同时进一步证明在人为世界中，"天人合一"以事实上的"天人相分"为前提。在天生、地载、人成的天地人架构中，三者各有其分职。暂且搁置三分与二分的差异，天与地皆可以归于外在于人的力量，而人才是那个奠立人道、厘定秩序的主体，虽然"为人者天"，但

---

① 余敦康指出："道家的思想偏重于以人合天的类型，虽然他们也研究人道，但是重点却是研究天道，极力使关于人道的主观理想符合天道自然无为的客观规律。儒、墨两家的思想恰恰相反，偏重于以天合人，他们主要关心的是社会政治伦理问题，往往是根据关于人道的主观理想去塑造天道，反过来又用这个被塑造了的天道来为关于人道的主观理想作论证。"余敦康：《易学今昔》，北京：新华书店出版社，1993 年，第 39—40 页。

人依旧具有独立于天道、天命之外的自觉、自为的可能。在董仲舒对"礼"的定位中即体现出十分明显的天人分职的倾向。"礼"作为人道秩序之大宗固然呈现为对天道的效法与承继,但又以天人相分为其旨归,所谓"礼者,继天地,体阴阳,而慎主客,序尊卑、贵贱、大小之位,而差外内、远近、新故之级者也,以德多为象"①。苏舆注曰:"人者,天之继也。人非礼无以立,故曰'继天地'。君臣父子夫妇之道,取之阴阳,故曰'体阴阳'。施之人我,各有其处,昧之则逆于礼,故曰'慎主客'。"② 人道秩序虽继天而立,但立人道者终究是人之功劳。君臣夫妇作为人伦秩序与阴阳作为取乎天道的范式之间,终究是人将之从自然规律转化为人道秩序。在另一处,董仲舒将这一由"礼"来承担的天人分际表达得更为明显:"不顺天道,谓之不义,察天人之分,观道命之异,可以知礼之说矣。"③ 所谓"道命之异",取自《孟子·尽心上》所谓"莫非命也,顺受其正。是故知命者,不立乎岩墙之下。尽其道而死者,正命也。桎梏死者,非正命也"④。人事总总,莫非命也,但君子可尽其道而死,却不当死于非命。道与命之别,恰恰体现出道为人所能掌控者,而命则是人力所无法企及者。道命之异、天人之分被归于"礼"所统辖的范围内,即意味着作为君子应当循"礼"而行,如此则得其正命,免于非命。

"交际"则在动态的意义上勾画出"际"之两端的交往、互通。就"天人之际"之为"交际"而言,董仲舒所论灾异与人事之"二端"及其背后天意、天命与民心的互动当然是典型的"交际"。而在现实政治的领域,天与人的交往互通仍有更为具体的呈现。首先,作为"国之大事"的祭祀之礼本身即体现交际、汇通的

---

① 【汉】董仲舒:《春秋繁露·奉本第三十四》,第58页。
② 【清】苏舆:《春秋繁露义证·奉本第三十四》,钟哲点校,第269页。
③ 【汉】董仲舒:《春秋繁露·天地阴阳第八十一》,第99页。
④ 【清】焦循:《孟子正义·尽心上》,沈文倬点校,第879—880页。

◎ 发天意而正名号：公羊学语境中的董仲舒名论

义涵。今本《春秋繁露》述祭、郊之义甚详。就"祭"而言，有"察"与"际"两义："祭者，察也，以善逮鬼神之谓也。善乃逮不可闻见者，故谓之察。"① 又："祭之为言际也与？祭然后能见不见。见不见之见者，然后知天命鬼神。知天命鬼神，然后明祭之意。明祭之意，乃知重祭事。"② 祭祀并非仅仅是形式上的朝上天、鬼神、祖先奉上祭品，跪拜一通，还体现出祭祀者对被祭者的体察与用心，所谓"善逮鬼神"，即体察鬼神于幽隐之地。③ 因此，祭祀的主要目的在于沟通在世者与天命、鬼神与祖先等不可见者，故其为言"际"者，即交通、交际之意。而作为天命之所与者，同时也是万民所归往者，又承担了"郊祭"的重任，"郊祭"的用意在于体现作为天之子的王者能够"尊天"，乃至"事天"："天者，百神之大君也。事天不备，虽百神犹无益也。"④ 又："天者，百神之君也，王者之所最尊也。以最尊天之故，故易始岁更纪，即以其初郊。郊必以正月上辛者，言以所最尊，首一岁之事。每更纪者以郊，郊祭首之，先贵之义，尊天之道也。"⑤ 郊祭为祭祀之首，体现为王者对于天的尊崇。并且，"天"作为至高的主宰者，在祭祀的对象中具有不可动摇的优先性，一方面，"事天不备，虽百神犹无益也"，可见"天"作为"百神之大君"的崇高地位；另一方面，作为天之子的王者，父母大丧都必须为郊祭让道："《春秋》之义，国有大丧者，止宗庙之祭，而不止郊祭，不敢以父母之丧，废事天地之礼也。"⑥ 又："《春秋》讥丧祭，不讥丧郊，郊不辟丧，

---

① 【汉】董仲舒：《春秋繁露·祭义第七十六》，第91页。
② 【汉】董仲舒：《春秋繁露·祭义第七十六》，第91页。
③ 陆宗达考察"祭"字本义当为"残杀"，不过以"察"训"祭"，表达的是"仔细地去寻其隙漏"之意，与"际"字一样，均与"残"字相通。参见陆宗达，王宁《训诂与训诂学》，太原：山西教育出版社，1994年，第163页。
④ 【汉】董仲舒：《春秋繁露·郊祭第六十七》，第83页。
⑤ 【汉】董仲舒：《春秋繁露·郊义第六十六》，第82页。
⑥ 【汉】董仲舒：《春秋繁露·郊祭第六十七》，第82页。

丧尚不辟，况他物。"① 而重视"郊祭"的理由有二：一则经由王者事天、尊天，强调王者乃天命之所与的合法性；一则经由王者祷祝于天、为民祈福，体现王者作为天人交际的沟通者的角色。其余诸如求雨、止雨之方法，同样体现出人经由某些举措向天传达意志的可能。

总之，经由对"际"字的考察进一步推究董仲舒所谓"天人之际"，可得合际、分际与交际三义。天人之为"合际"意味着天与人在意义的维度共成一体；天人之为"分际"侧重天与人各有其职守，不相凌越；天人之为"交际"旨在勾画天与人的交往互通，不仅是天作为主宰者对人的支配，也意味着人如何"上达天听"。"际"的意义不仅在于勾画"际"之两端的如上三重关系，更使"际"本身的重要意义得以凸显。例如，没有两扉间的缝隙（"际"），则两扉与一门之间绝不会是合而为门、分而两扉的关系。同样，没有"际"将人事与天意贯通起来，便谈不上"天人之际，合而为一"。因此，下文将就着上述对于"天人之际"的勾画，进一步探讨"名"何以作为"天人之际"。

三 "名"何以为"际"

"事各顺于名，名各顺于天。天人之际，合而为一。"② 在《深察名号》篇中，董仲舒将"名"设定为"天人之际"，那么，值得进一步追问的是："名"何以为"际"？

"名"之为"际"首先意味着"名"作为人物之"际"。上文对先秦诸家名学观点的钩稽业已明确"名"作为对事物（"实"）的指称的基本义涵。在这一点上，董仲舒的观点并无出其右，所谓"名生于真，非其真弗以为名"，"名者，所以别物也"云云，大抵

---

① 【汉】董仲舒：《春秋繁露·郊祀第六十九》，第84页。
② 【汉】董仲舒：《春秋繁露·深察名号第三十五》，第60页。

◎ 发天意而正名号：公羊学语境中的董仲舒名论

是对先秦诸家名学观点的重申。不过，就名实关系而言，名实之耦合与分离本身即可称为"际"，董仲舒所谓"诘其名实，观其离合"，正是关注到名与实之间"际"的关系。循名责实，抑或依实定名包含以名实相分为前提的"实与名合"或"名与实合"的两种不同进路，但无论采取何种进路，其间作为认知与言说主体的人与其试图把握之外在对象（"实"或"物"）的关系，又经由"名"作为"际"的作用关联起来。这是"名"作为"人物之际"的第一层义涵。而自先秦以降，强调"名"作为人把握外物之手段的义涵，又与用名，乃至定名者的那个特定主体——也就是圣人或圣王——密切相关。所谓"名者，圣人所以真物也"，即强调了在确立事物之真的过程中，圣人所发挥的积极作用："万物载名而生，圣人因其象而命之。"① 苏舆注曰："先有物而后有名，名不先物作也。既因众象而命以名，然后整齐参伍，以义相从。是故先物而后象，先象而后名，先名而后义。《管子·心术篇》：'凡物载名而来，圣人因而财之，而天下治。'"② 依苏舆之意，董仲舒此言固然可以归本于黄老，但突出圣人在真物、定名过程中所扮演的角色，又与古圣先贤对于作文造字的想象契合。③ 可见，无论就一般意义上的认

---

① 【汉】董仲舒：《春秋繁露·天地阴阳第八十一》，第99页。

② 【清】苏舆：《春秋繁露义证·天道施第八十二》，钟哲点校，第466页。

③ 许慎《说文解字序》曰："古者庖牺氏之王天下也，仰则观象于天，俯则观法于地，视鸟兽之文，与地之宜，近取诸身，远取诸物。于是始作《易》八卦，以垂宪象。及神农氏，结绳为治，而统其事。庶业其繁，饰伪萌生。黄帝之史仓颉，见鸟兽蹄远之迹，知分理之可相别异也，初造书契。百工以乂，万品以察，盖取诸夬。'夬，扬于王庭'。言文者，宣教明化于王者朝廷，'君子所以施禄及下，居德则忌'也。仓颉之初作书，盖依类象形，故谓之文。其后形声相益，即谓之字。文者，物象之本；字者，言孳乳而浸多也。著于竹帛谓之书。书者，如也。以迄五帝三王之世，改易殊体。封于泰山者七十有二代，靡有同焉。"从伏羲观象作卦，到仓颉分理万物而为书契，文字的诞生也是由物而象、由象而文的过程。【汉】许慎著，【清】段玉裁注：《说文解字注·第十五篇上》，第1316—1318页。

第三章 顺天应人以真物：名号学说的经学与哲学阐释

知，或言说，还是对"名"（"字"）起源的想象，"名"之为人物之"际"在董仲舒的语境中均可以成立。

作为人物之"际"的"名"仅仅是"名"的基本规定，更为关键的是"名"作为"天人之际"的义涵。首先势必说明的是：董仲舒所谓"名"，尤其是在《深察名号》的语境中所探讨的"名"与"号"，其固然有一般意义上的、作为万物之"散名"的"名"，其对于"名"的分类，如凡与目，洪名与私名等均可视作就一般的"名"而立言，但《深察名号》篇的撰著旨义显然落在了人道的、政治的领域。《深察名号》篇开篇即将董仲舒所论之"名"视作"治天下"的手段："治天下之端，在审辨大。辨大之端，在深察名号。"① "辨大"就是把握事物之大纲与细目，苏舆注曰："辨，别也。审事物之所以别异与其大纲，故曰'辨大'……事能辨则治，故辨亦可训治。"② 如果说在董仲舒的简略表述中，从"治天下"的政治目的，到客观性的"审辨大"之间尚且存在逻辑跳跃，那么苏舆的解读恰恰补足了这一阙失，即董仲舒所论"名号"本即服务于"治天下"的基本目的，"辨"与"大"即为人伦、政治之纲与目，而非物之门类种属之别。尽管在具体论述过程中，万物之"散名"，与具有政治性的"名"之间的界限并不十分严格，如"名者所以别物也"，"名生于真，非其真弗以为名"，又如"洪名""私名"云云，绝非仅就政治性的"名号"立论，但大抵而言，其论"名"如有与一般之"物理"不合处，则可以在政治的论域中予以解释。明乎这一基本立场，亦可知其所谓"名"之为"天人之际"，亦就政治性的"名"而立论。

就"天"的角度而言，上文业已明晰董学之为"天学"的基本面貌，其对于"名"的建构亦以"天"为最终根据。一方面，

---

① 【汉】董仲舒：《春秋繁露·深察名号第三十五》，第59页。
② 【清】苏舆：《春秋繁露义证·深察名号第三十五》，钟哲点校，第277页。

◎ 发天意而正名号：公羊学语境中的董仲舒名论

"天"构成了"名"的合法性来源，是判断"名"之正否的依据。"是非之正，取之逆顺，逆顺之正，取之名号，名号之正，取之天地，天地为名号之大义也。"① 其中，"是非"与"逆顺"皆就人道立论，而"名闻则实喻"，在人道领域则是"名闻"则是非喻、顺逆明，所谓"欲审曲直，莫如引绳；欲审是非，莫如引名。名之审于是非也，犹绳之审于曲直也"②。即将人事之是非、曲直系之于"名"。"名"何以有如此力量？董仲舒将之系于"天地"。其所谓"天地"固然有以客观化的自然之"天"为"名"所取法者的义涵，但更为贴切的解释是作为信仰之"天"，及其所蕴含的天道规律，如天上而地下，天尊而地卑，天地与"名号"及其所包含的是非、顺逆的关系，大抵与君臣、父子、夫妇取法于阴阳者略同。"名"成了天地所蕴含之道义及"名"所指称对象之间的意义关联（"际"）。"名闻而实喻"，也就意味着在人伦、政治领域中，"名"闻而"义"喻，这也是为何在《深察名号》篇中，对于上自天子、下至庶民之"名"均有所考订的理由。所谓闻其名而知其实，对于万物之"散名"，"实"即意味着客观的事实，或认知所把握的对象。而在人伦、政治的领域，所谓"实"则指的是意义或想象的投射。父之为父、子之为子，无非人道领域的价值建构，而在董仲舒那里，支撑起这套价值系统的是"天"的职责。

另一方面，"名"是天意在人伦、政治领域的呈现。《深察名号》篇曰："天不言，使人发其意；弗为，使人行其中。名则圣人所发天意，不可不深观也。"③ 上文对于灾异与人事的讨论，虽然也触及了"天意"，但却回避了"天意"如何显现自身的问题。孔子将"天"视作不可言说者，认为其对于四时之行、万物之生有化育的作用，及至

---

① 【汉】董仲舒：《春秋繁露·深察名号第三十五》，第59页。
② 【汉】董仲舒：《春秋繁露·深察名号第三十五》，第60页。
③ 【汉】董仲舒：《春秋繁露·深察名号第三十五》，第59页。

第三章　顺天应人以真物：名号学说的经学与哲学阐释

《孟子》强调"知天""事天"，而其所谓"天"却多少有着神秘的、默会的性质。但到董仲舒这里，"灾异"与"人事"的互动往往要求为政者能够见微知著，但对为政者来说，领会"天意"不能停留于"默识于心"的层面，而势必行之于言，施之于行。这也就是天虽不言，而人却有道可循的意义。换言之，"名"的介入意在解决不言之天如何表达其"意"的问题，通过将默会的"天意"转化为明述的"名"（言），天人合一，或天人贯通才有实现的可能，"名"之为"际"也正是在此意义上得以确立。① 这不仅是董仲舒将"名"组织进其"天的哲学"的理论尝试，也是其所建构的天人关系中必不可少的环节。② 若非如此，则形式上的"人副天数"，或以灾异谴告为形式的天人感应，终究无法解决在理性的政治架构中如何发挥默会的、神秘的，甚至不可知的"天意""天道"的真正作用的问题。在后世的灾异说中，不言之天也在经师的阐发下成了《汉书·五行志》中俯拾皆是的"天戒若曰"，而经由这一由不言到言的转化，才能将天道、天意落实于具体的政治实践，成为士大夫、经生群体借由高高在上的"天"告诫，乃至规劝君主的理性的力量。而诸如君臣父子之名，分官定爵之制，乃至考黜进退之法，其取法于天之处，董仲舒已有明言，而其落实于人伦、政治领域并转化为人道规范则无不依靠"名"（言）为其手段。要之，在董仲舒名号学说的框架之中，"名"承担了天意、天道转化为

---

① 《淮南子·本经训》记载了"昔者，苍颉作书而天雨粟，鬼夜哭"的传说，不仅从文字发生的角度试图证成"名"在天人关系中扮演的重要角色，也进一步揭橥了"名"所具有的本体的、发生的、原初的意义，这也是为何"名"之为"天人之际"得以成立的思想源头。参见何宁《淮南子集释·本经训》，北京：中华书局，1998年，第571页。

② 不过，董仲舒将"名"组织进"天人之际"的思想，却也受到了许多批评。如徐复观即认为："更糟的是，仲舒把正名的问题，也要组入到他的天的哲学的大系统里面去……这把名还原到原始社会中的咒语上去了。"于首奎则认为："'名'本是人的大脑对客观事物的反应。董子说它'顺于天'，是圣人'发天意'，这是对名的神秘化。"徐复观：《两汉思想史》（二），第340—341页；钟肇鹏主编：《春秋繁露校释·深察名号第三十五》（校补本），第654页。

◎ 发天意而正名号：公羊学语境中的董仲舒名论

现实政治秩序及其实践的中间环节，即所谓"际"。

从"人"的角度来看，"名"所蕴含的、由"天意"而背书的伦理与政治意义所体现的是对善政的诉求。在强调"名则圣人所发天意"之后，《深察名号》篇笔锋一转，要求读者深察上自天子，下至庶民之"名"的义涵："故号为天子者，宜视天如父，事天以孝道也；号为诸侯者，宜谨视所候奉之天子也；号为大夫者，宜厚其忠信，敦其礼义，使善大于匹夫之义，足以化也；士者，事也；民者，瞑也。士不及化，可使守事从上而已。"① 在这一自上而下的序列之中，天子、诸侯乃至庶民均各有其职分。天子上承天意、以孝道事天，诸侯列土封疆，候奉天子。大夫以为士人、民众之表率，乃至士者守职，民者从上，五者各司其职。其中杂糅了《公羊传》"尊王"的义旨与彼时汉王朝"强干弱枝，大本小末"的现实政治诉求②，但以"名"观之，则是以定"名"、序"名"为形式的政治秩序建构。不过"名"应于"人"之处，也并不局限于这套上下尊卑的等级秩序，而同样有着批判的识度，其表现为"名闻而实喻"，如名实不副——尤其是实不合乎名——则意味着"名"的拥有者的失职或失德。如果说在"灾异"与"人事"的互动之中，为政者的失职会直接招致民心的背离，继而以天意的显现——即"灾异"——来告诫人主，甚至褫夺其天命的话，那么，"名"恰恰扮演着评价标尺的角色，来衡量为政者的治政得失与德性高下。早在《孟子》那里，关于"弑纣"是否为弑君的问题，业已提示出背弃黎民、穷奢极欲的统治者不可以"君"相称，而当名之为"独夫"与"民贼"。董仲舒则将这一由名称的变化以及随之而来的含义的转变作为评价，乃至批判标尺的可能阐发为一套"深察名号"的理论。

---

① 【汉】董仲舒：《春秋繁露·深察名号第三十五》，第59页。此节文不从者，于第一章第三节"明移篡"处已有说明。若据陶鸿庆移改，当作"士者，事也，士不及化，可使守事；民者，瞑也，从上而已"。

② 【汉】董仲舒：《春秋繁露·十指第十二》，第33页。

第三章 顺天应人以真物：名号学说的经学与哲学阐释

以天子或天王为例，"号为天子者，宜视天如父，事天以孝道"，故董仲舒承《公羊》之说，强调"郊祭"的重要性，因为这是天子事天的举措。《春秋》之中对于郊祭失礼多有讥讽，董仲舒对于不可废郊祭的批评亦从"天子"之为"天之子"的"名"出发："天子号天之子也。奈何受为天子之号，而无天子之礼？天子不可不祭天也，无异人之不可以不食父。为人子而不事父者，天下莫能以为可。"① 这一"名"所蕴含的批评维度，在董仲舒对"王号"的剖析中更为显著：一方面，承担"王号"者必有五种德性——"皇、方、匡、黄、往"之"五科"——方可成其为"王"；另一方面，五者缺一，则"不全于王"，董仲舒有意将其批判之意不动声色地隐匿于正反两面的论述之中，实可使王者读其文辞，而不知己之"缺德"。明乎此，则可见自天子以至于庶民之名，并非完全是一个一贯而下的等级序列，同时也是一个下对上有所制约的权力系统。"名"之应于人者，即"名"不仅体现为以定"名"、序"名"为核心的政治架构，及其所寓之善政理想，同时"名"所蕴含的批判识度又使得"名"可以将等级秩序中在下者的意志——诸如民心向背、从谏与否——包含于其中，使得"名"内在包含着对"名"所指称对象的行为与德性要求。为君、为王者势必"近者悦，远者来"，若不知从谏，不体民情，不察民时，则不成于君者、王者，甚可被直斥为民贼、独夫，抑或暴君。

综上，在董仲舒的名学架构中，"名"之为"际"首先意味着"名"作为人物之际，这是"名"的基本义涵——对物的指称——所规定的。但在人伦、政治领域，"名"所扮演的更为重要的角色是"天人之际"。一则，"名"顺于天而为"名"，发"天意"而使天人之间得以沟通，是圣人或王者将神秘的"天意""天道"转化为现实的政治秩序与实践的必要手段；一则，"名"应于人，体现为以定

---

① 【汉】董仲舒：《春秋繁露·郊祭第六十七》，第83页。

◎ 发天意而正名号：公羊学语境中的董仲舒名论

"名"、序"名"为核心的稳定政治格局，以及以"名"为核心的对"名"的拥有者，尤其是为政者的行为与德行要求。

四　名号学说的声音维度

上文业已明晰"名"作为天人之际的作用，在于经由"名"可以将神秘的、不可知的天意、天道转化为理性的政治秩序乃至制约君权的力量，但"名"的这一作用究竟如何实现，仍然是一个未尽的问题。或者说，在董仲舒的名号学说中，声音这一使得"名号"得以贯通天人的重要因素尚未得到充分的讨论。恰是声音所扮演的重要角色，才使得"名"与"号"得以贯通天人。也正是经由声音的枝蔓与衍生，才使得由文字而通乎义理，经由"名"以实现对政治秩序的构建成为可能。

名号学说的声音维度首先体现在对"名"与"号"的总体把握。"古之圣人，謞而效天地谓之号，鸣而施命谓之名。名之为言鸣与命也，号之为言謞而效也。謞而效天地者为号，鸣而命者为名。名号异声而同本，皆鸣号而达天意者也。"[1] 上文业已明确圣人由"名"与"号"而发天意，但"天意"究竟如何转化为"名"与"号"的问题，则只有经由声音的引入才能得到解答。"名"之为"鸣"者在声训上的关联一目了然，而卢文弨则就"号"之于"謞"的关联有所申述："謞，旧音火角切。案《集韵》：'许教切，大嘷也。'《庄子·齐物论》'激者謞者'，《释文》云：'謞音孝'。李轨虚交反。此与效、号声相谐，则当从《释文》《集韵》所音为得之。"[2] 又："鸣号之号平声，亦疑本是謞字。"[3] 可见，"名"之于"鸣"，"号"之于"謞"皆可以声音贯通。而由"鸣"而"命"，由"謞"而"效"更从声训过渡至义理。所谓"效"者，即效法天

---

[1] 【汉】董仲舒：《春秋繁露·深察名号第三十五》，第59页。
[2] 【汉】董仲舒：《春秋繁露·深察名号第三十五》，第59页。
[3] 【汉】董仲舒：《春秋繁露·深察名号第三十五》，第59页。

地；而所谓"命"者，则是承天所予（之命）而命物。① 正是经由声音的关联，圣人得以承接天意，而"名"与"号"之为圣人之言，也就成了代天立言，圣人由此占据了万物之命名权。从隐秘的"天意"走向圣人之"謞"与"命"，既是从天道到人道的转变，也是"名"从一般意义上的命物之名走向表达礼制、秩序之名的转变，而在实现这一转变的过程中，声训的作用功不可没。

细绎《深察名号》篇乃至《春秋繁露》中释字、诠经之例，声训的方法贯穿于对各类"名"与"号"的考订之中。② 仅就《深察名号》篇而言，"诸侯"对应"候（奉）"，"士"对应"事"，"民"对应"瞑"，皆由声近而义通。而在考察"王号"与"君号"时董仲舒更以音近而推至"五科"，如"王"之于"皇、方、匡、黄、往"，"君"之于"元、原、权、温、群"者，大多皆为音谐义通之例。以"栣"训"心"亦为声训。有学者统计，《春秋繁露》全书中共有44处声训。③ 可见，声训的方法在《春秋繁露》中的广泛应用，甚至可以认为：所谓"深察名号"之"深察"，恰是察其音而明其义。

声音何以具有如此魔力，使"名"可以贯通天人，并成为董仲

---

① "名之为言真也"，"名"（明耕）与"真"（照真）亦有声训之关联。

② 陆宗达指出："所谓'声训'，就是从声音线索推求语源的方法。"洪诚则认为："声训的意义有三：（一）依音破字。（二）求语源，通转语。（三）从事物的状态或作用上说明其所以命名之意。依音破字和通转语是声训的主要用途。"陆宗达：《训诂简论》，北京：北京出版社，2002年，第124—135页；洪诚：《训诂学》，南京：江苏古籍出版社，1984年，第85页。

③ 刘水清在其博士学位论文《汉代声训研究》中统计了《春秋繁露》共计44处声训，主要分布在《楚庄王》《通国身》《三代改制质文》《仁义法》《深察名号》《王道通三》《五行相生》《五行五事》《四祭》《祭义》《循天之道》《天地施》十二篇中。作者进一步通过对《毛传》《春秋繁露》与《释名》中的声训例进行分析，指出《春秋繁露》作为"董仲舒宣扬其政治、义理观点的哲学著作，其声训重义理而轻名物，成为西汉谶纬派声训的代表"。刘水清：《汉代声训研究》，博士学位论文，武汉大学，2014年，第29页。

◎ 发天意而正名号：公羊学语境中的董仲舒名论

舒释字、诠经的一个重要方法。对于这一问题的回答不妨从如下两个角度着眼。第一，就声音本身而言，交往与接受的性质比之形体来得更为突出，更便于嵌入天人关系的语境之中。贡华南从《春秋繁露》《白虎通》等汉代文献中提炼出"声名"这一概念给予本书一定的启发。在作者看来，"形名"的内在根据是外在的客观实在，即所谓"形"，而"声名"则不同，更强调表达内在的"意"，且声音与"听"的内在关联使得声名更具有被动、接受的性质。① 可见，声音在达意的功能上更为突出。在董仲舒名号学说的框架内，"名"与"号"作为构建现实秩序的手段，本即用于表达制名、用名者的理论与政治目的，而非单纯的对客观世界的表征。而从"天意"到"人意"，其为"意"则是相通的。也正是在此意义上，声比之于形更能嵌入"名"之为"天人之际"。第二，从训诂角度而言，声训比之于形训更有随意性，更有利于义理上的发挥。从造字的原则与发展规律来看，表音的趋势后起于形义统一，是形逐渐触及表意之边界后的必然结果。② 且字形可以从甲、金文字一贯而下追溯其脉络，也在一定程度上限制了从字形角度训字的义理空间。仅以"王"字为例，其商代甲骨之形为大斧，是为权力的象征。③ 其与董仲舒所谓"古之造文者，三书而连其中，谓之王"的说法相去邈远。而从声训角度，强调"王"之为匡正、皇大、归往等义，虽不忠于本字，至少也挑不出事实的错误。

---

① 参见贡华南《从形名、声名到味名——中国古典思想"名"之演变脉络》，《哲学研究》2019 年第 4 期。

② 陆宗达即指出："从汉字原始的造字原则来说，形义是统一的。但是，由于表意文字无法适应语言逐渐丰富和书面交流日益频繁的需要，就使汉字的表音趋向越来越明显。反映在造字上，首先是象形、指事和会意造字的能产量比例逐渐减少，形声成为主要的造字手段，后出的派生词大部分是用形声来造字的；其次，在派生词采用形声手段造字时，声符的选择也渐渐只存声音这一因素而不泥于根词的形体了。"陆宗达、王宁：《训诂与训诂学》，第 46 页。

③ 对于"王号"的训释，详见第五章第一节。

第三章　顺天应人以真物：名号学说的经学与哲学阐释

不过，也正是名号学说中这一由声音而通乎义理，将"名"（与"号"）视作"天人之际"，并以之塑造现实政治秩序的进路，引起后来者的不断批评，一种常见的观点以为其训释方法牵强附会，随意联想，继而斥其为虚妄，甚至毫无价值。①然而，对于这一问题，不妨从两个角度予以剖析。一方面，就声训本身而言，依声求义抑或探求语源，声训的方法都有其合理性与必要性。戴东原认为："训诂音声，相为表里"②，即以音义之间可以相互发明。王念孙在疏证《广雅》时发现"以声音贯穿训诂"之要旨，可见声音在训诂中的重要作用。③陆宗达同样指出："字形对于语言中的词来说，是外在的因素，语音才是词真正的物质外壳。仅靠字形来确定字义，是无法完全解决问题的。这不仅因为古代有用字上的通假现象，还因为，同源字的产生、方言词的分化，都是以声音为联系的。"④声与义的关联，乃至互通、互证，是训诂学者早已证明的。换言之，从声音角度入手，释字、诠经乃至明义本身，并不存在太大的问题；另一方面，就董仲舒所采取的声训而言，其训释中确实不乏牵强附会之处，但以之断然否定其从声音角度"深察名号"的合理性则未免失之过当。仅就董仲舒对于"王""君"等字

---

① 赵振铎指出"董仲舒的'名学方法'牵强附会，在语言学上价值不大"。徐复观在批判董仲舒《深察名号》篇中"王""君"等字的"正名"时，也认为其"沾到一点边，顺着声音，随意连想枝蔓，完全走到与正名相反的方向"。并批判说："《春秋繁露》中的训诂，不是寻常的训诂，不宜轻易援引。"赵振铎：《中国语言学史》，河北教育出版社，2000年，第97页；徐复观：《两汉思想史》（二），第340页。

② 【清】戴震：《六书音韵表序》，载徐中舒《说文解字段注》，成都：成都古籍书店，1981年，第2页。

③ 王念孙："窃以诂训之旨，本于声音。故有声同字异，声近义同，虽或类聚群分，实亦同条共贯。譬如振裘必提其领，举网必挈其纲。"【清】王念孙：《广雅疏证·自序》，虞万里主编，张靖伟、樊波成、马涛等校点，第1页。对于王念孙"声音贯穿训诂"之旨的讨论，亦可参见虞万里《王念孙〈广雅疏证〉撰作因缘与旨要》，《史林》2015年第5期。

④ 陆宗达：《训诂简论》，第125—126页。

◎ 发天意而正名号：公羊学语境中的董仲舒名论

的训释来看，如果董仲舒于《繁露》中的训释为孤例的话，自然不可轻信。但如王念孙于《广雅疏证》中所示："王""皇"与"方"均可以"大"训之，并有《老子》《尸子》《孟子》《说文》和《礼》为证，可见董仲舒所作的训释，并非纯就义理上的胡乱发挥。① 其以"瞑"训"民"，以"往"训"王"者，亦不独见于《春秋繁露》，而可参之以《新语》《新书》与《韩诗外传》等文献以为佐证。或许董仲舒所采用之声训，起初是由音同、音近来寻找字义的关联，而当其在义理上可以自圆其说之后，又被作为共识确立了下来。如董仲舒所谓"一画通三"与"王号"之"五科"诸说沿袭至今，亦不可谓不合理。臧克和认为："即以《春秋》经传为例，当时学者们极力收拾，发掘儒家所谓'微言大义'，就大量运用'说文解字'的方法，其中若干地方，照我们今天所具备的文字学眼光来看，并不乏附会，但却具有'历史的理性'，体现了当时的文化理解、观念形态诸端。"② 可谓持平之论。董仲舒的声训固然有可怀疑之处，但断然否定的态度同样有待商榷。要之，音近或音同仅仅是形式上的关联，而真正的联结在于义理上的相通。③ 同样，声训仅仅是手段，其真正关心的问题则在训诂之外。并且，经由以"声"达"义"的"深察名号"方法，董仲舒所试图构建的仍然是一个以"名"为中心的秩序世界。在名实（物）关系之中加以理解，则"名"不仅用以命物，更可以用来规定物、

---

① 参见【清】王念孙《广雅疏证·释诂》，虞万里主编，张靖伟、樊波成、马涛等校点，第8—9页。
② 臧克和：《中国文字学与儒家思想》，《学术研究》1996年第11期。
③ 薛学财指出："董仲舒对声训的'发扬推衍'主要体现在她的训释致力于形成一个完整的解释链条。一个被释词衍生出若干个谐音释词，这些释词共同指向被释词，从而形成一个完整的概念世界，即一个理想的世界秩序。连接链条的究竟是音还是义呢？显然，音的连接是表面的，而义的连接是内在，音的连接起到巩固义的连接的作用。"薛学财：《名号的神圣性及其在天人之间的中介作用——〈春秋繁露·深察名号第三十五〉笺释》，《中国图书评论》2015年第12期。

引导物。

综上，本节从《春秋》之中灾异与人事"二端"作为"天人之际"出发，以"际"字之丰富义涵为切入点，回答"名"何以作为"天人之际"的问题。通过剖析"际"之合际、分际与交际，提示出天人关系中的复杂面貌，而"名"之为"际"正是在此合际、分际与交际的意义上嵌入天人关系成为沟通天人的重要手段。而声音作为"名"的重要因素，既规定了"名"与"号"的本质义涵，经由声音的枝蔓与延伸，可以解释，乃至塑造人伦与政治的方方面面。至此可以明晰，"深察名号"之为"深察"者，即依声而求义，而其所求之"义"则在于"天人之际"，即如何经由对天意的领会来解释，乃至构建人伦与政治的秩序。

第三节 "名伦等物不失其理"：董仲舒的"物"哲学*

作为"名"所指涉的对象，"物"在董仲舒的思想中占据了十分重要的位置。一方面，名物（"实"）关系构成了一切名学思想——自然也包括董仲舒的名号学说——的基石；另一方面，作为以阴阳、四时、五行等图示解释世界的理论，自然不可能略过"物"这一抽象的、代表一切存在的范畴。然而，历来的研究者或将之归于"天人感应"的框架内，将"物"视作天人关系中的参与者，或将之归于认识的或语言——或统之曰"名"——所把握的对象，始终缺乏就"物"而论"物"的系统研究。① 事实上，董仲舒论"物"

---

* 本节主要内容以《"名伦等物不失其理"——董仲舒的"物"哲学》为名，发表于《衡水学院学报》2022年第5期。
① 王永祥《董仲舒评传》以"辨物理、真天意的认识论"囊括了对"物"的讨论；余治平《唯天为大》则以"物莫无邻、以类相召的感应思想"将对"物"的分析统摄其中。参见王永祥《董仲舒评传》，第207页；余治平《唯天为大——建基于信念本体的董仲舒哲学研究》，第212页。

◎ 发天意而正名号：公羊学语境中的董仲舒名论

既承儒家"名物"观念而来，发挥《春秋》"五石、六鹢"之辞，以形成其独特的"名物"观。又继承先秦名学之余绪，并将之组织进宇宙论、本体论的框架中。"物"的不同面向之间环环相扣，共成一体。因此，本书即试图以"名"为视角，系统剖析董仲舒的"物"哲学。

一 从"五石六鹢"看董仲舒的"名物"观

辨物理、别物类的研究往往被归于"训诂"的范畴，更确切地说，则是"名物训诂"。所谓"名物"，大抵指称专有名词，如草、木、鸟、兽、鱼、虫之类，也包括宫室、车舆、器皿、服制、天文、地理等。因古字、古言之不可得而解，所记之名物有不可得而闻者，则有考镜源流，还其故训之必要。如最早之字书《尔雅》，除却《释诂》《释言》与《释训》三篇外，大抵皆为名物训诂。《说文》《释名》亦包含大量训释名物的条目。《论语》记载孔子教导"小子"学《诗》，认为其有"兴、观、群、怨"之教化功能外，尚可有助于"多识于鸟兽草木之名"，可见《诗》中所载名物之繁复，这也使得《诗》成了名物训诂之大宗，自汉迄清好之者不绝。

不过，细绎"名物"一词，又可以析分为"名"与"物"。《周礼·天官·冢宰》："庖人：掌共六畜、六兽、六禽，辨其名物。"[1] 贾公彦疏以"名物"作"名号物色"解。又《地官·司徒》："辨其山林、川泽、丘陵、坟衍、原隰之名物。"[2] 郑玄注曰："名物者，十等之名与所生之物。"[3] 贾疏作"十等形状名号及所出

---

[1] 【汉】郑玄注，【唐】贾公彦疏：《周礼注疏·天官冢宰·庖人》，载李学勤主编《十三经注疏》（标点本），第86页。

[2] 【汉】郑玄注，【唐】贾公彦疏：《周礼注疏·地官司徒·大司徒》，载李学勤主编《十三经注疏》（标点本），第241页。

[3] 【汉】郑玄注，【唐】贾公彦疏：《周礼注疏·地官司徒·大司徒》，载李学勤主编《十三经注疏》（标点本），第241页。

第三章　顺天应人以真物：名号学说的经学与哲学阐释

之物也"。又孙诒让释"名物"曰："名物，若《尔雅·释鸟》《释兽》《释畜》所说，种别不同，皆辨异之也。"① 综合以上解释，可以推断："物"当然可以依"名"而辨异、别类，但"名"与"物"之间并非自然而然的连缀成词。其中所谓"名物"二字虽连属而又有隙，也并非专指草、木、鱼、虫、鸟、兽之专有名词。若要在字义上锱铢必较，则大可推断："名物"二字连缀成词，本身意味着将"名"可以（有效地）指称"物"作为前提接受了下来。当然，这一前提并非不证自明的，因此"名物训诂"的一项重要工作就是还其本原，也就是试图还古书、古言中的"名"以其本身所指称的那个"物"。

如果说承自孔子"多识鸟兽草木之名"的"名物"之学以博闻多识为目的，那么董仲舒对于"名物"的看法则纯是"名物"之学的对立面。《重政》篇曰："能说鸟兽之类者，非圣人所欲说也。圣人所欲说，在于说仁义而理之，知其分科条别，贯所附，明其义之所审，勿使嫌疑，是乃圣人之所贵而已矣。"② 董仲舒明确认为圣人虽能说鸟兽草木之名，却不欲多说，圣人真正关心的是"仁义"二字。在《仁义法》篇中，董仲舒强调"以仁安人，以义正我"，并试图通过将"仁"训为"爱人"，由为政者之"爱人"等同于"爱民"推至"鸟兽昆虫莫不爱"。"说仁义而理之"中的"理"当然有条理、分理的含义，故要"分科条别，贯所附"，虽在一定程度上指向了认识与名物意义上分类、拣择，赋其条理之意，却更侧重于以人道而范围之，并非就草木、鸟兽而分类别属之意。这里，孔子"多识"之说与董仲舒"非圣人所欲说"之间似乎存在着某种对立的关系。苏舆试图调和这一矛盾："孔子学《诗》，亦云'多识'，盖视为余事，不侈浩博。观《古今注》所载

---

① 【清】孙诒让：《周礼正义·天官冢宰·庖人》，北京：中华书局，1987年，第258页。

② 【汉】董仲舒：《春秋繁露·重政第十三》，第33页。

· 171 ·

◎ 发天意而正名号：公羊学语境中的董仲舒名论

芍药蝉蚁之答，《论衡》所纪识重常之鸟，知董未尝以博物为非。程子以记诵博识为玩物丧志，亦畏其得小而遗大也。"① 《诗》之"兴观群怨"要重于"多识"之功，董仲舒未尝以博物为非，却亦不以博物为要。可见，董仲舒重道德而轻名物，虽不废博闻多识之功，却在学有小大之辩的问题上表明了立场。

这一对于"名物"的不同理解在董仲舒对于《春秋》的解读中又进一步放大。董仲舒所谓"名物"大抵以《春秋》为依归，这符合其作为《公羊》先师，善言《春秋》的历史形象。其言曰："《春秋》辨物之理，以正其名。名物如其真，不失秋毫之末。故名霣石，则后其五，言退鹢，则先其六。圣人之谨于正名如此。君子于其言，无所苟而已，五石、六鹢之辞是也。"② 董仲舒所谓"名物"，并不排除草木鸟兽、天文地理等专有名词，将对于陨石、飞鹢的考察归于"名物"亦未为不可。不过，"名物如其真"，却更多地指向命名、指称事物如其所是的含义。或许可以认为："名物训诂"之"名物"侧重在"物"，而董仲舒所谓"名物"侧重在"名"（或谓"言"与"辞"）。前者关注的是如何辨物、真物，后者更侧重于正名、慎辞。

以对于五石、六鹢的考察为例。《春秋·僖公十六年》："春，王正月，戊申朔，陨石于宋五。是月，六鹢退飞，过宋都。"③ 《左传》解经，专就"名物"立论，其意平实。所谓"陨石"即"陨

---

① 【清】苏舆：《春秋繁露义证·重政第十三》，第144页。
② 【汉】董仲舒：《春秋繁露·深察名号第三十五》，第60—61页。《实性》篇中有一段几乎一致的文字，曰："《春秋》别物之理以正其名，名物必各因其真。真其意也，真其情也，乃以为名。名霣石则后其五，退飞则先其六，此皆其真也。圣人于言无所苟而已矣。"【汉】董仲舒：《春秋繁露·实性第三十六》，第63页。
③ "鹢"，《穀梁》作"鶂"。参见【晋】范甯集解，【唐】杨士勋疏：《春秋穀梁传注疏·僖公六年至十八年》，载李学勤主编《十三经注疏》（标点本），北京：北京大学出版社，1999年，第134页。

星",解"六鹢退飞"之缘由为"风"①,可知风大而致鹢鸟退飞。《公》《穀》则不同。《公羊传》曰:"曷为先言陨而后言石?陨石记闻,闻其磌然,视之则石,察之则五……曷为先言六而后言鹢?六鹢退飞,记见也,视之则六,察之则鹢,徐而察之则退飞。"②五石、六鹢,《公羊》着眼全在语序,于陨石,则先闻、再见、后察,于飞鹢则先见而后察。因为认识由粗转精,故在记述上有石先于五,六先于鹢之文辞。《穀梁》则以为:"先陨而后石何也?陨而后石也。于宋四竟之内曰宋。后数,散辞也。耳治也……六鹢退飞过宋都,先数,聚辞也,目治也……君子之于物,无所苟而已。"③陨石散于宋之四境,圣人记之以耳闻,故"后数"。六鹢聚而飞过宋都,圣人记之以目见,故"先数"。与《公羊》之说略同,不过更添释义,却难免牵强之嫌。董仲舒所谓"于言无苟""名物如其真",显然是站在《公》《穀》的立场上强调圣人以耳闻目见之序,纪实而录,以明乎《春秋》之于辞无所苟且。这与《公羊传》以《春秋》为圣人笔削之书,虽讥贬诛绝以托圣人志意,却仍是耳闻目见之序则纪实,阙疑阙传而不知之处则阙如而已的"信史"。且《公羊传》一般以《春秋》中之"君子"为孔子,故"君子于其言,无所苟"就不仅仅是孔子"正名"观念的表述,也被董仲舒用来说明圣人笔削《春秋》时之于"辞"无苟。

《玉英》篇中另一则对于《春秋》辨物之理的论述同样可以为证:"《春秋》理百物,辨品类,别嫌微。修本末者也。是故星坠谓之陨,螽附谓之雨,其所发之处不同,或降于天,或发于地,其

---

① 又《史记·宋微子世家》:"六鹢退蜚,风疾也。"参见【汉】司马迁撰,【南朝宋】裴骃集解,【唐】司马贞索隐,【唐】张守节正义:《史记·宋微子史家第八》,第1963页。

② 【汉】何休解诂,【唐】徐彦疏:《春秋公羊传注疏·僖公第十一》,刁小龙整理,第434—436页。

③ 【晋】范甯集解,【唐】杨士勋疏:《春秋穀梁传注疏·僖公六年至十八年》,载李学勤主编《十三经注疏》(标点本),第133—134页。

◎ 发天意而正名号：公羊学语境中的董仲舒名论

辞不可同也。"①"星坠"曰"陨"，"蠡附"曰"雨"，均为坠落之意，《春秋》即以"辞"别嫌疑。苏舆注曰："星降于天，不可言雨星。雨亦降于天者，嫌使同也。蠡本发于地，不嫌同雨，言雨正状蠡死坠。"②"星霣"可言"如雨"，但"如雨"毕竟不是"雨"。《公羊传》对之即有释义："如雨者何？如雨者非雨也。非雨则曷为谓之如雨？不修《春秋》曰：'雨星不及地尺而复。'君子修之曰：'星霣如雨。'"③可知，未经孔子删削之《春秋》本作"雨星"，孔子笔削而成"星霣如雨"。一般以为，经孔子笔削之《春秋》于记事上要更为精确。记录者不可能如此切近地观察到陨星的坠落，所谓"尺而复"者大抵为传闻或臆说，且"雨星"与"雨蠡"又辞同而有嫌。以"如雨"称"星霣"，以"雨"称"蠡"可以起到别嫌明疑的效果。董仲舒的解释即以陨星降自天，而蝗虫生于地，"雨"亦地气蒸腾所生，故与蝗虫同发于"地"，自与陨星不同。故"蠡"可言"雨"，而"星"不可言"雨"。其说牵合与否姑且不论。依董仲舒之意，突出"星霣"与"雨蠡"之异，表明的是对《春秋》中的"名"（或"辞"）的重视，"辞"以别嫌疑，故于"辞"之嫌微、同异之处必须慎之又慎。

无论是五石、六鹢还是雨星、雨蠡，尽管仍围绕着"物"而展开，但却并非狭义的"名物"之学所能范围。五石、六鹢关乎语序问题，而雨星、雨蠡则更多牵涉词义及搭配，并非真正意义上的考究名物。或可认为，董仲舒所谓"名物"，当解之为"名伦等物"更为确切。《精华》篇曰："《春秋》慎辞，谨于名伦等物者也。"④苏舆注曰："因伦之贵贱而名之，因物之大小而等之，故曰'名伦

---

① 【汉】董仲舒：《春秋繁露·玉英第四》，第20页。
② 【清】苏舆：《春秋繁露义证·玉英第四》，钟哲点校，第73页。
③ 【汉】何休解诂，【唐】徐彦疏：《春秋公羊传注疏·庄公第六》，刁小龙整理，第1136页。
④ 【汉】董仲舒：《春秋繁露·精华第五》，第22页。

等物'。"① 钟肇鹏分释四字,即以"名伦等物"包含名称、人伦、等级、事物四者。② 下文又就小夷、大夷,战、获、执之嫌疑处——剖析,最终指向了"大小不逾等,贵贱如其伦,义之正也"③。可见其所关注者并非狭义的"名物",而是如何由"辞"而达乎圣人之"义"("意")。④

综上,董仲舒所谓"名物"虽然不排斥狭义的"名物"之学,却将更多的关注投向了人伦、政治领域,体现出轻物重人的倾向。其在《春秋》的语境中所提揭出来的"名物如其真",关注的其实是言如何达意——更具体地说,则是如何由《春秋》之辞(或圣人之言)透入圣人之意——的问题,而非对具体事物的考究。

二 "名物如其真"——"名"的基本功能

董仲舒所谓"名物"尽管与"多识草木鸟兽之名"的"名物训诂"有所不同而更倾向于人伦、政治的论域,然而其对于"名物"的讨论也同样触及了先秦以降一切名学思想都无法绕过的基本议题,即名实关系的问题。大体而言,先秦时期的各家在这一问题上的观点可以区分为循名责实与依实定名两种不同的进路。前者主张名对于实的规约,甚至认为"名"具有超越于其所指称对象之现实性

---

① 【清】苏舆:《春秋繁露义证·精华第五》,钟哲点校,第82页。
② 钟肇鹏主编:《春秋繁露校释·精华第五》(校补本),第159页。
③ 【汉】董仲舒:《春秋繁露·精华第五》,第22页。
④ 《春秋繁露·盟会要》篇的一段文字直接将"名伦等物"组织进理解"圣人至意"的一隅之中,经由"名伦等物不失其理",即通过小大、尊卑、贵贱之序,以明乎政治得失:"至意虽难喻,盖圣人者贵除天下之患。贵除天下之患,故《春秋》重,而书天下之患遍矣……故曰:立义以明尊卑之分,强干弱枝以明大小这职;别嫌疑之行,以明正世之义;采摭托意,以矫失礼。善无小而不举,无恶小而不去,以纯其美。别贤不肖以明其尊。亲近以来远,因其国而容天下,名伦等物不失其理。公心以是非,赏善诛恶而王泽洽,始于除患,正一而万物备。故曰大矣哉其号,两言而管天下。此之谓也。"【汉】董仲舒:《春秋繁露·盟会要第十》,第32页。

◎ 发天意而正名号：公羊学语境中的董仲舒名论

的指导意义；后者主张名以指实，乃至名副其实，强调名与实之间的对应关系。先秦诸子的论述虽然各有侧重，但两种致思进路之间并不存在正误之分。到《荀子》那里，"制名以指实"与"名定而实辨"两种倾向并存。当然，也可以认为依实定名，主张名与实之间近乎严丝合缝的关联侧重于对自然物的命名，而循名责实更适用于对人伦的、政治性的"名"。无论采取何种进路，名与实（或其所指称的对象）之间的关联作为论"名"的基石是没有争议的。

董仲舒的名号学说承先秦名学思想之余绪，他以"真"字关联起的"名"与"物"，恰恰包含了名实关系的上述两个面向。一方面，"名之为言真也"，"名生于真，非其真，弗以为名"①，即将"名"视作对"真"（或"实"）的呈现或反映。先有物而后有名，强调"名"之为对"物"的真实反映，恰是回到了"名"与"物"之关系的本原。苏舆则从造字（"字"亦"名"也）的角度解释："先有物而后有名。象形而为字，辨声以纪物。及其繁也，多所假借，原其始，皆以其真。"②万物各有其"名"，即便"名"与其所指称对象的形象业已相去较远，但其所假借而为"名"者，若原其本，则同样为"真"。另一方面，"名者，圣人之所以真物也"③，"名"成了圣人用以探真伪、审是非的工具，循其名而后可以责其实，所谓"凡百讥有黮黮者，各反其真；则黮黮者还昭昭耳……诘其名实，观其离合，则是非之情不可以相谰已"④。天下之事有黯而不明之处，皆以"名"之不正，而若要使黯者得以大白于天下，则势必在"名"与"实"之离合处着眼。可见董仲舒所谓"真"包含了以实检名与以名正实两个面向。一方面，"名"以"真物"与孔子为政必先"正名"的主张如出一辙，侧重于循名责实的进路。另一

---

① 【汉】董仲舒：《春秋繁露·深察名号第三十五》，第60页。
② 【清】苏舆：《春秋繁露义证·深察名号第三十五》，钟哲点校，第283页。
③ 【汉】董仲舒：《春秋繁露·深察名号第三十五》，第60页。
④ 【汉】董仲舒：《春秋繁露·深察名号第三十五》，第60页。

第三章　顺天应人以真物：名号学说的经学与哲学阐释

方面，"诘其名实，观其离合"又更多地观照到了"名"与"实"间的相互关系，而非单方面地主张"名"对于"实"的作用。

如果说"真物"意味着依物之所是而认识、把握物（用宋儒的话来说则是"物各付物"），那么，物之万殊则势必体现为"名"的分化，"名"也就承担了辨别事物——董仲舒所谓"别物"——的功能。或可谓，"名物如其真"即意味着"别物"。首先，"名"有洪、私之分，所谓"物也者，洪名也，皆名也，而物有私名，此物也，非夫物"①。凡一切存在皆可名为"物"，故谓"洪名"，又谓"皆名"。② 物又各有其性，如鸟兽草木性质各异，黑白方圆各自不同，彼此相别而至于万殊，各以其一己之性而名之，故曰"私名"。其次，"名"与"号"的区分体现出详略之别："名众于号，号其大全。名也者，名其别离分散也。号凡而略，名详而目。目者，遍辨其事也；凡者，独举其大也。"③ 钟肇鹏以为，所谓"号"当作《荀子》之"共名"解，其义可通。④ 暴君、仁君，其为"君"者一也；顺民、公民，其为"民"者亦一也，下文由"祭"之"号"，而分为春祠、夏礿、秋尝、冬蒸之"散名"，由"田"之"号"，而分为春苗、秋蒐、冬狩、夏狝之"散名"，皆依从"名"与"号"之为详与略的区分，最终落实于"物莫不有凡号，号莫不有散名"这一自"物"而"号"、自"号"而"名"的详略之序。董仲舒所谓"号"，承

---

① 【汉】董仲舒：《春秋繁露·天地阴阳第八十一》，第99页。
② 《说文·白部》："皆，俱词也。"又《仪礼·聘礼》"三揖皆行"，郑玄注曰："皆，犹并也。"《诗·大雅·緜》"百堵皆兴"，毛亨《传》作"皆，俱也"。可知"皆"之为并、兼、俱等相近之义。参见【汉】许慎著，【清】段玉裁注：《说文解字注·白部》，第265页；【汉】郑玄注，【唐】贾公彦疏《仪礼注疏·聘礼》，载李学勤主编《十三经注疏》（标点本），第421页；【汉】毛亨传，【汉】郑玄笺，【唐】孔颖达疏《毛诗正义·大雅·文王之什·緜》，载李学勤主编《十三经注疏》（标点本），北京：北京大学出版社，1999年，第988页。
③ 【汉】董仲舒：《春秋繁露·深察名号第三十五》，第59—60页。
④ 钟肇鹏主编：《春秋繁露校释·深察名号第三十五》（校补本），第651页。

◎ 发天意而正名号：公羊学语境中的董仲舒名论

担了《荀子》所谓"共名"的角色，而自"物"到"号"，再由"号"到"名"（散名），正与《荀子》以"共""别"区分详略或《墨经》所谓"达、类、私"相似。

"名"之为"别物"，也并不仅仅意味着散殊万物。如果仅示以区别，则世界所呈现的面貌无疑是一片混乱。事实上，"别物"即已包含了整肃以秩序的含义，这一秩序即体现在"理"与"义"这两个范畴。就"理"而言，无论是作名词用的"《春秋》辨物之理"，还是作动词用的"《春秋》理百物"①，无论作条理、分理还是整理，都体现出赋予某种秩序的隐含意图。万物散殊而不可知，但"名"之为"别物"的功能即体现在分门别类、别嫌决疑，整理万物。譬如名册，个别的"名"仅仅用以命名个别的对象，而作为整体的"名"册，则有将规律灌注于"名"之集合的意义。董仲舒认为《春秋》可以起到"辨物之理"或"理百物"的作用，因为其中所记名物繁复，且圣人以一字行褒贬，在用名上自然十分慎重。

如果说"理"大体倾向于就"物"而言，那么"义"则更倾向于在人伦世界中发挥作用。《天道施》篇：

> 名者，所以别物也。亲者重，疏者轻，尊者文，卑者质，近者详，远者略，文辞不隐情，明情不遗文，人心从之而不逆，古今通贯而不乱，名之义也。男女犹道也。人生别言礼义，名号之由人事起也。不顺天道，谓之不义，察天人之分，观道命之异，可以知礼之说矣。见善者不能无好，见不善者不能无恶，好恶去就，不能坚守，人道者，人之所由乐而不乱，复而不厌者，万物载名而生，圣人因其象而命之。然而可易也，皆有义从也，故正名以名义也。②

---

① 【汉】董仲舒：《春秋繁露·玉英第四》，第20页。
② 【汉】董仲舒：《春秋繁露·天地阴阳第八十一》，第99页。

第三章　顺天应人以真物：名号学说的经学与哲学阐释

上述文字从论"名"之"别物"功能起笔，却通篇围绕"义"字展开。首先，亲疏、尊卑、远近、详略是"义"的具体呈现。《精华》篇曰："大小不逾等，贵贱如其伦，义之正也。"①"义"代表的是人伦秩序——当然也包括《春秋》文辞——中所体现出的差别意识，这与董仲舒所谓"别物"之"别"合契。其次，"人生别言礼义，名号之由人事起"②，即从生成的角度将"名"组织进"礼"（义）的范围。人生于天地之间，本无所谓君臣父子之名，礼制而义定，则有尊卑之序、上下之别。其中，君臣父子之"名"与上下尊卑之"礼义"是表与里的关系。对于一般意义上的草木鸟兽之名，也只有在进入人类世界之中才被赋予名号，其存在乃至使用也就有了一定的限度与规定。换言之，"名"是"礼义"所代表的人伦秩序的外在呈现。最后，"正名以名义"，通过将"义"的范畴嵌入"正名"的理论。命物以名就不仅要合乎"义"，同时更要彰显"义"。这与《左传·桓公二年》"名以制义，义以出礼"的逻辑如出一辙。③

总的来说，董仲舒对于"名"所具有的"真物"与"别物"功能的理解大体上未能超过先秦名学思想的基本框架。不过，经由上文的讨论可以进一步明晰："真物"即内在包含了"别物"，而"别物"也绝非仅仅"别离分散"以至于万殊。区别的同时即意味着整肃以秩序，对"物"而言则是赋予"理"，对"事"而言则是制以"义"。从认识与语言的角度来看，将"理"赋之于"物"，才有可能进行认识的拓展与逻辑的推演；从经学自身的脉络来看，

---

① 【汉】董仲舒：《春秋繁露·精华第五》，第22页。
② 【汉】董仲舒：《春秋繁露·天地阴阳第八十一》，第99页。
③ 《左传·桓公二年》记载晋国大夫师服针对晋穆侯名子曰仇一事发表议论："夫名以制义，义以出礼，礼以体政，政以正名，是以政成而民听。易则生乱。嘉耦曰妃，怨耦曰仇，古之命也。今君命大子曰仇，弟曰成师，始兆乱矣。兄其替乎！"可见命名关乎道义、礼法、政事等各个方面，【晋】杜预注，【唐】孔颖达正义：《春秋左传注疏·桓公元年至二年》，载李学勤主编《十三经注疏》（标点本），北京：北京大学出版社，1999年，第152—153页。

将"义"赋之于"事",则可以在《春秋》之辞中体圣人之微。值得进一步追问的是:"理"与"义"——作为"物"的内在规律与秩序——究竟以何种面貌呈现?散殊之万物究竟又如何进入这一秩序的人道世界?对于这一问题的回答,不妨在董仲舒对于"物"的解读中予以进一步明晰。

三 一元、耦合与比类——"物"何以有规律

在认识或语言的论域中,"物"作为"名"所指称的对象始终呈现一定的规律,不可言说或不可认知的"物",或"物"之为"物"的本性则非"名"所能范围。换言之,命物之"名"便具有了赋予万物以一定规律的功能。荀子所谓"共名"与"别名"之分,董仲舒所谓"洪名"与"私名"之别,即体现出"名"所承担的分门别类、整理万物的职责。不过,仅从共、别区分"物"之详略仅仅是其一隅,董仲舒对于"物"有着更为周密的思考。

"天"之于万物的本体论意义使得万物散殊却系于"一元"。作为认识和语言的对象,"物"的存在始终处于与人的交互之中,但人如何认识与把握对象的问题,则涉及认知与言说的主体与客体自身的条件及其限制。一方面,人作为有限的存在者,其认识与言说的官能本即有限,对于不可名之"道",对于"物"之为"物"的本性,都是认识或语言所无法触及的边界,甚至天地之广、万物之博,也总在挑战着有限个体的认识边界。另一方面,圣人制"名"的意义在于将万物分科别条,但作为认识与言说的对象,势必由"博"而转"约",或者说,分科别条之依据何在,此物与彼物何以能够按照特定的规则予以分门别类。董仲舒显然将这一系列问题的解决方案托付于"天"。从本体论的角度来看,"天者万物之祖,万物非天不生"[①]。可知,天地万物共有一个"祖",即生成

---

① 【汉】董仲舒:《春秋繁露·顺命第七十》,第85页。

第三章 顺天应人以真物：名号学说的经学与哲学阐释

的、形上的本体，也就是"天"。立足于人类世界，则是"惟圣人能属万物于一，而系之元也"①。"属"，《说文·尾部》作"连"解，即连及、连属之意。② 圣人的工作即将天地万物联系于一，也就是"天"这一本原。其说虽本于《春秋》而就人伦政事立言③，亦可推之于一般意义上的论"物"之说：一则，人与天地万物均以"天"为"本"、为"元"，且人的认识与言说官能亦象天而成，作为认识与言说工具的"名"与"号"亦本于天地，认识也就成为可能了；一则，天地万物在本源上的相通担保了在认识与语言的层面对"物"的把握可以采取循理、比较、类推等方法。换言之，"物"所呈现的规律并不在于"物"自身，而在于"天"的背书。更进一步，"天无所言，而意以物"，"天"不仅为"物"之规律与秩序背书，同时也可以由"物"之运化来呈现"天意"，故"君子察物之异，以求天意，大可见矣"④。

"天"不仅将万物系之于一，以奠定"名"得以命"物"的基础，也在"物"的具体展开中呈现为特定的规律。天道分列阴阳，于"物"而言则为耦合。《楚庄王》篇："百物皆有合偶，偶之合之，仇之匹之，善矣。"⑤ 又《基义》篇："凡物必有合。……物莫无合，而合各有阴阳。"⑥ 所谓"耦合"或"合偶"，就是以阴阳对举为范式来审视天地万物。苏舆注曰："物皆有所合，以为阴阳。就一物言之，亦各有其阴阳。身以背面为阴阳，背面又以带上带下

---

① 【汉】董仲舒：《春秋繁露·重政第十三》，第33页。
② 参见【汉】许慎著，【清】段玉裁注：《说文解字注·尾部》，第721页。
③ 下文就"《春秋》变一为元""春正月"等展开，显然是就《春秋》所谓"五始"之说立论。其所谓"物"，也偏向于"事"的面向。又如《立元神》篇曰："君人者，国之元，发言动作，万物之枢机。"此为站在黄老的立场上强调为君者的重要性，"万物之枢机"，当然侧重于政事，却亦含庶物于其中。参见【汉】董仲舒《春秋繁露·立元神第十九》，第37页。
④ 【汉】董仲舒：《春秋繁露·天地之行第七十八》，第95页。
⑤ 【汉】董仲舒：《春秋繁露·楚庄王第一》，第10页。
⑥ 【汉】董仲舒：《春秋繁露·基义第五十三》，第73页。

◎ 发天意而正名号：公羊学语境中的董仲舒名论

为阴阳，山以前后为阴阳，气以清浊为阴阳，质以流凝为阴阳。"①万物皆可以阴阳而范围之，一物又有一物之阴阳。不过，"物"虽有合却无会，譬如阴阳于四时之运行总是交而替之，所谓"天道大数，相反之物也，不得俱出，阴阳是也"②。又："天之常道，相反之物也，不得两起，故谓之一。一而不二者，天之行也。"③ 就论证阴阳之交替运行，事物之运转有其自身的消长规律而言，主张"物无合会"并无可怪之处。不过董仲舒却以之论证阳尊而阴卑，以为君尊于臣、父尊于子、夫尊于妻张本，却指向了特定的价值观念。总之，"阴阳"作为"天道"领域的一对范畴，在"物"的论域中可以直接转化为耦合的认识规律。

以阴阳范畴背书的"物"之耦合作为规律尽管可以范围天地万物，但仅以两分的方法看待世界未免失之过简。"类"范畴的引入则进一步将"物"的规律予以细致、条理。"类"大抵可以理解为范畴、范式，归于某一类的事物皆有相似或相同的特性。首先，天与人的关系可以用"以类合之"来概括。天有春夏秋冬，人有喜怒哀乐，政有庆赏刑罚，即为"天人合类"。在《人副天数》篇中，天与人的关系又呈现为"副类"与"副数"两种，所谓"于其可数也，副数；不可数者，副类。皆当同而副天，一也"。其说虽以天人立论，亦范围百物，或作为在天人之范围内被安排的对象，如"春生夏长，百物以同；秋杀冬收，百物以藏"。或作为被"副"的对象，如"腹胞实虚，象百物也"。无论如何，"物"始终被置于天人之以"类"（或以"数"）合的范围内。其次，"天有十端"，"端"亦可视作"类"。《天地阴阳》篇："天、地、阴、阳、木、火、土、金、水，九，与人而十者，天之数毕也。故数者至十而止，书者以十为终，皆取之此。圣人何其贵者？起于天，至于人

---

① 【清】苏舆：《春秋繁露义证·基义第五十三》，钟哲点校，第 342 页。
② 【汉】董仲舒：《春秋繁露·阴阳出入上下第五十》，第 71 页。
③ 【汉】董仲舒：《春秋繁露·天道无二第五十一》，第 72 页。

第三章　顺天应人以真物：名号学说的经学与哲学阐释

而毕。毕之外谓之物，物者投所贵之端，而不在其中。以此见人之超然万物之上，而最为天下贵也。"①"天"之十端作为事物之萌芽、发端，同时构成了事物的端绪与要点，万物虽殊，亦可以"十端"范围之。"投"，钟肇鹏引《后汉书·周黄徐姜申屠列传》"投劾而去"，以为"投"作"下"解，以为"投"表达的是"'物'是下于所贵的十端，而不在十端之中"②。"十端"代表了某种特定的性质，而具体的"物"虽然具有某种属性，却并不就是那种属性，即便是"五行"之"木、火、土、金、水"，也并不指称具体的五种实存的物质。天地万物皆可在一定的意义上归类于"十端"。值得关注的是，作为认识与语言——或者说用"名"与制"名"——的主体，"人"在十端之中有超然的地位。在人与物之际、天与人之际，"人"始终占据主导的位置。再次，"类"的规定不仅在静态的意义上将散殊的万物依照特定的性质归于一"类"，也促成了物与物之间的交往与互动。在《同类相动》篇中，作者以"平地注水""均薪施火"为例，又以"同气则会，同比则应"为证，试图说明："物固以类相召"，"美事召美类，恶事召恶类，类之相应而起也"。③ 从"物"的角度来看，"以类相召"使得"物"的运动有迹可循。对人而言，董仲舒以灾异劝导善政的理论根据亦在于此。圣王之政招致祥瑞，暴政之行致使灾异，所谓"灾异"大抵皆为人事之应。最后，仅就"物"作为认识与语言的对象而言，"类"的规定使得"比类"与"推类"成为可能。在《深察名号》篇中，董仲舒明确以禾米、卵雏为喻，最终推出性待教而成善的结论，其论证的关键环节即所谓"比类率然"，即以同类之相通来勾连起卵—雏、禾—米和性—善的关系。又："推物之类，以易见难

---

① 【汉】董仲舒：《春秋繁露·天地阴阳第八十一》，第98—99页。
② 钟肇鹏主编：《春秋繁露校释·天地阴阳第八十一》（校补本），第1087页。
③ 【汉】董仲舒：《春秋繁露·同类相动第五十七》，第75页。

者,其情可得。"① 由推物类则可以体物情,这是推类方法的一般表达。而在《春秋》之中,"属辞比事"的方法原则上是一种类推论证,董仲舒对之即有明文:"《春秋》赴问数百,应问数千,同留经中。翻援比类,以发其端。"② 又:"为《春秋》者,得一端而多连之,见一空而博贯之,则天下尽矣。"③ 可见,以类推之方法解读《春秋》,可以范围天下之所有庶物与政事。

从一元到耦合再到比类,董仲舒对于"物"的解读建基于"天"的本体,又在逐渐条分缕析,最终所追求的是实现像郊祝之辞所描绘的"庶物群生,各得其所"④ 的状态。从"天"之本体到阴阳之耦合,再到"类"之推于"万物",这不仅是董仲舒的"物"观念在其本体论基础上的分化与衍生,也可以在"名"的——确切地说则是认识与语言的——论域中为"物"提供内在的秩序。

本节分别从名物、真物与别物的角度分析董仲舒的"名物"观念,与孔子主张《诗》教之"名物"不同,董仲舒基于《春秋》"五石六鹢"的诠释所主张的"名物"观念,更侧重于"名伦等物"的含义,既包含了草木鸟兽之名,也包含人伦与政治制度,且以后者为重。"名"与"物"的关系作为名学思想的基石,又在"真物"与"别物"的意义上得以强化。"物各付物"即意味着把握、认识万物各以其性,因此,"真物"又内在包含了"别物"。而将"物"分门别类则意味着整理万物,或整肃万物以秩序。这一秩序在董仲舒对于"物"的体认中可以进一步领会,建基于"天"的本原为认识与把握"物"提供了一个共同的基础,而阴阳之耦合则是认识、领会天地万物之基本规律。"类"的引入则使得比类、

---

① 【汉】董仲舒:《春秋繁露·如天之为第八十》,第98页。
② 【汉】董仲舒:《春秋繁露·玉杯第二》,第13页。
③ 【汉】董仲舒:《春秋繁露·精华第五》,第24页。
④ 【汉】董仲舒:《春秋繁露·郊祀第六十九》,第84页。

第三章 顺天应人以真物：名号学说的经学与哲学阐释

推类成为可能，由推类出发，则可以触类旁通，范围天地万物。

本章小结

"顺天""应人"与"真物"，作为董仲舒名号学说的三个基本面向，是本章论述的核心。"天"是董学思想的大本大根，以"天"为"元"确立了"天"在董仲舒思想中的本体论地位。"天道"分列为"阴阳""四时"与"五行"，"天意"则经由与人事之交往互动得以呈现，使得"天"对于人的存在，乃至人道秩序的确立具有了举足轻重的影响。也正是在"天人之际"的互动之中，"名"的重要性才得以确立。其中，"际"包含了合际、分际与交际三重含义，既呈现出"天人之际"的丰富义涵，也在一定程度上解答了"名"何以作为"天人之际"的问题。即"名"作为人物之"际"与"天人之际"的两个方面，而尤以后者更为重要。一方面，"名"与"号"作为圣人所发天意，无论从声还是义的角度而言，都呈现为对天的效法与顺承。另一方面，"名"之应于人的维度体现为由"名"与"号"所承担的对于善政与秩序的诉求，并经由赋予"名"以德性的内涵以实现对"名"所指称的对象——尤其是具有政治身份者——的约束。

"天"与"人"的交往互动并未穷尽董仲舒名号学说的丰富义涵。董仲舒也关注到了"名"与"物"的关系。其中，董仲舒经由阐发"五石、六鹢"之辞而提出的"名物"范畴有别于孔子"多识草木鸟兽之名"之说。而"真物"与"别物"之为"名"的基本功能，又意味着"名"所具有的将秩序赋予"物"——所谓"理百物"——的功能。以此，"名号"才能作为推类的工具，以实现将天地万物囊括其中的效果。

第四章　名学视域下的心性与教化

孔子笔削《春秋》，以鲁国十二公之世寓素王之法度，其中多为弑君、篡位、相杀等无道之事，《春秋》亦多以讥、贬、诛、绝之辞表达鲜明的态度。其间虽无一言论及"教"，却又通篇关乎"教化"。如《礼记·经解》所言："属辞比事，《春秋》教也。"① 这一断语的背景是孔子入国以观教，体察一国之民俗与风化。在这一点上，董仲舒有着非常明确的认识。如《俞序》篇："善宋襄公不厄人，不由其道而胜，不如由其道而败，《春秋》贵之，将以变习俗而成王化也。"② 宋襄公"由其道而败"，《公羊传》予之，历来被视作"非常异义可怪之论"，但以推行王道教化这一目的论的视角观之，便可以稍作解释。而对于《春秋》所记事之小大、精粗，董仲舒认为其中存在着一个"始言大恶杀君亡国，终言赦小过，是亦始于麤粗，终于精微，教化流行，德泽大洽"的顺序。③《春秋》所谓"三世异辞""录内略外"，其本质亦是"王化"渐远，由内及外，从鲁国至于诸夏，由诸夏至于夷狄，乃至天下若一的过程。或可谓：《春秋》以乱臣贼子之事为反面教材，其目的正在于推行儒家的王道教化。

---

① 【汉】郑玄注，【唐】孔颖达疏：《礼记正义·经解第二十六》，吕友仁整理，第1903页。
② 【汉】董仲舒：《春秋繁露·俞序第十七》，第36页。
③ 【汉】董仲舒：《春秋繁露·俞序第十七》，第36页。

第四章　名学视域下的心性与教化

若回到《深察名号》篇的语境中，"教化"的问题亦占据着十分重要的位置。或可说，《深察名号》篇的文本结构可以概括为：以"正名"为方法，以"心性"为内在基础，以"教化"为目的。只有厘清正名、心性与教化三者之关系，才能真正解答何以要在专论名号的篇目中谈"心"论"性"这一历来研究《深察名号》篇的疑难问题。故本章的讨论即从三个方面展开。第一，董仲舒的"心"论。以往对《深察名号》篇乃至《实性》篇的解读往往侧重于"性"这一范畴，而"心"在《深察名号》篇乃至董仲舒思想中的位置同样举足轻重。如若对于"心"的考察置于《春秋繁露》通篇的语境中，关注到董仲舒建基于《春秋》诠释所提出的"贵志"与"原心"的主张，更能进一步证明这一观点。第二，董仲舒"性"论。围绕董仲舒人性思想的解读，往往采取自孔子、孟子、荀子一贯而下的思想脉络，分析其究竟属于何种范畴的人性理论。然而，这一解读从开端就将对董仲舒人性思想的剖判引入歧途。董仲舒论"性"实有兼祧孟、荀，而又有别于孟、荀之处，"性"训为"生"及其与"善"的分判是把握董仲舒人性思想的要点。第三，董仲舒的"教化"观念。董仲舒论"教"似乎未遵从"正名"之方法，不过从"教"字、"学"字与"民"字的训释来看，也可归于"深察名号"的脉络。而在《天人三策》中，董仲舒从"教化"的意义及其施设皆有论述。

第一节　"以心之名，得人之诚"
——董仲舒"心"论解义[*]

在《深察名号》篇与《实性》篇中，董仲舒集中表达了其关于人性问题的看法。然而，"心"作为董仲舒思想中的一个重要范

---

[*] 本节主要内容以《董仲舒"心名为栣"考论》为名，发表于《经学文献研究集刊》（第二十四辑），上海：上海书店出版社，2020年。

◎ 发天意而正名号：公羊学语境中的董仲舒名论

畴，却被"性"这一范畴——及与之相关的人性论——遮蔽，并未引起董学研究者的广泛关注。① 如若细绎《深察名号》篇之文，"以心之名，得人之诚"，若"诚"作真诚无妄、真实状态解，则与作为本质、本性之"性"之间的关联显而易见，将"心"视作理解董仲舒论"性"的核心与前提亦未为不可。因此，本节即试图以名为视角，把握董仲舒思想中"心"的重要意义。

一 "心名为栣"考论

以"名"为视角，考察"心"这一范畴在董仲舒思想中的位置，不妨首先着眼于《深察名号》篇中有关"心"的论述。"栣众恶于内，弗使得发于外者，心也，故心之为名栣也。"② 对于这一表述，可以简单地概括为"心名为栣"这一命题。值得追问的是：对名号如此重视的董仲舒，究竟为何会采取"栣"字来训"心"，其具体含义又为何？前如王道焜、卢文弨、俞樾、苏舆等注释者，后如徐复观、周桂钿、钟肇鹏等研究者对"栣"字之不同诂释都贡献了自己的看法。③ 本书既然以"名"为视角，自当由文字而通乎

---

① 徐复观认为："作为人的本质的心、性，董氏的重点是放在性上面。"而周桂钿则从孟、荀两个角度分析董仲舒的人性论，而对于"心"的探讨则归于"贵志论"一节予以讨论，并认为"志指志向，心指思想，都可以叫做意向、动机。""董仲舒讲'原志'，又讲'原心'，大旨都在于'重本'"。参见徐复观《两汉思想史》（二），第372页；周桂钿《董学探微》，第220、219页。

② 【汉】董仲舒：《春秋繁露·深察名号第三十五》，第61页。

③ 周桂钿在《董学探微》中关注到"栣"字难解，在权衡诸家之说后，认为俞樾之说为善，尽管不尽如人意。并且"栣"作"任制"解，可以引申为限制、封闭。徐复观同样认可"栣"作"任制"解，并将"心"的作用规定为"任制"众恶于内。钟肇鹏主编的《春秋繁露校释》广采诸家注释，其结论同样认为"俞说近是"。然而，钟肇鹏以为俞樾之说"近是"，可见仍然有毫厘之差。周桂钿以为俞说较其他注释为善，却也隐含着未能尽如人意的话外之音。这难免给后来者以未达究竟之感。参见周桂钿《董学探微》，第84页；钟肇鹏主编《春秋繁露校释·深察名号第三十五》（校补本），第663—664页；徐复观《两汉思想史》（二），第373页。

第四章　名学视域下的心性与教化

义理,首先厘清"柢"字之义及其与"心"的关联。

在《春秋繁露》的历代注疏中,"柢"字的两种诂释均指向"弱"的含义,一种为"槆",另一种为"㮈",前者是最早的对于"柢"字的训释,但因为缺乏字源上的根据,被后来的注释者否定。相较之下,"柢"训为"㮈",表达"柔"或"弱"的含义,在字源上更为可靠。王道焜刊本(明天启刊本)所见旧注:"柢,疑袿,如甚切,槆也。"华氏兰雪堂活字本中,"槆"字作"憪"。① "槆"字从木,是一种树木之名,此外并无其他引申义。"憪"字从心,《说文·心部》:"憪,忧也。"② 表达一种忧思的情绪。若采取"槆"或"憪"的训释,与原文扞格不入,难达其旨。苏舆则绕过上述种种说法径直以"弱"训"柢":"槆,当为弱。《淮南·诠言训》注:'柢,柔弱也。'"③ 以"弱"训"柢"固然不错,但为何"槆"就是"弱",苏舆却未能作出说明。

同样表达"弱"的含义,俞樾则取"㮈"字来训"柢"。《诸子平议》曰:"柢不训槆,《说文·木部》:'㮈,弱貌。'则槆乃柢字之训耳,非其旨也。"④ "㮈"较之于"槆"在字源上显然来得更为可靠,因为"柢"与"㮈"实则是异体字的关系。如张之纯所指出的:"《说文》作'㮈',今作'柢'者,汉简移篆例也。'㮈',柔貌,谓柔之使不刚暴。"⑤ 追溯《春秋繁露》的版本流传可知,最早通行的宋嘉定四年江右计台本已距董仲舒所在的西汉时期相去甚远,且经历了从秦汉简帛至宋代雕版刻印的技

---

① 王本与华本注均转引自钟肇鹏主编《春秋繁露校释·深察名号第三十五》(校补本),第663页。
② 【汉】许慎著,【清】段玉裁注:《说文解字注·心部》,第915页。
③ 【清】苏舆:《春秋繁露义证·深察名号第三十五》,钟哲点校,第286页。
④ 【清】俞樾:《诸子平议》卷二十六,第527页。
⑤ 【清】张之纯:《春秋繁露评注》,转引自钟肇鹏主编《春秋繁露校释·深察名号第三十五》(校补本),第663—664页。

◎ 发天意而正名号：公羊学语境中的董仲舒名论

术变革。① 从竹简本的狭小局促到纸本的空间优裕，发生字体结构的移篆亦属合理。张之纯所推断的"桒"字向"桵"字的嬗变，即书简移篆所带来的上下结构向左右结构转变的结果。可想而知，以"桒"训"桵"更有字源上的依据。

值得进一步追问的是：先秦典籍中并不见上下结构的"桒"字，以"弱"训"桒"的根据又在哪里？段玉裁对此有所解释："《小雅》《大雅》皆言'荏染柔木'。毛曰：'荏染、柔意也。'《论语》：'色厉而内荏。'孔曰：'荏、柔也。'按此荏皆当作桒。桂荏谓苏也，经典多假荏，而桒废矣。"② 从"艹"的"荏"字是一种草本植物的名称，种子称为"苏"，"荏"用作形容词，则表达"柔"或者"弱"的含义。典籍之中多用"荏"字，使得"桒"字偏废了。刘宝楠注《论语》"色厉而内荏"句时博采众家观点，同样以"弱"训"荏"："孔曰：'荏，柔也。谓外自矜厉而内柔佞'……正义曰：《汉书·翟方进传》引此文，应劭注：'荏，屈桡也。'《诗·巧言》：'荏、染，柔木。'《毛传》：'荏、染，柔意也。'《说文》：'桒，弱貌。''桒'与'荏'同。《广雅·释诂》：'恁，弱也。'"③ 又唐释慧琳《一切经音义》卷第十九："荏若，又作桒，同。而甚反。柔木也。《广雅》：荏苒，弱也。亦温柔也，下字宜作弱。"④ 王念孙《广雅疏证》则关注到上述几个字在字义上的关联："柔、恁、桒（又荏），弱也。"⑤ 可见此三字均可以表达"弱"的含义。此外，"荏"

---

① 关于《繁露》版本流传的详细讨论，可参见【英】鲁惟一《董仲舒："儒家"遗产与〈春秋繁露〉》，陈颢轩、王珏、戚轩铭译，第229—236页。
② 【汉】许慎著，【清】段玉裁注：《说文解字注·木部》，第460页。
③ 【清】刘宝楠：《论语正义·阳货第十七》，北京：中华书局，1990年，第692—693页。
④ 【唐】释玄应：《玄应音义》卷第七，载徐时仪校注《一切经音义》（三种校本合刊），上海：上海古籍出版社，2012年，155页。
⑤ 【清】王念孙：《广雅疏证·释诂》，虞万里主编，张靖伟、樊波成、马涛等校点，第216页。

与"弱"的连用可见于《楚辞·九章·哀郢》:"外承欢之汋约兮,谌荏弱而难持。"① 上述材料旨在说明:"枀"是"荏"的异体字,"枀"字从"木","荏"字从"艹",以草木之柔弱训"桱",表达"弱""柔"与"柔木"等含义也就说得通了。

除以"枀"训"桱",表弱义之外,历代注疏中,对于"桱"字的解释于义理上最为通达,也最为注家所采信的一种,是将"桱"训为"衽",表达"禁御"和"任制"的含义。最早的王道焜注本即指出,"桱"疑似为"衽",但并未给出任何证据。后来者,如清代经学家俞樾与刘师培则强化了这一观点,并给出了较为合理的解释。俞樾《诸子平议》卷二十六:"樾谨按:王道焜本注曰:'桱,疑衽,如甚切,㮯也。'然衽不训㮯。《说文·木部》:'枀,弱貌。'则㮯仍桱字之训耳,非其旨也。今按:衽者,衣襟也。襟有禁御之义。《释名·释衣服》曰:'襟,禁也,交于前所以禁御风寒也。''衽'亦有'任制'之义。《释名·释丧制》曰:小要又谓之衽。衽,任也。任制际会使不解也。任制与禁御其义相通。'桱众恶于内,弗使得发于外。'正取任制之义。下文曰:'天有阴阳禁,身有情欲桱。'桱、禁对文,然则桱即禁也,亦犹衽即襟也。原注所训未达其旨。"② 在俞樾看来,以"衽"训"桱",取"禁御"之义,可以在《释名》中找到两条训诂上的根据。第一,《释衣服》中对于"衽"字的训释。"衽"即衣襟。汉服的制式中,上衣左右各有一副,是为襟。左右襟相交于胸前可以起到抵御风寒的作用,"禁御"之义由此而来。第二,《释丧制》中对于"衽"字的训释。《释丧制》曰:"旁际曰小要,其要约小也,又谓之衽。衽,任也。任制际会使不解也。"③ 王先谦《释名疏证补》

---

① 【宋】朱熹:《楚辞集注·离骚九章》,蒋立甫点校,第81页。
② 【清】俞樾:《诸子平议》,第527—528页。
③ 【清】王先谦:《释名疏证补·释丧制第二十七》,龚抗云整理,长沙:湖南大学出版社,2019年,第405页。

◎ 发天意而正名号：公羊学语境中的董仲舒名论

曰："毕沅曰：'《檀弓》：棺束缩二衡三，衽每束一。郑注：衽，小要也。其形体两头广，中央小也。既不用钉棺，但先凿棺边及两头合际处作坎形，则以小要连之，令固棺，竝相对，每束之处以一衡之衽连之。若竖束之处，则竖着其衽以连棺。盖及底之木，使与棺头尾之材相固。汉时呼衽为小要也。'"①"衽"是盖棺用的木楔，使棺木闭合不解。② 俞樾认为，盖棺所用的"衽"所引申出来的"任制"之义，与"禁御"之义相通，同样表示禁绝、限制的意思。

刘师培《春秋繁露斠补》则接过俞樾的观点，并引入了其他旁证："《平议》谓'衽有禁御之义，栠亦取任制之义'，其说近是。'任'义训'当'，《左传》僖公十五年：'众怒难任。'杜注云：'当也。'又《韩诗外传》二云：'相攻胸中而不能任。'不能任者犹言不能当御也。'栠'义应符。'栠恶'者犹言捍御众恶也。下云：'心无恶者，心何栠哉。'犹言无恶则心奚为御恶也。故下文'禁''栠'并词。"③ 细观俞、刘之说，其根据大体有两条。第一，"栠"通"衽"，由"衽"字所表征的衣襟或盖棺所用的木楔，引出"禁御"或"任制"的含义。不过，上文业已说明："栠"就其字源而言，实是上下结构的"枀"字的异体字。且衣字旁的"衽"的异体字中并无木字偏旁的"栠"字。除非《繁露》原本即讹误为"衽"，否则将其训为"禁"在字源上便不十分可靠。然而，《繁露》各注本均未提及此字有讹误，仅仅在如何训释这一个字的问题上产生纠葛。可以推断，以现有的材料来看，以"衽"训

---

① 【清】王先谦：《释名疏证补·释丧制第二十七》，龚抗云整理，第405页。

② 对于"衽"字的上述两种解释，亦可见于钱玄、钱兴奇：《三礼辞典》，南京：江苏古籍出版社，1998年，第588页。

③ 【清】刘师培：《春秋繁露斠补》，载钟肇鹏主编《春秋繁露校释·深察名号第三十五》（校补本），第664页。

第四章　名学视域下的心性与教化

"柙"并不能完全成立。至少较之于"袟"字之训,"袟"在文字上的根据稍显不足。

在《繁露》的文本中"天有阴阳禁,身有情欲柙"互文,且"柙众恶于内"句后,便紧接着"人之受气苟无恶者,心何柙哉?"① 可见,以"禁"训"柙",于文意颇为通顺。俞樾所征引的《释名》中,"袟"无论是"衣襟"还是"小要",其作用都在于限制于内、隔绝于外。《释衣服》所谓"襟,禁也。交于前,所以禁御风寒也"②。《释丧制》所谓"任制际会,使不解也"都与"柙众恶于内,弗使得发于外"提示的内外对举若合符契。可知,"柙"取"禁"义似乎文从多过字顺。

不难发现,无论是以"柙"训"柙",表弱义,还是以"袟"训"柙",表禁义,都强调了"心"所具有之柙恶的功能,虽然在字义上稍有出入,但对于解读"柙众恶于内,弗使得发于外者,心也"一句并无妨碍。③ 且推之于《深察名号》篇别处之文,其义同样可通,譬如"天性不乘于教,终不能柙"④,其所谓"柙",同样为约束、限制之意。不过,值得追问的是:仅仅关注"心"所具备的"柙恶"的一面,是否窄化了"心"的功能乃至义涵?⑤ 对于这一质疑,本书无法认同。下文将把视野扩充到整本《繁露》与董仲舒思想之全貌中,考察"柙恶"功能之外"心"的其他义项。

---

① 【汉】董仲舒:《春秋繁露·深察名号第三十五》,第 61 页。
② 【清】王先谦:《释名疏证补·释衣服第十六》,龚抗云整理,第 225—226 页。
③ 【汉】董仲舒:《春秋繁露·深察名号第三十五》,第 61 页。
④ 【汉】董仲舒:《春秋繁露·深察名号第三十五》,第 61 页。
⑤ 徐复观即指出:"董氏的心,没有从认知的方面显出来,也没有从道德方面显出来,较之孟、荀,都缺乏主宰的力量。"薛学财则认为:"相比先秦诸子,董子严重压缩了心的作用。"徐复观:《两汉思想史》(二),第 372 页;薛学财:《名号的神圣性及其在天人之间的中介作用——〈春秋繁露·深察名号第三十五〉笺释》,《中国图书评论》2015 年第 12 期。

◎ 发天意而正名号：公羊学语境中的董仲舒名论

二 以"任"训"心"——作为官能与主体的"心"

对于董仲舒的"心"论或"心"学，近年来引起了一些学者的关注。① 暂且搁置"心"学这一提法或许会招致的某种将董仲舒建基于经学、侧重于政治的儒学思想解读为心性之学的倾向，关注到"心"在董仲舒思想中的重要意义本身对于既往的董学研究而言已经构成了某种超越。本书将以之为基础，探讨董仲舒何以没有压缩，乃至窄化了"心"的义涵。

我们不妨还是回到"心名为栣"这一命题，除了"楺""袵"之训外，还有一种训释虽然并不多见于《繁露》的历代注疏之中，却提示出"心"的丰富义涵，那就是以"任"训"心"。《白虎通·性情》云："心之为言任也，任于恩也。"② 陈立疏曰："《广雅·释亲》云：心，任也。《春秋繁露·深察名号》云：'栣众恶于内，弗使得发于外者，心也，故心之为名栣也。'《大义》引作'任于思'也。"③ 从《繁露》中"心之为名栣也"，到《白虎通》"心之为言任也"，句式一致，观点相承，促使我们进一步思考，"心名为

---

① 何善蒙总结《春秋繁露》中出现的133次之多的"心"字，以之探赜"心"的观念在董仲舒思想系统中的独特意义，大体而言，包括"作为道德价值、道德判断基础的心，作为喜怒哀乐等情感表现的心，作为认知判断基础的心，作为身体主宰的心以及作为身体器官的血肉之心"五个义项，并试图揭橥董仲舒论"心"对于后来儒家以道德言心之基本理路的重要意义。张丰乾则以《繁露》所引《春秋》与《诗》为切入点，探讨董仲舒之"心"学。尤其是关注到"心"比之于"礼"，"志"比之于"物"的优先性，并强调"良心""人心"以及"天心之仁爱"在董仲舒思想中的重要性。上述两位前辈学者对于董仲舒论"心"已有较为全面之检证与梳理，本书的思考亦多受其启发。参见何善蒙《〈春秋繁露〉论"心"》，《衡水学院学报》2020年第3期；张丰乾《董仲舒的心学：以其引〈春秋〉与〈诗〉为基础的探讨》，《衡水学院学报》2017年第6期。

② 【清】陈立：《白虎通疏证·性情》，吴则虞点校，第383页。
③ 【清】陈立：《白虎通疏证·性情》，吴则虞点校，第383页。

第四章　名学视域下的心性与教化

柱"究竟所指为何。① 但《白虎通》以"任"言"心",《广雅》亦取此说,足见两者相关。

不过,关注到以"任"训"心"的可能,需要面对两个问题:第一,如何理解"任"与"柱"、"任"与"心"之间的关联;第二,以"任"训"心"见于《白虎通》与《广雅》,理应比《深察名号》篇晚出,那么这一训释在董仲舒那里是否有根据。对于第一个问题的回答,可以从历代注家的解释中寻得。首先,"心"之与"任"或"柱"的相关性首先可以由声训来证明。苏舆指出:"心,息林切。柱,如甚切。古音同在七部。《白虎通·性情》:'心之为言任也,任于思也。'《广雅·释亲》:'心,任也',任、柱亦同声字。"② "心"与"任"古音同部,可以互训。以"柱"或"任"训"心",也就有了训诂上的根据。其次,"任"有两种常见的义项。其一,"任"表"当"义,以《左传》"众怒难任"为例,即取"当御""任制"之义,上文所引俞樾《诸子平议》即持此说,刘师培亦认同这一观点。若作此解,以"任"训"柱"实则是同声互训,与"柱"训为"袵",表"禁"义如出一辙,不过这一训释未增加任何新的义项。其二,"任"表"能"义。《广雅》云:"能,任也。"③《论

---

① 宋锡同从天道、阴阳五行与伦理纲常三个方面比较了《春秋繁露》与《白虎通》,得出结论:"《白虎通》的基本思想实质上和《春秋繁露》一样,都是建立在汉代经学的天道观基础上,以纲常伦理为核心,以阴阳五行为框架,但它不像《春秋繁露》那样只是《公羊》学派的一家之言,而是以今文经学为主,又综合了各家思想成果尤其古文经学与谶纬之学。"可见两者的承继关系。宋锡同《汉代经学走向管窥——以〈春秋繁露〉与〈白虎通〉的对比分析为视角》,《河北大学学报》(哲学社会科学版) 2008 年第 1 期。上文注释亦提及,鲁惟一猜测《深察名号》篇与《实性》篇为白虎观奏议的文字,同样是有见于两者在内容上的相近之处。

② 【清】苏舆:《春秋繁露义证·深察名号第三十五》,钟哲点校,第 286 页。

③ 【清】王念孙:《广雅疏证·释诂》,虞万里主编,张靖伟、樊波成、马涛等校点,第 224 页。

◎ 发天意而正名号：公羊学语境中的董仲舒名论

语》："仁以为己任。"①《周礼·夏官》："施贡分职，以任邦国。"②《管子·立政》："临事不信于民者，则不可使任大官。"③《庄子·秋水》："仁人之所忧，任事之所劳。"④ 在上述例子中，"任"显然是胜任、能力之义，且与"任"之"当"义又内在相通，均表示承担、担负某种职责、使命，或具备某种功能。⑤ 故"任于思（恩）"也就是"心"所具备的某种能力。可见，"心"可训为"栣"，亦可训为"任"。"任"与"栣"同声互训，均可用以训"心"。

对于上述第二个问题的回答，则需要从文本与思想的双重脉络中予以更为细致的考察。就董仲舒论"栣"的文本而言，"栣众恶于内，弗使得发于外者，心也。故心之为名栣也"⑥。前一句与后一句在文义上相承接，表达的侧重却有所不同。前一句以"栣"论"心"，是对"心"——尤其侧重于"心"之功能——的论述。后一句则侧重于以"深察名号"为方法，试图给"心"下一个定义。后文"以心之名，得人之诚"，可以进一步证明这一观点。不过，前人的解释大多关注到以"栣"训"心"，却未对前后两句话作一必要的分判。然而，董仲舒继承孔子的"正名"主张，并有文字专论"名号"。难以想象，如此重视"名号"的董仲舒，在使用"心之为名栣也"的定义性质的表述时，仅仅将"心"视作情欲的"监牢"，将"心"的功能规定为抵御、禁制情欲的"狱卒"而已。

---

① 【魏】何晏注，【宋】邢昺疏：《论语注疏·泰伯第八》，载李学勤主编《十三经注疏》（标点本），第103页。
② 【汉】郑玄注，【唐】贾公彦疏：《周礼注疏·夏官司马·大司马》，载李学勤主编《十三经注疏》（标点本），第760页。
③ 黎翔凤：《管子校注·立政第四》，梁运华整理，第59页。
④ 【晋】郭象注，【唐】成玄英疏：《庄子注疏·秋水第十七》，第306页。
⑤ 此外，《广雅》释"任"尚有"保""负"之训。"保"可作"担保""保信"解，"负"可作"担负""承担"解。仔细体会"任"之"当""能""保""负"等训释，其含义均有相通之处。参见【清】王念孙撰《广雅疏证·释言》，虞万里主编，张靖伟、樊波成、马涛等校点，第783—784页。
⑥ 【汉】董仲舒：《春秋繁露·深察名号第三十五》，第61页。

第四章　名学视域下的心性与教化

诚如董仲舒所言，"人之受气苟无恶者，心何栣哉？"①但这一表述仅仅指向了人的禀赋之中有"恶"的成分，而"心"有"栣"恶的功能，但"恶"并不能代表人的全部属性，相应地，"栣恶"则不必是"心"的全部功能。在此，我们有必要在"任于恩"或"任于思"之间作出抉择，才能进一步来探讨"心"究竟如何发挥作用。就"恩"字而言，一种通常的解释为恩惠、亲爱等。在《白虎通·性情》的文本中，作者实则是在讨论"五藏"，即"肝、心、肺、肾、脾"。②认为"心"主亲爱，并无不妥。不过，如若将之回溯至《深察名号》篇，将其置于"心名为栣"的命题中加以考察，则"任于恩"显然要逊于"任于思"。其理由有二。第一，就董仲舒所处的思想脉络而言，先秦儒家有论"心"的传统，孟子将其视为官能性的存在："心之官则思，思则得之，不思则不得也。"③荀子更将"心"视作身之主宰："心居中虚以治五官，夫是之谓天君。"④"心"显然具有"征知"或"主宰"之义。"任于思"显然要比"任于恩"更能契合孟、荀以降对于"心"理应采取的认识。第二，"思"的含义也更能契合"心名为栣"的命题。"思"有"念"与"虑"的含义。《孟子·公孙丑上》："思与乡人立"，赵岐注："思，念也。"⑤《荀子·解蔽》有："仁者之思也恭"，杨倞注："思，虑也。"⑥无论作"念"还是作"虑"解，"思"用以表达念头或想法。更为宽泛地说，凡心之所想即"思"。《释名·释

---

① 【汉】董仲舒：《春秋繁露·深察名号第三十五》，第61页。
② 【清】陈立：《白虎通疏证·性情》，吴则虞点校，第384页。
③ 【清】焦循：《孟子正义·告子上》，沈文倬点校，第792页。
④ 【清】王先谦：《荀子集解·天论第十七》，沈啸寰、王星贤点校，第409页。
⑤ 【清】焦循：《孟子正义·公孙丑上》，沈文倬点校，第242页。
⑥ 【清】王先谦：《荀子集解·解蔽篇第二十一》，沈啸寰、王星贤点校，第404页。

◎ 发天意而正名号：公羊学语境中的董仲舒名论

形体》曰："心，纤也，所识纤微，无物不贯也。"① 王引之则旁征博引，试图说明"心"就是"思"："心者，思也。《洪范》五事'五曰思'，《汉书·五行志》作'五曰思心'。又曰：'思心之不容，是谓不圣。'《说文》曰：'思，容也。'《广雅》曰：'心，容也。'心，亦思也。"② 具体到董仲舒所谓"心"，"心"之为"思"即意味着"心"具有的思虑之能，并担当起判别是非善恶的道德责任。这一担当固然可以表现为"任制"恶念于内，却也可以发用为培植善念。一句话：即知善知恶，甚至为善去恶。退一步说，如果"栣"仅仅作"禁"义或"弱"义解，则"心"的功能只剩下了知恶、去恶，却失去了知善、为善的一面，既无法解释董仲舒所谓"心有善质"的命题，更无法解释"心"何以作为"栣恶"的主体，以及具有"栣恶"之资格的问题。这显然是推诸常识都无法接受的观点。故在恶念不起之时，"心"仍有"思"的功能。训"栣"为"任"，引申为"能"义，更能把握"心"的全貌。

不可否认，如若局限于《深察名号》篇的文本，主张以"任"训"心"，强调其为"当"（担当）与"能"（思虑）的含义未免有些捉襟见肘。不过，如若将视域拓宽至整本《繁露》之中，则会发现董仲舒从未将"心"的含义狭隘地局限于"栣恶"这一单一面向，更谈不上缺乏主宰的力量抑或压缩了心的功能。兹举数例以为证。首先，董仲舒反复强调"心"所具有的积极的道德义涵，例如："心有善质"（《深察名号》），"良心"（《楚庄王》），"仁，天心"（《俞序》），"义以养其心"（《身之养重于义》），等等，皆指向了"心"可以为善，具有积极的道德作用。其次，"心"不仅具有某种积极的道德义涵，本身即包含着知善知恶的标尺。如《玉英》篇："《春秋》有经礼，有变礼。为如安性平心者，经礼也。至有于性虽不安，于心虽不平，于道

---

① 【清】王先谦：《释名疏证补》，龚抗云整理，第95页。
② 【清】王引之：《经义述闻·弟二十七·尔雅中》，虞万里主编，虞思徵、马涛、徐炜君校点，上海：上海古籍出版社，2017年，第1634页。

第四章　名学视域下的心性与教化

无以易之，此变礼也。"① 如果简单将"经"理解为"常"，将"权"理解为"变"，是否采取权变的判断标准虽然不在于"心"之平否，而是在于"道"之是否可易，但"心"之平与不平本身即内含了对是非对错之判断。又如《精华》篇："《春秋》之法，未逾年之君称子，盖人心之正也。"其所谓"人心"，即蕴含了"善"的标准于其中，也就是所谓的"人心之正"，而在《尧舜不擅移汤武不专杀》篇中，类似的含义则表达为"人心皆然"。其次，"心"具备认识与判断之官能，如《楚庄王》："虽有知心，不览先王，不能平天下。"② 苏舆解"知"为"智"，即认识、判断能力。③ 又《竹林》："辞不能及，皆在于指，非精心达思者，其孰能知之。"④ "辞"与"指"这对范畴是把握董仲舒《春秋》学所不能略过的重要概念，下文将有专门论述，这里仅将"辞"视作文辞，"指"视作文辞背后的义涵，那么，如何透过文辞以把握文义，则有赖于"心"之"思"能。并且，"心"之所以有思、虑之能，是由天所背书的："心有计虑，副度数也。"⑤ 上述表达中，"心"所具有的含义明显指向了认识与判断的能力。最后，"心"也具有某种主体或主宰的含义。⑥ 一则，

---

① 【汉】董仲舒：《春秋繁露·玉英第四》，第20页。
② 【汉】董仲舒：《春秋繁露·楚庄王第一》，第10页。
③ 【清】苏舆：《春秋繁露义证·楚庄王第一》，钟哲点校，第13页。
④ 【汉】董仲舒：《春秋繁露·竹林第三》，第16页。
⑤ 【汉】董仲舒：《春秋繁露·人副天数第五十六》，第75页。
⑥ 有待说明的是：董仲舒所谓"心"固然有主宰、主体的含义，但绝不等同于本体的含义。换言之，强调"心"为一身之主，甚至强调其为一切认知与行为的主体，并未赋予其认识与实践中的本体地位，这一点，如若将阳明所推重之"心"与董仲舒所申述之"心"比而观之，应当更为显豁。正如何善蒙所指出的："之所以强调董氏对于心的使用是功能意义的，是希望跟宋明（尤其是阳明）以来对于心的那种本体意义的使用区分开来。这样的区分也是必要的，因为功能之心更多侧重于形而下的制度性构建和现实生活的引导，而本体之心，则更多是侧重在形上意义上的拓展，心学之成立，也是在这个角度上说的。从这个意义上来说，不存在董仲舒的心学，而存在董仲舒对于心的阐释和使用。"何善蒙：《〈春秋繁露〉论"心"》，《衡水学院学报》2020年第3期。

· 199 ·

◎ 发天意而正名号：公羊学语境中的董仲舒名论

"心"为身之主宰，所谓"身以心为本"①；又："心所以全者，体之力也"②；又："心，气之君也。"③ 这些表述均指向了"心"对于身体及其外延（"气"）的主宰。一则，"心"又是认知与道德行为的主体，这首先表现为在《繁露》中屡次出现的对于"心"乃至"志"的推重，如"案盾事而观其心"④，"推盾之心"⑤。虽然其所谓"心"往往与"志"相通，意味着动机，但从动机考察本身即意味着作为行动主体所势必承担的道德责任。而在其所引《诗》之"他人有心，予忖度之"中，则意味着在把握、体认《春秋》所记之事例的过程中，作为认知主体所具有之"心"与"他人之心"的互动乃至感通。换言之，若对《春秋》所记之事例无法理解，则同样要归之于"予"作为认识主体缺乏"心"之官能。

明乎"任"之为"当"义，则可以引向"心"所具备的主体、主宰之义，而"任"之为"能"义，指向了"心"作为思虑之官能的含义。若将何善蒙所总结的"心"的五种义涵作一归并，那么，除却血肉之心这一身体器官的含义之外，董仲舒所谓"心"，可以用官能与主体加以概括。其为"官能"，"心"承载了应于外物而有喜怒哀乐之情，认识辨别物与事，以表现为某种认知与道德之标准与判断能力。其为"主体"，"心"是一切认知与道德行为的承担者，并负担相应之认知与道德责任。总之，以"任"训"心"即意味着主张"心"作为官能与主体的含义。

三 "贵志"与"原心"——董仲舒《春秋》诠释中的"心"

如果说经由分析"桩"字不同训释有助于阐明"心"的不同

---

① 【汉】董仲舒：《春秋繁露·通国身第二十二》，第40页。
② 【汉】董仲舒：《春秋繁露·天地之行第七十八》，第96页。
③ 【汉】董仲舒：《春秋繁露·循天之道第七十七》，第93页。
④ 【汉】董仲舒：《春秋繁露·玉杯第二》，第14页。
⑤ 【汉】董仲舒：《春秋繁露·灭国上第七》，第30页。

第四章　名学视域下的心性与教化

义涵，那么，将《春秋》学的视角引入"心"的诠释则有助于明晰董仲舒所谓"心"之所从来。事实上，董仲舒对于"心"的诠释绝非向壁虚构的产物，而是脱胎于对《春秋》的诠释。一方面，上文对于"心"之各种含义的分析，均可以在董仲舒对于《春秋》的诠释之中找到文本依据；另一方面，也只有在对《春秋》所记事例的剖判之中，才能明乎"心"在董仲舒思想中的确实含义。故下文将以董仲舒之《春秋》诠释为基础，分析董仲舒论"心"的经学维度。

在《精华》篇中，董仲舒采取"属辞比事"的方法，将"逢丑父当斮，而辕涛涂不宜执，鲁季子追庆父，而吴季子释阖庐"①四事比而观之，提出"《春秋》之听狱也，必本其事而原其志。志邪者不待成，首恶者罪特重，本直者其论轻"的观点。是为后世以经义折狱，主张"原心定罪"之滥觞。②就董仲舒所举之事例分析，逢丑父假扮齐顷公而使其得以脱难，终被斮于三军之前；辕涛涂劝齐桓公假道滨海而致大军陷于沼泽，终为桓公所执。公子庆父弑鲁闵公而出奔，季子"缓追逸贼"，仅将之驱逐出境；吴国阖庐派专诸刺杀国君僚，欲使季子为君，季子却自己出奔，并未向弑君之阖庐报仇。在董仲舒看来，无论是前两者之"欺三军"还是后两者之"弑君"，均为不赦之罪，但若本其志而予以考察，逢丑父陷君于至贱之地而生其君，其行可诛；辕涛涂为保全陈国而欺骗三军，故可得免。庆父之弑君实为篡逆，自当诛之；阖庐之弑君非为己私，论罪以轻。此其为"本其事而原其志"，若动机邪恶无论其是否成事皆当被诛绝，若其动机良善虽有恶行亦可从轻论处。季子之鸩杀叔牙，以"君亲无将，

---

① 【汉】董仲舒：《春秋繁露·精华第五》，第23页。
② 如《汉书·薛宣传》："《春秋》之义，原心定罪。"《王嘉传》："圣王断狱，必先原心定罪，探意立情，故死者不抱恨而入土，生者不衔怨而受罪。"【汉】班固撰，【唐】颜师古注：《汉书·薛宣朱博传第五十三》，第2924页；《汉书·何武王嘉师丹传第五十六》，第3013页。

◎ 发天意而正名号：公羊学语境中的董仲舒名论

将而诛焉"为由，同样是对"志邪者不待成"这一从行事动机角度考量行为合法性的原则的运用。要之，"原心"作为对行为动机的审查是以经义论事乃至折狱之根据，并表现出一事一议之特殊性。

如果说上述四个事例，乃至《春秋》决狱中对于特定事项当下直断的考察局限于"心"或"志"之为行为动机的含义的话，那么，在《玉杯》篇中，董仲舒经由对于鲁文公丧期内娶亲的事例所强调的"重志"之说，则指向了礼制秩序的框架内，对行动者的内在状态——包括情感、思想与道德准则等——的深入审查。董仲舒首先通过"难者"之口，提出见于经文之中文公之取已在三年之外，何以讥其丧取的问题。董仲舒继而答之曰："《春秋》之论事，莫重于志。今取必纳币，纳币之月在丧分，故谓之丧取也。且文公以秋祭，以冬纳币，皆失于太蚤。《春秋》不讥其前，而顾讥其后，必以三年之丧，肌肤之情也。虽从俗而不能终，犹宜未平于心。今全无悼远之志，反思念取事，是《春秋》之所甚疾也。故讥不出三年于首而已，讥以丧取也。不别先后，贱其无人心也。"① 其说本于《公羊传》而为言，又特意突出"志"在《春秋》论事时的重要性。② 按照礼制，三年之丧实际应为二十五月，文公娶亲虽远在礼制之外，而其行纳币之礼则于三年之内，且已是婚姻六礼中的第四礼，可知其图婚久矣。③ 正如孔子以为人子者三年不免于父母之怀来为"三年之丧"背书，《礼记·三年

---

① 【汉】董仲舒：《春秋繁露·玉杯第二》，第11—12页。
② 《春秋·文公二年》："公子遂如齐纳币。"《公羊传》："纳币不书，此何以书？讥。何讥尔？讥丧娶也。娶在三年之外，则何讥乎丧娶？三年之内不图婚。吉禘于庄公，讥。然则曷为不于祭焉讥？三年之恩疾矣。非虚加之也，以人心为皆有之。以人心为皆有之，则曷为独于娶焉讥？娶者，大吉也。非常吉也。其为吉者，主于己。以为有人心焉者，则宜于此焉变矣。"【汉】何休解诂，【唐】徐彦疏：《春秋公羊传注疏·文公第十三》，刁小龙整理，第526—527页。
③ 何休《解诂》即指出："僖公以十二月薨，至此未满二十五月，又礼先纳采、问名、纳吉，乃纳币，此四者皆在三年之内，故云尔。"除上述四礼之外，则只剩下请期与亲迎二礼。参见【汉】何休解诂，【唐】徐彦疏：《春秋公羊传注疏·文公第十三》，刁小龙整理，第527页。

第四章　名学视域下的心性与教化

问》将三年之制视为"称情而立文"之举，[1] 董仲舒则承《公羊传》之说，在讥文公之丧娶时关注的同样是礼仪节文背后文公全无为父哀痛之心，且心心念念以娶亲之事，故"贱其无人心"甚矣。[2]

　　由讥文公丧娶及其背后之全无"孝子之心"乃至"悼远之志"的揭露，董仲舒直接走向了对普遍性的礼制秩序中"志"的优先性的思考："缘此以论礼，礼之所重者在其志。志敬而节具，则君子予之知礼。志和而音雅，则君子予之知乐。志哀而居约，则君子予之知丧。故曰：非虚加之，重志之谓也。志为质，物为文。文著于质，质不居文，文安施质？质文两备，然后其礼成。文质偏行，不得有我尔之名。"[3] "礼"者，有其典章制度、名物度数的一面，也有其蕴含的精神价值的一面，前者或可称为礼仪节文，而后者则是由礼仪节文所承载的情感与礼义。董仲舒对于"礼"的分析，关注的正是"志"与"节"、"质"与"文"间，情感（"志"）与礼义（"质"）的优先性。紧承上述这段抽象的分析，董仲舒继而以"介葛卢来"与"州公寔来"为例，试图从《春秋》名例的角度强调"质"的重要性。要之，介国国君葛卢来朝，少进之，故称名[4]；州公过我而无

――――――

　　[1] 《礼记正义·三年问》亦记曰："三年之丧，二十五月而毕，哀痛未尽，思慕未忘。"又："三年者，称情而立文，所以为至痛极也。"【汉】郑玄注，【唐】孔颖达疏：《礼记正义·三年问第三十八》，吕友仁整理，第2185页。

　　[2] 《公羊传》与董仲舒对于此事的分析中还涉及一个有待厘清的问题，那就是为何"跻僖公"与"公子遂如齐纳币"两事前后连属，且"俱不三年"，为何讥其后而不讥其前。对于这一问题，董仲舒的解释亦承《公羊传》而为言，一则，袷祭之礼可从"吉禘于庄公"之例而不复讥；一则，丧期图婚比之于大事（"袷"与"禘"等祭祀，即《左传·成公十三年》所谓"国之大事，在祀与戎"是也）失时更为恶劣。孔广森即指出："讥必其重者，图婚恶重于袷，故大事不复讥，从常辞而已。"【清】孔广森：《春秋公羊经传通义·文公第六》，陆建松、邹辉杰点校，上海：上海古籍出版社，2014年，第479页。

　　[3] 【汉】董仲舒：《春秋繁露·玉杯第二》，第12页。

　　[4] 何休《解诂》："介者，国也。葛卢者，名也。进称名者，能慕中国，朝贤君，明当扶勉以礼义。"【汉】何休解诂，【唐】徐彦疏：《春秋公羊传注疏·僖公第十二》，刁小龙整理，第491页。

· 203 ·

◎ 发天意而正名号：公羊学语境中的董仲舒名论

礼，故略不称名。① 其间虽有朝聘之礼节于其中，而介、州小国，于朝聘之升降揖让等节文之小者自有不知者，而能有朝大国、慕礼仪之善心与否，则直接导向了评价的两极，正子夏所谓"大德不逾闲，小德出入可也"②。而经由对"礼"之中"志"与"质"的优先性的强调，董仲舒最终导向的结论是："孔子立新王之道，明其贵志以反和，见其好诚以灭伪。"③ 即主《春秋》以鲁当新王，"变周之文，从殷之质"④。在行事之考察上，也就自然地倾向于"贵志"或"重志"。

主张"贵志"或"原心"在考察行为过程中的优先性，乃至在"质"与"文"的框架内侧重于"志"的表露又与《春秋》之为承载圣人志意的经典地位密切相关，并最终导向劝善抑恶的教化目的。在《玉杯》篇中，围绕赵盾弑君之记载，董仲舒长篇累牍地分析《春秋》的立言宗旨。首先，《春秋》赴问、应问者有千百之数，弑君之例就有三十六次之多，如何体味文辞背后的圣人用心，则是读《春秋》所势必解答的问题。"《春秋》之好微与？其贵志也。《春秋》修本末之义，达变故之应，通生死之志，遂人道之极者也。"⑤ "微"有微言与微旨二义。⑥ "微言"与

---

① 何休《解诂》："诸侯相过，至竟必假涂，入都必朝，所以崇礼让，绝慢易，戒不虞也。今州公过鲁都不朝鲁，是慢之为恶，故书来见其义也。"【汉】何休解诂，【唐】徐彦疏：《春秋公羊传注疏·桓公第四》，刁小龙整理，第148页。
② 【魏】何晏注，【宋】邢昺疏：《论语注疏·子张第十九》，载李学勤主编《十三经注疏》（标点本），第258页。
③ 【汉】董仲舒：《春秋繁露·玉杯第二》，第12页。
④ 【汉】何休解诂，【唐】徐彦疏：《春秋公羊传注疏·隐公第三》，刁小龙整理，第97页。
⑤ 【汉】董仲舒：《春秋繁露·玉杯第二》，第13页。
⑥ 苏舆注曰："《春秋》之微有二旨：其一微言，如逐季氏言又雩，逢丑父宜诛，纪季可贤，及诡词之类是也。此不见于经者，所谓七十子口授传指也。其一则事别美恶之细，行防纤芥之萌，寓意微眇，使人湛思反道，比贯连类，以得其意，所以治人也。如劝忠则罪盾，劝孝则罪止是也。"【清】苏舆：《春秋繁露义证·玉杯第二》，钟哲点校，第36页。

第四章　名学视域下的心性与教化

"大义"相对，为不可为时君所见而采取的隐微书写，而微旨则是文字背后之隐微用意，大抵皆在抑恶而劝善。所谓"贵志"，是提醒读者关注《春秋》事例中行事者的用心，同时亦要正己之心志。所谓"本末""变故"与"生死"，皆为《春秋》中之事变多端，而经由对事例之剖判最终所要实现的是"人道之极"的确立，即人伦世界的价值——也就是是非、善恶、正误——之标尺。其次，落实到赵盾弑君的具体诠释上，弑君之贼罪不容赦，但赵盾既非亲弑之贼，又"天呼无辜"，故董仲舒为其开脱："今案盾事而观其心，愿而不刑，合而信之，非篡弑之邻也。按盾辞号乎天，苟内不诚，安能如是？是故训其终始无弑之志。"① 而其之所以为《春秋》所苛责，仅仅是"过在不遂去，罪在不讨贼而已"。有鉴于此，故《公羊传》以"别牍复见"与之，以区分赵盾与亲弑之贼的嫌疑。与之相对应的另一则事例是许国的世子止弑其君。其所谓许止之"弑"仅仅在于未能为父尝药便进之，事实上全无弑父之意。② 故《春秋》经文虽直称其为"弑"，但又有"葬许悼公"之文，与《公羊传》的一般书例相违背，使人深思。③《公羊传》由此说明，称许止弑君，是为讥其"子道不尽"，而又书悼公之葬，则是君子赦止之罪。之所以在赵盾与许止的事例上采取如此迂曲之论述，其目的在于"使人湛思而自省悟以反道"④。一方面，弑君之恶罪不容赦，父子、君臣之大义大节不可有纤微之失；另一方面，圣人以宽宥之态度对待盾、止之过，旨在

---

① 【汉】董仲舒：《春秋繁露·玉杯第二》，第14页。
② 何休《解诂》："原止进药，本欲愈父之病，无害父之意，故赦之。"【汉】何休解诂，【唐】徐彦疏：《春秋公羊传注疏·昭公第二十三》，刁小龙整理，第980页。
③ 《公羊传·隐公十一年》："《春秋》君弑，贼不讨，不书葬，以为无臣子也。"【汉】何休解诂，【唐】徐彦疏：《春秋公羊传注疏·隐公第三》，刁小龙整理，第112页。
④ 【汉】董仲舒：《春秋繁露·玉杯第二》，第14页。

◎ 发天意而正名号：公羊学语境中的董仲舒名论

劝导向善，若过失致君、父死亡与亲弑之罪同，则《春秋》之论事未免过于苛责，禁恶之效固然显著，但扬善之效却荡然无存；最后，何以《春秋》之文辞可以亘古及今，董仲舒引《诗》"他人有心，予忖度之"，并指出"此言物莫无邻，察视其外，可以见其内也"。也就是说，"心"与"志"作为人的思想、念虑、动机，是人所共有的，故可用以贯通人我、勾连古今。读《春秋》者可以体会圣人笔削之意，《春秋》之事例可以使人深思而反道，皆以其心意之相通为枢要。这也就赋予了"心"以某种人的本质属性的含义。要之，以《春秋》所记之事例所承载的"贵志"或"原心"的主张，最终导向了以明乎君臣、父子之义的教化目的，正所谓"内动于心志，外见于事情，修身审己，明善心以反道者也"①。

不难发现：董仲舒立说始终以其《春秋》学为根底。明乎《春秋》事例诠释中"心"与"志"的积极作用，则可进一步厘清"心名为栣"这一命题的可能义涵，经义与思想之间实是互为表里的关系。即便我们无法断然认可董仲舒提出过"心"之为"任于思"的观点，但结合上述经义的分析来看，则恕难否认其对于"心"所具备的认知与道德的官能，及其作为认知与道德行为的主体的义涵有所认识。若非如此，则大可不必"本其事而原其志"，亦无需从《春秋》之文辞揣度圣人之用心了。

总之，"心"作为董仲舒思想中的重要范畴，呈现出非常丰富的义理内涵。一方面，《深察名号》篇所提出的以"栣"训"心"，涵盖了"弱化""禁御"的含义，指向了对内在之恶念的限制。而引申为"任"字之训，强调"心"作为主体与官能的义涵，又可以在《春秋繁露》乃至董仲舒思想的全貌中得以证成。另一方面，董仲舒在《春秋》诠释中所关注的"心"或"志"既可佐证上述

---

① 【汉】董仲舒：《春秋繁露·二端第十五》，第35页。

"心"字之丰富义涵，又可明确董仲舒论"心"之所从来。而"原心"或"贵志"的主张又使人读《春秋》而能深思反道，以实现推明忠臣、孝子之义的教化目的。

第二节　董仲舒人性论决疑
——以孔子、孟子与荀子为参照*

关于董仲舒的人性论，学界异说纷纭，莫衷一是。若举其大略，则有三种主流的看法，即性三品说、性朴说与性未善说。性三品说的主要依据在于董仲舒提出了"斗筲之性""中民之性"与"圣人之性"①，以及"名性，不以上，不以下，以其中名之"②，但也有学者意识到，董仲舒论"性"与后世所谓"性三品"说仍然有所差异，尽管可以奉其为先导或开山祖，但绝不可与后世正式出现的性三品说混而观之。③ 性朴说的主要依据在于董仲舒所主张的"性者，天质之朴也"④，及以"生""质"训"性"的说法，周炽成试图辨正荀子并非"性恶论者"，并以"性朴论"来规正以往"性恶论"之悖谬，继而提出董仲舒继荀卿而为"性朴论"的观点可为

＊　本节主要内容以《董仲舒人性论决疑——以孔、孟、荀为参照》为名，发表于《中国儒学》（第十八辑），北京：中国社会科学出版社，2022年。

①　【汉】董仲舒：《春秋繁露·实性第三十六》，第63页。

②　【汉】董仲舒：《春秋繁露·深察名号第三十五》，第61页。

③　周桂钿指出："董仲舒所谓'圣人之性'、'中民之性'、'斗筲之性'，实际上承认性有三品。这种说法起码可以说已经开了性三品说的先河，启发了后来思想家对性三品的研究。"王永祥则认为："董仲舒的这个思想，虽然同后来正式出现的'性三品'说略有差别，但确实开了'性三品'说的先河，不失为'性三品'说的开山之祖。"此外，周桂钿对陈德安所主张的"性四品论"说——主张圣人之性、上品之性、中品之性与下品之性凡四种——有所驳正，认为其说不确，实亦可归于三品之窠臼。参见周桂钿《董学探微》，第90—91页；王永祥《董仲舒评传》，第253页。

④　【汉】董仲舒：《春秋繁露·实性第三十六》，第63页。

◎ 发天意而正名号：公羊学语境中的董仲舒名论

代表。① 性未善说发端于"天生民性，有善质而未能善"②，强调的是性可以为善的趋向性，周桂钿、余治平即持此说。③ 如若不囿于任一成说，而直面《深察名号》篇与《实性》篇的文本，或可认为："性有善质""生之谓性"与"性有三品"三种主张并非彼此矛盾的关系，三者各有其所从来，亦各有其确切所指。对于这一问题的进一步分析，不妨从儒家人性思想的发展历程中予以展开。本书认为：对于董仲舒人性思想的定位势必在对孔子、孟子与荀子的儒家人性论的参详比照中才得以确立。一方面，董仲舒对于孟、荀的人性观点或批判，或继承，但均将之化入其人性思想的整体框架中；另一方面，董仲舒对于孔子人性思想的继承——无论是框架还是理路——是更为内在而本质的。三个主张在董仲舒人性思想中的共在，甚至交织，在一定程度上也呈现了董仲舒对三种——孔、孟、荀——思想资源的整合与发展。

一 性、善之别——董仲舒对孟子性善论的扬弃

仅从《深察名号》篇的文本来看，很难说董仲舒在人性问题上

---

① 参见周炽成《董仲舒对荀子性朴论的继承与拓展》，《哲学研究》2013年第9期；周炽成《董仲舒人性论新探：以性朴论为中心》，《中山大学学报》（社会科学版）2019年第1期。对于性朴论的观点，学界不认同者有之。周桂钿于《董学探微》中即已驳正过胡发贵以"性质朴"概括董仲舒人性论的主张。黄开国则直接反对以"性朴论"概括董仲舒的人性论，在他看来，荀子之非"性恶论"者已然存疑，而董仲舒之论性固有与荀同处，却大可不必强同。且从方法角度看，董仲舒人性论的历史定位，应当处于"性同一说"向"性品级说"转变的历史节点，其间两种观点并存，并不妨碍董仲舒论性之全貌，断然以"性朴"或"三品"析分董仲舒"性"论，实可不必。参见黄开国《董仲舒的人性论是性朴论吗？》，《哲学研究》2014年第5期。

② 【汉】董仲舒：《春秋繁露·深察名号第三十五》，第61页。

③ 周桂钿认为："'性未善'则意味着性有善质还没有成为善。它与'性无善'、'性不善'都是有严格区别的，它是有趋向性的。"余治平则指出："性有善之质，并不等于就是善本身，性与善之间还有一定的差别和距离。这既是董仲舒著名的'性未善说'。"周桂钿：《董学探微》，第91页；余治平：《唯天为大——建基于信念本体的董仲舒哲学研究》，第172页。

第四章 名学视域下的心性与教化

认同,乃至继承了孟子的观点。"孟子道性善",而董仲舒所反对者恰恰是以"性"为"善"。但若深究一层则会发现,董仲舒对于孟子所谓"性善"之说,并非弃之如敝履,而是否定"善"具有现成性的同时,肯定"善"的可能性或趋向性。

《深察名号》篇中有大段批判孟子"性善"观点的文字:

> 或曰:性有善端,心有善质,尚安非善?应之曰:非也。茧有丝而茧非丝也,卵有雏而卵非雏也。比类率然,有何疑焉。天生民有六经,言性者不当异。然其或曰性也善,或曰性未善,则所谓善者,各异意也。性有善端,动之爱父母,善于禽兽,则谓之善。此孟子之善。循三纲五纪,通八端之理,忠信而博爱,敦厚而好礼,乃可谓善。此圣人之善也。是故孔子曰:"善人吾不得而见之,得见有常者斯可矣。"由是观之,圣人之所谓善,未易当也,非善于禽兽则谓之善也。使动其端善于禽兽则可谓之善,善奚为弗见也?夫善于禽兽之未得为善也,犹知于草木而不得名知。[①]

在这段驳论性质的文字中,作者首先经由茧与丝、卵与雏的比喻,并引入"质"的概念,旨在说明"性"与"善"的区分。第一,在孟子那里,人有"四端之心",扩而充之则可以为"善",这是孟子所谓的"性善"。而在董仲舒看来,"性"是"生"而有之质,不能名"善"。"善"需长时间修习才能实现。一言以蔽之,"性"是自然状态,"善"是"性"经修持后所能实现的完成状态。第二,"善"作为评判人性的标准具有两层含义,对此不能不作区分。一是孟子所谓善。认为"人"有"善端",扩而充之即能成善。然而,此所谓"善"仅仅略高于禽兽而已。二是圣人(孔子)所谓善。在孔子看来,"善"是人道之极,即符合伦理纲常的规范,并具备仁义中正的

---

① 【汉】董仲舒:《春秋繁露·深察名号第三十五》,第62页。

发天意而正名号：公羊学语境中的董仲舒名论

德性，因此孔子才说"善人，吾不得而见之。得见有恒者，斯可矣"①。董仲舒亦接过孔子的话头："今按圣人言中，本无性善名，而有善人吾不得见之矣。使万民之性皆已能善，善人者何为不见也？观孔子言此之意，以为善甚难当。"② 可见善不易得。第三，董仲舒此处所用来针对孟子的批评，恰恰是顺承孔子的话头，立圣人之"善"为人极的标准，将性之向善立为工夫的所在。

董仲舒区分"性""善"背后的理据是其对于"天人之际"的看法，而其立论的目的则在于强调"天意"与"王任"各有所属。董仲舒在天人关系上的主张，首先是"循天之道"，即人对于天的依从。董仲舒主张"天人之际，合而为一"，并多言天人相类，以人事比附天道。上文所引"天有阴阳禁，身有情欲栣"③，即体现了这一取向。在"禁"字的使用中，也透露出相同的意味。《深察名号》篇有言："天所禁而身禁之，故曰身犹天也。禁天所禁，非禁天也。"④ 苏舆注曰："天禁阴而身禁贪，是禁天之所当禁，非自禁其身，使之束缚也。"⑤ 在此，"禁"不仅意味着人对情欲的禁绝，更暗含了这一行为由天之禁阴来背书。由"禁"字所勾连起的天人关系提示了天道（阴阳与天）对人道（性情与人）的规定性。然而，如果仅仅关注上述天道对人事的规定，站在"天人合一"的立场上看董仲舒的人性思想，则显得过于片面了。董仲舒也主张"天人相分"，如"不顺天道，谓之不义，察天人之分，观道命之异，可以知礼之说矣"⑥。以"顺天道"为前提，人的行为同样具有不可忽视的意义。这一点，董仲舒以"禾

---

① 【魏】何晏注，【宋】邢昺疏：《论语注疏·述而第七》，载李学勤主编《十三经注疏》（标点本），第93页。
② 【汉】董仲舒：《春秋繁露·实性第三十六》，第63页。
③ 【汉】董仲舒：《春秋繁露·深察名号第三十五》，第61页。
④ 【汉】董仲舒：《春秋繁露·深察名号第三十五》，第61页。
⑤ 【清】苏舆：《春秋繁露义证·深察名号第三十五》，钟哲点校，第288—289页。
⑥ 【汉】董仲舒：《春秋繁露·天地阴阳第八十一》，第99页。

米"为喻，讲得更为清楚："性比于禾，善比于米。米出禾中，而禾未可全为米也。善出性中，而性未可全为善也。善与米，人之所继天而成于外，非在天所为之内也。天之所为，有所至而止。止之内谓之天性，止之外谓之人事。"禾中既有精米，亦有稻壳杂质，均是天所与我者，蕴含于一体之中。所谓"天性"，即"生之谓性""质朴之谓性"①，即上文所谓对性的基本规定。而要从禾中得到精米，必经一番去粗取精的工夫。因此，"天性"之外，尚要强调"人事"。经由一个"止"字，董仲舒为内与外、天与人划定了界限。由此也可说明，"禁"暗含的内与外是以"天性"为内，以"人事"为外。②落实到"性"与"善"之分判，即以"性"属天、属内，"善"属人、属外。董仲舒直接批评以"性"为"善"的观点是"失天意而去王任"，其论证从"天人之分"一贯而下，与其"心"之"栣恶"的观点一脉相承，强调的是性之待后天之矫治、教化之功方可为善。

董仲舒批判孟子的性善思想，却也继承了孟子"性有善端"的观点。③苏舆关注到这一微妙之处。在注解"米出禾中"句时，苏舆指出："此言善出性中，但未全耳，非谓性本恶，而别去善以矫

---

① 【汉】班固撰，【唐】颜师古注：《汉书·董仲舒传第二十六》，第2188页。
② 孟子曰："求则得之，舍则失之，是求有益于得也，求在我者也。求之有道，得之有命，是求无益于得也，求在外者也。"（《孟子·尽心上》）董仲舒对"内"与"外"的区分，正与孟子相背反。但其用心却是一致的，均强调对人力可致的部分用力。参见【清】焦循《孟子正义·尽心上》，沈文倬点校，第882页。
③ 董仲舒对于孟子"性善"的观点是否有所继承，仍然是一个可以商榷的问题。曾暐杰否定以简单的"统合荀孟"来概述董仲舒的人性论，也不认可董仲舒"性有善端"等同于孟子的"四端之心"。由此提出以形上的恶为基础，开出"善端"的可能，并将"性"视作一个各因素混合杂糅的"格式塔"概念。这一观点显然关注到了董仲舒人性思想的复杂性，但似乎不足以颠覆董仲舒"统合荀孟"的观点。"统合荀孟"侧重于从思想史的角度把握董仲舒人性思想的复杂性，与"性"这一概念内含各因素导致的复杂性并不冲突。本书即着意于"人性"在董仲舒那里的复杂之处，即不能用简单的性善或性恶、性朴或性三品等概念一言而决。参见曾暐杰《在荀学中开展"善端"——董仲舒形而上性恶系统的源流、建构与意义》，第四届中国·德州董仲舒学术研讨会，2017年11月。

◎ 发天意而正名号：公羊学语境中的董仲舒名论

之。"① 并且，"本书言性善者多矣……惟性有善端，故教易成；惟善不全，故非教不可"②。苏舆所言无疑切中肯綮。如《实性》篇："性有善质，而未能为善也。"③ 可见董仲舒也认可"生之谓性"中有"善"的质素。考诸《春秋繁露》别处之文，更能证成这一说法，例如："人受命于天，有善善恶恶之性，可养而不可改，可豫而不可去"④，"凡人之性，莫不善义。然而不能义，利败之也"⑤。所谓"善善恶恶"，可比于孟子所谓"良知""良能"。而"善义"二字连属并将之归于"凡人之性"，则明确指出了"性"之有切近于善的趋向性。以此观之，董仲舒所反对的仅仅是以"性"为现成的"善"而勾销了后天的工夫，以"良知"为现成大开方便之门，正所谓"今谓性已善，不几于无教而如其自然！"⑥ 如周炽成所指出："董仲舒肯定性中有'善质'，即善的潜质、潜能，但否认性中有现成的、完备的善。"⑦ 可谓得之。

总之，董仲舒虽然花费较多笔墨驳正孟子"性善"的观点，但其所反对的仅仅是以"性"为现成之"善"的观点，若考诸上下文，则不难发现董仲舒所关注的仍然是挖掘心性中所具有的"善"的质素，并通过后天之习行修炼"扩而充之"，以达到"善"的实现。在这一点上，董仲舒与孟子之间虽然存在分歧，却又殊途而同归了。⑧

---

① 【清】苏舆：《春秋繁露义证·深察名号第三十五》，钟哲点校，第289页。
② 【清】苏舆：《春秋繁露义证·深察名号第三十五》，钟哲点校，第289页。
③ 【汉】董仲舒：《春秋繁露·实性第三十六》，第62页。
④ 【汉】董仲舒：《春秋繁露·玉杯第二》，第12页。
⑤ 【汉】董仲舒：《春秋繁露·玉英第四》，第19页。
⑥ 【汉】董仲舒：《春秋繁露·实性第三十六》，第62页。
⑦ 周炽成：《董仲舒对荀子性朴论的继承与拓展》，《哲学研究》2013年第9期。
⑧ 欧阳祯人对于孟子人性学说的看法或可参考："孟子强调的是后天的环境、习染对人性的影响以及人自身后天的修炼、存养，上承孔子'性相近，习相远'，下开荀子'强学'之'靡'。仔细阅读《告子上》一章，我们可以发现由孔子而孟子，而走向荀子的儒家轨迹。孔、孟、荀虽然都有各自的理论侧重点，但他们植根于现实，通过后天的学习以达到主体的圆满，则是一致的。"欧阳祯人：《先秦儒家性情思想研究》，武汉：武汉大学出版社，2005年，第355—356页。

二　抑情成性——董仲舒对荀子人性论的发展

对于《深察名号》篇与《荀子·正名》篇的诸多相似之处，前文已有论及。尽管在现有文献基础上无法得出董仲舒继承了荀子的人性论的结论，但至少可以在较弱的意义上认为两者存在关联。落实到人性论上，两者之间的承继则更为内在而深刻。具体而言，则主要有以"生"训"性"与性情之分两个方面。

从字源来看，"生"字孳乳而为"性"与"姓"字，业已为诸多前辈学者所申明，尽管在具体观点上有所差异，但就"生"字可以为"性"字之训这一点而言，并不存在分歧。① 也就是说，董仲舒以"生"训"性"的主张并不一定承自《荀子》。真正值得关注的是两者在表述上的近似，如《荀子·礼论》："性者，本始材朴也。"② 董仲舒则以为："性者，天质之朴也。"③《荀子·正名》："生之所以

---

① 傅斯年对于"性"字考释尤力，并提出："独立之性自为先秦遗文所无，先秦遗文中皆用生字为之"的观点。而就"生"与"性"字字义上，傅斯年则以为："'生'之本义为表示出生之动词，而所生之本，所赋之质亦谓之生（后来以'生'字书前者，以'性'字书后者）。物各有所生，故人有生，犬有生，牛有生，其生则一，其所以为生者各异。古初以为万物之生皆由于天，凡人与物来之所赋，皆天生之也。故后人所谓'性'之一词，在昔仅表示一种具体动作所产生之结果，孟、荀、吕子之言性，皆不脱生之本义。"徐复观则对傅氏之观点进行了细致而周延的批判，不仅指摘了某些傅氏之具体论证，更从宏观上反对以"语言学的方法"来治思想史。在徐复观看来，"就'性'字说：有的与造字时的原义相合，有的系由原义所引申，有的则与原义毫无关涉。某人某书，所用的'性'字，大概会与他先行的'性'字观念有关，才有人性论史的'史'之可言"。欧阳祯人则复参之以出土简帛，指出本无写有"性"字（从心从生）的原始材料，而多为从生从目"眚"字。本书认为：傅斯年的考释有其合理的一面，但一切解释均上溯到字源，并认为凡《孟子》《荀子》《吕氏春秋》等文献中的"性"字皆可改为"生"字，则未免偏颇。傅斯年：《性命古训辨证》，上海：上海古籍出版社，2012年，第9、92—93页。徐复观：《中国人性论史·先秦篇》，第12页；欧阳祯人：《先秦儒家性情思想研究》，第61—62页。

② 【清】王先谦：《荀子集解·礼论第十九》，沈啸寰、王星贤点校，第366页。

③ 【汉】董仲舒：《春秋繁露·实性第三十六》，第63页。

◎ 发天意而正名号：公羊学语境中的董仲舒名论

然者谓之性。"① 董仲舒则认为："如其生之自然之资谓之性。"②两者之间表述之近实在让人难以否认其关联，至少可以说，在"性"之为"生"的议题上，董仲舒承荀子而为言的可能性极大。

既以"性"为素朴之材质，则自然推导出性待矫而后善的主张。在这一点上董仲舒也与荀子如出一辙。《荀子·性恶》："人之性恶，其善者伪也。今人之性，生而有好利焉，顺是，故争夺生而辞让亡焉；生而有疾恶焉，顺是，故残贼生而忠信亡焉；生而有耳目之欲，有好声色焉，顺是，故淫乱生而礼义文理亡焉。然则从人之性，顺人之情，必出于争夺，合于犯分乱理而归于暴。故必将有师法之化，礼义之道，然后出于辞让，合于文理，而归于治。用此观之，然则人之性恶明矣，其善者伪也。"③ 对于"伪"字，荀子解释道："虑积焉、能习焉而后谓之伪。"④ 王先谦注曰："心虽能动，亦在积旧习学，然后能矫其本性也。"⑤ 可见，只有后于天性的人为之功，才能矫正"性"所内含的恶的质素，"伪"正是这样一种以思虑积聚、化其本恶之性的工夫。董仲舒与荀子的主张两相比照，不难发现董仲舒与荀子均主张人的行为对于恶念、贪欲的禁止与革除。当然，董仲舒并不主张"性恶"，在《深察名号》篇与《实性》篇中，"恶"字仅两见，且均围绕"心"而展开论述，所谓"栣众恶于内，弗使得发于外者，心也。故心之为名栣也。人之受气苟无恶者，心何栣哉？"⑥ 也就是说，"恶"是"心"作为主

---

① 【清】王先谦：《荀子集解·正名第二十二》，沈啸寰、王星贤点校，第412页。

② 【汉】董仲舒：《春秋繁露·深察名号第三十五》，第60页。

③ 【清】王先谦：《荀子集解·性恶第二十三》，沈啸寰、王星贤点校，第434—435页。

④ 【清】王先谦：《荀子集解·正名第二十二》，沈啸寰、王星贤点校，第412页。

⑤ 【清】王先谦：《荀子集解·正名第二十二》，沈啸寰、王星贤点校，第412页。

⑥ 【汉】董仲舒：《春秋繁露·深察名号第三十五》，第61页。

第四章　名学视域下的心性与教化

体所要克服的对象，但这一澄治之功首先以预设"恶"的存在为前提，即人之禀受之中包含"恶"的质素。后文所谓"人之诚，有贪有仁。仁贪之气，两在于身"①，即以为在"性"之中有善与恶、仁与贪两种相反的质素，"心"所具有之"栣恶"功能，正与荀子所主张的"性恶"而需"礼义""师法"若合符契。

既以"性"为天生之材朴，以"善"为待矫而后成，那么以"天人之分"为前提，主张圣人教化之功也就顺理成章了。在荀子看来，"性者，天之就也"②。而圣人则有"化性起伪"，定礼义、制法度的功业，换言之，天之生人予其质，圣人则经由礼义法度以导之向善。在董仲舒那里存在着同样的理路，前文在论"性""善"之别时已有论述，此处不赘。可以说，尽管董仲舒并不认为"性恶"，从以"生"训"性"一贯而下，主张伪/教而后善，并将这一礼义或教化的功业归于"圣人"/王者，两者的理路与主张不可谓不近。

如果说在以"生"训"性"方面，董仲舒之于荀子并无过多发挥与发展，那么，在处理"性"与"情"的关系上，董仲舒则有与荀子分途，甚至过荀子之处。通观《性恶》一篇，对于"性""情"之分殊往往是模糊的，"情性"二字之连属与对文之处不一而足。而在《正名》篇中，对于"情"与"性"的关系则有所界定："情者，性之质也。"（《正名》）这显然是视"情"为"性"的本质。③那么，何谓"情"呢？《荣辱》篇有言："人之情，食欲有刍豢，衣欲有文绣，行欲有舆马，又欲夫余财蓄积之富也，然

---

① 【汉】董仲舒：《春秋繁露·深察名号第三十五》，第61页。
② 【清】王先谦：《荀子集解·正名篇第二十二》，沈啸寰、王星贤点校，第428页。
③ 王先谦注曰："性者成于天之自然，情者性之质体，欲又情之所应，所以人不必免于有欲也。"即以"情"为"性"之本质，且"欲"作为"情之应"，其存在便有了合理性。参见【清】王先谦《荀子集解·正名篇第二十二》，沈啸寰、王星贤点校，第428页。

◎ 发天意而正名号：公羊学语境中的董仲舒名论

而穷年累世不知不足，是人之情也。"① "情"在这里又等同于欲求及其满足，即把"耳目之欲""声色之好"等自然属性当作人的内在属性，这不啻对"辞让"与"礼义"等社会属性的忽视，而后者也应视作广义的"人性"，同样也构成了人的内在精神的重要面向。② 以荀子混同性情的主张推之，"性恶"的观点可谓顺理成章。③ 上文所引"从人之性，顺人之情"，即可以互文解之，即顺从人的性情，将人情的种种争夺、好利的表现与性等同起来。就此而言，荀子以性为恶，显然是关注到性之中"情"与"欲"的面向，而忽略了对其整体的考虑。

董仲舒对于"性"乃至"情"的考量相比荀子要复杂一些。冯友兰在《中国哲学史》中论及董仲舒所谓"性"有广狭二义："就其广义言，则'如其生之自然者谓之性。性者，质也'。依此义，系人之'生之自然之资'，亦在人之'质'中。故曰：'天地之所生谓之性情，性情相与为一瞑，情亦性也。'就其狭义言，则性与情对，为人'质'中之阳；情与性对，为人'质'中之阴。"④ "情"与"性"的对待，可以用董仲舒自己的话来进一步阐明，所谓"目惊而体失其容，心惊而事有所忘，人之情也"⑤。又："大富则骄，大贫则忧。忧则为盗，骄则为暴，此众人之情也。"⑥ 其中"情"可

---

① 【清】王先谦：《荀子集解·荣辱篇第四》，沈啸寰、王星贤点校，第67页。

② 欧阳祯人认为："荀子就没有真正抓住人之所以为人的内在天赋之性，以人的生理性、天生情欲代替了人的社会性，而且最终将人的天生情欲，与人的社会性混而为一。"欧阳祯人：《先秦儒家性情思想研究》，第427—428页。

③ 欧阳祯人关注到荀子思想中"性""情""欲"三者的纠葛："荀子笔下的'性'与'情'，在很多情况下，实际上就是人的生理之'欲'，'性''情''欲'是三位一体的，这就必然导致'性恶论'。"欧阳祯人：《先秦儒家性情思想研究》，第426页。

④ 冯友兰：《中国哲学史》，第515页。

⑤ 【汉】董仲舒：《春秋繁露·竹林第三》，第16页。

⑥ 【汉】董仲舒：《春秋繁露·度制第二十七》，第47页。

第四章　名学视域下的心性与教化

以作"情绪"或"情感"解。① 而"性"除了有作为"质"的含义外，在与"情"对待时，还特指其趋善之义，如"人受命于天，有善善恶恶之性"②，"凡人之性，莫不善义"③。其中，作为"质"的"性"显然不具有"善"的属性，而作为与"情"相对的"性"则具有向善的可能，张岱年关注到这一区分："如所谓性专指与情对待之性，则可谓善。而就整个的性来说，则便不能谓性已善了。"④

性与情的对待在董仲舒那里由天道的"阴阳"来背书。从天所推导出的阴阳出发，对于人性内在包含的性情架构作出解释，是董仲舒独特的理论视角。⑤ 所谓"身之有性、情也，若天之有阴、阳也。言人之质而无其情，尤言天之阳而无其阴也"⑥。天有阴阳，人有性情，首先意味着情与性同在于人，绝无偏阳而废阴之理；其次则借由天抑阴而尊阳，证明人需抑情以成性。在此，阴与阳的对

---

① 刘悦笛对于儒家所说的"情"有一个三分的论述，即情实、情性与情感。在董仲舒的论域中，"情"与"性"相对，所指大体是喜怒哀乐爱恶欲之"情感"，《白虎通·情性》曰："喜、怒、哀、乐、爱、恶谓六情。"不过，就"大富则骄，大贫则忧。忧则为盗，骄则为暴，此众人之情也"（《度制》）一句来看，作"情实"解也未尝不可。并且，就"情"与"性"合二为一来看，董仲舒以"情性"生于天地的说法显然也与所谓"情性"关乎形上维度有所契合。参见刘悦笛《"情性""情实"和"情感"——中国儒家"情本哲学"的基本面向》，《社会科学家》2018年第2期。
② 【汉】董仲舒：《春秋繁露·玉杯第二》，第12页。
③ 【汉】董仲舒：《春秋繁露·玉英第四》，第19页。
④ 张岱年：《中国哲学大纲》，北京：中国社会科学出版社，1982年，第203页。类似讨论也可以参见崔涛《董仲舒的儒家政治哲学》，第53页。
⑤ 徐复观认为，董仲舒的阴阳理论"站在宇宙论的立场上是说不通的"，而只能在人伦道德内寻找合理性。"天人关系既如此密切，则人伦道德亦当与天同体……把人间的关系，投射到阴阳中去，先使其人间化，再把人间化了的阴阳，来作人伦关系的根据。"徐复观：《阴阳五行及其有关文献的研究》，见于《中国思想史论集续篇》，北京：九州出版社，2014年，第67页。类似的讨论亦可参见余治平《唯天为大——建基于信念本体的董仲舒哲学研究》，第160页。
⑥ 【汉】董仲舒：《春秋繁露·深察名号第三十五》，第61页。

· 217 ·

◎ 发天意而正名号：公羊学语境中的董仲舒名论

举为性与情的共在提供天道的基础。

"情"与"性"的对待如落到实处，则具体表现为"贪"与"仁"的对举："天两有阴阳之施，身亦两有贪仁之性。"① 冯友兰认为："贪即情之表现，仁即性之表现也。"② 此处将"仁"视为"性"的表现，显然是就狭义言"性"。就整体而言，"贪"与"仁"应被视作"情性"两端，或两种倾向，而贪仁皆具则构成了董仲舒所总论的"性"。就"性"之为"质"或"生"的含义而言，人生而有贪与仁。且"性"之中的"贪"与"仁"作为两端，亦由阴阳的并举得以确立。不过，"贪仁之性"作为天所予我者，仅仅限于告子所谓"生之谓性"的"性"。③ 董仲舒显然并不满足于以"生"为"性"而提出了"抑情成性"的主张。"成性"显然是一个过程，其中必然有人力的参与，只有人的工夫才能去其贪，成其仁，"栣恶"的工夫也就表现为抑制贪欲，发扬仁德。

或许可以认为：董仲舒以阴阳论性情，强调（广义的）"性"之中有贪、仁两面，却在一定程度上补足了荀子未能严格区分性情的偏与弊。冯友兰将荀子的性恶论归因于其对"天"的休认："荀子所言之天，是自然之天，其中并无道德的原理，与孟子异。其言性亦与孟子正相反对。"④ 而天道是否体现某种意志，恰恰是荀子与董仲舒天论的分际处，也是两者人性论之别的重要根源。在董仲舒那里，"阴"与"阳"合而为天道，"天"的意志也就蕴含在"阴"与"阳"的对举中，而超越了荀子仅仅以自然属性论"天"。荀子以"情"为"性"，而在董仲舒那里，"性"与"情"的关系却是性情不离，但又必须有所分别。论性当然不能离开情，成善成

---

① 【汉】董仲舒：《春秋繁露·深察名号第三十五》，第61页。
② 冯友兰：《中国哲学史》，第515页。
③ 张岱年认为董仲舒以"生"为"性"的观点近于告子。参见张岱年《中国哲学大纲》，第201页。
④ 冯友兰：《中国哲学史》，第356—357页。

性，也不偏废人情。"损其欲辍其情以应天"，并不意味着绝其"情"。可见，情是修养的场域，成性也就意味着抑制情欲的肆虐，引导情欲的正常发用。以服饰为例，董仲舒主张衣服应以蔽体、暖身为其实用性的功能，加之以"别上下之伦"的社会性功能。若超过此一"度制"，便会"大乱人伦而靡斯财用"。① 因此，董仲舒主张"人欲之谓情，情非度制不节"②。可见，董仲舒将"情"与"性"视作一体两面并主张"抑情成性"的观点脱胎于荀子，而又要比荀子混同性情、以性为恶的观点要来得圆融。

要之，在人性思想上，董仲舒对于荀子继承多过批判。一方面，以"生"训"性"，并由之一贯而下，强调礼义、教化之功，并归之于圣人，是两者之所同；另一方面，由天道之阴阳背书以区分情性，并提出"抑情成性"的主张，可谓脱胎于荀子，而又有过荀子之处。

三 性习与三品——董仲舒对孔子人性思想的承继

董仲舒对孟子性善说的扬弃在于否定"善"的现实性而主张"性"有向"善"的可能性，而董仲舒对荀子人性观点的发展则在于"性"有有待矫正、教化之现实性，并进一步分殊"情""性"以明确"抑情成性"的主张。《论衡·本性》记载董仲舒之语，虽不见于今本《春秋繁露》，亦合于董仲舒论"性"之旨，其言曰："董仲舒览孙、孟之书，作《情性》之说曰：'天之大经，一阴一阳；人之大经，一情一性。性生于阳，情生于阴。阴气鄙，阳气仁。曰性善者，是见其阳也；谓恶者，是见其阴者也。'"③ 换言之，孟、荀也仅是

---

① 【汉】董仲舒：《春秋繁露·度制第二十七》，第48页。
② 【汉】班固撰，【唐】颜师古注：《汉书·董仲舒传第二十六》，第2188页。
③ 黄晖：《论衡校释·本性第十三》，北京：中华书局，1990年，第165—166页。

◎ 发天意而正名号：公羊学语境中的董仲舒名论

各得其一偏。真正能"阴阳"兼备、得其全体者当推孔子，甚至可以认为，董仲舒对于孔子人性观念的继承是最为全面的。

孔子论"性"的主张首推"性习说"①，《论语·阳货》记载孔子之言："性相近也，习相远也。"② 人得天地之气而初生，其禀赋、天性之大略则相近，经由后天习染而有对品性的塑造，产生分别与疏远。与之相应，孔子尤为重视后天的教育与个人的习行在"成性"过程中的重要性。③ 其说虽未特意提出天生而人成的论说框架，大体上却也未能越出"生之谓性"或以"生"训"性"之窠臼。④ 或可说，周秦之际的人性观点大略均受"生之谓性"的影响。世硕之徒主张性有善有恶，以为"举人之善性，养而致之则善长；性恶，养而致之则恶长"⑤。告子则主张"生之谓性"，"性无善无不善"。⑥ 若暂且搁置孔子作为"至圣先师"的特殊身份，在"性相近"或"生之谓性"的意义上，上述几种观点间并不存在显著的分歧。若套用存在主义哲学家萨特的话说，则是"存在先于本质"，即人只有在世存在之后才能澄明其所是。这一点上，董仲舒以"性"为天生之质朴，认为势必加以后天之功——包括外在的王教与内在的栣恶——方可发挥善质，革除恶念的主张，与孔子"性相近，习相远"之说的契合恰恰是承这一以"生"训"性"的传

---

① "性习说"的提法得自匡亚明，其言曰："孔子在两千多年以前提出的教育可以革新人的'性习说'，强调和承认人的后天习染作用，亦即教育的重要作用。"匡亚明：《孔子评传》，南京：南京大学出版社，1990年，第371页。

② 【魏】何晏注，【宋】邢昺疏：《论语注疏·阳货第十七》，载李学勤主编《十三经注疏》（标点本），第233页。

③ 据欧阳祯人统计，"在《论语》中，'学'字凡65见，其出现频率仅次于'仁'字"。欧阳祯人：《先秦儒家性情思想研究》，第106页。

④ 欧阳祯人指出："'性相近也'，虽未脱自甲骨文以来'生之谓性'的背景，但是，它在先秦儒家性情思想史上的意蕴却远非到此为止。"欧阳祯人：《先秦儒家性情思想研究》，第105页。

⑤ 黄晖：《论衡校释·本性第十三》，第157页。

⑥ 【清】焦循：《孟子正义·告子上》，沈文倬点校，第748页。

第四章 名学视域下的心性与教化

统而成立的。也可以发现，在儒家人性思想的发展脉络中，自孔子而下，荀子、董仲舒可谓正传，均以性—习、天—人为论述人性的基本框架，孟子所谓"性善"反而是歧出。①

孔子主张天性相近，但又以为"唯上知与下愚不移"②，结合"性习说"而观之，可以推知，孔子似乎认为习而后能善的"性"不在"上智"与"下愚"之列。③ 这就为后世之"三品"说开了先例。董仲舒分判"圣人之性""斗筲之性"与"中民之性"，并指出："圣人之性不可以名性，斗筲之性又不可以名性"④，"名性，

---

① 傅斯年即认为："在人性论上，遵孔子之道路以演进者，是荀卿而非孟子。"又："在性论上，孟子全与孔子不同，此义宋儒明知之，而非宋儒所敢明言也。孔子之人性说，以大齐为断，以中性为解，又谓必济之以学而后可以致德行，其中绝无性善论之含义，且其劝学乃如荀子。"所谓"以大齐为断，以中性为解"，即"性相近"，而"济之以学而后可以致德行"，则所谓"习相远"也。傅斯年：《性命古训辨证》，第166、180—181页。

② 【魏】何晏注，【宋】邢昺疏：《论语注疏·阳货第十七》，载李学勤主编《十三经注疏》（标点本），第233页。

③ 对于"上智"与"下愚"的解释历来存在分歧。有将"智""愚"作"才性"解，与道德之善恶无涉。刘宝楠《论语正义》引阮元《论性篇》："性中虽有秉彝，而才性必有智愚之别。然愚者，非恶也，智者善，愚者亦善也。"有将"智""愚"作美恶解，与"性"之可移不可移相关。朱熹《论语集注》引程子之言："人性本善，有不可移者何也？语其性则皆善也，语其才则有下愚之不移。所谓下愚有二焉：自暴自弃也。人苟以善自治，则无不可移，虽昏愚之至，皆可渐磨而进也。惟自暴者拒之以不信，自弃者绝之以不为，虽圣人与居，不能化而入也，仲尼之所谓下愚也。"上述两种解释均刻意回避了善恶与智愚的关联，以扩充儒家教化之边界。但考诸皇侃《义疏》则断不如是，其言曰："前既曰性近习远，而又有异，此则明之也。夫降圣以远，贤愚万品，若大二焉之，且分为三，上分是圣，下分是愚，愚人以上，圣人以下，其中阶品不同，而共为一。此之共一，则有推移。今云上智谓圣人，下愚愚人也。"似乎可以推知，否认"智""愚"和"性"之善恶的关联，强调所谓"不移"是"不肯移"而非"不可移"者，实为后起的观念。由是观之，程树德以皇《疏》有胜于《集注》，可谓得之。【清】刘宝楠：《论语正义·阳货第十七》，第678页；【宋】朱熹：《论语集注·阳货第十七》，《四书章句集注》，北京：中华书局，1983年，第176页；程树德：《论语集释·阳货上》，程俊英、蒋见元点校，第1187页。

④ 【汉】董仲舒：《春秋繁露·实性第三十六》，第31页。

· 221 ·

◎ 发天意而正名号：公羊学语境中的董仲舒名论

不以上，不以下，以其中名之"①。即脱胎于孔子所谓"上智""下愚"之说。而在辨正孟子"性善论"时，董仲舒引孔子之不得见"圣人""善人"为言②，论证"圣人之所谓善，未亦当也"③，更是进一步将"圣人之性"拔高到不可得而见的超越之境。而其结论则在于为"成性"过程提供一个自下而上的序列，所谓"圣人过善，善过性"，即修习以成性者，以谋去其恶成其善为务，对于圣人的境界则"虽不能至，心向往之"。

然而，历来对董仲舒人性思想的解读中，始终有一不得不面对的矛盾，这也是承自孔子之"性习说"与"上智""下愚"而来的问题，即如何调和"名性以中"与"三品"之间的扞格。一方面，董仲舒主张"名性以中"，似乎只有"中民之性"方可称为"性"；另一方面，"圣人之性""斗筲之性"虽有"性"之"名"，却又被排除在董仲舒所谓"性"之外。对于如此重视"名号"的董仲舒而言，这一说法本身似乎就是对"名生于真"这一基本规定的背离。早期的中国哲学史研究者往往以阶级分析为方法，批判董仲舒"性"论中的矛盾，其说虽与客观之学理分析相隔邈远，却也在一定程度上给出了一个解释④；而黄开国则从观念史的角度予以分析。一则董仲舒论"性"有其逻辑漏洞，即混淆了一般与特殊的关系。⑤ 一则以"性同一说"与"性品级说"的提法解释了董仲舒的

---

① 【汉】董仲舒：《春秋繁露·深察名号第三十五》，第61页。
② 《论语·述而》："子曰：'圣人，吾不得而见之矣；得见君子者，斯可矣。'子曰：'善人，吾不得而见之矣；得见有恒者，斯可矣。亡而为有，虚而为盈，约而为泰，难乎有恒矣。'"【魏】何晏注，【宋】邢昺疏：《论语注疏·述而第七》，载李学勤主编《十三经注疏》（标点本），第93页。
③ 【汉】董仲舒：《春秋繁露·深察名号第三十五》，第62页。
④ 对于早期哲学史研究中以阶级论"三品"之性的分析，可参见周桂钿《董学探微》，第96—101页。
⑤ 参见黄开国《儒家人性与伦理新论》，西安：陕西人民出版社，2006年，第91—93页。

第四章　名学视域下的心性与教化

人性论中之所以存在这一矛盾的缘由。[①] 若回到董仲舒思想本身，其间有矛盾之处断无可否认之理，但其"名性以中"的观点实则得自以"生"训"性"的传统。强调"圣人之性"与"斗筲之性"非"性"，则是以其"正名"为方法，分殊"善""圣"与"性"之别，实是为其自上而下之成性与教化序列张目，即所谓"善过性，圣人过善"是也。且细绎"性"之为"性"，其间确有共、殊之别，但既以"性"为名，则在此命题中代表共性而在彼命题中代表殊性似乎也无可厚非。只是董仲舒论"性"未就其共、殊加以分别、说明，或许是其陷入逻辑矛盾之关键所在。相形之下，宋儒对孔子"性习说"与"上智""下愚"说的矛盾处理是通过区分"气质之性"与"天地之性"（或所谓"本性"），同样采取增补对于概念的分殊来加以解释的方式。不可否认，董仲舒论"性"时对于概念的共、殊之别并无特别说明，以至于为后来者所诟病，但以今日之视角或以现代之逻辑、哲学范式审视古人之思考未必妥帖。总之，厘清董仲舒论"性"之宗旨，方可以"同情之理解"对待其人性观点中的扞格之处。

言至于此，或可说董仲舒论"性"虽有承孟子与荀子立论之处，却以归本并发展孔子的人性论为基点。无论是由"性相近，习相远"的主张所确立的性—习、天—人的基本框架，还是以"上智"与"下愚"所限定的教化对象，在董仲舒的人性思想中均有所呈现。可以说，董仲舒论"性"，以正名为方法，以宗圣为志业。"圣人之所命，天下以为正。正朝夕者视北辰，正嫌疑者视圣人。圣人以为无王之世，不教之民，莫能当善。"[②] 其中所谓"圣人"，或可视为特指孔子，孔子并未以"善"名"性"，则董仲舒亦以之为宗，万民之善必待教而后

[①] 黄开国认为："将董仲舒的性概念与圣人之性、中民之性、斗筲之性，分别归属于性同一说与性品级说，董仲舒的人性论就可以得到较好的说明。"黄开国：《儒家人性与伦理新论》，第98页。

[②] 【汉】董仲舒：《春秋繁露·深察名号第三十五》，第62页。

◎ 发天意而正名号：公羊学语境中的董仲舒名论

可当，其与孔子之重"教"与"学"（"习"）者庶几近乎。

当然，所谓"归本"于孔子并非字面意义上的回到孔子或重复孔子的观点，中国古代人性思想的发展有其自身的脉络。一方面，且不论以尊孔——认为孔子之言无所不备、无所不包的近乎宗教式的信念——为前提，上文的讨论业已明晰，孔子与董仲舒论"性"虽同处以"生"训"性"之窠臼，而后者之辨正及其就"性"之内涵的义理分殊而论则过前者远矣。另一方面，从观念的发展脉络而言，对"性"的讨论或有分合交替演进之规律。傅斯年考察西周及东周之人性观，以为起初只有"类别的人性观"，依据在于"人"作为普遍的概念在上古时期并不存在①，而后渐进发展（其间过程虽不可考），以至于为"普遍的人性观"。而孔子的人性论，则有鲜明的从"特别论"到"普遍论"之发展的中间环节的特质。② 及至孟、告、荀言"性"，皆就一般之"性"而立论。及至董仲舒，则"性"之分判又现。③ 三国时期刘劭作《人物志》品评人物才性，其根本仍在"性情"之分判，可谓分之极致。降至宋明，则又呈现出收摄之趋势，所谓"天地之性"与"气质之性"，即以"性"之两端而为言。④ 黄开国将人性论区分为"性一元论"

---

① 傅斯年指出："'人''黎''民'在初皆为部落之类名，非人类之达名。"傅斯年：《性命古训辨证》，第142页。
② 傅斯年认为："古者以为人生而异，族类不同而异，等差不同而异，是为特别论之人性说"，而且，"孔子以为人之生也相近，因习染而相远，足征其走上普遍论的人性说已远矣，然犹未至其极也。故设上智下愚之例外，生而知，学而知，困而学之等差。"傅斯年：《性命古训辨证》，第165—166页。
③ 周桂钿即指出："在人性论上，孔子是合，孟荀是分，董仲舒是再次合，也经历了分合的过程。"周桂钿：《董学探微》，第101页。
④ 譬如朱熹注"性相近，习相远"曰："此所谓性，兼气质而言者也。气质之性，固有美恶之不同矣。然以其初而言，则皆不甚相远也。但习于善则善，习于恶则恶，于是始相远耳。"又引程子之言曰："此言气质之性。非言性之本也。若言其本，则性即是理，理无不善，孟子之言性善是也。何相近之有哉？"其所谓"气质之性"，实与"天地之性"对待而言，即程子所谓"性之本"。【宋】朱熹：《论语集注·阳货第十七》，《四书章句集注》，第175—176页。

与"性品级说",并认为先秦—汉唐—宋明人性论的发展经历了正(性同一说)、反(性品级说)与合(宋儒的融合)的过程。① 暂且搁置上述诸种观点间的差异,分合交替演进似乎可以视作"性"论发展的总趋势。董仲舒对于孔子人性论的发展正可置于这一脉络中予以领会。

总之,董仲舒以"深察名号"为方法所展开的对于"性"的论述之中各种观点交织迭出,后世说者纷纭,歧义百见。究其缘由,在于以"生"训"性","性有善质",乃至区隔"圣人之性""斗筲之性"与"中民之性"的观点各有其来源。不过,在这一脉络中,也存在着自孔子以降,一成不变的宗旨,即所谓"教"。孔子以"性习"为论,最终导向"学"的重要意义;孟子以"性善"为论,却亦要加以"扩而充之"的工夫;荀子以"性恶"(或"性朴")为论,则更主礼义、人为之所从出的重要性。可知,天生而待人成,本性而待教化,则是儒家一以贯之的"立言宗旨"。下文将围绕"教"的问题展开论述,以明晰董仲舒论"性"之旨归。

第三节　教为政本
——董仲舒的"教化"观念

上文以"心"与"性"为核心的论述业已触及了"教"的问题。董仲舒谈"心"论"性"无论其间存在多少义理上的迂回曲折,最终均指向了"教化"这一目的。一则,董仲舒对于"心"与"性"的讨论为教化之施展提供了内在的根据;一则,"[德]教"作为董仲舒政治思想中的一个重要范畴与"刑"相对,是政治的根本。只有明确"教"在董仲舒整个政治思想中的核心地位,才能从整体上把握《深察名号》篇的义理脉络与论述结构。

---

① 参见黄开国:《儒家人性与伦理新论》,第3—21页。

◎ 发天意而正名号：公羊学语境中的董仲舒名论

一 "教之为言效"

与对"心"与"性"的考察不同，董仲舒并未以"深察名号"为方法推求"教"的字义，但这并不意味着其对"教"的讨论就脱离了"名号"的规制。如以"效"训"教"，以"觉"训"学"，主张圣王之教为效法天道而成善，认为民众之受教是由"瞑"而"觉"的过程，同样隐含着由字训到义理的"深察名号"的进路。

就"教"字的含义来看，教学、教育、教化之为"教"之展开，其本义不脱"教"之为"效"——仿效、效法——的含义。《说文解字·教部》："上所施下所效也。从攴从孝。凡教之属皆从教。"①《释名·释言语》："教，效也，下所法效也。"②《白虎通·三教》："教者何谓也？教者，效也，上为之，下效之。"③《广雅·释诂》："教，效也。"可知，"教"之训"效"可谓通释。表达上有所施，下有所效的含义。这一由"教"所勾连起的上与下、施与受之关联，又可以推扩至天人之间的关系。《春秋元命苞》："天垂文象，人行其事，谓之教。教之为言效也，上为下效，道之始也。"④ 天垂示之以象而无须言说，人行之以时即有所效法，如孔子之言："天何言哉，四时行焉，百物生焉。"⑤ 即寓"教"于天地大化流行之中。人经由参赞天地之化育便可见微知著、洞见规律。可知，无论是在人道秩序还是天人关系中，上与下、施与受两方之间，垂范与效法的关系皆可归于"教"的范畴。师生之间的互动称

---

① 【汉】许慎著，【清】段玉裁注：《说文解字注·教部》，第247页。
② 【汉】刘熙：《释名·释言语》，第52页。
③ 【清】陈立：《白虎通疏证·三教》，第371页。
④ 《春秋元命苞》，转引自【宋】李昉《太平御览·人事部一》，北京：中华书局，2011年，第1656页。
⑤ 【魏】何晏注，【宋】邢昺疏：《论语注疏·阳货第十七》，载李学勤主编《十三经注疏》（标点本），第241页。

为教学，人格与学识的培植养成称为教育，移风易俗、培养贤才的过程称为教化。其间虽有施受双方及手段等种种差异，但"教"之为"效"的含义则是相通的。

与"教"相关的另一个字是"学"，事实上，"学"即为"教"之古字。首先，"学"亦可以"效"为训。如《广雅·释诂》："学，效也。"朱熹《论语集注》亦曰："学之为言效也。"[1] 究其缘由，在于古人言语中，施受不分，故"教"之与"学"皆可以"效"为训，只是前者为施动者，后者为受动者而已。[2] 其次，与"教"所主张的上下、施受双方之关系不同，"学"字作为"教"之本字所指涉的面要更广。毛礼锐、沈灌群主编《中国教育通史》考察商代甲骨文中的"学"字之形，指出其中包含了教与学之内容（爻、占卜之事）、教与学的活动与教学场所三个部分。[3] 后世训"学"字大抵不出这三个方面。《周礼·夏官司马》"以国法掌其政学"，郑玄注曰："学，修德学道。"[4] 即以"学"为教学之内容。《大学》"如切如磋者，道学也"，朱熹《章句》，"学，谓讲习讨论之事"[5]，即以"学"为教学之活动。又《广雅·释宫》："学，官也。"王念孙《疏证》曰："皆谓官舍也。"[6] 即以"学"为教学之场所。最后，"学"亦可以"觉"为训，如《说文解字·

---

[1] 【宋】朱熹：《论语集注·学而第一》，《四书章句集注》，第47页。

[2] 欧阳祯人指出："在甲骨文中，'教'字也可以读作'学'，从语言学的角度上来讲，古人语言，施受不分，如买与卖、受与授、籴与粜，原本只是一个词，后来才随着社会生活的变化而逐步分化。"欧阳祯人：《先秦儒家性情思想研究》，第107页。

[3] 参见毛礼锐、沈灌群主编《中国教育通史》（第一卷），济南：山东教育出版社，2005年，第56—58页。

[4] 【汉】郑玄注，【唐】贾公彦疏：《周礼注疏·夏官司马·都司马》，载李学勤主编《十三经注疏》（标点本），第886页。

[5] 【宋】朱熹：《大学章句》，《四书章句集注》，第6页。

[6] 【清】王念孙：《广雅疏证·释宫》，虞万里主编，张靖伟、樊波成、马涛等校点，第1074页。

◎ 发天意而正名号：公羊学语境中的董仲舒名论

教部》："斅：觉悟也。"① 《白虎通·辟雍》："学之为言觉也。以觉悟所不知也。"② 《论语·阳货》，"好仁不好学"，邢昺《疏》曰，"学者，觉也，所以觉寤未知也"。也就是说，"教"与"学"经由"效"之含义所勾连起的上与下、施与受的互动，仍需由主体之明觉、领悟作为基础。

董仲舒对于"教"字的把握大抵不出上述"教"之为"效"的基本规定。董仲舒论"性"与"教"之关系有一个基本的逻辑起点，即"民者，瞑也"："民之号，取之瞑也，使性而已善，则何故以瞑为号……性有似目，目卧幽而瞑，待觉而后见，当其未觉，可谓有见质，而不可谓见。今万民之性，有其质而未能觉，譬如瞑者待觉，教之然后善。当其未觉，可谓有善质，而未可谓善，与目之瞑而觉，一概之比也。"③ 苏舆注曰："《释名》：'瞑，泯也。无知泯泯也。'按矇、瞑一义。"④《说文》则释"民"为"众萌"。可见"民"的名号与"瞑"相关非董仲舒一家之说，而是彼时的共识。以"民"为论述的起点，即将讨论的对象规定为"性情相与为一瞑"的普通人，所谓"名性不以上不以下，以其中名之"是也。同时，也正是由于"民"之无知与未觉，才有"学"之为"觉"的必要。"民"也就自然而然成了"教"的对象，并作为"教"得以成立的先决条件。以"民"为逻辑起点可以发现，"教"的意义体现在如下两个层面：第一，对个体的人而言，以目卧而未觉（醒）比之于人之未觉，"教"与"学"的目的是实现从未觉到觉的转变；第二，对群体的"民"而言，"教"所要实现的是使民众所具备的"善质"转变为真正的、现实的"善"，使礼义

---

① 【汉】许慎著，【清】段玉裁注：《说文解字注·教部》，第247页。
② 【清】陈立：《白虎通疏证·辟雍》，吴则虞点校，第254页。
③ 【汉】董仲舒：《春秋繁露·深察名号第三十五》，第61页。
④ 【清】苏舆：《春秋繁露义证·深察名号第三十五》，钟哲点校，第290页。

教化得以深入人心。前者关乎个体之教育或启蒙①，后者则关乎社会整体的"教化"。

对于个体之教育，虽然董仲舒偶有论及，如："君子知在位者之不能以恶服人也，是故简六艺以赡养之。"②《诗》《书》等"六艺"之学各有所长，皆可作用于个人心知的提升与德行之修饬，却大抵就"君子""人主"而为言。遍观《春秋繁露》与《董仲舒传》，论"学"之文辞甚少，虽偶有言及"学《春秋》"或"《春秋》之为学者"，亦围绕天子、人君立论。结合彼时"公孙弘以《春秋》白衣为天子三公……天下之学士靡然乡风"的历史情境③，可知其所谓"学"，下限亦不过学人、学士的层级。易言之，对于个体而言，"教"与"学"的问题事实上与"中民"及以下无涉。将董仲舒之论"教"与"学"与《荀子》比照，更能进一步明晰董仲舒的立言宗旨。《荀子》论"学"、劝"学"虽大抵不出君子、儒士作为"学"之主体，但如"学不可以已"（《劝学》）、"学至于行之而止"（《儒效》）等命题，皆可视作就一般之"学"而立论。相形之下，董仲舒论"教"者多，对"学"却言之寥寥，偶有言及亦仅就天子、王者之学而为言，更可知其为"肉食者谋"的立场。

既为"肉食者"谋，那么董仲舒对于"教"字之领会大抵可以归于社会整体之"教化"的范畴。对于社会整体之"教化"而言，则需要在"性有善质而未善"的框架内予以解读。从人性论的角度来看，"教"之为"教化"得以成立的前提，源于"成善"的或然性。一方面，天予人以"善质"但仍有"恶"夹杂其中。因

---

① "启"，《说文·攴部》："启：教也。从攴启声。《论语》曰：'不愤不启。'"从目卧而未觉，到目见而心知，对于个体而言，"教"即意味着心智的"开启"。参见【汉】许慎著，【清】段玉裁注《说文解字注·攴部》，第240页。

② 【汉】董仲舒：《春秋繁露·玉杯第二》，第13页。

③ 【汉】司马迁撰，【南朝宋】裴骃集解，【唐】司马贞索隐，【唐】张守节正义：《史记·儒林列传第六十一》，第3788页。

◎ 发天意而正名号：公羊学语境中的董仲舒名论

此，必须有圣王之"教"才能将内在的"善质"引导出来："天生民性有善质而未能善，于是为之立王以善之，此天意也。民受未能善之性于天，而退受成性之教于王，王承天意，以成民之性为任者也。今案其真质而谓民性已善者，是失天意而去王任也。万民之性苟信已善，则王者受命尚何任也？……今万民之性，待外教然后能善，善当与教，不当与性……"① 要之，天性之中善与恶的质素并存，而如何抑恶扬善，以实现"善"的扩充养成，则是"成性"的工夫。将上天所赋予人的本性视作善，既没有真正领会天意，也使得王道教化无以施展，此之谓"失天意而去王任"。可见，"性"属天（"生"）的一边，"善"则属人（"教"）的一边，所谓"善，教训之所然也，非质朴之所能至也，故不谓性。"② 两相结合，才能成就真正的善。另一方面，以天人相分为前提，成善即意味着"继天而成于外"的工夫。上文提及，董仲舒主张以"循天之道"为前提的天人之分，以突显"性"与"善"的区别，其目的即在于突出"教"在"成善"过程中的重要作用。董仲舒对于"性"与"善"，"生"与"教"的关系论述得颇为清楚："性者，天质之朴也；善者，王教之化也。无其质，则王教不能化；无其王教，则质朴不能善。"③ "继天"即要求以"天性"为基础，即对天的效法，"成于外"则打开了"成性"的场域，即破除"性情相与为一瞑"的状态，继承天所予人的善质，而成其为礼乐教化之善，即董仲舒所谓"循三纲五纪，通八端之理，忠信而博爱，敦厚而好礼"云云。这里，在"内"的"天性"，由天道所规定。在《人副天数》篇中，对于人之情感、心知、伦理皆副之于天道，所谓"继天"而成善，也就意味着对天道的效法。可知，"教"之为"教化"的含义在董仲舒那里呈现为一个由天、圣人与民构成的自上而

---

① 【汉】董仲舒：《春秋繁露·深察名号第三十五》，第61页。
② 【汉】董仲舒：《春秋繁露·实性第三十六》，第63页。
③ 【汉】董仲舒：《春秋繁露·实性第三十六》，第63页。

下的教化序列。圣人上承天意，才能下施教于民。而民之所以能成善而受教，则既由其受之于天的"未能善之性"作为基础，复加之以圣王的"成性之教"两相作用的结果。①

"教"之为"效"的含义，不仅关乎以"正名"为方法，由字词以通乎义理而已，"名号"亦可内嵌于董仲舒自上而下的教化序列之中。一方面，上文对"名"与"号"的分析业已指出："名"之为"鸣"以达天意，"号"之为"謞"而效天意者，皆以"天意"作为内在根据，并呈现为对"天意"的领会与效法。换言之，就圣人得以领会天意，而施教于民而言，必须经由"名号"作为中介以实现对"天意"的效法。另一方面，在现实的政治教化序列之中，上自天子（王）、下至"民"之分职皆由"名号"得以规定与确立，"王"有以德来远、匡正民众之职，故其为"王"；"民"则属无知瞑瞑、待教而觉之性，故其为"民"。"教"的序列业已由对其"名号"的规定嵌入其中。

总之，尽管董仲舒并未以"正名"为方式探讨"教"的义涵，然而"教"之训"效"，以沟通天、圣人与民之关系，形成一自上而下之教化序列；"学"之训"觉"，落实于"民"作为"瞑"而未觉之教化对象，皆合乎其"深察名号"的方法与纲领。可见，对于董仲舒"教化"思想的解读，亦不脱"名"的视域。

二 "以德善化民"——"教"的优先性

董仲舒不仅是一个学问家，同时也是一名官员、政治家，或者

---

① 杨国荣指出："董仲舒以中民之性为成人的出发点，并肯定了成人过程既要以本然的善质为潜能，又离不开继天成性的自觉努力，从而表现出统一内在根据与后天作用的趋向……在这方面看，董仲舒的如上看法，显然又包含着折衷孟荀、扬弃二者之蔽的意向。"不过，杨国荣同样认为，这一努力并不成功，教化与天性构成了内在的紧张，且不能摆脱复性说的纠缠。杨国荣：《善的历程》，上海：华东师范大学出版社，2009年，第198页。

◎ 发天意而正名号：公羊学语境中的董仲舒名论

说是一名政治顾问。① 其立论的目的既然是为"肉食者谋"，那么如何将学理转换为政策依据，则是董仲舒所真正属意的问题。"教化"这一议题即十分鲜明地体现出董仲舒对现实政治的关切。在《天人三策》中，经由回答武帝的策问，董仲舒反思秦政之弊并结合对《春秋》经义的诠释，试图阐明"教化"对维系王朝长治久安的重要意义，为推行仁政德教的主张提供了强有力的论证。

在《天人三策》中，汉武帝以"五帝三王之道"设问，求教"受命之符"与"灾异之变"的问题，其所关注的重点在于为刘汉王朝之合法性寻找依据的同时，期求国祚绵延、长治久安之道。仲舒对策以"天人之际"起笔，告诫天子关注天之谴告，以勉励人君"夙夜匪懈""强勉行道"。继而对何谓"道"的问题有一番论述："道者，所繇适于治之路也，仁义礼乐皆其具也。故圣王已没，而子孙长久安宁数百岁，此皆礼乐教化之功也。"② "道"当指"治道"，即国家治理之道。③ 而"治道"之具体内容则是"仁义礼乐"，其手段则是将仁义礼乐推而扩之，得以落到实处的"教化"。如所周知，秦朝二世而亡的教训是汉初儒生念兹在兹的重要议题。贾谊"过秦"，以为"仁义不施而攻守之势异也"，几乎奠定了在儒家立场上反思秦弊的基点。董仲舒所论概莫能外。在《天人三

---

① 参见 Michael Loewe, Dong Zhongshu as a Consultant, *Asian Major*, Vol. 22, No. 1, 2009。

② 【汉】班固撰，【唐】颜师古注：《汉书·董仲舒传第二十六》，第2174页。

③ 本书所谓"治道"之提法，取自牟宗三在《政道与治道》中的区分："政道是相应政权而言，治道是相应治权而言。""治道，就字面讲，就是治理天下之道，或处理人间共同事务之道，其本质就是'自上而下'的。无政道的治道，尤其顺治道的本质而一往上遂，故言治道唯是自'在上者'言。端本澄源，理固应如是。治道之本义只是一句话：'君子之德风，小人之德草。'"落实于本书的论题，董仲舒向武帝谏言的"更化"议题或触及"政道"，但"教化"问题则有关"治道"，即如何自上而下贯彻统治者意志的问题。牟宗三：《政道与治道》，桂林：广西师范大学出版社，2006年，第23页。

第四章　名学视域下的心性与教化

策》中，董仲舒不无痛切地指出汉承秦制，亦承秦弊，虽临政七十余年，却积习未改的事实："今汉继秦之后，如朽木粪墙矣，虽欲善治之，亡可奈何。法出而奸生，令下而诈起，如以汤止沸，抱薪救火，愈甚亡益也。"① 究其实质，在于"刑罚"与"德教"的关系并未摆正。周初之圣王任德教，以至于"囹圄空虚"，刑罚设而不用四十余年。秦则继周季无道之世，又复"师申商之法，行韩非之说，憎帝王之道，以贪狼为俗"，更使王道坠地，教化不行。在此，圣王之治与暴秦之治间构成了"任德教"与"任刑罚"的对比，而董仲舒明确指出：王者受命，当使天下归心，故需以德教为重、刑罚为辅。在《天人三策》中，董仲舒更将"教化"比之于"堤防"，认为："教化立而奸邪皆止者，其堤防完也；教化废而奸邪并出，刑罚不能胜者，其堤防坏也。"② 要之，在国家治理的大方向上，董仲舒明确主张"任德教"而不"任刑罚"，首先是基于秦亡的教训，而为刘汉王朝长治久安的现实考量。

为了论证"任德教"之优越性，董仲舒同样从其"天的哲学"与《春秋》学两个方面寻找依据。就其"天的哲学"而言，董仲舒以治道之德、刑比附于天道之阴、阳，所谓"天道之大者在阴阳。阳为德，阴为刑；刑主杀而德主生"③。既然"天地之大德曰生"，施政自当遵从天道规定，以德教为主，以刑罚为辅。其中，德教之于刑罚的关系，一如阴阳以成岁一般。一方面，阳主而阴辅，任德而不任刑："天使阳出布施于上而主岁功，使阴入伏于下而时出佐阳；阳不得阴之助，亦不能独成岁。终阳以成岁为名，此

---

① 【汉】班固撰，【唐】颜师古注：《汉书·董仲舒传第二十六》，第2179页。
② 【汉】班固撰，【唐】颜师古注：《汉书·董仲舒传第二十六》，第2178页。
③ 【汉】班固撰，【唐】颜师古注：《汉书·董仲舒传第二十六》，第2177页。

◎ 发天意而正名号：公羊学语境中的董仲舒名论

天意也。王者承天意以从事，故任德教而不任刑。"另一方面，阳之有赖于阴而成岁，但又不可任阴以成岁，故"刑"必设而未必用。一则庆赏刑罚与春夏秋冬之间"以类相应"，"庆赏罚刑之不可不具也，如春夏秋冬不可不备也"①。一则"阴出而积于冬，错刑于空处也"②。措刑于空处，即设而不用。尽管在现实政治的治理之中，措刑毋用、囹圄空虚的状态几不可见，但其作为论证德教之优先性与刑罚之必要性的措辞仍有其合理之处。

就其《春秋》学的一面来看，在君王与民众的关系上，董仲舒主张行礼义教化于国中，而不可施刑罚于无度，倘不如此，则必召国灭君死之灾殃。兹举"梁亡"为例，《春秋·僖公十九年》记载"梁亡"一事，《公羊传》以之不合《春秋》亡国之常例，故执不知问，曰："此未有伐者，其言梁亡何？自亡也。其自亡奈何？鱼烂而亡也。"③可知梁国并未见伐，乃自取灭亡。董仲舒以为："梁内役民无已，其民不能堪，使民比地为伍，一家亡，五家杀刑，其民曰：'先亡者封，后亡者刑。'君者，将使民以孝于父母，顺于长老，守丘墓，承宗庙，世世祀其先。今求财不足，行罚如将不胜，杀戮如屠，仇雠其民，鱼烂而亡，国中尽空。《春秋》曰：'梁亡。'亡者，自亡也，非人亡之也。"④何休《解诂》指略亦与之同。⑤一面是重教化而使民以德，一面是重刑罚而使民以力。"梁亡"之教训在于告诫读《春秋》者严刑峻法，乃至实施连

---

① 【汉】董仲舒：《春秋繁露·四时之副第五十五》，第74页。
② 【汉】董仲舒：《春秋繁露·天道无二第五十一》，第72页。
③ 【汉】何休解诂，【唐】徐彦疏：《春秋公羊传注疏·僖公第十一》，刁小龙整理，第447页。
④ 【汉】董仲舒：《春秋繁露·王道第六》，第28页。
⑤ 何休《解诂》曰："梁君隆刑峻法，一家犯罪，四家坐之，一国之中，无不被刑者。百姓一旦相率俱去，状若鱼烂。鱼烂从内发，故云尔。著其自亡者，明百姓得去之，君当绝者。"【汉】何休解诂，【唐】徐彦疏：《春秋公羊传注疏·僖公第十一》，刁小龙整理，第447页。

第四章　名学视域下的心性与教化

坐制度，最终只会迫使百姓离心离德，自取灭亡，故董仲舒明确指出，"观乎梁亡，知枉法之穷"①。并且："《春秋》之所恶者，不任德而任力，驱民而残贼之。"② 以暴力驱使，乃至奴役人民，终究为《春秋》所厌恶。可见，对于民众而言，一个合格的统治者不仅要养民，还当教民，即不仅要使民众"仓廪实"，还需引导民众"知荣辱"。

总之，"教"与"刑"作为政治治理的两手举措，董仲舒显然站在儒家的立场上论证"教"的优先性。一方面，基于秦亡的历史教训，董仲舒主张以施行"仁义礼乐"为核心的"教化"是延长国祚的现实要求；另一方面，基于其天道阴阳的观念与《春秋》事例中"重民""爱民"之义的挖掘阐释，董仲舒为"教化"的施行提供理论与经典的论证。所谓"古者修教训之官，务以德善化民，民已大化之后，天下常亡一人之狱矣"③。"以德善化民"，或可用来概括董仲舒以教化为核心的德治理想。④

---

① 余治平指出："古代中国的所谓'法治'，其实应该只看做是'刑治'。在汉语中，'刑'、'法'常被并称，但在实际政治生活中往往是有'刑'而无'法'或重'刑'而轻'法'，更不可能涉及现代意义上的规范意识和法治理念。"换言之，隆法之弊在于滥刑，其制度未谬，而落到现实之处则有千里之失。余治平：《唯天为大——建基于信念本体的董仲舒哲学研究》，第424页。

② 【汉】董仲舒：《春秋繁露·竹林第三》，第15页。

③ 【汉】班固撰，【唐】颜师古注：《汉书·董仲舒传第二十六》，第2188页。

④ 陈苏镇总结汉初诸儒的政治思想认为贾谊、申公之学与董仲舒之学虽然均重"德教"，但前者主张"以礼为治"作为德教的内容，而后者则主张"以德化民"，形成两种不同的政治学说。并从《三国志·魏书·三少帝纪》中寻得高贵乡公与马照的对话说明两种区分的切实存在，两种不同的"德教"的区别在于"化民"有薄厚，而其原因在于"主有优劣""时有朴文"。这一区分在汉初诸儒那里是否已有明确认识是一个有待商榷的问题。不过考诸《春秋繁露》乃至《天人三策》之文，主张董仲舒在教化议题上重"德"多过"礼"也合乎文本所传达的信息。参见陈苏镇《〈春秋〉与"汉道"：两汉政治与政治文化研究》，北京：中华书局，2011年，第159页。

三 兴学、养士与尊儒——"教化"的具体举措

仅仅将学理落实到对"教化"重要性的论证,并未真正实现从理论到现实的转化。如余英时所指出:"移风易俗不能诉诸政治强力,只有通过长时期的教化才可望有成。"① 因此,"教化"之施行必须有一套完整的制度与措施。以论证教化之于现实政治的重要性为前提,董仲舒谏言汉武帝兴学校、养贤士、重儒术,而这恰恰构成了施行"教化"的具体举措。

如所周知,秦政"以吏为师""以法为教"②,弃用儒术而不顾,这也导致了社会风气乖戾,灾异四起,祸及群生。汉承秦七十余年而未改,其弊自不能免。在《天人三策》中,董仲舒痛陈时弊,其言曰:"今之郡守、县令,民之师帅,所使承流而宣化也;故师帅不贤,则主德不宣,恩泽不流。今吏既亡教训于下,或不承用主上之法,暴虐百姓,与奸为市,贫穷孤弱,冤苦失职,甚不称陛下之意。是以阴阳错缪,氛气充塞,群生寡遂,黎民未济,皆长吏不明,使至于此也。"③ 究其缘由,则在于教化之不行。然而,黎民百姓无知瞑瞑,天子虽有天下归往之义,却又有干不及枝、鞭长莫及之忧,故要将王化延及群生,就只能依靠郡守、县令等地方官长。培养一批能够奉法循理之士,来贯彻天子的意志,施行自上

---

① 余英时:《士与中国文化》,上海:上海人民出版社,1987年,第135页。
② 商、韩之学代表了秦政所主张的"法治"倾向。《商君书·定分》对"法"对于治理民众的决定性推崇备至,并强调"主法令之官"在法令执行中所扮演的重要角色:"法令者,民之命也,为治之本也,所以备民也。""圣人必为法令置官也,置吏也,为天下师,所以定名分也。"《韩非子·五蠹》则明确提出"以法为教""以吏为师"的主张:"明主之国,无书简之文,以法为教。无先王之语,以吏为师。"参见蒋礼鸿《商君书锥指·定分第二十六》,第144—146页;【清】王先慎撰《韩非子集解·五蠹第四十九》,钟哲点校,第452页。
③ 【汉】班固撰,【唐】颜师古注:《汉书·董仲舒传第二十六》,第2185页。

而下的教化,就显得尤为迫切而重要。① 因此,董仲舒十分关注立学与养士之于"教化"的重要性,即出于教化有赖于养士,养士有赖于兴学的现实情况,所谓"养士之大者,莫大乎太学;太学者,贤士之所关也,教化之本原也"。其中,"太学"作为培养贤才之国家机构,被赋予"教化之本原"的重要地位,而在国者曰太学,在邑者曰庠序。"立大学以教于国,设庠序以化于邑,渐民以仁,摩民以谊,节民以礼,故其刑罚甚轻而禁不犯者,教化行而习俗美也。"② 又:"立辟雍庠序,修孝悌敬让,明以教化,感以礼乐,所以奉人本也。"③ 从中央官学到地方州郡,逐级设立学校,意在将仁、义、礼、知等儒家观念自上而下地贯彻、施行。要之,兴太学、立庠序,是培养贤才的组织保障。

既然要兴学养士,以培养贯彻国家意志的栋梁之材,那么,如何量才选任,乃至考黜进退,则是将贤良、文学、茂才之士组织进国家机器,并维系其良好运作的制度保证。然而,"长吏多出于郎中、中郎,吏二千石子弟选郎吏,又以富訾,未必贤也"④。官长子弟轻

---

① 司马迁《史记·循吏列传》对"奉法循理之吏"的品行有所描述,所谓"不伐功矜能,百姓无称,亦无国行"是也。班固《汉书》亦为"循吏"作传,然而,"循吏"作为汉代政治制度中贯彻上级意志、施行教化的"士"阶层,并非汉代独有。如秦朝刻削,但仍然重"吏",不过其所重者为"刀笔小吏"而已,董仲舒同样认为"郡守、县令,民之师帅",亦可视作儒家版本的"以吏为师",其思想内核从"上行下效"之黄老、法家之学,转变为"仁义礼乐"的儒家之学。余治平从"政教合一""官师一体"的角度探讨董仲舒政治思想中的宗教面向时提出:"董仲舒'立太学'、'设庠序'的倡议以及随后武帝的付诸实施,不仅有效推进了中国文官制度的确立与建构,而且还可以有利于把儒家教条'以其有组织的方式出现在中国社会生活的各个主要方面',而使之逐步成为'弥漫性宗教'。"余治平:《儒家圣王治理传统:政教合一、官师一体——董仲舒对古代中国"弥漫性宗教"建构之贡献》,《江海学刊》2019年第5期。

② 【汉】班固撰,【唐】颜师古注:《汉书·董仲舒传第二十六》,第2178页。

③ 【汉】董仲舒:《春秋繁露·立元神第十九》,第37页。

④ 【汉】班固撰,【唐】颜师古注:《汉书·董仲舒传第二十六》,第2185页。

◎ 发天意而正名号：公羊学语境中的董仲舒名论

易得位，寒门子弟却难出贵子。且又有"絫日""积久"之思维定式论资排辈，贤良之士志更难申。故董仲舒积极肯定了武帝"有明德嘉道，愍世俗之靡薄，悼王道之不昭"，以"举贤良方正之士"的举措。① 换言之，人才之选任无论是从文学、贤良还是茂才方面，至少得有特定的才能或优异的品性。在官员的考黜方面，董仲舒主张量才选官，以功业作为考订才能的依据，所谓"古所谓功者，以任官称职为差，非所谓积日累久也。故小材虽絫日，不离于小官；贤材虽未久，不害为辅佐"。在《考功名》篇中，董仲舒更明确主张循名责实、赏功罚恶的考黜原则，并就"考试之法"有详细的论述，最终以期实现"百官劝职，争进其功"的效果。其中虽不乏黄老治国之术的因素，但自儒家之"教化"观之，将官吏视为上以贯彻天子之志，下以理百姓万民之序的群体，自当以功过、名实为进退之依据。

兴学也好，养士也罢，作为培养"教化"之执行者的举措，并不担保"教化"之具体实行一定按照董仲舒所主张的"德教"方向。如秦政之刻削，亦有教化之功业，"端平法度""匡饬异俗""忧恤黔首"，乃至"车同轨，书同文字"皆可视作秦朝在统一天下后试图实行教化的举措。② 然而，"以法为教"终究不同于"以德善化民"。事实上，只有结合董仲舒对于"儒术"的推崇，才能真正理解"教化"之表与里。《对策》之中，董仲舒明确主张："诸不在六艺之科孔子之术者，皆绝其道，勿使并进。邪辟之说灭息，然后统纪可一而法度可明，民知所从矣。"③ 其中"六艺之科""孔子之术"，即为儒家之学。换言之，养士之太学、庠序所教者当

---

① 【汉】班固撰，【唐】颜师古注：《汉书·董仲舒传第二十六》，第2191页。

② 参见【汉】司马迁撰，【南朝宋】裴骃集解，【唐】司马贞索隐，【唐】张守节正义《史记·秦始皇本纪第六》，第308、314页。

③ 【汉】班固撰，【唐】颜师古注：《汉书·董仲舒传第二十六》，第2194页。

第四章　名学视域下的心性与教化

是儒学,选贤任官之贤士当为儒士,民所从者亦当以儒为宗。又:"为政而宜于民者,固当受禄于天。夫仁谊礼知信五常之道,王者所当修饬也;五者修饬,故受天之祐,而享鬼神之灵,德施于方外,延及群生也。"①"五常之道"作为儒家所主张的五种德性,上为天子所修饬,下则施教于外,乃至"延及群生",正是以"五常"为教化之内容。与法家崇尚同轨、同文,准于法度的"教化"不同。董仲舒则认为,"乐者,所以变民风,化民俗也;其变民也易,其化人也著"②。这里所崇尚的是以礼乐化民,以实现渐变风俗的效果,换言之,董仲舒站在儒家立场上所主张的教化,并非"上行下效",以组织进统一的国家运作体系之中的举措,而是以儒家思想为内核,以"五常"为内容,以"礼乐"为手段的社会风化的移易与改造,所谓"以德善化民"是也。

总之,在《天人三策》中,董仲舒对于"教化"的具体实施有着十分明晰的主张,即建立太学、庠序,培养并网罗符合儒家德性与规范的士人子弟,以为儒家之教化落实提供人才基础。《汉书·董仲舒传》对于董仲舒的评语即关注到《对策》及其所带来的现实影响:"及仲舒对册,推明孔氏,抑黜百家。立学校之官,州郡举茂材孝廉,皆自仲舒发之。"对于董仲舒的对策谏言是否真切,实际地影响了汉代及往后的"教化"实施是一个有待商榷的问题③,但董仲舒

---

① 【汉】班固撰,【唐】颜师古注:《汉书·董仲舒传第二十六》,第2179页。
② 【汉】班固撰,【唐】颜师古注:《汉书·董仲舒传第二十六》,第2174—2175页。
③ 英国汉学家鲁惟一对董仲舒的现实与历史影响有较为全面的反思与质疑。落实于"教化"问题,鲁惟一明确指出:"班固认为'学校之官'的设立出于董仲舒的建议,但我们无法找到确实证据证明这一点。西汉文献中很少出现'学校'一词,最早提到它的应该是与董仲舒同时的文翁。景帝末年,文翁为在蜀郡行仁义教化,特在成都修建学宫,此事发生时董仲舒的建议还没有产生任何实际影响。武帝时期全国各郡之所以纷纷设立学校,很可能是受到文翁的启发。"【英】鲁惟一:《董仲舒:"儒家"遗产与〈春秋繁露〉》,陈颢轩、王珏、戚轩铭译,第155页。

◎ 发天意而正名号：公羊学语境中的董仲舒名论

《对策》中对于"教化"的推崇及其丰富的论述，着实站在儒家的立场上阐明了"教化"之于国家治理的重要意义。其《对策》之文乃至董仲舒"罢黜百家，独尊儒术"的形象，在儒家思想介入汉代政治的过程中仍然可以视作（或被塑造为）"旗帜"与"旗手"的角色。

本章小结

董仲舒对于"名"和"号"的重视提示我们，从"正名"的角度把握《深察名号》篇中的"心""性"乃至"教"等范畴不啻一个可取的进路。而以"正名"为方法，亦可以将《深察名号》篇中"正名""心""性"与"教化"等议题勾连、贯通起来，形成一个有机整体。首先，"正名"作为方法，"名号"作为考察的对象，贯穿于《深察名号》篇的终始，是解读整个文本的切入点，对于"心""性"乃至"教"的考察，皆离不开"正名"作为方法。其次，"心名为栣"作为董仲舒论"心"的核心命题，包含"心"所具有的弱化、禁御乃至官能三重含义。而"以心之名，得人之诚"，则提示出在董仲舒对于"心"与"性"的论述中，"心"而非"性"所具有的优先性与决定性。再次，董仲舒论"性"仍然以"深察名号"为方法，即所谓"反性之名"。董仲舒所主张的以"生"训"性"，体现出"兼祧孟荀，复归孔子"的特点。一方面继承孟子所认为的"性有善质"，又承荀子所谓"性朴"而待矫正，并在区分"情"与"性"上有过荀子之处。另一方面，无论是主张以"生"训"性"，还是脱胎于"上智下愚"以为性有"三品"，皆归本于孔子之论"性"。最后，董仲舒论"教"虽然没有明确以"正名"为方法，不过"教"之训"效"，以形成一自上而下的教化序列。"学"之训"觉"，落实于"民"作为"瞑"而未觉的教化对象，皆合乎"深察名号"的宗旨与方法。

第四章 名学视域下的心性与教化

言至于此，或许可以进一步明晰《深察名号》篇的文本结构，即"正名""心性"与"教化"之间的关联。一方面，"正名"作为方法贯穿于其心性论说的具体展开之中。另一方面，"心""性"为"正名"乃至教化的开展提供内在基础。或可说，"正名"是为了实现"教化"，而"教化"的实现有赖于"心"与"性"的奠基，而对何谓"心"与"性"的论证又势必采取"正名"的方式。三者之间构成了一个以"正名"为方法，以"心""性"为内在基础，以"教化"为目的的思想架构。董仲舒经由"深察名号"、谈"心"论"性"所要确立的，是一个自天、天子（王、圣人）、诸侯、大夫、士、民一贯而下的教化序列。经由这一对《深察名号》篇文本义旨与结构的完整剖析，不难发现：《深察名号》篇中"名号""心性"与"教化"的立体架构实质上是为了推销《春秋》之王道教化于汉代的理论尝试。

第五章 "正名以名义"

——董子《春秋》名例三题

儒家历来有重视"名"的传统，孔子提出"正名"，荀子有《正名》篇，及至董仲舒《春秋繁露》则独辟专章讨论"名号"。并且，"辨名正分，莫著于《春秋》"①，褒贬进退皆赖于"名"。以《春秋》为名的《春秋繁露》也将"名"视作《春秋》学的核心要义。在《深察名号》篇中，董仲舒逐一考察天子以至于庶民之"名"，以期确立一个自上而下的政治序列。换言之，对于"名"与"号"的重视，最终落实于对于"君、臣、父、子之名"的具体考稽之中。本章即落实于对董仲舒所论"名"与"号"的具体而微的考察，即自"王号""君号"一贯而下，包括诸侯、大夫、士之名，把握董子所谓"名"的具体义涵。②

对董仲舒《春秋》诠释中的名例进行具体而微的讨论不仅是研究其名学思想的题中之意，经由本章的讨论，本书更希望提出并证成两个观点：第一，董仲舒的名学思想建基于其对《春秋》的诠释，

---

① 【清】刘逢禄：《春秋公羊经何氏释例》，郑任钊校点，北京：北京大学出版社，2012年，第49页。

② 论《春秋》之例最为详备者当推何休，刘逢禄撰《何氏释例》中即有"名例"一节。关于以例解经的讨论参见本书第六章第一节。此章略举董仲舒所论"王""君"与"臣"（包括诸侯、大夫、士）之"名"旨在说明董仲舒由"名"见"义"的入路，并非总结董仲舒或公羊学的"名例"。

第五章 "正名以名义"

且并不局限于"五石六鹢"这一"谨于正名"的一般原则，也涵盖了对君、臣、父、子之名的具体考订之中；第二，经由《深察名号》篇与《春秋繁露》中《春秋》诠释的文本互释，进一步证明《深察名号》篇的文本可靠性，例如"王号"与"君号"所各自具备之"五科"，有其《春秋》诠释的事例与经义的依据。

具体而言，本章将就"王号"，"君号"，大夫、士、民之名分别展开论述。其中又以"王号"与"君号"最为关键，是人伦政治枢要之所在。① 在方法上，本书不以研究《春秋》所惯用之条例为形式而展开。董仲舒在诠释《春秋》时本即采用排比事例、推勘义旨的方法，并未穷举《春秋》中涉及某一经义的所有事例，故本章的撰写亦采取由其辞以通其指的入路，即"见其指者，不任其辞"②。

第一节　董子《春秋》王义考

上文的论述业已反复证明"王"在《深察名号》篇中所占据的核心位置。就名号的发生而言，圣人/王扮演了效法、取意于天

---

① 需要提前说明的是：王与君作为统治者的称号在义项上难免有重叠的部分，不过仍然有必要作一区分。首先，狭义地看，"王者"君临天下，自然也是"君"。但显然并非所有"君"都是作为天下之共主的"王"，如所谓楚庄王、吴王等，仅仅是自封之"王"，是对天王、天子之名号的僭越，段熙仲即指出："王者无敌，莫敢当也，其等最贵，其称有三：曰王，曰天王，曰天子。"即以"王"为至尊之号，非诸侯之君可僭称。其次，"王"与"天"、与"天下"等范畴内在相关，指向作为普遍秩序的"王道"，而"君"（诸侯）之政教则限于其所管辖之一国。并且，对"王"而言，诸侯之君仅仅是"臣"，如《深察名号》以"候奉天子"为诸侯之名。因此，本书之中对于"王"的论述将侧重于强调其作为天下之共主的含义，与之相应的"王道""王化"等概念突出的是"王"在现实政治秩序中的唯一、至尊的面向。而对于"君"的论述则兼"王"作为统治者的一面论之，侧重于统治者的治国之道乃至治国之术。而诸侯之作为天子之臣的义涵，则将在论"臣"之义一节予以讨论。参见段熙仲《春秋公羊学讲疏》，第234页。

② 【汉】董仲舒：《春秋繁露·竹林第三》，第16页。

◎ 发天意而正名号：公羊学语境中的董仲舒名论

的重要角色；在政治性名号的排序而论，又以"天子"（或"王"）居首；在董仲舒的心性论说中，"教化"之为"王任"的重要性得以凸显。可以说，整篇《深察名号》皆以构建王道秩序、推行王道教化为最终目的，故对于董仲舒的《春秋》诠释中具体名号的考订，自当先从"王"字入手。考诸《春秋》，"王"构成了人道秩序之始，也是政教之始，是天命之所予，也是沟通天意与民心的枢纽。董仲舒对"王""王道""王法"乃至"王义"的推崇，经由王号"五科"之建构为其总纲，而又以散见于《繁露》中的《春秋》诠释为其展开。下文将从"王"字之训与王号"五科"进入董仲舒对于"王"字的诠释。

一 "王"字训释与王号"五科"

《深察名号》篇中对于"王"字的义理诠释，离不开"王"字本义与典籍中对于"王"字的使用。各类说法中，又以"王"字象"火"或象"斧钺"最为合理。就"王"之古字象地中之火，有旺盛之意而言，罗振玉考诸《说文》所载古文与《盂鼎》《格仲尊》等金文，认为"王字本象地中有火"。并且指出："又皇字从王，古金文或从王或从土，土匪土地字，即王也。"王国维征引《考工记》"画缋之事火以圜"及郑玄之注，认为"今观古文诸王字，皆作环形，[象火之上炎] 可为《考工记》之确诂。又亡、旺声同，当以旺盛为本义，许说盖引申之义"[①]。古字本为象形而作，早期部落聚居，刀耕火种，以"火"代表聚居之象，又以其赋予部落中最有权者似亦有理可说。而"王"与"旺""往"声音相谐，义亦可通，即以部落之聚居为后来所谓"亲近而来远"，聚集更多的人为旺盛之貌。在秦汉时期的文献中，以"往"训"王"，强调

---

① 罗振玉、王国维之说皆可参于省吾主编《甲骨文字诂林》，北京：中华书局，1996年，第3270—3271页。

第五章　"正名以名义"

天下归往的含义，无疑是最为常见的一种。如《韩诗外传》卷五："王者何也？曰：往也。天下往之谓之王。"①《吕氏春秋·下贤》："王也者，天下之往也。"②《荀子·正论》："天下归之之谓王，天下去之之谓亡。"③《穀梁传·庄公三年》："其曰王者，民之所归往也。"④ 及至董仲舒以"往"训"王"，许慎亦持此说。其间虽不乏儒家以民心规定，乃至约束统治者的观念建构，不过，从"王"字象地中之火一贯而下亦属合理。

另一种观点则认为，"王"之古字象斧钺之形，早期为军事统帅治军之具，而后则演变为统治者威权的象征。林沄《说"王"》一篇持论甚详，不仅从形、音、义三个方面说明"王"与"钺"之间的关联，更广引《尚书》《左传》等文献，以期证明"斧钺"究竟何以成为威权的体现。在他看来："斧钺这种东西，在古代本是一种兵器，也是用于'大辟之刑'的一种主要刑具。不过在特殊意义上来说，它又曾长期作为军事统率权的象征物。"⑤ 斧钺用以治军，而施刑的对象最早可能就是临阵脱逃、不听军令之人。又："商周时代的'王'固然已是世袭的统治者，权力并不限于军事统率了，不过他们和靠以'起家'的斧钺却一直是形影不离的。"⑥ 可见从早期作为维系威权之具，到后期作为威权的象征，"王"作为"钺"之象形字，本身是统治者威权的直接呈现。与"王"之训"往"不同，象斧钺之形，以作为威权象征的含义业已内化于"王"字作为统治者的称谓、爵号的使用中。如《尔雅·释诂》：

---

① 【汉】韩婴：《韩诗外传集释》卷五，许维遹注释，第197—198页。
② 许维遹：《吕氏春秋集释·慎大览·下贤》，第368页。
③ 【清】王先谦：《荀子集解·正论第十八》，沈啸寰、王星贤点校，第324页。
④ 【晋】范甯集解，【唐】杨士勋疏：《春秋穀梁传注疏·庄公元年至十八年》，载李学勤主编《十三经注疏》（标点本），第67页。
⑤ 林沄：《说"王"》，《考古》1965年第6期。
⑥ 林沄：《说"王"》，《考古》1965年第6期。

· 245 ·

◎ 发天意而正名号：公羊学语境中的董仲舒名论

"林、烝、天、帝、皇、王、后、辟、公、侯，君也。"① 邢昺疏曰："皆天子诸侯南面之君异称也。"② 《穀梁传·哀公十三年》："王，尊称也。"③ 《论衡·感类》："王者，名之尊号也，人臣不得名也。"④ 可见，"王"作为统治者的尊称是其最为基本的义项。

《深察名号》篇中对于王号的释义脱胎于"王"字的上述含义，而又融入了许多新的解释："深察王号之大意，其中有五科：皇科、方科、匡科、黄科、往科。合此五科，以一言谓之王。"⑤ 苏舆注曰："号其凡也，科其目也。君王各科，并依声起，可以识文字声义相生之旨。"⑥ "科"即"科条"（凌曙注）、条目之意。董子用以诠释"王"的五个条目与"王"号一音之转，同音甚至音近之字可以互为训释。而通过重复"五科"之说，铺陈"王者皇也……王者往也"更是为了在语势上营造"王"字与"五科"间的声训关联。可以说，董子以"五科"训"王"可以被视为以"声"达"义"的训释方法的具体运用，也是对"名号"的声音维度的关注在具体的字义训释上的延伸。

王号"五科"的排序也遵从一定之则："王意不普大而皇，则道不能正直而方；道不能正直而方，则德不能匡运周徧；德不能匡运周徧，则美不能黄；美不能黄，则四方不能往；四方不能往，则不全于王。"⑦ 其中，"皇"字或为"煌"之本字，表达辉煌、光

---

① 【晋】郭璞注，【宋】邢昺疏：《尔雅注疏·释诂第一》，载李学勤主编《十三经注疏》（标点本），第9页。
② 【晋】郭璞注，【宋】邢昺疏：《尔雅注疏·释诂第一》，载李学勤主编《十三经注疏》（标点本），第9页。
③ 【晋】范甯集解，【唐】杨士勋疏：《春秋穀梁传注疏·哀公元年至十四年》，载李学勤主编《十三经注疏》（标点本），第350页。
④ 黄晖撰：《论衡校释·感类第五十五》，第927页。
⑤ 【汉】董仲舒：《春秋繁露·深察名号第三十五》，第60页。
⑥ 【清】苏舆：《春秋繁露义证·深察名号第三十五》，钟哲点校，第282页。
⑦ 【汉】董仲舒：《春秋繁露·深察名号第三十五》，第60页。

大之意①，或如前文所言，象"王"头上之冠，以"皇"为首，有尊崇、加冕之意。以"皇"训"王"，主张"王意"应当"普大而皇"，意味着教化广大、王道及远，天下人民莫不违背，这无疑是作为天下共主的"王"的完满状态。②又《春秋繁露·三代改制质文》："德侔天地者称皇帝，天佑而子之，号称天子。故圣王生则称天子，崩迁则存为三王，绌灭则为五帝，下至附庸，绌为九皇，下极其为民。"③可知从九皇、五帝、三王、天子，既遵循了按时代上推的顺序原则，同时也以德性优劣为序。④考诸《春秋》"善复古"的立场，"王"之训"皇"又意味着推崇一种追之以古的理想状态。以"皇"为王号"五科"之首，即奠定了"王"之为"王"的至高的德性要求。从"皇"字一贯而下，"方"与"匡"二科之意一目了然。所谓"方"，钟肇鹏以为："方，端方，端正得当。"⑤既然王化遍及天下，万民无所不包，则王道之行势必正直端方，若非如此则王化有阙，或为民众所不满，或有扰民、扰士之虞。而

---

① 吴大澂《说文古籀补》指出："皇，大也。日出土则光大，日为君象，故三皇称皇。"【清】吴大澂：《说文古籀补三种》，丁佛言、强运开辑，北京：中华书局，2011年，第9页。

② 苏舆《义证》引《白虎通·号篇》曰："皇者何谓也？亦号也。皇，君也，美也，大也，天人之总，美大之称也。时质，故总言之也。号之为皇者，煌煌人莫违也，烦一夫，扰一士，以劳天下，不为皇也。不扰匹夫匹妇，故为皇。"可知，"皇"代表了对统治者之德性近乎完美的要求。【清】苏舆：《春秋繁露义证·深察名号第三十五》，钟哲点校，第282页。

③ 【汉】董仲舒：《春秋繁露·三代改制质文第二十三》，第43页。

④ 苏舆《义证》指出："言明于不易与九复之道，智究天人，德侔天地，则可以称皇称帝。古帝王皆以学著，故号弥尊者德弥高。《白虎通·号篇》：'德合天地者称帝，仁义合者称王，别优劣也。'"又《繁露·符瑞》篇："一统乎天子……而欲以上通五帝，下极三王，以通百王之道。"苏舆注曰："百王之道，谓五帝三王以前，九皇六十四民之类。"可知王、帝、皇、民之名号，按时上推。【清】苏舆：《春秋繁露义证·三代改制质文第二十三、符瑞第十六》，钟哲点校，第197、155页。

⑤ 钟肇鹏主编：《春秋繁露校释·深察名号第三十五》（校补本），第655页。

◎ 发天意而正名号：公羊学语境中的董仲舒名论

"匡"，苏舆《义证》引《广雅·释诂》："匡，满也。"① 既然为"王"、为"皇"者"德侔天地"，以其德性推之王化之行自然周遍天下，故可谓"匡"。钟肇鹏以为："《诗经·破斧》：'四国是皇。'《毛传》：'皇，匡也。'《尔雅·释言》'皇'、'匡'均训正。'匡运'即正确地运转。并可与董子训'皇'为'匡'、为'方'之义互相印证。"②"王""皇""方""匡"皆有"正"义，其说亦通。

如果说"皇""方""匡"三科所确立的是对王者的德性要求的话，那么"黄""往"两科则更多地指向了由"王"之德性，施之于政，形成王道之治或王道教化的效果。对于"黄"字之训，苏舆《义证》论之甚详："《白虎通》：'黄者，中和之色，自然之性，万世不易。'又云：'美者在上，黄帝始制法度，得道之中，万世不易。后世虽圣，莫能与同也。'《通典》注云：'黄者，中和美色。黄承天德，最盛醇美。'《易·文言》：'君子黄中通理，正位居体，美在其中，而畅于四肢，发于事业，美之至也。'所云'美在其中'，正谓黄中。董此言盖本《易》义。"③ 要之，以"黄"配"王"的理由有二：一则轩辕氏为黄帝，制作法度，以为万世之祖，今所谓炎黄子孙之"黄"是也；一则"五色莫盛于黄"④，为"中和美色"，以黄色配中央，合乎王者居于中央，王治及于四方之政治架构。⑤

---

① 【清】苏舆：《春秋繁露义证·深察名号第三十五》，钟哲点校，第282页。
② 钟肇鹏主编：《春秋繁露校释·深察名号第三十五》（校补本），第655—656页。
③ 【清】苏舆：《春秋繁露义证·深察名号第三十五》，钟哲点校，第282页。
④ 【汉】董仲舒：《春秋繁露·五行对第三十八》，第64页。
⑤ 在董仲舒五行学说的框架中，对于"黄"作为一种"中和美色"的描述隐含了"强干弱枝"、强化王权之意。一方面，土据中央，为五行中最贵者，黄也同样为五色中最贵者，自然被赋予作为天下共主的"王"；另一方面，"土者，天之股肱也。其德茂美，不可名以一时之事，故五行而四时者，土兼之也"。又："土者，五行之主也。五行之主土气也，犹五味之有甘肥也，不得不成。是故圣人之行，莫贵于忠，土德之谓也。"以土、中央、黄与忠德相配，凸显的是王者居中央，四方拱卫之象。【汉】董仲舒：《春秋繁露·五行之义第四十二》，第66页。

与"黄"所提示出的王化由中央而延及四方不同,"往"则是四方之向中央。"王"之训"往"是为通释,前文已明。《春秋繁露·灭国上》:"王者,民之所往。"① 亦可与"王"之"往科"互证。以"往"训"王",即强调王化由中央延及四方,天下万民无不慕王道而向往之意。

从"王"字故训到王号"五科",董仲舒对于"王"字的训释显然脱胎于其本义而又加以新诠。或可说,董仲舒用以定义"王"之为"王"的科条,不仅以声训相关联,在义理上亦可互通。"五科"的排序尽管遵循一个由王者内在德性,到王化渐远,再到万民归往的逻辑顺序,但归根结底,在于突出"王"作为"人之始"的重要意义,其说亦本《公羊传》所谓"五始"之说而立论,即以"王"为"人道之始"。② 而在铺陈"五科"之后,董子继而对"王道"有一番钩稽,所谓"天覆无外,地载兼爱,风行令而壹其威,雨布施而均其德。王术之谓也"③。其中,"术"当作"道"解。④ 董子以"深察名号"为方法考察"王"义,最终在于为王道、王化、王教的实现提供"名"的支撑。强调"王"之德性广大,作为人道秩序的基石,有范围天地之效,是董子对于"王"之为"王"的内在要求。

二 "王道通三"

如果说在《深察名号》篇中对于王号之有"五科"的考释旨在确立作为人道之始的"王"的德性要求,那么,如何推行王道教

---

① 【汉】董仲舒:《春秋繁露·灭国上第七》,第30页。
② 《公羊传·隐公元年》:"王者孰谓? 谓文王也。"何休《解诂》:"不言谥者,法其生不法其死,与后王共之,人道之始也。"【汉】何休解诂,【唐】徐彦疏:《春秋公羊传注疏·隐公第一》,刁小龙整理,第10页。
③ 【汉】董仲舒:《春秋繁露·深察名号第三十五》,第60页。
④ 参见钟肇鹏主编《春秋繁露校释·深察名号第三十五》(校补本),第657页。

◎ 发天意而正名号：公羊学语境中的董仲舒名论

化，则是董仲舒所真正关注的问题。《春秋繁露》中有两篇径直以"王道"为名，即《王道》篇与《王道通三》篇，前者关注的是在天人感应的框架中，王者如何行道以及行道的效果等问题，后者则以"古之造文者"起笔，从字形角度，论述王者范围天、地与人之意，两篇各有侧重，却又有相互发明之效。下文将首先以《王道通三》篇为切入点探讨董仲舒贯通天、地与人的王道政治学，随后以《王道》篇为侧重考察王者的行为规定，以期与"五科"相互印证。

在进入董仲舒对于"王道"的具体论述前，不妨先就何谓"王道"的问题略作说明。在董子那里，对于"王道"的论述大抵可以区分为三个层次。第一，"王道"指的是王者治理天下之道，即治国的总体方略、方针。在《天人三策》中，董子明确指出："道者，所繇适于治之路也，仁义礼乐皆其具也。"① 在此意义上，所谓"王道"指的是理想的治国之道。在《王道》篇中，董子开宗明义地指出："道，王道也。"② 可知，凡言"道"者，即隐含了期求治道于其中。第二，"道"之有高下、优劣、阙与不阙的区别，所以承孟子之余绪，董子也对治国之道有王与霸的区分："王者爱及四夷，霸者爱及诸侯。"③ 又："《春秋》之道，大得之则以王，小得之则以霸……霸、王之道，皆本于仁。"④ 显然是将治国之道区分为两种不同的类型。第三，《春秋》是"王道"的载体。"《春秋》论十二世之事，人道浃而王道备。"⑤ 易言之，若要对王道有所把握，则必有赖于对《春秋》具体而微的解读。综合以上三点，

---

① 【汉】班固撰，【唐】颜师古注：《汉书·董仲舒传第二十六》，第2174页。
② 【汉】董仲舒：《春秋繁露·王道第六》，第25页。
③ 【汉】董仲舒：《春秋繁露·仁义法第二十九》，第52页。
④ 【汉】董仲舒：《春秋繁露·俞序第十七》，第36页。
⑤ 【汉】董仲舒：《春秋繁露·玉杯第二》，第12页。

第五章 "正名以名义"

可以明晰，董仲舒对于"王道"的诠释，遵循着一个由《春秋》之例，达于治国之道的进路。这也合乎汉人所认为的孔子以《春秋》"为汉制法"，以十二公之鲁史，为汉帝国资政的观念。

与《深察名号》篇从声训角度铺陈王号"五科"不同，董仲舒在《王道通三》篇中采取了"形训"的方式："古之造文者，三画而连其中，谓之王。三画者，天、地与人也，而连其中者，通其道也。取天地与人之中以为贯而参通之，非王者孰能当是？"① 以王为贯通天、地、人并不合乎"王"字的字源规定。与"止戈为武"一样，实属望文生义之例。但主张"王"当以一贯三，范围天、地与人却构成了董子的一个重要的理论贡献。一方面，在董仲舒以前，主张天、地、人三者相参者有之，如《易传·系辞下》："《易》之为书，广大悉备，有天道焉，有人道焉，有地道焉。"②《荀子·天论》："天有其时，地有其财，人有其治，夫是之谓能参。"③ 但从"正名"角度将"三才"之道内嵌于"王"之为"王"，成为君王行道的必然要求，却是董仲舒的创造。凌曙注引《说文通论》曰："王者则天之明，因地之义，通人之情，一以贯之，故于文贯三为王。王者，居中也，皇极之道也。三者，天地人也。"④ 天、地、人三者又在君王行道的过程中扮演了不同的角色，其中又可以区分为两种不同的理解范式。一则，王者行道得于天时、地利与人和方可有所成就，而各有职分，"天"受之以"命"与"义"，是"王"之为"王"的合法性来源，土地则为"王"之所有，其地产、地利同样也是"王"的统辖与分配的对象；人则

---

① 【汉】董仲舒：《春秋繁露·王道通三第四十四》，第67页。
② 【魏】王弼注，【唐】孔颖达疏：《周易正义·系辞下》，载李学勤主编《十三经注疏》（标点本），北京：北京大学出版社，1999年，第318页。
③ 【清】王先谦：《荀子集解·天论第十七》，沈啸寰、王星贤点校，第308页。
④ 转引自【清】苏舆《春秋繁露义证·王道通三第四十四》，钟哲点校，第320页。

· 251 ·

◎ 发天意而正名号：公羊学语境中的董仲舒名论

是王者教化的对象，又是"天"所设"王"的目的所在。① 一则，天与地构成了王者施政的场域，而"人"才是王道所施的对象，故董仲舒虽有天、地、人并称之说，但也常以"天地"并称，或称"天地与人"，即有见于人之为特出者。落实到《王道通三》与《王道》两篇，其所论关乎"地"者几不可见，尽管灾异的发生"或降于天，或发于地"②，但并不影响"天地"作为王者施政场域的义涵。要之，从王者施政的角度考察"王道通三"，则其所关注之大略实为"天"与"人"两端。

就"王"承天命、顺天意而言，同样可以由"名"的规定推导论证。《郊祭》篇曰："圣人正名，名不虚生。天子者，则天之子也。以身度天，独何为不欲其子之有子礼也。"③ 这不啻以人伦秩序中的父子关系去类比"天"与"王"的关系，王者效（孝）天、事天，成了"天经地义"的要求。这意味着要在认识上"知天"，在行动效法，乃至绝对遵从天道。④ 第三章论及"名"之为"顺于天"的部分已触及了"天道"与"天意"，乃至灾异的问题，

---

① 《尧舜不擅移、汤武不专杀》篇旨在说明：朝代更迭并非王者私相授受的权力转移，而是天意予夺的结果，所谓"王者，天之所予也，其所伐皆天之所夺也"。并且，"天之无常予，无常夺也"。那么，如何把握难以测度的天意呢？董子明确给出了方法，也是"天意"背后的根据，即"民心"之向背，所谓"天之生民，非为王也，而天立王以为民也"。可见，从天、王（天之子）到民的自上而下的序列，不仅在于"名"之起源、教化问题，更体现于其政治观念中。参见【汉】董仲舒《春秋繁露·尧舜不擅移汤武不专杀第二十五》，第47页。

② 【汉】董仲舒：《春秋繁露·玉英第四》，第20页。

③ 【汉】董仲舒：《春秋繁露·郊祭第六十七》，第83页。

④ 余治平即分析了"王者如何配天"的两个阶段，其中第一步就是从认识上"知天"，所谓"夫王者，不可以不知天"。其次，"为王者就应该在自己的政治生活中体现并反映出对天道的效法和绝对遵循"。其中即包括"以身度天"的个体生命的向度，也包括在为政的庆、赏、刑、罚上以副从天道为依归。参见余治平《天：王之为王的可能与根据——董仲舒对王者之名的哲学诠解》，《新疆大学学报》（哲学·人文社会科学版）2006年第1期。

第五章 "正名以名义" ◎

此处不再赘述。落实到王道政治的议题上,"天"对于"王"的规定则体现在以"天心"之仁爱,来强调王者之仁德,并由其"仁德"外推以施行"仁政"的重要性。如《王道通三》篇曰:"仁之美者在于天。天,仁也……人之受命于天也,取仁于天而仁也。"[1]并且:"天常以爱利为意,以养长为事……王者亦常以爱利天下为意,以安乐一世为事。"[2] 以阴阳比于德刑,以春夏秋冬比于人主之喜怒哀乐,强调其发用必须当其时而无差错,其间虽渗透着人主驭下之术的黄老家言,却无一不指向"天心"之"仁爱"这一核心。[3]

将效自天的"仁爱"之心施之于民,则是仁政。董子对于"仁"的论述内在地包含着将"仁"向外推扩的诉求,《仁义法》篇所谓"仁之为言人也",即指向了对待他人的诉求,故"以仁安人"是也。落实到王者治政,则是爱人、爱民之意,甚至不仅要"质于爱民",即诚挚、恳切地爱老百姓,更要达到"至于鸟兽昆虫莫不爱"的境界。一方面,"亲近来远,同民所欲,则仁恩达矣"[4]。即以民之所欲与之,其说与齐宣王自称"好货""好色",孟子劝之以"与百姓同之"指略相同。[5] 另一方面,董子分析《春秋》之中战伐、役民之事,指出统治者苦民,甚至伤民、害民皆为圣人所不许。在战伐之事上,董子接过《春秋》反战的思想,并将之归结于伤民、害民之祸。《春秋》所记战伐事例无

---

[1] 【汉】董仲舒:《春秋繁露·王道通三第四十四》,第67页。
[2] 【汉】董仲舒:《春秋繁露·王道通三第四十四》,第67页。
[3] 董仲舒对于"仁爱"的强调,虽以儒家——尤其是承自《孟子》的王道仁政思想——为底色,但同时亦掺入了黄老治国之术的内容。《离合根》篇,董仲舒明确在"人主"应当"法天之行"的框架内,主张"泛爱群生,不以喜怒赏罚,所以为仁也",亦可为佐证。参见【汉】董仲舒《春秋繁露·离合根第十八》,第36页。
[4] 【汉】董仲舒:《春秋繁露·十指第十二》,第33页。
[5] 参见【清】焦循《孟子正义·梁惠王下》,沈文倬点校,第139页。

◎ 发天意而正名号：公羊学语境中的董仲舒名论

数，兹举一例。《春秋·庄公二十八年》："春，王三月，甲寅，齐人伐卫。卫人及齐人战，卫人败绩。"《公羊传》曰："《春秋》伐者为客，伐者为主。故使卫主之也。曷为使卫主之？卫未有罪尔。"① 就事情本身而言，卫之有罪与否存在争议②，不过《公羊传》以为"卫未有罪"，姑妄以《公羊》解之。齐人伐卫，应当以齐为主战者，但《公羊》却以为"卫人及齐人战"，隐含了使卫国主之之意，所谓"伐者为客，伐者为主"，同一"伐"字，读音不同，即别以主客之序③，由之起圣人恶战之意。所谓"战伐之事，后者主先，苟不恶，何为使起之者居下？是其恶战伐之辞也"④。在役民的问题上，董仲舒十分强调"不夺民时，使民不过岁三日。民家给人足"⑤。同时对于凶年修旧、造邑之事大加讥贬。《竹林》篇曰："《春秋》之法，凶年不修旧，意在无苦民

---

① 【汉】何休解诂，【唐】徐彦疏：《春秋公羊传注疏·庄公闵公第九》，刁小龙整理，第328页。

② 如《左传·庄公十九年》："秋，五大夫奉子颓以伐王，不克，出奔温，苏子奉子颓以奔卫，卫师，燕师，伐周。冬，立子颓。"《左传·庄公二十七年》："王使召伯廖赐齐侯命，且请伐卫，以其立子颓也。"卫国藏逆叛周，天子遣齐讨之，似为正义之师。顾栋高在《春秋大事表》中指出："明年夏，郑、虢同伐王城，杀子颓及五大夫，首尾凡五年。而齐桓于是时方伐鲁、伐戎，于王室之难若罔闻知，天王亦不闻乞师伐卫。到此已越十年，卫君已易世矣，乃始请师于齐，齐桓为之伐卫，天王不应含忍于其父，而蓄怒于其子，齐桓不应坐视于卫朔称兵犯顺之时，而兴师于卫懿易代新丧之后。"虽然肯定齐桓之伐卫得天子之命，但却不予其伐。正可谓"春秋无义战"是也。【清】顾栋高：《春秋大事表》卷四十二，北京：中华书局，1993年，第2313—2314页。

③ 何休《解诂》曰："伐人者为客，读'伐'长言之，齐人语也。见伐者为主，读'伐'短言之，齐人语也。"徐《疏》则更增以战之惯例释之："谓伐人者必理直而兵强，故引声唱伐，长言之，喻其无畏矣。"又："谓被伐主必理曲而寡援，恐得罪于邻国，故促声短言之，喻其恐惧也。"同一"伐"字，读有长短，义正相反，以明其恶战之意。【汉】何休解诂，【唐】徐彦疏：《春秋公羊传注疏·庄公闵公第九》，刁小龙整理，第328页。

④ 【汉】董仲舒：《春秋繁露·竹林第三》，第15页。

⑤ 【汉】董仲舒：《春秋繁露·王道第六》，第25页。

尔；苦民尚恶之，况伤民乎？伤民尚痛之，况杀民乎？故曰：凶年修旧则讥，造邑则讳，是害民之小者，恶之小也；害民之大者，恶之大也。"① 要之，董仲舒以《春秋》之中战伐与役民之事例分析，最终所导向的是王者治政当以爱民为本，"仁义以服之"的重要性。

王道政治以仁爱为本，实可与王号"五科"中"匡""往"两科相互印证。"匡"以王者德行匡运周边，充塞于天地之间，而"往"则主张天下归往于王。其间，"仁爱"之为王者之德的作用，无疑是最为关键的。在《仁义法》篇中，董仲舒明确指出："王者爱及四夷，霸者爱及诸侯，安者爱及封内，危者爱及旁侧，亡者爱及独身。独身者，虽立天子诸侯之位，一夫之人耳，无臣民之用矣。"② "仁"即"爱"，由仁爱之心推之于人，其小与大者则根据治之小大而有差等。王作为"天之子"，其治广大，其仁爱之心自当匡运周遍，唯其如此方可天下归往。归根到底，"王"之为"匡"与"往"，其核心在于王者以仁爱之心推己及人，继而亲近以来远。

三 为政以"正"

王道以"仁"为本，但如何行道，则不仅要求统治者具备仁心、仁德，仍关乎如何施政的方法问题。王号"五科"之中，"方科"所要求的"正直而方"，或可视为王者行道的方法论。对之董仲舒发明《春秋》"贵元重始"之义，以为王道之"正"背书，发挥出一套自天端以至于万民的"正"的序列。

如所周知，《春秋》以"元年春王正月"起笔，其中，"元"的义涵前文已有论及，此处不赘。春为一岁之首，何休《解诂》以

---

① 【汉】董仲舒：《春秋繁露·竹林第三》，第15页。
② 【汉】董仲舒：《春秋繁露·仁义法第二十九》，第52页。

◎ 发天意而正名号：公羊学语境中的董仲舒名论

为：" '春'者，天地开辟之端，养生之首，法象所出，四时本名也。"① 即如一年之计在于春，以四时之首为时序之始、万物生养之肇端。对于"王"的诠释，则直接指向了作为政教秩序之开端的含义。依《公羊》之说："王者孰谓？谓文王也。"即以周之"始受命之王"，奠立"人道之始"。② 换言之，此处所谓"王"，非指时王（周平王），而是假托文王，以明王道、王法之所从出者。综观《春秋》所记二百四十二年，除"王正月"外，尚有"王二月"与"王三月"，何休《解诂》以为：" '二月'、'三月'皆有'王'者，二月，殷之正月也。三月，夏之正月也。"③ 其与公羊家之"三正""三统"之说相关。仅就王道而论，则岁首三月皆有王者存，故序"王"于"月"之前，以确立"王"之为政教的开端。董子由之发明"贵元重始"之说，其言曰："《春秋》何贵乎元而言之？元者，始也，言本正也。道，王道也。王者，人之始也。王正则元气和顺、风雨时、景星见、黄龙下。王不正则上变天，贼气并见。"④ 可见，"王"之正与不正，直接关乎天下之平与不平，以"[元]气"为媒介，王者之政甚至会招致天象的变动，以为推重"王"为人道之始、政教之始的含义提供依据。

将"元年春王正月"结合隐公元年所阙如的"公即位"，则成了后来公羊家所总结的"正五始"之说。《二端》篇曰："是故《春秋》之道，以元之深正天之端，以天之端正王之政，以王之政

---

① 【汉】何休解诂，【唐】徐彦疏：《春秋公羊传注疏·隐公第一》，刁小龙整理，第8页。
② 何休《解诂》："以上系'王'于'春'，知谓文王也。文王，周始受命之王，天之所命，故上系天端。方陈受命制正月，故假以为王法。"徐彦《疏》曰："文王者，周之始受命制法之王，理宜相系。故见其系'春'，知是文王，非周之余王也。"【汉】何休解诂，【唐】徐彦疏：《春秋公羊传注疏·隐公第一》，刁小龙整理，第10页。
③ 【汉】何休解诂，【唐】徐彦疏：《春秋公羊传注疏·隐公第二》，刁小龙整理，第57页。
④ 【汉】董仲舒：《春秋繁露·王道第六》，第25页。

第五章 "正名以名义"

正诸侯之即位，以诸侯之即位正竟内之治，五者俱正而化大行。"①元、天、王、诸侯、竟内一贯而下，而将五者贯穿起来的则是所谓"正"，即在上者为在下者之表率，在下者效法、师从在上者，上下相承，自天以至于境内之民，以成为王道政治的具体展开。在《天人三策》中，董子对"正"的推崇尤甚："臣谨案《春秋》之文，求王道之端，得之于正。正次王，王次春。春者，天之所为也；正者，王之所为也。其意曰：上承天之所为，而下以正其所为，正王道之端云尔。"② 也就是说，若要施行王道仁政，只要把握"正"这一"方便法门"即可，王者上承天意，得"正"于天；诸侯承王命，得"正"于王；大夫、士与民皆依序得"正"。一乡、一里皆有"里正"，皆取为政以正，上以正下，下以上为正之意。董仲舒由此"正"义推导出为君之法："为人君者，正心以正朝廷，正朝廷以正百官，正百官以正万民，正万民以正四方。四方正，远近莫敢不壹于正，而亡有邪气奸其间者。"③ 凡此种种，皆肇端于《论语·颜渊》所载季康子问政，孔子对之以："政者，正也。子帅以正，孰敢不正。"④ 季康子作为鲁国之重臣自然有为臣下表率之职分，但脱开具体的语境而论"政"，则以"正"训"政"可谓达诂，上自天子至天下，下至一夫齐其家皆可适用。⑤ 董仲舒由为人君者正其心起笔，正是有见于"正"在其设想的上自天子下至万

---

① 【汉】董仲舒：《春秋繁露·二端第十五》，第35页。
② 【汉】班固撰，【唐】颜师古注：《汉书·董仲舒传第二十六》，第2177页。
③ 【汉】班固撰，【唐】颜师古注：《汉书·董仲舒传第二十六》，第2177—2178页。
④ 程树德：《论语集释·颜渊下》，程俊英、蒋见元点校，第864页。
⑤ 程树德《论语集释》引《论语稽》曰："惟孔子言字义最切，以正训政，不待别诂，只一言而政之名已定矣。正即《大学》修身之义。一身正而后一家正，一家正而九族之丧祭冠昏皆正，由是而百官以正，吉凶军宾嘉官守言责亦正，而万民亦无不正矣。"程树德：《论语集释·颜渊下》，程俊英、蒋见元点校，第864页。

◎ 发天意而正名号：公羊学语境中的董仲舒名论

民的政治序列中的重要性，而所谓"正名"之"正"，亦可在这一语境中予以领会。

正是有鉴于王者之"正"的重要性，董仲舒在《王道》篇中对于天王失礼的行为尤为痛心疾首：

> 天王使宰咺来归惠公、仲子之赗，刺不及事也；天王伐郑，讥亲也；会王世子，讥微也；祭公来逆王后，讥失礼也；刺家父求车，武氏、毛伯求赙金。王人救卫，王师败于贸戎。天王不养，出居于郑，杀母弟，王室乱，不能及外，分为东西周，无以先天下，召卫侯，不能致；遣子突征卫，不能绝；无骇灭极，不能诛；诸侯得以大乱，篡弑无已。臣下上逼，僭拟天子；诸侯强者行威，小国破灭；晋至三侵周，与天王战于贸戎而大败之；戎执凡伯于楚丘以归；诸侯本怨随恶，发兵相破，夷人宗庙社稷，不能统理。臣子强，至弑其君父，法度废而不复用，威武绝而不复行。故郑鲁易地，晋文再致天子。齐桓会王世子，擅封邢、卫、杞，横行中国，意欲王天下。鲁舞八佾，北祭泰山，郊天祀地，如天子之为。以此之故，弑君三十二，亡国五十二，细恶不绝之所致也。①

"属辞比事，《春秋》教也"，细绎上述引文之中，每一则事例或讥、或贬，皆有其确切所指。其中，"天王使宰咺来归惠公、仲子之赗"到"无以先天下"排比的是王者失礼，不能正己的事例，其所谓"王"者，不仅包括天王本人，也范围了王子、王后与王臣（如宰咺之为天子之士以及祭公、家父等天子大夫）。而其失礼之行，则不仅包括归赗后丧、取（"取"通"娶"）不亲迎、求车求

---

① 【汉】董仲舒：《春秋繁露·王道第六》，第26页。

金等婚丧仪节之失①，甚至包括了不能事母、兄弟相弑等违背伦常纲常的恶劣行径。② 从"召卫侯"至"不能诛"罗列的是诸侯或不从天子号令，或从之而不能行，王者无以正诸侯的事例。而从"晋至三侵周"到"如天子之为"，则铺陈了王者威严坠地，为诸侯强权所凌，既无法匡正天下秩序，又为臣下上逼之事例。若以"正"观之，则可以发现其中有"先事而后应"的逻辑展开：先有天王、天子、王臣的失礼之行以至于"不能及外，无以先天下"；再有不能正诸侯，以至于天下大乱、下以凌上的乱世局面；再到晋之致王、齐之擅封、鲁之非礼，皆可视为对"王"之为至高无上、无以匹敌的统治者在实质或形式上的僭越甚至挑战。综观《春秋》二百四十二年，弑君、亡国之效，皆肇端于王者之不正。

---

① 兹举"求车"一事为例。《春秋·桓公十五年》："春，二月，天王使家父来求车。"三传皆以之为非礼，仅措辞上稍有出入。《公羊传》曰："何以书？讥。何讥尔？王者无求，求车，非礼也。"侧重于"王者"，《左传》以为："诸侯不贡车服，天子不私求财。"《穀梁》以为："古者诸侯时献于天子以其国之所有，故有辞让而无征求，求车非礼也，求金甚矣。"天子有其邦畿，而诸侯又当贡职，按理，王者无求取任何财用之必要。然而时当春秋乱世，一则，天子无以正其卿大夫而外求，一则诸侯不以贡职为己任，不复朝贡天子，这才出现了王室求之于外的荒唐现象。何休《解诂》言之甚切："王者千里畿内，租税足以共费；四方各以其职来贡，足以尊荣，当以至廉、无为率先天下，不当求。求则诸侯贪、大夫鄙、士庶盗窃。"可见，王室不正，则无以正诸侯、大夫、士庶。【汉】何休解诂，【唐】徐彦疏：《春秋公羊传注疏·桓公第五》，刁小龙整理，第186页。

② 如此处所谓"杀母弟"，事见襄公三十年"天王杀其弟年夫"，何休《解诂》即指出："天王得专杀，书者，恶失亲亲也。未三年，不去'王'者，方恶不思慕而杀弟，不与子行也。"兄弟相杀本为君子之所甚恶，何况王室兄弟相杀，然而天子尊崇，有专杀之权。《公羊》立说从人情着眼，以天子称谓名号为载体以凸显贬义。按《公羊》书例，未逾年之君称"子"，不当以其父之爵相称。董仲舒亦明确指出："孝子之心，三年不当"，即在为父服丧期间，不忍当之故也。然而周灵王薨于襄公二十八年十二月，景王杀弟事在襄公三十年夏，远未足二十五月之数，故此处直称"天王"，即以讥其在父丧其间杀弟，毫不顾念父母舐犊之情。可知，天子之家兄弟相弑违背礼制、伦常，圣人以《春秋》记事之名号称谓上体现贬义。【汉】何休解诂，【唐】徐彦疏：《春秋公羊传注疏·襄公第二十一》，刁小龙整理，第896页。

◎ 发天意而正名号：公羊学语境中的董仲舒名论

总之，在《深察名号》篇中，王号之"方科"指向了王者行道施政以"正"的要求。考诸《春秋》，从"元年春王正月"以奠立的王道秩序伊始到"正五始"之说，为政以"正"的规定业已被嵌入其中，而呈现为自天子以至于万民的"正"的序列。而经由对《春秋》之中王室失礼，招致诸侯僭越、弑君亡国、天下大乱的事例分析，董子旨在说明，天下安定有赖于"王"，王者治政则先当正一己之身心，由此才能推扩至朝廷、诸侯乃至天下。

四 "王者无敌"

王者施仁政以"匡"，行王道以"方"，皆可视作对"王"的德性或行为要求，但无论以《春秋》所记之二百四十二年，还是董仲舒所欲谏言的汉武之世，王道不亢、仁政不施似乎更贴近现实的政治生态。如上文之言，其中固然有王室自身失礼，乃至见辱失尊之故，但王之为王丧失其尊崇与威权也是一个十分重要的原因。因此，在《春秋》乃至董仲舒围绕"王"的叙事中，巩固王权至高无上、无可匹敌的地位，也是其题中应有之义。

《春秋》之中，王者见辱失尊的事例所在多有，举其大略则有三类。第一，与王者战。《王道》篇所谓"晋至三侵周"是其明证。其中，"侵柳"事见宣公元年，"围郊"事见昭公二十三年，《公羊传》皆以"不系于周"，表达"不与"之意。① 《春秋·成公元年》记载："秋，王师败绩于贸戎。"《公羊传》曰："孰败之？盖晋败之，或曰贸戎败之。然则曷为不言晋败之？王者无敌，莫敢当也。"② 贸戎本

---

① 两件事从性质到措辞上都大体相同，当从"一讥"之例而不复讥。但因其伐天子之兹事体大，且"围"又与"侵"稍有区别，故复录之。徐彦《疏》即指出："彼已有传，今复发之者，正以'侵、围'异文故也。且若不发传，无以知其伐天子。"【汉】何休解诂，【唐】徐彦疏：《春秋公羊传注疏·昭公第二十四》，刁小龙整理，第1002页。

② 【汉】何休解诂，【唐】徐彦疏：《春秋公羊传注疏·成公第十七》，刁小龙整理，第703页。

为戎人一支，《公羊》以贸戎为地名，败王师者为晋，与《左传》所述未合。① 何休《解诂》则认为："以晋比侵柳围郊，知王师讨晋而败之。"② 可知依公羊家言，此次贸戎之战本为天王讨逆之举，然而讨逆未遂，却为晋所败，实在是辱上加辱。所谓"王者无敌，莫敢当也"，即深为王者杀耻，以为王者自败，非为晋所败之故。③ 三事比而观之，侵柳、围郊，皆不系于王。贸戎之战，则去晋之名，皆为天王讳言，以凸显王者至尊，无可匹敌之正义。此外，如桓公五年蔡、卫、陈之从王伐郑，却致使天王殒命。④ 庄公六年，天王遣子突救卫，齐、鲁、宋、陈、蔡竟犯王命而纳卫侯朔，均可从与王者战之例解之。⑤ 归根到底，皆痛陈王室羸弱，诸侯不从王

---

① 《左传·成公元年》记载："春，晋侯使瑕嘉平戎于王，单襄公如晋拜成，刘康公徼戎，将遂伐之。叔服曰：'背盟而欺大国，此必败。背盟不祥，欺大国不义，神人弗助，将何以胜？'不听，遂伐茅戎。三月癸未，败绩于徐吾氏。"又："秋，王人来告败。"可知，按《左传》所述，王室实为贸戎（《左传》作茅戎）所败，非为晋师所败是也。【晋】杜预注，【唐】孔颖达正义：《春秋左传注疏·成公元年至二年》，载李学勤主编《十三经注疏》（标点本），第685页。

② 【汉】何休解诂，【唐】徐彦疏：《春秋公羊传注疏·成公第十七》，刁小龙整理，702页。

③ 何休《解诂》："正其义，使若王自败于贸戎，莫敢当敌败之也。"从时月日例上，亦深为此战讳言，所谓"不日月者，深正之，使若不战"。【汉】何休解诂，【唐】徐彦疏：《春秋公羊传注疏·成公第十七》，刁小龙整理，第703页。

④ 此次伐郑，《公羊》因诸侯能"从王"故许之以"正"，然郑国大将祝聃"射王中肩"，王室威严扫地，实无王之甚也。参见【晋】杜预注，【唐】孔颖达正义《春秋左传注疏·桓公三年至六年》，载李学勤主编《十三经注疏》（标点本），第166页。

⑤ 《春秋》经文仅见五国伐卫，《公羊》解经则明乎其本为"纳朔"，并执不知问，以说明经文不直称纳朔实是为了"辟王"。陈立《义疏》指出："不书'纳朔'，为内讳伐王；书人，起其贬也。"诡"纳"言"会"，以为天王讳；变"侯"称"人"，以贬其志。【清】陈立：《公羊义疏·庄五年尽八年》，刘尚慈点校，北京：中华书局，2017年，第703页。

◎ 发天意而正名号：公羊学语境中的董仲舒名论

命，乃至与王者战，甚而败之。

第二，召致天子。诸侯有朝觐天子之礼，《公羊传·桓公元年》记载："诸侯时朝乎天子，天子之郊，诸侯皆有朝宿之邑焉。"① 何休《解诂》围绕"时朝"解释："'时朝'者，顺四时而朝也。缘臣子之心，莫不欲朝朝莫夕。王者与诸侯别治，势不得自专朝，故即位比年使大夫小聘，三年使上卿大聘，四年又使大夫小聘，五年一朝。"② 诸侯朝觐天子，本为人臣子之本分。且诸侯之于天子，有往朝之道，无召致之礼。然而，《春秋·僖公二十八年》所录之晋致天子之事凡两见：

《春秋经》："公朝于王所。"《公羊传》："曷为不言公如京师？天子在是也。天子在是，则曷为不言天子在是？不与致天子也。"③

《春秋经》："天王狩于河阳。"《公羊传》："狩不书，此何以书？不与再致天子也。鲁子曰：'温近而践土远也'。"④

两次致王虽然均失臣子之礼，但又有轻重之别，从书法上即有所体现：第一次书鲁僖公朝觐天子于王所，传文的解释仅就朝所议论，且晋文为伯主之尊，能率诸侯朝天子，故不与之文较

---

① 【汉】何休解诂，【唐】徐彦疏：《春秋公羊传注疏·桓公第四》，刁小龙整理，第121页。
② 【汉】何休解诂，【唐】徐彦疏：《春秋公羊传注疏·桓公第四》，刁小龙整理，第121页。《礼记·王制》亦有明文："诸侯之于天子也，比年一小聘，三年一大聘，五年一朝。"【汉】郑玄注，【唐】孔颖达疏：《礼记正义·王制第五》，吕友仁整理，第488页。
③ 【汉】何休解诂，【唐】徐彦疏：《春秋公羊传注疏·僖公第十二》，刁小龙整理，第483—484页。
④ 【汉】何休解诂，【唐】徐彦疏：《春秋公羊传注疏·僖公第十二》，刁小龙整理，第486页。

轻①；第二次则连"会"与"致"皆不书，仅以"狩"之常事为文，仅按《春秋》"常事不书"之例以见其义，可知其深为天王讳，以凸显尊王之正义，何休《解诂》即指出："一失礼尚愈，再失礼重，故深正其义，使若天子自狩，非致也。"② 值得关注的是，晋文虽两次召致天子，有失臣节，但其本意毕竟在于会同诸侯以尊王者，故依董子之见，仍有可褒之处，故《王道》篇曰："桓公救中国，攘夷狄，卒服楚，晋文再致天子，皆止不诛，善其牧诸侯，奉献天子而服周室，《春秋》予之为伯，诛意不诛辞之谓也。"③ 既肯定齐桓、晋文有尊王之功，又要防微杜渐，以绝篡弑之端，实为圣人不得已之苦衷也。④

第三，诸侯专断。天子有专断之权，但诸侯则不可。然而，春秋之世，天子羸弱，诸侯专之者多有，郑鲁易地、齐桓专封、楚庄专讨、戎执凡伯等事例不一而足，对于王者威权而言实为莫大的侵害。《春秋·桓公元年》："三月，公会郑伯于垂，郑伯以璧假许田。"⑤ 然而，许田本为鲁国朝宿之邑，为天子所赐，且并不是鲁

---

① 何休《解诂》述此次朝会之原委详备："时晋文公年老，恐霸功不成，故上白天子曰'诸侯不可卒致，原王居践践土'，下谓诸侯曰'天子在是，不可不朝'，迫使正君臣，明王法，虽非正，起时可与，故书朝，因正其义。不书诸侯朝者，外小恶不书，独录内也。不书如，不言天王者，从外正君臣，所以见文公之功。"也就是说，晋文公以伯主之尊，仍有正王道、明君臣之心，虽在召致天子一事上失仪，但其用心在于正君臣名分，以伸张天子威权，可谓"大德不逾闲，小德出入可也"。故《传》文多就朝所为文，贬其小者。【汉】何休解诂，【唐】徐彦疏：《春秋公羊传注疏·僖公第十二》，刁小龙整理，第484页。

② 【汉】何休注，【唐】徐彦疏：《春秋公羊传注疏·僖公第十二》，刁小龙整理，第486页。

③ 【汉】董仲舒：《春秋繁露·王道第六》，第27页。

④ 苏舆《义证》即有见于此："防其逼上之渐，故诛意。录其尊主之功，故不诛辞。予伯者，《春秋》不得已之苦衷也。后世有功王室之臣，或遂终于篡窃，知《春秋》虑患深矣。"【清】苏舆：《春秋繁露义证·王道第六》，钟哲点校，第124页。

⑤ 【汉】何休解诂，【唐】徐彦疏：《春秋公羊传注疏·桓公第四》，刁小龙整理，第120页。

◎ 发天意而正名号：公羊学语境中的董仲舒名论

国的私产。《公羊》讳"周田"而为"许田"，明确指出："有天子存，则诸侯不得专地也。"换言之，郑伯以玉璧假鲁之朝宿之邑，而未经天子允准，实为大逆不道之举。考诸桓公之世，其目中无王之事例繁多，何休《解诂》即指出："桓公会皆月者，危之也。桓弒贤君，篡慈兄，专易朝宿之邑，无王而行，无仁义之心，与人交接，则有危也，故为臣子忧之。不致之者，为下去王，适足以起无王，未足以见无王罪之深浅，故复夺臣子辞，成诛文也。"① 《玉英》篇亦认为："桓之志无王，故不书王……不书王者，以言其背天子。是故隐不言立，桓不言王者，从其志以见其事也。"② 郑鲁易地，实为目无王法，考诸桓公之行，亦可知其无王之甚。与鲁桓公彻头彻尾的目中无王不同，时当春秋乱世，伯主如果能够攘夷尊王，匡定天下，仍有肯定，乃至褒进的必要。如齐桓公之城邢、卫、杞，《公羊》即以"实与而文不与"来凸显其匡济天下之功与有违尊王之失之间的张力。《公羊传》曰："不与诸侯专封也。曷为不与？实与而文不与。文曷为不与？诸侯之义不得专封也。诸侯之义不得专封，则其曰实与之何？上无天子，下无方伯，天下诸侯有相灭亡者，力能救之，则救之可也。"③ 也就是说，在事实上的"无王"之世，诸侯伯主能够匡济天下，救助为夷狄所覆灭之小国，虽有专封之嫌，有碍于"尊王"之正义，但仍然有褒进之必要。与上文董仲舒所谓"诛意不诛辞"殊途同归，"实与而文不与"中，"实与"在于肯定伯主有匡济之功，而"文不与"者亦有彰明"尊王"正义，绝篡弒之祸端的用心。

无论是与天王战、召致天子还是专擅之事，《春秋》之中凡贬

---

① 【汉】何休解诂，【唐】徐彦疏：《春秋公羊传注疏·桓公第四》，刁小龙整理，第120页。
② 【汉】董仲舒：《春秋繁露·玉英第四》，第20页。
③ 【汉】何休解诂，【唐】徐彦疏：《春秋公羊传注疏·僖公第十》，刁小龙整理，第369—370页。

第五章 "正名以名义"

诸侯目中无王皆旨在推明"尊王"之正义。董仲舒所处的汉武之世亦存在相似的现实困境，故《十指》篇中有"强干弱枝，大本小末"的政治主张，试图实现明"君臣之分"的效果。究其原因，在于汉初分封天下，虽经文景时期收夺诸侯权力的努力，但仍然对于中央政府的威权构成一定的威胁与挑战，及至汉武之世，"武帝施主父之册，下推恩之令，使诸侯王得分户邑以封子弟，不行黜陟，而藩国自析"①。诸侯王尾大不掉的问题才真正得以解决。《汉书·五行志》则记载武帝建元六年（前135）"辽东高庙灾"及"高园便殿火"，董子以《公羊》灾异之说解之，以质疑郡国庙制，甚而主张"视亲戚贵属在诸侯远正最甚者，忍而诛之，如吾燔辽高庙乃可"②。庙制的背后是巩固王权之尊的用心，所谓"《春秋》大一统"者是也。

对于王者无可匹敌之尊的推崇又可以与王号之中"皇""黄"两科相互印证。上文业已说明，皇又象王上之冠的义涵，而作为统治者诸多称号之一，"皇"又可以视作"王"的理想状态，乃至《白虎通》所谓"煌煌人莫违"是也。而"黄"作为中和之色，又在董仲舒的五行学说中配以中央之位。凡此种种，皆有彰显"王"之为天下共主，一统四方之至尊地位的义涵。

综上，王号之有黄、方、匡、黄、往之"五科"，可由散见于《春秋繁露》的董子对《春秋》之中"王"义的阐明相互佐证。经

---

① 【汉】班固撰，【唐】颜师古注：《汉书·诸侯王表第二》，第337页。
② 【汉】班固撰，【唐】颜师古注：《汉书·五行志第七上》，第1209—1210页。林聪舜《西汉郡国庙之兴废》一文将西汉时期郡国庙的兴废过程区分为三个阶段，其中：高、惠时期的建庙对巩固刘氏王朝的统治具有积极的影响，而文、景、武时期的郡国庙则成了诸侯觊觎王权的正当性来源，其弊逐渐大于利；而直到元帝时期，经学家经由义理建构取得了罢郡国庙的彻底成功。经由对庙制兴废的钩稽，作者旨在说明礼制革新与政治秩序维护间，及西汉经学与现实政权间的关系。参见林聪舜《西汉郡国庙之兴废——礼制兴革与统治秩序维护的关系之一例》，《南都学坛》2007年第3期。

◎ 发天意而正名号：公羊学语境中的董仲舒名论

由铺陈"五科"，董仲舒以"名"为手段，对王之行为与德性提出了非常明确的要求，即王者至尊，无可匹敌，天下之人莫不违背。而在"天人之际"的框架之内，王者必须修饬德性，以仁德之心、正直之道施仁政于万民，唯其如此，才能当得起"王"这一名号。在《王道》篇中，董子以桀纣这两位著名的暴君均为圣王之后为例，旨在说明天下之"在德不在鼎"，也就是说，虽然圣王之后得以世袭其王位，但德性不修，倒行逆施，仍然要被褫夺其王位。①在董仲舒那里，虽然没有明确提出后来公羊家所主张的"天子爵称"之说②，但以德而非位作为认定"王"之为"王"的标尺，业已隐含了制约王权无限扩张的理论尝试。当然其收效如何，则是另一个问题了。

第二节　董子《春秋》君义考*

如果说上文对于"王"的考稽侧重于"王"作为天下共主，推行王道仁政于天下的义涵，其"五科"之属，亦大抵就王者至尊、唯一的特殊性而为言，那么，君号之"五科"及散见于《繁露》之中的董仲舒对于"君"义之剖判，则指向一般意义上的统治者，即包含诸侯与王者。一则，"王"亦是"君"，其作为统治者而言所需具备的德性与所应遵守的准则具有相通之处；一则，《春秋》以鲁国十二公为断代，又"其事则齐桓晋文"，若要探讨"为君之道"，则从诸侯着眼似乎更具有代表性。故下文将以循名责实为方法，探讨

---

① 【汉】董仲舒：《春秋繁露·王道第六》，第25页。
② 如《白虎通·爵》曰："天子者，爵称也。爵所以称天子者何？王者父天母地，为天之子。"既以天子为爵称，则隐含了可以褫夺其爵位的可能。【清】陈立：《白虎通疏证·爵》，吴则虞点校，第1—2页。
* 本节主要内容以《从"君"之名到"君子"之德——董仲舒名号理论视域下的"君"义考》为名，发表于《中华君子文化》（第三辑），北京：九州出版社，2020年11月。

第五章 "正名以名义"

挖掘董仲舒对于"君"之名不同侧面的考察，及其与《春秋》诠释之间的内在关联。以名为视角，可以发现：无论是"尊君"还是"屈君"，董仲舒均将对"君"的德性要求内嵌在对"君"之名的稽定之中。其中，《深察名号》篇对"君号"与"君名"的论述不妨视作总纲，而对《春秋》所记不同事例的诠释则是围绕总纲的详细展开。

一 "君"字训释与"君号""五科"

董仲舒对于"君"之名的讨论，离不开以往典籍中对于"君"字的训释。《仪礼·丧服》："君，至尊也。"① 《说文解字》采用此说："君，尊也。发号，故从口。"② "君"有一个异体字更能形象地表达"君"的尊义："𠻚，古文象君坐形。"③ 为君者南面而坐，以示其地位尊崇。④ 就字形而言，君从尹，从口。如许慎所说"口"为"发号"之意，即发出呼号，可以引申为为君者发号施

---

① 【汉】郑玄注，【唐】贾公彦疏：《仪礼注疏·丧服第十一》，载李学勤主编《十三经注疏》（标点本），第553页。
② 【汉】许慎著，【清】段玉裁注：《说文解字注·口部》，第119页。
③ 【汉】许慎著，【清】段玉裁注：《说文解字注·口部》，第119页。
④ "君"之为"尊"，不过，"尊"之上还有"至尊"。《荀子·正论》："天子者，执位至尊，无敌于天下，夫有谁与让矣？""敌"即匹敌、对等。作为"天子"履至尊之位，自然无敌于天下。又贾谊《新书·等齐》强调天子要与诸侯作出区分，"天子"是"至尊"而"诸侯"虽然尊，却不可"齐等"。《白虎通·号》篇："或称天子，或称帝王何？以为接上称天子者，明以爵事天也；接下称帝王者，得号天下至尊言称，以号令臣下也。"上承天意故称天子，下命百姓故称帝王。又蔡邕《独断》："皇帝、皇、王后、帝皆君也……王者至尊，四号之别名……天子，正号之别名。"如果按照董仲舒"号凡而略，名详而目"的说法，那么"君"可以被视作"号"，而天子的各种不同称呼则是"名"。【清】王先谦：《荀子集解·正论第十八》，沈啸寰、王星贤点校，第331页；【汉】贾谊：《新书校注·等齐》，阎振益、钟夏校注，第47页；【清】陈立：《白虎通疏证·号》，吴则虞点校，第47页；【汉】蔡邕：《独断》卷上，【清】卢文弨校注，北京：中华书局，1985年，第1页。

◎ 发天意而正名号：公羊学语境中的董仲舒名论

令。"尹"字段玉裁注曰"治也"，可见"君"有治理之意。① 与被治者相比，治人者显然处于较为尊贵的位置。"君"在某些使用中，表示至高无上的天子，如《尚书·大禹谟》："皇天眷命，奄有四海，为天下君。"② 在此，"君"指唯一的君主。不过，如《诗经·大雅·假乐》："穆穆皇皇，宜君宜王。"孔颖达注曰："君则诸侯也。"③ 郑玄注《仪礼·丧服》时即指出："天子诸侯及卿大夫有地者，皆曰君。"④ 可见，只要有土地者都可以称为"君"。此外，如"储君"为君之嗣子，"小君"为君夫人，得以"君"为称之人均因其与"君"作为君主、统治者相关。

"君"之为"尊"意味着受人尊敬、尊崇，因此，必须将"君"置于与民的互动关系中才得以成立。况且，仅仅有土地尚不能成为"君"，还需要有人民。因此，"君"之为治理，不仅是治理土地，也是治理人民。这就引申出"君"的另一层含义，即"群"。如《荀子·君道》："君者，何也？曰：能群也。"⑤《白虎通·三纲六纪》："君，群也。群下之所归心。"⑥ 又《逸周书·谥法解》："赏庆刑威曰君，从之成群曰君。"⑦ 可见，为"君"者不仅要享有民众（"从之成群"），更要治理民众（"赏庆刑威"）。

以上述对于"君"字的训释观之，董仲舒对于"君号"有"五科"的解释，既包含了上述内容，也融入了自己的新解："深

---

① 参见【汉】许慎著，【清】段玉裁注《说文解字注·口部》，第119页。
② 【汉】孔安国传，【唐】孔颖达疏：《尚书正义·大禹谟第三》，载李学勤主编《十三经注疏》（标点本），北京：北京大学出版社，1999年，第87页。
③ 【汉】毛亨传，【汉】郑玄笺，【唐】孔颖达疏：《毛诗正义·大雅·生民之什·假乐》，载李学勤主编《十三经注疏》（标点本），第1107页。
④ 【汉】郑玄注，【唐】贾公彦疏：《仪礼注疏·丧服第十一》，第553页。
⑤ 【清】王先谦：《荀子集解·君道篇第十二》，沈啸寰、王星贤点校，第237页。
⑥ 【清】陈立：《白虎通疏证·三纲六纪》，吴则虞点校，第376页。
⑦ 【清】朱右曾：《逸周书集训校释·谥法弟五十四》，载王云五主编《万有文库》，第93页。

第五章 "正名以名义"

察君号之大意，其中亦有五科：元科、原科、权科、温科、群科。"① "五科"的排序显然遵从一定之则："是故君意不比于元，则动而失本；动而失本，则所为不立；所为不立，则不效于原，不效于原，则自委舍；自委舍，则化不行。用权于变，则失中适之宜；失中适之宜，则道不平，德不温；道不平，德不温，则众不亲安；众不亲安，则离散不群；离散不群，则不全于君。"② 其中，"元""原"两科具有两个方面的含义。第一，一国之首。《立元神》篇有言："君人者，国之元，发言动作，万物之枢机。"③ 又："君人者国之本也。"④ 张之纯注曰："'元'如'勇士不忘丧其元'之元，首也。《书》曰：'元首明哉！'"⑤ 在此，"君"之为"元"指的是一国之首。第二，政教之始。对于"元"字，《王道》篇有所解释："《春秋》何贵乎元而言之？元者，始也，言本正也。道，王道也。王者，人之始也。"⑥ "君者元也"之"元"，意为上承天意，下启政教之始，《春秋》"贵元"而"重始"，实则把握了人道政治的根本。及至何休注《公羊传》，更是将"元年、春、王、正月、公即位"归纳为"五始"之说。至于"原"的含义，依苏舆注曰："本书《玉英篇》：'元犹原也，其义以随天地终始也。'案：原、元一义，而分别言之者，元是正本之义，原是不息之义，故下云'自委舍'。"⑦ 可见，"原"与"元"并不存在实质性的区别，只是所指不同而已。后文"是故君意不比于元，则动而失本；动而

---

① 余治平指出：君号的"五科"是"五个最为基本的因素，即臣民之首、政事之源、威权陈列、温润怀柔、凝聚亲和。这些才是一国之君所应该做的分内职责"。余治平：《唯天为大——建基于信念本体的董仲舒哲学研究》，第336页。
② 【汉】董仲舒：《春秋繁露·深察名号第三十五》，第60页。
③ 【汉】董仲舒：《春秋繁露·立元神第十九》，第37页。
④ 【汉】董仲舒：《春秋繁露·立元神第十九》，第37页。
⑤ 【清】张之纯：《春秋繁露评注》，转引自钟肇鹏主编《春秋繁露校释·立元神第十九》（校补本），第377页。
⑥ 【汉】董仲舒：《春秋繁露·王道第六》，第25页。
⑦ 【清】苏舆：《春秋繁露义证·深察名号第三十五》，钟哲点校，第283页。

◎ 发天意而正名号：公羊学语境中的董仲舒名论

失本，则所为不立；所为不立，则不效于原"①。作为"本"的"元"根源在于"天"，而需要效法的"原"仍然可以在"天"处寻找根据。两者只是从不同的角度来指称这个"本"或"始"而已。苏舆引《天人三策》之《春秋》"一元""正本"之说，即将《春秋》之"元"贯穿于天道与人道，天不仅构成了为君之"始"，更是为君之"本"，"天"与"君"的关系构成一个闭环。②

为君者承天意、施政教，自然需要深入具体的政治运作中，承担为君者的政治义务。董仲舒显然将对"天"的效法视作君的责任，故"不效于原"即"委舍"，卢文弨注"委舍"为"委卸"③，即推卸责任之意。为君者不承担责任，则难以施行教化，因此政治运作失去一定之则，"权"由此显露。此处，"权"既是为君者的权力，也指在具体政治运作中的权变。如果政治运作能够遵循一定之则，为君者上承天意，下施教化，则权力必施之于无形。相反，如若政事缺乏规律，妄加人力，则权力难免成为"看得见的手"，四处进行干预。在此意义上，"用权于变"的表述，既体现出权力的面向，也体现出权变的功能。就其权力的面向而言，"君"由其政令实现对国家的治理，所谓"君也者，掌令者也，令行而禁止也"④。不过，如若政治运作能偏离经常之义，一般的政令便难以收效，权力随即衍生出权变。苏舆解释说："经所不及，则以权平之，是权亦中也。若以行权为济变，则必至于失中。"⑤"权"应该是"经"的补充，而不是政治运作的常态。政治时常变动，对于为

---

① 【汉】董仲舒：《春秋繁露·深察名号第三十五》，第60页。
② 董仲舒《对策》曰："臣谨案《春秋》谓一元之意，一者万物之所从始也，元者辞之所谓大也。谓一为元者，视大始而欲正本也。"【汉】班固撰，【唐】颜师古注：《汉书·董仲舒传第二十六》，第2177页。
③ 【汉】董仲舒：《春秋繁露·玉杯第二》，第60页。
④ 【汉】董仲舒：《春秋繁露·尧舜不擅移汤武不专杀第二十五》，第47页。
⑤ 【清】苏舆：《春秋繁露义证·深察名号第三十五》，钟哲点校，第283页。

君者而言绝非善事。而"温"与"群"两科则涉及为君者与民众的关系。"温"指"道德泽及百姓,温暖人心"①,"德温"则可以来民,因此,"群"即聚拢民心,使"君"万众归心。所谓"王者,民之所往。君者,不失其群者也。故能使万民往之,而得天下之群者,无敌于天下"②。若非如此,则民心离散,君弑国亡。《春秋》记载梁国"鱼烂而亡"即为前车之鉴。

比较古籍中对于"君"字的使用,以及董仲舒用"五科"来定位的"君"之名,可以发现:董仲舒所言各科,均可以在义理上找到根据,也大体上都说得通。不过,如若细究起来,将"五科"以一定的线索关联起来,却并非概念间的严格逻辑推论,而是义理上的枝蔓与演绎。董仲舒之所以用"五科"来训释"君",并按照一定的顺序排序,其背后的用意在于:将现实的政治秩序系之于"君",将"君"之名系之于"天"。用董仲舒总结"《春秋》之法"的话来说,则是"以人随君,以君随天"。

二 "以人随君,以君随天"

"以人随君,以君随天"的命题,并非抽象的观念建构,而是建基于《公羊传》对《春秋》的诠释加以董仲舒对于天人关系的理解:"《春秋》之法,以人随君,以君随天。一日不可无君,而犹三年称子者,为君心之未当立也。此非以人随君耶?孝子之心,三年不当。三年不当而逾年即位者,与天数俱终始也。此非以君随天邪?故屈民而伸君,屈君而伸天,《春秋》之大义也。"③ 围绕"即位"之事,董仲舒大加阐发他对于天人关系的理解。"君"作为一国之元首,政教之本始,自然不能缺位,否则政必息、国必

---

① 钟肇鹏主编:《春秋繁露校释·深察名号第三十五》(校补本),第658页。
② 【汉】董仲舒:《春秋繁露·灭国上第七》,第30页。
③ 【汉】董仲舒:《春秋繁露·玉杯第二》,第12页。

乱。不过在父死子继的过渡阶段,却存在人情与民心之间的抵牾,一面是孝子需守"三年之丧",且从孝子之情考量也不忍立刻当父之位,另一面则是臣民希望有一个君主来稳定政局,推行政教。对于这一两难之境的处理,则构成了公羊家在天意与民心之间推明为君之道的入手之处。

《春秋·文公九年》记载:"春,毛伯来求金。"《公羊传》曰:"毛伯者何?天子之大夫也。何以不称使?当丧未君也。逾年矣,何以谓之未君?即位矣,而未称王也。未称王,何以知其即位?以诸侯之逾年即位,亦知天子之逾年即位也。以天子三年然后称王,亦知诸侯于其封内三年称子也。逾年称公矣,则曷为于其封内三年称子?缘民臣之心,不可一日无君;缘终始之义,一年不二君,不可旷年无君;缘孝子之心,则三年不忍当也。"① 毛伯作为天子的使者,来鲁国求金以助葬,按照《春秋》书例,天子之使应当称"使"。不过此处却没有遵从惯例,《公羊传》的解释从人情的角度提出一种折中方案:一方面,继位者可以逾年即位,因为一年无二君;另一方面,三年后方可称王,以示哀戚("不忍当")。② 正以天子未承父爵称"王",故天子之使亦不称使。对于这一父子权力交接过程中的名称转换,《公羊传·庄公二十三年》有更为明确的记载:"君存称世子,君薨称子某,既葬称子,逾年称公。"③ 这一两难的矛盾,经由"君"之名的转换得以解决。不过在"名"的

---

① 【汉】董仲舒:《春秋繁露·玉杯第二》,第12页。

② 何休注曰:"孝子三年志在思慕,不忍当父位,故虽即位,尤于其封内三年称'子'。"【汉】何休解诂,【唐】徐彦疏:《春秋公羊传注疏·文公第十三》,刁小龙整理,第546—547页。

③ 《白虎通·爵》篇则发展了这一说法:"父在称世子何?系于君也。父没称子某者何?屈于尸柩也。既葬称小子者,即尊之渐也。逾年称公者,缘民臣之心不可一日无君也。缘终始之义,一年不可有二君也。故逾年即位,所以系民臣之心也。三年然后受爵者,缘孝子之心,未忍安吉也。"【清】陈立:《白虎通疏证·爵》,吴则虞点校,第25—29页。

第五章 "正名以名义"

背后,仍然是"孝子之心""民臣之心"与"天数"相互"博弈"的结果。"民臣之心"服从于继位之君的"孝子之心",是"以人随君";"孝子之心"服从于"天数",是"以君随天"。① 在"名"的转换背后,均有相应的"实"作为内在根据,或本于人情,或本于天数。

以此为基础,董仲舒继而提出"屈民而伸君,屈君而伸天"的命题,并将之视作"《春秋》之大义"。苏舆解释道:"屈民以防下之畔,屈君以警上之肆。夫天生民而立之君,此万古不敝之法也。圣人教民尊君至矣,然而盛箴谏以纠之,设灾异以警之,赏曰天命,刑曰天讨,使之罔敢私也。视自民听,使之知所畏也。"② 对于民众而言,君的存在本身是一种制约与引导,政教的施行往往是上对下、君对臣民而言,甚至君有所好,民亦效之,如"楚王好细腰,宫中多饿死"之类,董仲舒对此有着十分明确的认识:"君者,民之心也;民者,君之体也。心之所好,体必安之;君之所好,民必从之。故君民者,贵孝弟而好礼义,重仁廉而轻财利,躬亲职此于上,而万民听,故曰:'先王见教之可以化民也。'此之谓也。"③《玉英》篇中,董仲舒发挥《公羊传·隐公五年》所载"公观鱼于棠"一事,认为这不仅是讥刺隐公,更是"讳大恶之辞"④。其背后的原因,正在于为君者"处位动风化者",言利尚且不妥,何况亲自求利。求利已是大恶,何况与民争利。为君者如此行径,必使民众闻风而向、趋之若鹜。天子之家求金、求车,鲁公观鱼于棠,乃至大夫之家与民争利,皆

---

① 这一人(民)—君—天之序列不仅是环环相扣的关系,仍有相互支撑、证成的意义。如苏舆《义证》则直接将"君"之于"民"的意义比之于"天"来论证其重要性:"以民臣之心,则不可一日无君矣,不可一日无君,犹不可一日无天也。"【清】苏舆:《春秋繁露义证·玉杯第二》,钟哲点校,第29页。
② 【清】苏舆:《春秋繁露义证·玉杯第二》,钟哲点校,第30页。
③ 【汉】董仲舒:《春秋繁露·为人者天第四十一》,第65页。
④ 【汉】董仲舒:《春秋繁露·玉英第四》,第19—20页。

· 273 ·

◎ 发天意而正名号：公羊学语境中的董仲舒名论

《春秋》所不与，如孔子所谓"君子德风"，必当自持甚谨。① 甚至，民众是否顺从于君，也取决于君是否顺于天子、天命："传曰：唯天子受命于天，天下受命于天子，一国则受命于君。君命顺，则民有顺命；君命逆，则民有逆命。故曰：'一人有庆，兆民赖之。'此之谓也。"② 天子之于天下，诸侯之于一国，皆有此效。而诸侯又以候奉天子为职志，则由一人推至诸侯，由诸侯推至万民，可见，为君者不仅治理民众，更需要成为民众在行为与道德上的楷模。

与君对民的制约、影响相对，民对君的制约则由"屈君而伸天"来实现。在"天""君"与"民"的关系上，董仲舒试图建构的是一个相互制约的闭环。在"以人随君，以君随天"之外，董仲舒对于"天"与"民"关系的论述则补足了这个闭环："天之生民，非为王也，而天立王以为民也。故其德足以安乐民者，天予之；其恶足以贼害民者，天夺之。"③ 天意随民心而转变，用以制约君主的"天"，归根结底是"民心"而已。这里，董仲舒对于"民心"的推重并非出于"民本"或"民主"的先知先觉，而是以维系政权合法性，确立君主的统治地位为目的。这一点可以从两个

---

① 在上者不可求利、争利不仅出于"处动位风化"的教化考量，也出于维护政治和谐稳定的现实要求。《春秋繁露·度制》篇即指出："孔子曰：'君子不尽利以遗民。'……故君子仕则不稼，田则不渔，食时不力珍，大夫不坐羊，士不坐犬……天不重与，有角不得有上齿。故已有大者，不得有小者，天数也。夫已有大者又兼小者，天不能足之，况人乎？故明圣者象天所为，为制度，使诸有大奉禄亦皆不得兼小利，与民争利业，乃天理也。"在《天人三策》中，董仲舒更以鲁国大夫公仪休之利，进一步说明：既已作为劳心者而受俸禄之供养，自不得再为耕织以争庶民之利，所谓"若居君子之位，当君子之行"是也。董仲舒以"不重与"之天理，来论证不兼利之正义，试图导向的是一种以社会分工为前提的分配正义。【汉】董仲舒：《春秋繁露·度制第二十七》，第48页；【汉】班固撰，【唐】颜师古注：《汉书·董仲舒传第二十六》，第2192—2193页。

② 【汉】董仲舒：《春秋繁露·为人者天第四十一》，第65页。

③ 【汉】董仲舒：《春秋繁露·尧舜不擅移汤武不专杀第二十五》，第46—47页。

第五章 "正名以名义"

角度予以说明。一方面，董仲舒对于"君"与"民"关系的反复论述皆意在揭示，"民"是"君"得以确立的基础，上文所论"梁亡"之事例，《竹林》篇中对"苦民""伤民"甚而"杀民"的贬责，皆在一定程度上指向了"民"对于君的统治有或载或覆之效的义涵。① 另一方面，"民"在董仲舒那里绝非个体的范畴，而是指向作为集体的"民众"。这一作为集体的"民"，不具备自主、自决的权利与能力，甚至在董仲舒的语境中，以"瞑"训"民"，认为"民"无知瞑瞑，更是将对民众的不信任推至极致。换言之，在君与民的关系中，"君"才是本。"民为邦本""民贵君亲"，乃至"天立王以为民"诸说，虽然不乏"重民"的思想，但大抵也只是儒家传统中一贯而下的告诫人君修道立教的话术而已。

经由上文对君之于民的教化与民（经由"天"）对于君的规制两个方面的论述可以明确，董仲舒对于"民"的态度内嵌着一对矛盾：既希望"民心"可以经由"天意"制约君主的权力，同时又对无知瞑瞑的"民"缺乏信任。可以推断，无论董仲舒如何主张制约君权（乃至王权），君在民上、以君屈民，才是现实政治秩序的

---

① 如果说"得正"是确立君主合法统治的先决条件的话，那么，"得众"则是仅次于"得正"的、维系统治的必要条件，《玉英》篇中，董子通过排比宋缪公、吴王僚与卫宣公的事例以说明"得众"的重要性："非其位而即之，虽受之先君，《春秋》危之，宋缪公是也。非其位，不受之先君，而自即之，《春秋》危之，吴王僚是也。虽然，苟能行善得众。《春秋》弗危，卫侯晋以立书葬是也。俱不宜立，而宋缪受之先君而危。卫宣弗受先君而不危，以此见得众心之为大安也。"吴王僚与宋缪公皆非得正之君，但前者无先君之命而后者有，《春秋》均危而录之，以凸显"得正"的重要性。相形之下，《公羊传》虽不与卫宣之"不宜立"而众人立之，但经由《春秋》之书其葬，亦可知终其身而无虞。由是而推本董仲舒之意，先君之命固然无法代替"居正"的重要性，但时当乱世，若"正"之不可得而有之，那么"得众"与否似乎要比是否得先君之命来得重要。这亦可以佐证君、王之位绝非一家私有，非君、王本人可私命授受，一则要准之以礼法，如"立嫡以长不以贤"，一则要准之以天意民心。【汉】董仲舒：《春秋繁露·玉英第四》，第19页。

· 275 ·

◎ 发天意而正名号：公羊学语境中的董仲舒名论

关键。由此，"君"之为"原"与"元"的义涵才得以确立，因为只有"君"而非"民"才是真正的为政之本，这也是为何对于自天子以至于民一贯而下，董仲舒独对"王""君"二号论述翔实，而对大夫、士、民之"名"则一笔带过的理由。

三 执权之术

如果说上文围绕天意与民心确立"君"作为国之大本的义涵基于董子的《春秋》诠释的话，那么，董仲舒以"权科"予"君"，主张为君者只有执权才能存国，则带有鲜明的黄老学说的意味。下面即将围绕《繁露》之中黄老诸篇，论述"权"之义涵。① 不难发现：董仲舒论"君"之"权"实则承其"元科"而为言，强调的是"权"之为权柄、威权。

对于"君"在治理中的重要作用，《立元神》篇有十分明确的表述："君人者，国之元，发言动作，万物之枢机。枢机之发，荣辱之端也。"② 也就是说，人君的一举一动直接关乎国家的安危荣辱，因此为君者对于自己的言行不可不慎之又慎，甚至少做少错，不做不错，所谓"为人君者，谨本详始，敬小慎微，志如死灰，形

---

① 历来对于《春秋繁露》中黄老诸篇的作者存在争议，在现有文献与材料不足征的情况下，本书无力，也无意处理这一复杂的问题。桂思卓的观点可资借鉴，在她看来：黄老诸篇中诸种观点往往相互龃龉，其作者可能并非一人，董仲舒撰写了部分而非全部黄老诸篇的内容。具体而言，被桂思卓所认定为"黄老编"包括《离合根》《立元神》《保位权》《考功名》《通国身》《循天之道》与《天地之行》诸篇的全部或部分内容。在她看来，"这些篇章的一个显著特点就是它们对儒家经典缺乏兴趣。它们的关注点是统治术，尤其是君主实践其政治权威的手段。它们是以一种高度综合的方式阐发这一问题的，而这种方式则融合了道家、墨家、名家及法家的观点，并以各家观点之混合体取代了在《春秋繁露》的第一编中占据主导地位的儒家格调。比如，这些篇章认为，老子的无为而治原则、申不害的名实理论、韩非的公平赏罚观、墨子的尚贤主张及管子的内修技巧都是实施统治的必要手段"。【美】桂思卓：《从编年史到经典——董仲舒的春秋诠释学》，朱腾译，第97—99、106页。

② 【汉】董仲舒：《春秋繁露·立元神第十九》，第37页。

第五章 "正名以名义"

如委衣，安精养神，寂寞无为"是也。① 在《离合根》篇中，则是强调人主要"内深藏"，且只有"不自劳于事"，才能维系其尊。②《天地之行》篇则说："一国之君，其犹一体之心也。隐居深宫，若心之藏于胸；至贵无与敌，若心之神无与双也。"③ 心有所想，一般不表露于外，而以心与体之关系，比若君臣，则可以推知，君之所思所想，非臣下所可揣度。归根结底，在于维护君之尊位而已。④ 君有"至贵"之位而得以垂拱，但国家政事仍需有为方可得治，所以为君者真正要面对的问题是如何管理臣属。站在黄老的立场上，无为之君必得有为之臣相配，譬如深藏之心而必得体之发言动作方可成其为人。并且，只有君臣相辅，方可成其为政，所谓"君臣之礼，若心之与体，心不可以不坚，君不可以不贤；体不可以不顺，臣不可以不忠。心所以全者，体之力也；君所以安者，臣之功也"⑤。这一对国家之"体"的推崇势必导向对贤能之人的任用。所以，《立元神》篇"虚心下士""谋于众贤"与《通国身》篇"卑谦以致贤"等主张实与人君的"寂寞无为"互为表里。

确立君之与臣类似于心之与体的关系，君之无为以尊，臣之有为以卑的格局，那么，人君如何维系其位权，保有对臣属乃至万民的统御，则是一个"术"的问题。就君与臣的关系而言，"设官府爵禄""立尊卑之制""等贵贱之差"为网罗贤才提供保障⑥，而明确"揽名责实"的考黜进退之法则有助于保障人才制度

---

① 【汉】董仲舒：《春秋繁露·立元神第十九》，第37页。
② 【汉】董仲舒：《春秋繁露·离合根第十八》，第36页。
③ 【汉】董仲舒：《春秋繁露·天地之行第七十八》，第95页。
④ 徐复观指出："董氏把君权提得这样高，于是他不知不觉地，接受了一部分战国末期的道家思想及法家思想，将人君加以神秘化。"徐复观：《两汉思想史》（二），第386页。
⑤ 【汉】董仲舒：《春秋繁露·天地之行第七十八》，第95—96页。
⑥ 【汉】董仲舒：《春秋繁露·保位权第二十》，第38—39页。

◎ 发天意而正名号：公羊学语境中的董仲舒名论

的良好运转。① 归根到底，在于刑、德——也就是赏、罚——两端，其说与《韩非子·二柄》的主张相似；就君与民的关系而言："民无所好，君无以权也。民无所恶，君无以畏也。无以权，无以畏，则君无以禁制也……故圣人之制民，使之有欲，不得过节；使之敦朴，不得无欲。无欲有欲，各得以足，而君道得矣。"② 也就是说，对于民众而言，要知其好恶，并加以因势利导，唯其如此，才能万民归附以得众心。换言之，权力实则存在于人心，如若民无所好恶，为君者的权力也就无处展布。然而，无论是以赏罚之柄来制约臣属，还是以好恶之欲来节制万民，其最终的目的皆在维系人君之威权，所谓"国之所以为国者德也，君之所以为君者威也，故德不可共，威不可分。德共则失恩，威分则失权。失权则君贱，失恩则民散。民散则国乱，君贱则臣叛。是故为人君者，固守其德，以附其民；固执其权，以正其臣"③。董天工对《保位权》篇中君、臣、民的关系加以考量，指出："篇分三段，由君而民，由民而臣，民附臣从，而君无为，则位权保矣。"④ 可知，以上种种治国之术，皆以保其位权为要。

如果将上述得于黄老的治国之术与"五科"中的"权科"比而观之，则可以发现："权"作为"君"的题中应有之义，内嵌于为君之道中，无论是合法性的确立、政权的维护还是现实政治的运作，"权"都体现出为君者所必备的一种手段。董仲舒汲取黄老思想所提出的为君之道，显然关注到了君权的这一面向，并将之内嵌

---

① 《立元神》篇有"据位治人，用何为名"之语，苏舆《义证》以"何，或当为言，谓因所言以为名，而责其实也"。并引《管子·心术》《申子·大体》等文献，将这句话的解释引向考黜进退之法，也就是《考功名》篇的"揽名责实，不得虚言，有功者赏，有罪者罚，功盛者赏显，罪多者罚重"。【清】苏舆：《春秋繁露义证·立元神第十九》，钟哲点校，第165页。
② 【汉】董仲舒：《春秋繁露·保位权第二十》，第38—39页。
③ 【汉】董仲舒：《春秋繁露·保位权第二十》，第39页。
④ 【清】董天工：《春秋繁露笺注·立元神第十九》，上海：华东师范大学出版社，2017年，第99页。

于"君"之名中。饶有兴味的是：董仲舒之学以儒为宗、以公羊学为根底，但这一黄老治国之术却可以以一种相反相成的方式内嵌于其中。仅以"权"论，为君者之"权"在于权柄、权威，而非权变，落实到《公羊传》的语境之中则是对"国君一体"的主张，也就是，享国之君代表国家，绝不可身居贱处，甚至见辱失尊。

四 "国君一体"

为君者不仅享有土地、人民，更为重要的是，"君"在外交、政事方面直接代表国家，有鉴于此，《公羊传》提出"国君一体"的观念。《公羊传·庄公四年》记载齐襄公为九世之祖复仇，灭了纪国的事情。按照《春秋》的惯例，"君死于位曰灭，生得曰获，大夫生死皆曰获"①。但在齐灭纪一事上，《春秋》的记载却是"纪侯大去其国"，《公羊传》认为，齐襄公为九世祖复仇，兴的是正义之师，因此不书"灭"，乃"为襄公讳"。《公羊传》的作者借题发挥："国君一体也；先君之耻犹今君之耻也，今君之耻犹先君之耻也。国君何以为一体？国君以国为体，诸侯世，故国君为一体也。"② 此处，《公羊传》对于复仇的范围有一个严格的分判，即国仇"虽百世可复"，家仇则不可③。之所以如此，则是因为"国君

---

① 【汉】何休解诂，【唐】徐彦疏：《春秋公羊传注疏·昭公第二十四》，刁小龙整理，第1005页。
② 【汉】何休解诂，【唐】徐彦疏：《春秋公羊传注疏·庄公第六》，刁小龙整理，第221页。
③ 《公羊传》里有"荣复仇"的大义，然而，对于谁来复仇、如何复仇，以及复仇的范围都有十分严格的限定。其中最为重要的一条即家仇不可复。《公羊传·庄公四年》记载"纪侯大去其国"一事时，就"复仇"问题展开讨论，特别指出：国仇百世可复，而家仇则不可。这是因为"国君一体"，而〔大夫〕家则不世袭，为远祖复仇缺乏正当性。不过，正如《礼记·曲礼上》所记载："父之雠弗与共戴天，兄弟之雠不反兵，交游之雠不同国。"似乎复仇的正当性仅仅局限于自己所处的亲缘关系内。【汉】郑玄注，【唐】孔颖达疏：《礼记正义·曲礼上》，吕友仁整理，第108页。

◎ 发天意而正名号：公羊学语境中的董仲舒名论

一体"，一国之君代表的是国家，杀害国君无异于灭人之国，并且这一"国君一体"的观念在《春秋繁露》中虽然没有被明确提到，不过下面两点可以证明董仲舒也同样认可"国君一体"的说法。第一，"国灭君死之，正也"。这一表述见于《公羊传·襄公六年》所记齐国灭莱之事。《春秋繁露》中的《竹林》与《玉英》两篇则引用这句话，不过针对的却是齐国灭纪与齐顷公不能死位之事。在齐灭纪一事上，《公羊传》赞许齐襄公复仇，对于纪侯的行为却没有过多提及。董仲舒将《春秋》的文字"比而观之"，发现《公羊传》实则是经由"托贤于纪季"来达到"贤纪侯"的目的。其理由在于：如果纪季是贤者，不会做出"用地""去国"与"避外难"三件不义之事。但纪季确实又这么做了，而《公羊传》仍然认为纪季是贤者，那只能认为纪季是受君命而为之。对于纪侯的态度，董仲舒认为：尽管"国灭君死之"是为君的正道，但是纪侯能够"率一国之众，以卫九世之主。襄公逐之不去，求之弗予，上下同心而俱死之，故谓之大去。《春秋》贤死义，且得众心也，故为讳灭"①。董仲舒的解读将"讳灭"的对象从襄公转到纪侯的身上，可见对纪侯得民心，死社稷，且惦念宗庙祭祀的行为十分推重。② 结合《公羊传》与董仲舒的诠释，可以认为：无论是齐之复仇还是纪侯之"大去"，皆可证成"国君一体"。于齐而言，若缘人情，则"亲远则恩衰，仇

---

① 【汉】董仲舒：《春秋繁露·玉英第四》，第 22 页。
② 以齐襄公为"九世之主"，又许纪侯能得民心，死社稷，正合《公羊传》国灭君死之正义，与《穀梁传》义近。陈立《义疏》指出："如董生所记，似纪侯死难，并未出奔，故有贤之之义。盖亦《公羊》先师所传，与何氏所习少异。善善从长，《繁露》所记不可不存也。若如《左》《穀》二家师说，以大去为不反，则国灭不能死义，宗庙社稷委之于季，置身事外，《春秋》应罪之不暇，何为贤之？"既贤纪侯，自不当以"大去"为去国不反，然其终究归本于董生之说，未必尽是《公羊传》之本意。【清】陈立：《公羊义疏·庄三年尽四年》，刘尚慈点校，第 678 页。

远则怨忘"①，绝无九世之仇犹可复的道理，故只能将远祖之仇上升到国仇的角度才能说得通；于纪而言，则国灭而君死，贤纪侯而曰"大去"，实以国君为一体。

第二，君不可见辱失尊。《公羊传·成公二年》记载逢丑父代齐顷公被执，被晋国处决一事。② 按照人之常情，为臣者能以一己之身代君赴死，足见其忠义。③ 然而，董仲舒仍然不许其义，究其原因则在于"丑父措其君于人所甚贱以生其君"④，使至尊之君至于至贱之位，辱宗庙、羞社稷，虽得其生，却是奇耻大辱。因此，董仲舒评价说："大辱莫甚于去南面之位而束获为虏也。曾子曰：'辱若可避，避之而已。及其不可避，君子视死如归。'谓如顷公者也。"⑤ 正因丑父有贱君、绝君之罪，故《公羊传》不许其"权"。

---

① 毛奇龄指出："恩怨以时，亲远则恩衰，仇远则怨忘。故周制复仇之义，不过五世，并无九世犹相复仇者。"【清】毛奇龄：《春秋毛氏传》，载庞晓敏主编《毛奇龄全集》（第十册），北京：学苑出版社，2015年，第102页。

② 《左传·成公二年》与《史记·齐太公世家》对此事的记载与《公羊传》颇有出入，两者都提到逢丑父最终被郤克赦免，并未就戮。由此也可以推断：在《公羊传》的视域中，事以明义，实则是"义"先行。参见【晋】杜预注，【唐】孔颖达正义《春秋左传注疏·成公元年至二年》，载李学勤主编《十三经注疏》（标点本），第696页；【汉】司马迁撰，【南朝宋】裴骃集解，【唐】司马贞索隐，【唐】张守节正义《史记·齐太公世家第二》，第1812页。

③ 刘向对此事有完全不同的看法。《说苑·敬慎》曰："夫福生于隐约，而祸生于得意，齐顷公是也。齐顷公，桓公之子孙也，地广民众，兵强国富，又得霸者之余尊，骄蹇怠傲，未尝肯出会同诸侯，乃兴师伐鲁，反败卫师于新筑，轻小嫚大之行甚。俄而晋、鲁往聘，以使者戏，二国怒，归求党与，得卫及曹，四国相辅，期战于鞍，大败齐师，获齐顷公，斩逢丑父。于是懼然大恐，赖逢丑父之欺，奔逃得归。吊死问疾，七年不饮酒，不食肉，外金石丝竹之声，远妇女之色，出会与盟，卑下诸侯。国家内得行义，声问震乎诸侯。所亡之地，弗求而自为来，尊宠不武而得之。可谓能诎免变化以致之。故福生于隐约，而祸生于得意，此得失之效也。"齐顷公之所以能因祸得福，振兴家国，端赖丑父之义。【汉】刘向：《说苑校证·敬慎》，向宗鲁校证，北京：中华书局，1987年，第249—250页。

④ 【汉】董仲舒：《春秋繁露·竹林第三》，第17页。

⑤ 【汉】董仲舒：《春秋繁露·竹林第三》，第18页。

◎ 发天意而正名号：公羊学语境中的董仲舒名论

综上，围绕《春秋》之中齐国灭纪、齐顷失尊等事，本书旨在说明：为君者实则与国为一体，所谓"一国之君，其犹一体之心也"①。又："国之大柄，君之重任也。"② 为君者作为国家的首脑，不仅承担政教的任务，更是国家的尊严。通过强调"国君一体"，为君者与国家之间的关联进一步强化，意在强调为君者的政治责任。如果说，执权存国，善保位权是"君"之术的话，那么国君一体、国灭君死则是"君"之道。

"君"之有"元、原、权、温、群"五科，其中，"温"与"群"就君与民之关系而言，强调的是君者亲近来远，不失其群的一面。而"元"与"原"就"君"作为国之大本、政之大原的义涵而言，强调的是为君者所承担的政治责任。而"权"则作为为君者的权柄，只有执权方可存国，反过来说，若威权坠地，见辱失尊，则国亦不复为国。上文所论一则以论"君"之为"君"为要，一则以散见于《繁露》之中的董子诠释《春秋》之文证明君号"五科"之说非虚，亦可推知"深察名号"之说本即建基于董子对于《春秋》的诠释之上。

第三节　董子《春秋》臣义考*

如董仲舒所言，君与臣譬如心与体，心为主宰固不待言，但体的重要性同样不能忽视。可以说，只有臣属恪尽职守，统治者的仁心、仁德才能转化为王道仁政而落实于民，且只有臣属各司其职，才能维系自天子以至于庶民之政教格局的稳定。故《深察名号》

---

① 【汉】董仲舒：《春秋繁露·天地之行第七十八》，第95页。
② 【汉】董仲舒：《春秋繁露·俞序第十七》，第36页。
＊ 本节部分内容以《"行权"与"尊君"的牵合——论董仲舒"丑父欺晋"的诠释困境》为名，发表于《中南大学学报》（人文社会科学版）2022年第4期。

第五章 "正名以名义"

中，董仲舒虽于"王""君"两号论之甚详，然而其对诸侯、大夫与士之名亦有所观照。分而言之，诸侯、大夫与士皆可由名以见义，处于自天子以至于庶民的自上而下的政治序列中。其中，诸侯分疆裂土，拱卫天子；士作为吏员或政府办事员，其职责几乎停留于上行下效而已；大夫则构成了"臣"的主体部分，合而言之，三者皆为"臣"属，君主而臣从、君尊而臣卑，如何由《春秋》之中所论君臣大义，以明乎为臣之道，亦可归于三者的"名义"之中。下文即先从《深察名号》篇中诸侯、大夫与士之名入手，继而探讨董仲舒由诠释《春秋》而欲揭橥的为臣之道。

一 诸侯、大夫与士之"名"

作为自天子以至于庶民的等级秩序中必要的一环，诸侯、大夫与士皆可归于"臣"之列。《深察名号》篇中，董仲舒对于三者皆有所"正名"，指向了明确的德行义涵与政治职分。其中，大夫与士又有着等级的区分，形成了一个相对完整的官制系统。

首先，《深察名号》篇中对于诸侯、大夫与士之名的稽定亦以字义训释——尤其是声训——为方法，达于"正名以名义"，即将对"名"所指称对象的德性与行为规定寓于"名"中。对于诸侯之名，《深察名号》篇曰："号为诸侯者，宜谨视所候奉之天子也。"[1] 即以"候"训"侯"，将"候奉天子"等同于诸侯之名称职分，《诸侯》篇亦承之，"古之圣人，见天意之厚于人也，故南面而君天下，和以兼利之。为其远者目不能见，其隐者耳不能闻，于是千里之外，割地分民，而建国立君，使为天子视所不见，听所不闻，朝者召而问之也。诸侯之为言，犹诸候也"[2]。天子南面而君临天下，但天下至为广大，必有所不见、不闻者，故诸侯分疆裂

---

[1]【汉】董仲舒：《春秋繁露·深察名号第三十五》，第59页。
[2]【汉】董仲舒：《春秋繁露·诸侯第三十七》，第63页。

◎ 发天意而正名号：公羊学语境中的董仲舒名论

土，作为天子之耳目，以待天子召见候问。①

关于大夫之名，《深察名号》篇曰："号为大夫者，宜厚其忠信，敦其礼义，使善大于匹夫之义，足以化也。"② 其中，"夫"为匹夫，所谓"大夫"，即善大于匹夫之意。③ 而"忠信"与"礼义"可以被视作大夫的德性要求，前者强调的是为人臣者不可自专，以忠君为要，后者则以大夫入则事君，出则以命，必得礼义傍身方可行止得宜。

在大夫以下，则是所谓"士"："士者，事也，士不及化，可使守事。"④ 也就是说，"士"仅仅需要守住职事即可。值得关注的是：在政治的序列之中，大夫、士（乃至民）各有其职分，不过《深察名号》篇中对于三者之解读更多的是以"德"而非以"位"。这不失为对上文所论及的王道教化的序列——天、天子、民一贯而下——的进一步充实。⑤ 其中，大夫之"善大于匹夫"，故"足以

---

① 苏舆《义证》："《白虎通·爵篇》：'侯者，候也，候逆顺也。'《公羊疏》引《元命苞》云：'侯之言候，候逆顺，兼伺候王命。'"又："《周礼·职方氏》'侯服'注：'侯，为王者斥候也。'"即以诸侯为王者之耳目。【清】苏舆：《春秋繁露义证·深察名号第三十五、诸侯第三十七》，钟哲点校，第279页、第305页。

② 【汉】董仲舒：《春秋繁露·深察名号第三十五》，第59页。

③ 《白虎通·爵》篇释义与之不同，其言曰："大夫之为言大扶，扶进人者也。故《传》曰：'进贤达能，谓之卿大夫。'"即以"扶"释"夫"，即以大夫有扶助、促进之功。陈立《白虎通疏证》曰："大夫及卿大夫之总号。对文则卿为上大夫，大夫为下大夫。故《春秋》之例，皆称大夫也。《王制·疏》引作'大夫者，达人。谓扶达于人也'。"其中，卿大夫可以被视作履行臣道的主要群体。而其间又有上、下等级之别。【清】陈立：《白虎通疏证·爵》，吴则虞点校，第17页。

④ 关于《深察名号》篇中"士"之名的文字存在移改，本书第一章第三节业已说明，此处不赘。

⑤ 如果说自天子、诸侯、大夫、士与民一贯而下的教化序列中，天子是王化之源，诸侯以候奉天子为职事，似乎也无法以"德"属之（事实上，诸侯多以军功或亲亲得以分封，确实无法以德序之），若就其名称而言，《白虎通·爵》篇即指出："公者，通也，公正无私之意也。""侯者，候也。候逆顺也。""伯者，百也。""子者，孳也。孳孳无已也。""男者，任也。"可见诸侯之爵各有名，名各有义。不过，这已非《深察名号》篇所观照到的面向了。【清】陈立：《白虎通疏证·爵》，吴则虞点校，第7—8、10页。

化",且具备了"忠信"与"礼义"的德性;士则"不及化",但仍能达事理、辨是非,故可委以守事①;而民则是无知瞑瞑,守事尚且不足,故仅"从上"而已,其间固然有"上智下愚"之等级森然,却也隐含着化与未化间移易的可能。②

对于"大夫"与"士"之名的考订,又与董仲舒所设想的官僚制度相结合,可以进一步明晰其由定名审分所欲实现的是差等级、定尊卑的政治目的。《官制象天》篇曰:"王者制官,三公、九卿、二十七大夫、八十一元士,凡百二十人,而列臣备矣……天子自参以三

---

① 事实上,"士"的义涵十分丰富。《春秋繁露·深察名号》《白虎通·爵》与《说文·士部》以"事"训"士",为一解。《尔雅·释言》"髦士,官也"。邢昺《疏》曰:"士者,男子之人大号。"即以"士"为男子之称,如以"夫"释"士"(《诗·周颂·载芟》朱熹集注),乃至陈启源《毛诗稽古编》"士者,男子之通称,五等诸侯及公卿大夫皆可得此名"为一解。以"士"为战士、兵士、甲卒等,亦为一解。基于《深察名号》篇以"名"为核心构建政治秩序的本旨,又采"士者,事也"之释,可知其所谓"士"以任事之吏为其基本义涵。不过,《服制像》篇曰:"夫能通古今,别然不然,乃能服此也。"如苏舆《义证》所指出,据《玉篇》《白虎通》等文献,"通古今""辨然否"者,可以称为"士"。结合《说文》以"士"从一从十,可知以孔子"闻一知十"解"士",又如《论语·子张》"士见危致命",邢昺《疏》曰:"士者,有德之称。"可见,在政治序列之中的"士"往往可以与吏员(即办事员)等同,不过,"士"仍然有过于庶民的学问与德行。【清】苏舆:《春秋繁露义证·服制像第十四》,钟哲点校,第149页。

② 如苏舆《义证》所指出:"士者,民之秀者也。民亦具有士之材质,但未及尽化于道,不能达事理,仅可使静守法制,从上令而已。合天下之众百姓,固宜有此贤愚差等,子曰:'民可使由之,不可使知之。'正此义也。《论语》郑注:'民,冥也。其见人道远。由,从也。言王者设教,务使人从之。若皆知其本末,则愚者或轻而不行。'案:郑注所言近于术,不如董义之纯,程子已阴辟之。朱子释《论语》云:'民可使之由于事理之当然,而不能使知之其所以然。'正用董义……《史记·礼书》:'人域是域,(此域字,衍文。)士,君子也。外是,民也。'知士、民以德与学分。"经由对孔子"民可使由之,不可使知之"一语的诠释,苏舆意在说明的是:"士"与"民"并不存在实质性(材质)的区分,而仅仅在于化与未化或化之多寡的差异,这一论述本身是否合乎孔子本旨且不论,但儒家若欲推行教化,使人日进其德,则势必否定才智上存在先天的、不可逾越的鸿沟,而走向了具有普遍教化可能的立场。【清】苏舆:《春秋繁露义证·深察名号第三十五》,钟哲点校,第279页。

◎ 发天意而正名号：公羊学语境中的董仲舒名论

公，三公自参以九卿，九卿自参以三大夫，三大夫自参以三士。三人为选者四重，自三之道以治天下，若天之四重，自三之时以终始岁也。"①"三选"与"四重"之数依据的是天时之三月以成时，四时而成岁。自三公以下，皆以为上位者之资政，如三公辅佐天子，九卿辅佐三公之类，形成一个自上而下的官僚系统。并且，这一三公、九卿乃至八十一元士之选，亦以德为序，如"三公之位，圣人之选也。三卿之位，君子之选也；三大夫之位，善人之选也；三士之位，正直之选也"②。可知，四者位序的高低同样也意味着德性之优劣。

王者设官的"三选""四重"之说本于天官，其理想的成分远过于现实的可操作性。不过董仲舒似乎并不以之为意，在《爵国》篇中，结合《春秋》之中的爵位、官职及名称的分殊，则将上述所谓三选、四重之说有了更为细致的演绎。首先，爵称有公、侯、伯、子、男五等，不过有周制与《春秋》制的区别，周制五等，士分三品，即上士、中士与下士，《春秋》制三等，即合伯、子、男为一，士分二品，即上士与下士。又夷狄之进退按名有州、国、氏、人、名、字、子七等③，

---

① 【汉】董仲舒：《春秋繁露·官制象天第二十四》，第44—45页。
② 【汉】董仲舒：《春秋繁露·官制象天第二十四》，第46页。
③ 《春秋·庄公十年》："秋，九月，荆败蔡师于莘，以蔡侯献舞归。"《公羊传》："荆者何？州名也。州不若国，国不若氏，氏不若人，人不若名，名不若字，字不若子。"夷狄七等爵制本为进退夷狄而作，何休《解诂》云："爵最尊，《春秋》假行事以见王法，圣人为文辞孙顺，善善恶恶，不可正言其罪，因周本有夺爵称国、氏、人、名、字之科，故加州文，备七等，以进退之。"然许夷狄者仍有限度，故"子"为夷狄之最尊之号，不可进曰侯、曰公，遑论夷狄之君僭"王"自称。【汉】何休解诂，【唐】徐彦疏：《春秋公羊传注疏·庄公第七》，刁小龙整理，第264页。关于进夷狄者的限度问题，余治平在其《春秋公羊夷夏论》中有所论及，其言曰："我们从庄公十年《公羊传》称呼夷狄的'七级'序列中便可以看出孔子的'进夷狄'的基本倾向与大致尺度。实际上，'七级'之下，还可以分出阉、盗、贼三级，逐次而下。这里，首先必须强调的一点则是，孔子不是回避而是正视了当时的社会现实，承认夷狄有力量、有进步，然而，即使他们再强大、再有礼义，但最多只称其为'子'，用于诸夏的名例，如天王、君臣、祖祢（父亲的宗庙牌位）、诸侯、世子、大夫，是不可以用在夷狄的身上的，这是孔子'进夷狄'所能够承受的底线。"余治平：《春秋公羊夷夏论》，上海：上海书店出版社，2014年，第175页。

《爵国》篇取"氏、人、名、字"四等，以为诸侯附庸小国之名称。其次，自天子以至于公、侯、伯以及附庸小国，皆享有一定的土地，如"天子邦圻千里，公、侯百里，伯七十里、子、男五十里，名者方二十里，人氏者方十五里"①。是为诸侯之为裂土封国以"候奉天子"的地制，而自天子以至于附庸小国皆须有大夫与士以为臣属，如天子之有三公、[上]大夫、下大夫、[上]士与下士而成五等。② 而依据"古者上卿、下卿、上士、下士"，又将天子、通佐、大国、次国、小国、附庸之官依序差等，形成二十四等的官级，并由之以确定俸禄的差等。最后，自天子以至于附庸小国，皆以一、三、九、二十七、八十一之数为基准设官，但根据地位高低与辖地大小，又有差等之分，天子官制最为繁复，除天子之"一世子，三公，九卿，二十七大夫，八十一元士，二百四十三下士"外，还有通佐之"七上卿，二十一下卿，六十三元士，百八十九下士"，及至世子、王后、夫人、姬、良人，又各有卿、士为佐。公、侯、伯、子男及至附庸逐级递减，形成一个上下等级明确、名目详备的"爵国"制度。

从《深察名号》篇中对于诸侯、大夫与士之"名"的考稽，到以大夫与士为核心的官僚制度，再到以天子、三公以至于士庶的"爵国"之制，董子以"名"为核心的论述旨在构思一个上下等级明确、各司其职、各尽其分的政治秩序。若结合《天人三策》中董子对于彼时选官、任官之制的批评，更能明确其以"名"为核心的官制乃至臣道，仅仅是事理之应然，而非现实之当然，可运思于纸上，却未能诉诸政治实践。不过，以名寓义，强调以德为序的官制架构，若结合其"兴太学以养士"的谏言与对官吏考黜进退之法的

---

① 【汉】董仲舒：《春秋繁露·爵国第二十八》，第48页。
② 董仲舒所采用之官制与《周礼》甚至何休之《公羊》义均不同。苏舆指出："按董用五等，无中大夫及中士，与《周礼》异。何注与董异。"【清】苏舆：《春秋繁露义证·爵国第二十八》，钟哲点校，第231页。

◎ 发天意而正名号：公羊学语境中的董仲舒名论

主张观之，则仍可发觉其所具有的改良西汉官制的政治用心。

二 君臣之义

上文所论诸侯、大夫与士之"名"，关注的是由名以见义，即由"名"所呈现的政治与道德性质，以及在政教架构中的位序。但三者皆为"臣"属，又在与为君者的交往与互动中呈现对为臣之道或君臣之义的提示。

就一般情况而言，君臣相需成体，两者相合方可为政，故董仲舒以阴阳之"合"释以人道之"合"，所谓"阴者阳之合，妻者夫之合，子者父之合，臣者君之合"①。甚至可以认为，如果没有臣民作为君主统御的对象，则"君"亦无所谓"君"，而只能称为朝夕可亡的"一夫之人"②。其他譬如以心体喻君臣云云，皆旨在证成君臣之相辅相成，也体现出诸侯、卿大夫与士作为"天子"或"君"的臣工在政教秩序中不可或缺的重要性。不过，比之于两者之相需成体，君臣各安其分，且以君为主、以臣为从则更是董仲舒所关注的，所谓："立义定尊卑之序，而后君臣之职明矣。"③ 董仲舒在不同的语境下再三强调"君臣之分"，虽然是各有其"分"，但两者之间的本末、高下却一目了然，如："强干弱枝，大本小末，则君臣之分明矣。"④ 此处所谓本末、大小，实则针对汉初诸侯尾大不掉的情况所发之议论。又："四时之比，父子之道也；天地之志，君臣之义也；阴阳之理，圣人之法也。"⑤ 父子、君臣、阴阳摆在一道，何者为主、何者为从，站在董仲舒尊阳而抑阴的观点来

---

① 【汉】董仲舒：《春秋繁露·基义第五十三》，第73页。
② 【汉】董仲舒：《春秋繁露·仁义法第二十九》，第52页。
③ 【汉】董仲舒：《春秋繁露·正贯第十一》，第32页。
④ 【汉】董仲舒：《春秋繁露·十指第十二》，第33页。
⑤ 此节卢本移篡与错漏之处颇多。故从钟肇鹏主编《春秋繁露校释·王道通三第四十四》（校补本），第736页。

第五章 "正名以名义"

看可谓直截了当。对于君臣之有尊卑、主从之分的强调，体现于《春秋》之中，则是对"大夫不敌君""王者无敌"等主张的强调，《春秋·庄公十二年》记载宋闵公与大夫南宫万当妇人之面博戏，并出言不逊，最终为南宫万折断脖颈的事例，《春秋繁露·王道》篇即指出："古者，人君立于阴，大夫立于阳，所以别位，明贵贱，今与臣相对而博，置妇人在侧，此君臣无别也，故使万称他国，卑闵公之意，闵公借万而身与之博，下君自置，有辱之妇人之房，俱而矜妇人，独得杀死之道也。《春秋传》曰：'大夫不适君'，远此逼也。"[1] 君之与臣有名分与地位的尊卑之别，君自不当与臣嬉戏，将自己降格至与臣子同等的地位，最终身灭国乱。《公羊传》由此申明"大夫不敌君"之义，即有见于此。

站在儒家一贯的立场，君臣关系以君为主、以臣为从，主张君尊臣卑并没有任何问题，"君使臣以礼，臣事君以忠"[2]。"使"与"事"的区别，必然是使人者为主，事人者为从。不过，董仲舒站在维护君权的立场上，对于臣的行为也提出某些不近人情的要求，例如："《春秋》君不名恶，臣不名善，善皆归于君，恶皆归于臣。臣之义比于地，故为人臣者，视地之事天也。"[3] 在此，经由比附天地来安排君臣关系的序列，并且主张在现实的政治运作中，将美名归于君。与之相关，董仲舒还主张为臣者不显谏："且《春秋》之义，臣有恶，擅名美。故忠臣不谏，欲其由君出也。《书》曰：'尔有嘉谋嘉猷，入告尔君于内，尔乃顺之于外，曰：此谋此猷，惟我君之德。'此为人臣之法也。古之良大夫，其事君皆若是。"[4] 经由私下

---

[1] 【汉】董仲舒：《春秋繁露·王道第六》，第28页。

[2] 【魏】何晏注，【宋】邢昺疏：《论语注疏·八佾第三》，载李学勤主编《十三经注疏》（标点本），第41页。

[3] 本为《阳尊阴卑》篇文。卢本置于《王道通三》篇。【汉】董仲舒：《春秋繁露·王道通三第四十四》，第68页。

[4] 【汉】董仲舒：《春秋繁露·竹林第三》，第16页。

◎ 发天意而正名号：公羊学语境中的董仲舒名论

将谏言告知君主，既体现出君的睿智，更维护了为君者的善名。

按照儒家的一般见解，君臣关系中的为臣之道以维护君权的至高无上本无可厚非，但另一方面，为臣者仍然要保全其身，如若遇到不纳谏的君主，为臣者亦有去君之义。《礼记·曲礼下》："为人臣之礼，不显谏，三谏而不听，则逃之。子之事亲也，三谏而不听，则号泣而随之。"① 可见，"为人臣"与"为人子"之道并不等同，臣有去君之义，子则无去亲之道。《公羊传·庄公二十四年》记载了曹羁三谏不从而毅然出奔的事。孔子许之为贤，并认为其能够"得君臣之义"②。董仲舒显然也继承了这一观点："人受命于天，有善善恶恶之性，可养而不可改，可豫而不可去，若形体之可肥，而不可得革也。是故虽有至贤，能为君亲含容其恶，不能为君亲令无恶。事亲亦然，皆忠孝之极也。非至贤安能如是？父不父则子不子，君不君则臣不臣耳。"③ 仅就这一表述而言，显然离所谓

---

① 【唐】孔颖达疏：《礼记正义·曲礼下》，吕友仁整理，第199—200页。
② 【汉】何休解诂，【唐】徐彦疏：《春秋公羊传注疏·庄公第八》，刁小龙整理，第309—310页。
③ 【汉】董仲舒：《春秋繁露·玉杯第二》，第12页。苏舆以为此非董子原文，并给出六条理由：第一，董子主张性待教而善，此处所谓"善善恶恶之性"，又云"不可改""不可去"，两相矛盾；第二，"善善恶恶"与"可养不可改"文不连属；第三，臣子之职分在于"将顺匡救"，但此处却说"不能为君亲令无恶"；第四，书引伪《太甲》；第五，父为子隐，子为父隐，本为人之常情，但此处却称为"至贤"；第六，最后两句话涉嫌"不伦"。苏舆所疑有其根据。不过，若仅就"不伦"的批评来看，可能未必成立。对此不妨从实然与应然的比较中予以说明：就应然而言，君父无恶，甚至本无所谓恶；就实然而言，则君父之不免于恶。就应然而言，臣子顺之尊之即可；就实然而言，则不免要为君父含容其恶，为之讳、为之隐。相应地，就应然而言，君主臣从、君尊臣卑，君臣相待以礼，相需成体；就实然而言，君明则臣效，君暗则臣佞，君暴则臣逆，亦是人之常情。总不能要求君父之不为君父，则臣子只得引颈就戮的道理。作为孝道之极、作为圣王的舜，在其父瞽叟意欲杀之的时候，仍然出逃为先，一则全其身，同样也是全父之义。在这一点上，"君不君则臣不臣，父不父则子不子"又何来"不伦"之有。【清】苏舆：《春秋繁露义证·玉杯第二》，钟哲点校，第32页。

第五章 "正名以名义"

"君为臣纲"的提法还有一段可观的距离。① 从《春秋》诠释的角度出发，董仲舒甚至反复以弑君、亡国的例子警戒为君者要善待臣子："君明，臣蒙其功，若心之神，体得以全；臣贤，君蒙其恩，若形体之静而心得以安。"② 反之，"上乱下被其患，若耳目不聪明而手足为伤也；臣不忠而君灭亡，若形体妄动而心为之丧。是故君臣之礼，若心之与体，心不可以不坚，君不可以不贤；体不可以不顺，臣不可以不忠。心所以全者，体之力也；君所以安者，臣之功也"③。君能安于其位，为臣者功不可没。因此，为君者必须任用贤臣。《公羊传·庄公三十二年》："庄公病，将死，以病召季子。季子至而授之以国政。"④ 又《公羊传·桓公二年》："督将弑殇公，孔父生而存，则殇公不可得而弑也，故于是先攻孔父之家。殇公知孔父死，己必死，趋而救之，皆死焉。"⑤ 通过这两则故事，董仲舒指出：为君者知贤、任贤，不仅可以免于被弑，更能兴国家。⑥ 相反，不知贤，或知而不任贤，则会给为君者招来灾祸。

此外，为臣者虽然需要领君命而行，但在一定限度内仍然享有

---

① 儒家思想的专制主义，莫如"三纲"。然而，董仲舒虽然对君臣、父子、夫妇之义多有讨论，甚至认为"王道之三纲，可求于天"（《基义》）。但是，董仲舒并未将之作为"教条""信条"固定下来。徐复观即敏锐地捕捉到这一点："《深察名号》与《基义》有提到'三纲'，指的是君臣夫妇父子各尽其分，到此为止，还是双向性的相对伦理。但后来者别有用心加以发挥，则成了'君为臣纲，父为子纲，夫为妻纲'，出于纬书《含文嘉》。"以君臣关系为例，董仲舒虽然对于臣子之忠的要求是近乎绝对化的，但对于君的德性要求仍然内嵌于对君名的考订之中。就此来看，君臣关系仍然是双向的。徐复观：《两汉思想史》（二），第381页。
② 【汉】董仲舒：《春秋繁露·天地之行第七十八》，第95页。
③ 【汉】董仲舒：《春秋繁露·天地之行第七十八》，第95—96页。
④ 【汉】何休解诂，【唐】徐彦疏：《春秋公羊传注疏·庄公闵公第九》，刁小龙整理，第340页。
⑤ 【汉】何休解诂，【唐】徐彦疏：《春秋公羊传注疏·桓公第四》，刁小龙整理，第125页。
⑥ 参见【汉】董仲舒：《春秋繁露·精华第五》，第24页。

◎ 发天意而正名号：公羊学语境中的董仲舒名论

行事的自由。董仲舒经由诠释司马子反违反君命，与敌军讲和的例子，说明了"仁"大于"君"，君命也不能违反人情的道理。《竹林》篇记载："司马子反为其君使。废君命，与敌情，从其所请，与宋平。是内专政而外擅名也。专政则轻君，擅名则不臣，而《春秋》大之，奚由哉？曰：为其有惨怛之恩，不忍饿一国之民，使之相食。推恩者远之而大，为仁者自然而美。今子反出己之心，矜宋之民，无计其闲，故大之也。"① 为人臣者，违反君命、专政于内、擅权于外，实则犯了君主的大忌。不过董仲舒试图从人情角度为司马子反开脱："今子反往视宋，闻人相食，大惊而哀之，不意之至于此也，是以心骇目动而违常礼。"② 子反见路有饿殍，触目惊心，违反常礼，也情有可原。受到惊吓的人情背后，是孟子所谓"不忍人之心"，因此，即便知道违反君命可能会由于"夺君尊"而给自己带来祸患，仍然出于"惨怛之恩"而这样去做。董仲舒接着说："礼者，庶于仁，文、质而成体者也。"③ 如周桂钿所指出的："仁为礼之本，仁为质，礼为文，文质结合而成体。"④ 君臣之义屈从于生民之命，君臣之礼服从于仁爱之心。故董仲舒以《春秋》之辞有"贱乎贱"者，而褒进子反之行虽有嫌疑，却属于"贵乎贵"者。

总之，在董仲舒那里，以君臣相需为体为前提，主张君尊臣卑、君主臣从，是为君臣之义或为臣之道的基本义涵。其中固然不乏臣不显谏，不善名等超越对等交往规范的要求，但在总体上并没有走到强调臣对于君的无条件、绝对服从的地步。身处汉武盛世的董仲舒似乎已无法直截了当地主张为臣者有去君之义，但"君不君则臣不臣，父不父则子不子"的提法却在一定程度上包含了君与臣相互制约，为臣者可在君不复君的前提下摆脱"臣"之名分与职守

---

① 【汉】董仲舒：《春秋繁露·竹林第三》，第16页。
② 【汉】董仲舒：《春秋繁露·竹林第三》，第16页。
③ 【汉】董仲舒：《春秋繁露·竹林第三》，第16页。
④ 钟肇鹏主编：《春秋繁露校释·竹林第三》（校补本），第95页。

的可能。若考诸君臣交往互动之特定事例——如司马子反擅平之事——更可明晰,为君者的权威并不绝对,仍然有天心之仁的约束,同样为臣者亦不承担绝对义务,而仍要以仁心、天意为最高准绳。

三 行权有道

君尊臣卑、君主臣从作为处理君臣关系的一般原则所针对的是《春秋》所记之二百四十二年之乱世,弑君亡国无数,皆为君臣名分不彰,臣下自专上逼之效,《王道》篇以一"专"字概括这一现象:"周衰,天子微弱,诸侯力政,大夫专国,士专邑,不能行度制法文之礼。"① 不过,从现实的、动态的角度来审视君臣关系,则其间又不乏可以灵活变通之处,如"上无天子,下无方伯",周室衰弱而王道不行,齐桓专封、晋文专致,则《公羊》所谓"实与而文不与",《春秋繁露·王道》所谓"诛意不诛辞"皆可被视作有限度的认可;"大夫无遂事",然而司马子反擅平,祭仲许宋,虽不免政在大夫,但《公羊传》与董仲舒又皆许之。其中所涉之义理,可用一"权"字概括,即所谓"权变"。

对于经权、常变之义,《春秋繁露》所论可谓详备。② 析而论之,又可分"礼""事"两端。就"礼"而言,《玉英》篇区分

---

① 【汉】董仲舒:《春秋繁露·王道第六》,第25页。
② 事实上,经权与常变内在相关,但又并不等同。如余治平所总结:"一般地说,'经'与'权'所涉及的,一方面是物事在自身存在和发展过程中所具有的基本法则或普遍规律;另一方面,则是处理物事的方式方法。""而'常'、'变'则多立论于事物的存在状态与表象情形。"不过,本书以探讨人臣之道为目的,对于经权、常变的细微区分可以暂且搁置,且就行事之"权"而言,亦包括"变"的含义于其中,如《竹林》篇董子论及司马子反之与宋擅平,即指出"常用于常,变用与变,各止其科"。而在《精华》篇论及大夫行事之四个不同情境时,亦提出:"《春秋》固有常义,又有应变。"其所谓"应变"大体可以归于"权"之属,并不存在至关重要的分歧。余治平:《唯天为大——建基于信念本体的董仲舒哲学研究》,第438页。

◎ 发天意而正名号：公羊学语境中的董仲舒名论

"经礼"与"变礼"可为其要："《春秋》有经礼，有变礼。为如安性平心者，经礼也。至有于性，虽不安，于心，虽不平，于道，无以易之，此变礼也。是故昏礼不称主人，经礼也。辞穷无称，称主人，变礼也。天子三年然后称王，经礼也。有故则未三年而称王，变礼也。妇人无出境之事，经礼也。母为子娶妇，奔丧父母，变礼也。明乎经变之事，然后知轻重之分，可与适权矣。"① 在"礼"的论域中，"经"代表着一种礼仪、文法、制度的一般规定，如昏礼不称主人、三年称王、妇人无外事等；而"变"则意味着在特殊情况下的特殊处理，周景王薨逝于昭公二十二年，不过《春秋》经于次年便书"天王居于狄泉"，《公羊传》以为："著有天子也。"② 其时王室篡乱，急于在未满三年之时以"天王"之正号录其居于不正之地，实为假名号以正王法，号召天下诸侯能匡救者当尊之救之。③ 比之于"尊王"大义，则"三年称子"之礼实为其小者。"昏礼不称主人"与"辞穷无称"，"妇人无外事"与"母为子娶妇，奔丧父母"的关系也大体相似。在此，"权"意味着在性安、心平与适道三者之间的取舍与平衡，是在一般原则之外面对特殊情境下的因事制宜。上述以经常为主，以权变为辅的基本原则，又经由董仲舒的阴阳、德刑之说进一步得以强化。天道之阳、人道之德、处事之经与天道之阴、人道之刑、处事之权分属两边，而天道之贵阳贱阴、人道之任德远刑自然也可以比附于处事之先经后权。《阳尊阴卑》篇集中呈现了这一观点，如："天以阴为权，以阳为经"，"经用于盛，权用于末"，"先经而后权，贵阳而

---

① 【汉】董仲舒：《春秋繁露·玉英第四》，第20页。
② 【汉】何休解诂，【唐】徐彦疏：《春秋公羊传注疏·昭公第二十四》，刁小龙整理，第1006页。
③ 如何休《解诂》所言："时庶孽并篡，天王失位徙居，微弱甚，故急著正其号，明天下当救其难而事之。"【汉】何休解诂，【唐】徐彦疏：《春秋公羊传注疏·昭公第二十四》，刁小龙整理，第1006页。

· 294 ·

贱阴"云云，皆旨在说明以经为主、以权为辅的基本规定。① 总之，"权"作为"经"的补充有其必要性，但两者之间以经为主仍然是前提。

于"礼"有经、变之别，于"事"则有经、权之分，两者又互为表里，苏舆《义证》即指出："制礼之权，与行事之权，互相表里。行事之权，以先枉后义为断。制礼之权，以于道无易为断，适权者不可迷于所往矣。然审礼易而处事难，故适权者必先究礼。"② 一方面，行事之权与制礼之权互为表里，两者同样合乎经之为常义，权之为变例，乃至"先经而后权"的基本规定；另一方面，行事之权以制礼之权为先决条件，苏舆以难易论两者之别，不过两者之差异实际上是行事比之于守礼更具有特殊性。对于礼仪之变尚可总结为各类"变礼"，但在行事上更体现出一事一议的特殊性。落实于君臣关系，董仲舒托以《春秋》所论大抵以合乎君臣义，如君主臣从、诸侯不自专、大夫无遂事、臣不夺君尊、不擅美名之类为"经"，以专擅行事而后能反于正道为"权"，其间所涉之事项不同、如何专擅之手段各异，而是否能够反道则更未可知。故董仲舒为行权所设定的规范可谓严苛，具体而言，涉及三条。

第一，行权意味着在手段上进行变通，但在结果与导向上势必合乎道义，即"先枉而后义"。例如《公羊传》与董仲舒皆许之为"知权"的郑国大夫祭仲在为宋国所执之时，被胁迫"出忽立突"，即赶走郑庄公之嫡长子忽，而立庄公与宋女所生之庶子突。祭仲于此存亡之际许之，《公羊传》以为："祭仲不从其言，则君必死，国必亡；从其言，则君可以生易死，国可以存易亡，少辽缓之，则

---

① 本为《阳尊阴卑》篇文。卢本置于《王道通三》篇。参见【汉】董仲舒：《春秋繁露·王道通三第四十四》，第68页。
② 【清】苏舆：《春秋繁露义证·玉英第四》，钟哲点校，第73页。

◎ 发天意而正名号：公羊学语境中的董仲舒名论

突可故出，而忽可故反。"① 宋强郑弱，祭仲如不从其言，势必身死国灭，彼时则忽不得存，国亦不得保。故祭仲之许宋，实为"执权存国"的权宜之计。不过，手段上的权变并未一定担保祭仲"知权"，只有准之以结果的良善——桓公十五年所记"郑世子忽复归于郑"，方可真正全其正义。同样，鲁隐公以桓公年幼，不足以服诸大夫，故代桓而立，最终虽未及让国便为桓公与公子翚所弑，但考诸隐公之篇，其志在让，非欲终为君，虽嫌专摄，亦可许之以"权"。僖公二十一年所记宋国公子目夷在宋襄公为楚国所执时先自立后反国的事例，同样合乎"先枉而后义"的基本规定。目夷自立为君固然有专擅之嫌，不过最终能够返国于襄公却使其足以担当"知权"的褒奖。正如《公羊传》所规定的，"权者反于经，然后有善者也"②。《春秋繁露·竹林》篇亦指出："故凡人之有为也，前枉而后义者，谓之中权，虽不能成，《春秋》善之，鲁隐公、郑祭仲是也。"又《王道》篇："鲁隐之代桓立，祭仲之出忽立突，仇牧、孔父、荀息之死节，公子目夷不与楚国，此皆执权存国，行正世之义，守惓惓之心，《春秋》嘉气义焉，故皆见之，复正之谓也。"③ 可以说，"执权"与"反经"只是手段，而导向"善"或"义"的结果，即"复正"则是判断其是否知权、任权的一个必要条件。譬如白居易有诗云"周公恐惧流言日，王莽谦恭未篡时"，"执权"的结果究竟是存国、亡国或篡国，直接决定了对行使者是否"知权"的判断。

第二，行权并不意味着只要结果正义，便可以在手段上无所不

---

① 若何休《解诂》所言："是时，宋强而郑弱，祭仲探宋庄公本弑君而立，非能为突，将以为赂动，守死不听，令自入，见国无拒难者，必乘便将灭郑，故深虑其大者也。"【汉】何休解诂，【唐】徐彦疏：《春秋公羊传注疏·桓公第五》，刁小龙整理，第173页。

② 【汉】何休解诂，【唐】徐彦疏：《春秋公羊传注疏·桓公第五》，刁小龙整理，第175页。

③ 【汉】董仲舒：《春秋繁露·王道第六》，第27页。

·296·

第五章 "正名以名义"

用其极。《玉英》篇曰:"夫权虽反经,亦必在可以然之域,不在可以然之域,故虽死亡,终弗为也,公子目夷是也。"① 所谓"可以然之域",苏舆以"合道"解之②,然而所谓"合道"终究言人人殊,未达究竟。只有归本《公羊传》方可解之。《公羊传》围绕祭仲许宋一事,揭示出何谓"行权"之"道"的答案:"权之所设,舍死亡无所设。行权有道,自贬损以行权,不害人以行权。杀人以自生,亡人以自存,君子不为也。"③ 首先,"行权"必须在面临身死国亡的危急关头才可发动④;其次,只能以贬损自身的名誉和生命为手段来行权,而不能以牺牲他者为代价。就此来看,祭仲确实合乎"权"的标准。⑤ 接着,董仲舒进一步借由国君之立说明何谓"可以然之域"。其中,"诸侯父子兄弟不宜立而立者,《春

---

① 【汉】董仲舒:《春秋繁露·玉英第四》,第21页。
② 【清】苏舆:《春秋繁露义证·玉英第四》,钟哲点校,第76页。
③ 【汉】何休解诂,【唐】徐彦疏:《春秋公羊传注疏·桓公第五》,刁小龙整理,第175页。
④ 另一则事例见于《春秋繁露·精华》篇,董仲舒首先借"难者"之口指出"大夫无遂事"与"出境有可以安社稷、利国家者,则专之可也"这一对矛盾。继而予以分析:两者于行事上相互悖反,但各有其"处",即适用的场合,"得其处则皆是也,失其处,则皆非也"。具体到上述这对矛盾,则"无遂事者,谓平生安宁也。专之可也者,谓救危除患也"。可知,"大夫无遂事"可从"经"解,而在"救危除患"之际专擅而行当属"权"例。继而董仲舒以鲁国两公子受命出境而半道生事为例,说明"专之可也"的前提条件。公子结出境本为媵妇,知悉齐宋欲谋伐鲁,故擅与之盟,以除鲁庄之危。公子遂受命前往京师,半道却矫君命而擅自去往晋国,其时僖公并无危难。也就是说,是否面临存亡危难的情形,是为人臣者行权任变、专擅行事的先决条件,并且"有危而不专救,谓之不忠;无危而擅生事,是卑君也"。在危难关头,为人臣者虽未得君命,但仍有救助的义务。【汉】董仲舒:《春秋繁露·精华第五》,第22—23页。
⑤ 如何休《解诂》所指出,祭仲"身蒙逐君之恶以存郑",同时"己纳突、不害忽",即合乎"自贬损"与"不害人"的标准。同时,"祭仲死则忽死,忽死则郑亡。生者,乃所以生忽存郑,非苟杀忽以自生,亡郑以自存"。也就是说,祭仲行权并非出于自保,而是为了存郑。【汉】何休解诂,【唐】徐彦疏:《春秋公羊传注疏·桓公第五》,刁小龙整理,第175页。

◎ 发天意而正名号：公羊学语境中的董仲舒名论

秋》视其国与宜立之君无以异也。此皆在可以然之域也"。苏舆《义证》则说明何谓"不宜立而立之"："目夷之立，以救宋君。卫晋之立，以得众心，余祭夷昧之立，以让季子。"① 也就是说，三者之立，虽难免不正之嫌，但或得众，或反国，皆有其不得已而为之，而有存亡继绝、利国利民之功，故皆处"可以然之域"。相反，"至于鄫取乎莒，以之为同居，目曰'莒人灭鄫'，此在不可以然之域也"②。其事见襄公六年，莒国并未真正兴兵灭鄫，何休《解诂》指出："言灭者，以异姓为后，莒人当坐灭也。"③ 即鄫国之灭非以兵灭之，而是立异姓为后，宗庙不存，祭祀不复，视同灭亡，此为"不在可以然之域"。对于何谓"可以然之域"，董仲舒并未解释，但经由上述事例的疏解不难发现：篡位夺权、以下犯上、灭人之国、绝人宗庙等不赦之恶，皆可被视作"不在可以然之域"，是"虽死亡弗为"的。紧接着董仲舒以"大德"与"小德"解释经权关系："诸侯在不可以然之域者，谓之大德，大德无逾闲者，谓正经。诸侯在可以然之域者，谓之小德，小德出入可也。权谲也，尚归之以奉钜经耳。"④ 其说脱胎于《论语·子张》所录子夏之语，所谓"大德"即正经、礼法等基本规定，而"小德"则是可以稍加变通的原则，故处于"可以然之域"。但"小德"的变通也并不能违背正经，故"虽权谲，仍以正归之，取其不失大经耳"⑤。结合上述目夷、卫晋以及余祭、夷昧之例可知，存宗庙为"大经"，而君宜不宜立则为其小者，宗庙社稷不存，则君即可与之同去，又何来宜不宜立的问题，故其为"可以然之域"的"行权"

---

① 【清】苏舆：《春秋繁露义证·玉英第四》，钟哲点校，第 77 页。
② 【清】苏舆：《春秋繁露义证·玉英第四》，钟哲点校，第 77 页。
③ 【汉】何休解诂，【唐】徐彦疏：《春秋公羊传注疏·僖公第十九》，刁小龙整理，第 806 页。
④ 【汉】董仲舒：《春秋繁露·玉英第四》，第 21 页。
⑤ 【清】苏舆：《春秋繁露义证·玉英第四》，钟哲点校，第 77 页。

第五章 "正名以名义"

之举可知矣。相反，鄫之立异姓为后，则宗庙社稷不存，其是否得先君之命，宜不宜立等问题已不复重要。可以推知：董仲舒踵《公羊传》"行权有道"之说而提出的"可以然之域"为行权划定了界限，即行权的条件在于面临身死国灭之际，行权不能以牺牲他者为手段，但可以以自身名誉与生命为代价。故篡权夺位、以下犯上乃至灭人之国等不赦之恶，并不在"权"所能认可的范围之内。

《春秋》三传之中，《公羊传》以任于权变为其特色，但仍要注意的是："权变"并非对变通的无节制的利用，相反，执权、擅权，稍有不慎，则会导致弑君亡国、权力旁落之祸，《春秋》所记之二百四十二年，大者弑君亡国，小者世卿专国，下以凌上，皆以在上者威权不复，在下者执权专擅之故。因此，在董仲舒乃至《公羊传》的视域中，为臣之道仍然应当以君尊臣卑、君主臣从为"经"，只有在特定条件下，万不得已方可行权。

本章小结

本章以《深察名号》篇中王、君与臣之名为例，探讨董仲舒《春秋》中之名例。其中，王号与君号各有五科，论述详备，大夫与士亦各有名义，但与诸侯之为天子封臣皆可归于"臣"属。不过，无论是君王之名还是臣子之名，其为"名"皆蕴含了对其所指称对象的道德与价值判断。且综观《深察名号》篇所论，皆以政治性的名号为重点，侧重于建构一个上自天子下至庶民的等级序列。"义"寓"名"中，由"名"见"义"，《春秋》重"名"也正是由"名"及其背后所蕴含的"应然"来实现"贬天子、退诸侯、讨大夫"之事业。并且，通过比照《春秋》所记之天王、诸侯与大夫之事与《深察名号》篇中王号、君号乃至诸侯、大夫等名，也有助于我们进一步说明《深察名号》篇的文本可靠性。

第六章　名号学说视域下的董子辞

"孔子成《春秋》而乱臣贼子惧。"① 又："是非二百四十二年之中，以为天下仪表，贬天子，退诸侯，讨大夫，以达王事。"② 不禁要问，《春秋》之为鲁史，甚至不免于"断烂朝报"之讥，何以有使乱臣贼子怵惕恐惧，甚至垂范天下的力量？归根结底，在于孔子笔削《春秋》，以文辞为载乘寓褒贬之意，文之治与世之乱形成了巨大的张力，促成读者深思而反道。其中王法道义是里，《春秋》文辞是表，由表才能及里，若表之不见，则里亦无所知，故读《春秋》首先是知其事、识其辞，最后才是通其义。事、辞与义三者，构成了相互关联的整体。辞以记事，事以见义，辞成了理解《春秋》之管钥。尽管《春秋》三传取向不同，但也只有基于对辞与事的基本了解，才谈得上取向或立义的差别。

落实于本书的研究对象，《春秋繁露》（尤其是其中的解经部分）对于《春秋》辞有着十分丰富的论述，如余治平所指出："离开董子，后人对于《春秋》之辞则几乎不得其门而入。"③ 然而，历来对于董子《春秋》辞的系统研究尚不充分，如康有为摘录《繁露》而成《春秋董氏学》，有"春秋旨""春秋例""春秋礼"

---

① 【清】焦循：《孟子正义·滕文公下》，沈文倬点校，第459页。
② 【汉】司马迁撰，【南朝宋】裴骃集解，【唐】司马贞索隐，【唐】张守节正义：《史记·太史公自序第七十》，第4003页。
③ 余治平：《董子春秋义法辞考论》，第292页。

第六章　名号学说视域下的董子辞

"春秋口说""春秋微言大义",并无专门论"春秋辞"的篇目,仅于"春秋例"中,对于慎辞、别嫌明疑、辞指、微辞、婉辞、无通辞等有所涉猎。① 日本学者重泽俊郎作《春秋董氏传》,本为研究之故所作的辑录之书,其特点在于以"传"体形式加以编排,即:将《春秋繁露》(尤其集中于解经诸篇)、《汉书》之中《董仲舒传》《食货志》与《五行志》中董仲舒的论述分付于《春秋》各条经文之下,切实将《春秋繁露》视作解经之作,然而对于董仲舒《春秋》辞的理解并未特笔说明。② 段熙仲《春秋公羊学讲疏》于"属辞"编有"述董"一章,穷举了董子辞法共计22种,却并未加以分类与诠释。③ 余治平踵段氏之说,在其《董子春秋义法辞考论》中对22种辞法有了更进一步的明晰,为如今最为全面、详备的董子辞法研究。④ 陈明恩在其《诠释与建构——董仲舒春秋学的形成与开展》一书中对董仲舒的《春秋》学有所展开,析分起来,则有诠释法则、语辞解读与条例建制三个方面,作者显然更偏重于条例建制的一面,对于"辞"的重要性并无属意。⑤ 黄铭在《推何演董:董仲舒〈春秋〉学研究》一书中有专章论"辞",其首先从

---

① 参见康有为《春秋董氏学》,北京:中华书局,1990年。
② 参见【日】重泽俊郎《春秋董氏传》,武汉:崇文书局,2018年。
③ 22种辞法包括:(1)常辞、(2)移其辞、(3)况是之辞、(4)用辞去著、(5)婉辞、(6)微辞、(7)温辞、(8)恶战伐之辞、(9)辞与指、(10)贱贵、(11)不君之辞、(12)不子之辞、(13)讳大恶之辞、(14)事辞同异、(15)诡辞、(16)慎于辞、(17)无达辞、(18)夺去正辞、(19)诛意不诛辞、(20)君子辞、(21)内外、(22)复辞。参见段熙仲《春秋公羊学讲疏》,第158—161页。
④ 参见余治平《董子春秋义法辞考论》,丙卷。
⑤ 陈著对于董仲舒《春秋》诠释的三个方面又各有析分,亦启发了本书的思考。莫如说,本书从"辞"的角度切入实亦统摄了上述诸个面向。具体而言,诠释法则包括:合而通之、缘而求之,五其比、偶其类、览其绪、屠其赘,以及余义之推衍三个层次;语辞解读则具有:辞多所况,"无通辞""无达辞",以及"从变从义""移其辞以从其事"三个特点;而条例建制有:"翻引比类,以发其端","常变之用,各止其科","见其指者,不任其辞"三种"常法"。参见陈明恩《诠释与建构——董仲舒春秋学的形成与开展》,第64—82页。

◎ 发天意而正名号：公羊学语境中的董仲舒名论

"因辞见义"与"因辞起事"两方面论证了"辞"的重要性，继而将董子辞析分为常辞、辞随事变、辞以决嫌疑、辞与情俱四种。①

本书以研究董仲舒名学思想为核心，对于其丰富的"辞"论自然不能轻易略过。这既是董仲舒名学思想研究的题中之义，也是"由文字以通乎义理"的一个典型范本。故本章将按照以下顺序展开。首先，董子辞是董仲舒对《春秋》辞法的阐释与凝练。从"属辞比事，《春秋》教也"这一命题进入对《春秋》辞的分析不啻一个可靠的门径。故本章的第一部分将围绕《春秋》辞而展开，以论证"辞"在《春秋》诠释中的重要性，并说明由"正名"到"慎辞"的逻辑展开。其次，以段熙仲22种辞法为基础，作一简单分类、归并，并稍加义理分殊，可得如下三个层面：观念层面，即如何整体把握《春秋》辞；方法层面，即如何解读、诠释《春秋》辞；现象层面，即纷繁复杂的《春秋》辞可以析分为哪几类书法现象。前两部分或许可以称为董子"辞论"，即董仲舒以《春秋》辞为核心所展开的论述，乃至理论。后一部分则可被视为董子"辞法"，即董仲舒所总结的《春秋》之中的各类书法现象。故本章的第二部分将围绕董子辞论展开，具体而言则又分为观念与方法两个方面。而第三部分则围绕董仲舒《春秋》中的具体辞法展开论述。大体而言，则不越常辞与变辞两端。

第一节 "属辞比事，《春秋》教也"
——作为解经门径的《春秋》辞

《礼记·经解》有言："属辞比事，《春秋》教也。"② "辞"在历代解读《春秋》的学者那里占据了颇为可观的位置。然而，究

---

① 参见黄铭《推何演董：董仲舒〈春秋〉学研究》，第41—103页。
② 【汉】郑玄注，【唐】孔颖达疏：《礼记正义·经解第二十六》，吕友仁整理，第1903页。

竟何谓"辞",如何理解"属辞比事",以及如何由"辞"以贯通"事"与"义",则不仅关乎如何诠释《春秋》的技术性问题,也直接与本书的核心论题——"名"——内在相关。故下文将围绕如下三个部分展开:首先,就"辞"字字义入手,探讨《春秋》辞与孔子笔削《春秋》实为修其辞,揭橥"辞"所蕴含的内在张力;其次,分析"属辞比事"作为《春秋》解经方法的确切义涵,及其与条例之学的关系;最后,探讨将"辞"内嵌于名学思想研究的可能。

一 "辞"与"修辞"

"辞"在《春秋》诠释之中何以重要的问题,不妨先从"辞"字本身出发。"辞",《说文解字·辛部》:"讼也。从䛅,䛅犹理辜也。䛅,理也。"①《玉篇·辛部》亦谓:"辞,理狱争讼之辞也。"② 即以"辞"为争讼对答之言辞。又《论语·泰伯》,"出辞气",刘宝楠《正义》曰,"辞谓言语"③。《荀子·正名》:"辞也者,兼异实之名以论一意也。"杨倞注曰:"辞者,说事之言辞。兼异实之名,谓兼数异实之名,以成言辞。"④ 皆以"辞"为言辞、言语。又"辞"与"词"("䛐")通,《说文解字》:"意内而言外也。从司、言。"段玉裁《注》曰:"有是意于内,因有是言于外谓之䛐……意即意内,䛐即言外。言意而䛐见,言䛐而意见。意者,文字之义也。言者,文字之声也。䛐者,文字形声之合也。凡许之说字义皆意内也。凡许之说形、说声皆言外也,有义而后有声,有声而后有形。造字之本也。形在而声在焉,形声在而义在

---

① 【汉】许慎著,【清】段玉裁注:《说文解字注·辛部》,第1297页。
② 【南朝梁】顾野王:《宋本玉篇·辛部》,北京:中国书店,1983年,第527页。
③ 【清】刘宝楠:《论语正义·泰伯第八》,第293页。
④ 【清】王先谦:《荀子集解·正名篇第二十二》,沈啸寰、王星贤点校,第500页。

◎ 发天意而正名号：公羊学语境中的董仲舒名论

焉。"①"词"为言、意内外表里相通，形、声与义相得。不过，段玉裁仅仅认为"辞"与"词"相关，却并不将两者等同："罰与《辛部》之辞，其义迥别。辞者、说也……谓文辞足以排难解纷也，然则辞谓篇章也。罰者，意内而言外，从司言，此谓摹绘物状及发声助语之文字也。积文字而为篇章。积罰而为辞。《孟子》曰：'不以文害辞。'不以罰害辞也。孔子曰：'言以足志'，罰之谓也。'文以足言'，辞之谓也。"② 要之，"词"小而"辞"大，连缀文字（词）而可成篇章（辞）。不过，在诸多文献中，"辞"与"词"皆可通用③，且区分两者亦无关本书论旨，仅在使用上略作区分。④

就字义来看，"辞"不仅关乎名实，更关乎言意，且名实与言意之间又内在相关。首先，"辞"作为说事之言，本当兼名实而论，且隐含了名实相应的规定，即语词与其所指称的对象间的契合。而连缀之文辞则要兼数个"词"而为言，数个名实关系组织而成的"辞"自然比单一的"名"要来得复杂得多。如作为争讼之辞，是其所是，非其所非，莫衷一是。争讼双方面对同一个事实，却又各执一"词"，在犯罪的动机、手段、轻重乃至性质的表述上稍作改易，即可使犯罪行为本身之面貌全然不同。经由对文辞的修饰，可以达到减罪，甚至开罪的目的。可见，"辞"作为说事，或对事的表述而言，本身又具有灵活、变通的特性，这既有赖于名实关系中之异名而同实，也包括了语序、辞气（语气）等因素。就其关乎言

---

① 【汉】许慎著，【清】段玉裁注：《说文解字注·司部》，第769页。
② 【汉】许慎著，【清】段玉裁注：《说文解字注·司部》，第769页。
③ 如《尚书·洛诰》："汝永有辞。"孙星衍《今古文注疏》曰："辞与词通。"又《列子·仲尼》："舜不辞而受之。"俞樾《诸子平议》："辞，通作词。"【清】孙星衍：《尚书今古文注疏·洛诰》，北京：中华书局，1986年，第408页；【清】俞樾：《诸子平议》卷十六，第315页。
④ 如周桂钿在《董学探微》中径直以"辞"为"词"："辞，即词，指语言文字、名词概念、定义命题。还可以引申为'说法'、'论点'或'实际事例'。"这一说法在概念上并不周延，扩大了"词"的外延，或者说引申了"辞"的义涵。参见周桂钿《董学探微》，第251页。

第六章 名号学说视域下的董子辞

意而论,"辞"承载了表达者的志意,外在的言辞与内在的志意间构成了形与质、表与里的关系。且言意关系又与名实相关,正是出于为辞者的某些心志、动机、目的,才导致了"辞"对于事之真的偏离。所以识其"辞",不仅要对于"辞"所指称的"事"有所体认,更当关注"辞"背后所蕴含的为辞者的志意。

上述对于"辞"字本义的关照同样可以用于《春秋》辞。"孔子作《春秋》"是春秋学者——尤其是公羊学一系——的基本信念,也是推重作为鲁史的《春秋》升格为"经"的逻辑前提。① 然而,对于何谓"作"的理解却存在分歧。一种观点认为:"作"有写作、制作、创作之意,以为孔子之"作《春秋》",是为创制。不过,若依孔子自谓"述而不作",又"因史记""其文则史",可知"作《春秋》"之"作",仅仅是编排、修订、删削鲁史,而非凭空创造。所谓"作"即以孔子修《春秋》,或笔削《春秋》为确解。② 那么,孔子究竟如何修《春秋》呢?一言以蔽之,即修改、删削鲁史之旧文以成《春秋》。③ 如《孟子·离娄下》之言:"其

---

① 《孟子·滕文公下》记载:"世衰道微,邪说暴行有作,臣弑其君者有之,子弑其父者有之。孔子惧,作《春秋》。"又《离娄下》:"王者之迹熄而《诗》亡,《诗》亡然后《春秋》作。晋之《乘》,楚之《梼杌》,鲁之《春秋》,一也。其事则齐桓、晋文,其文则史。孔子曰:'其义则丘窃取之矣。'"孟子为推孔子作《春秋》的第一人。司马迁、董生踵其说,如,"仲尼之作《春秋》"(《繁露·俞序》),"因史记,作《春秋》"(《史记·孔子世家》)云云。【清】焦循:《孟子正义·滕文公下》,沈文倬点校,第452页。

② 熊十力即指出:"按修犹作也。因鲁史而修之,则《春秋》不同于旧史可知。"熊十力:《读经示要》,《熊十力全集》(第三卷),武汉:湖北教育出版社,2001年,第1001页。

③ 顾颉刚即指出:"笔者,修改也;削者,删除也。笔削鲁史成《春秋》,此儒家所传,言孔子修改其不合微言大义、删其无关治道人伦者,而成正式之史书也。后因尊之曰《春秋经》。"赵伯雄也认为:"所谓《春秋》的书法,是指孔子在修《春秋》的时候所作的'笔'、'削',也就是指孔子在遣词造句、书与不书或怎样书中所表达的褒贬与夺。"顾颉刚讲授,刘起釪笔记:《春秋三传及国语之综合研究》,巴蜀书社,1988年,第1页;赵伯雄:《春秋学史》,济南:山东教育出版社,2004年,第149页。

◎ 发天意而正名号：公羊学语境中的董仲舒名论

事则齐桓晋文，其文则史。孔子曰：'其义则丘窃取之矣。'"①《春秋》所记之对象本为鲁史之旧，虽经孔子编订删削，加以褒贬与夺，但并未改变其"信史"的实质，即没有隐没史实本身，这就是"其事则齐桓、晋文"，《春秋》所用之文辞本质上仍然是记录史实之条目，这就是"其文则史"。然而，孔子仍自谓要"窃取"其义，关键就在于"辞"。如段熙仲所言："孔子之修《春秋》，修其辞也，故曰'属辞比事，《春秋》之教也'。……何谓其义？因鲁史加王心之谓也。何以见之？则于属辞见之。"②"辞"实则承担了孔子的全部志意，是孔子笔削《春秋》的着力处。一方面，"辞"不能逾越，乃至违背史事，这是孔子将其心目中的"道"著录于行事之中的底线；另一方面，"辞"更要实现推明孔子所欲"窃取"之义为目的，却又不能过于招摇，故在遣词造句上多所用心，使"主人习其读而问其传，则未知己之有罪"。③"辞"在解读《春秋》过程中的重要性可想而知。

既然孔子修《春秋》主要是"修辞"，则对于上述"辞"不仅反映史实之真，亦呈现修辞者——也就是孔子——之志意这一点就可以在对"修辞"二字的分析中进一步说明。今所谓"修辞"或以为是修饰文辞，但最早见于《周易·乾·文言》的"修辞"并不作如此解。所谓"修辞立其诚，所以居业也"④。孔颖达《疏》以为："'修辞立其诚，所以居业'者，辞谓文教，诚谓诚实也。外则修理文教，内则立其诚实，内外相成，则有功业可居，故云

---

① 【清】焦循：《孟子正义·离娄下》，沈文倬点校，第574页。
② 段熙仲：《春秋公羊传讲疏》，第153页。
③ 如余治平所指出："孔子在撰作《春秋》的时候，在义与辞两个向度上都必须付出艰苦的努力，对于义，需要深思熟虑，力求准确、到位，鞭辟入里；对于辞，则更需要斟酌再三，既要具有适当的隐蔽性，又要彰显出王道正义的力量。"余治平：《董子春秋义法辞考论》，第232页。
④ 【魏】王弼注，【唐】孔颖达疏：《周易正义·乾》，载李学勤主编《十三经注疏》（标点本），第15页。

第六章　名号学说视域下的董子辞

'居业'也。"① 在外之文教与在内之衷心、诚实相对待，从言辞到文教业已超过了"辞"字的本义。就"修辞"本身而言，指的仍然是在言辞上修饰、雕琢之意。《周易·系辞下》之言或可为佐证："将叛者其辞惭，中心疑者其辞枝。吉人之辞寡，躁人之辞多。诬善之人其辞游，失其守者其辞屈。"② 一个人倘若心生背叛，即便装作亲切的样子，言辞之中亦不免露怯；一个人倘若心中疑惑，心绪自然不定，言语之中亦不免自顾左右。凡此六种情境，皆表明"辞"与"意"（"心"）相通的道理，如孔颖达《疏》曰："凡此辞者，皆论《易经》之中有此六种之辞，谓作《易》之人，述此六人之意，各准望其意而制其辞也"③。若回到《乾·文言》的语境，"修辞立其诚"实则处于"君子进德修业"的论域之中，所谓"修辞"虽然可推扩至"文教"，但首先指的是君子应当在言语上谨慎精进，"于言无苟"，相应地，"诚"指君子赤诚衷心，言由心生。

若作此解，则"修辞立其诚"用以品评任何文字作品，乃至套用于《春秋》之辞也就有理可说了。既然孔子修《春秋》主要是"修其辞"，自然也应当符合"修辞立其诚"的标准。"诚"首先就意味着诚实，即孔子笔削《春秋》以不篡改鲁史之真实面貌为先决条件；其次意味着真诚，即能够真切、实际地表达孔子笔之、削之过程中所欲托之志意与王心。也只有建立在"辞"与"意"之间的关联基础上，《春秋》学者——尤其是《公羊》学者——才能将《春秋》视作理解圣人志意的管钥。若非如此，则《春秋》之辞不

---

① 【魏】王弼注，【唐】孔颖达疏：《周易正义·乾》，载李学勤主编《十三经注疏》（标点本），第16页。
② 【魏】王弼注，【唐】孔颖达疏：《周易正义·系辞下》，载李学勤主编《十三经注疏》（标点本），第322页。
③ 【魏】王弼注，【唐】孔颖达疏：《周易正义·系辞下》，载李学勤主编《十三经注疏》（标点本），第322页。

◎ 发天意而正名号：公羊学语境中的董仲舒名论

过史册之文，《春秋》之事不过诸侯盟会朝聘、战攻侵伐之事，何以得见圣人之心呢？

孔子修《春秋》为修其辞，就"辞"作为"修"之对象而言（或就"修辞"作为今日之研究对象而言），有学者总结为如下四个层面：字词层面、句法层面、段落层面与篇章层面。① 若以段玉裁之"词"与"辞"之区分为言，则《春秋》之"修辞"，既包罗了"词"，又涵盖了"辞"。如杜预《春秋经传集解·序》所指出："《春秋》虽以一字为褒贬，然皆须数句以成言。"② "一字褒贬"即"词"，而一句乃至"数句成言"是"辞"。③ 又有学者以"文"与"辞"相区分，其名不同，其实则一。④ 虽然就《春秋》所呈现的面貌来看，以一字行褒贬自然更为关注较小的"词"，但并未排除以句、段、篇来表达某些意旨的可能，以"修辞"概括并无不妥。本书所研究的《春秋》辞或董子辞，即不局限于遣字用词。

综上，经由上述围绕"辞"与"修辞"的讨论，旨在说明："辞"就其本质而言，包含名实与言意两个内在相关的维度，即"辞"以说事，表现为言辞对于事实的反应，与"辞"以表意，即

---

① 参见肖锋《"〈春秋〉笔法"的修辞学研究》，北京：中国社会科学出版社，2020年，第120—130页。

② 【晋】杜预注，【唐】孔颖达正义：《春秋左传注疏·春秋序》，载李学勤主编《十三经注疏》（标点本），第21页。

③ 肖锋关注到钱锺书"《春秋》之'书法'，实即文章之修词"这一命题，并认为钱锺书所用"修词"而非"修辞"十分恰当，既有见于《春秋》之"修辞"更侧重于文字。不过，如果以"辞"与"词"通，以"辞"涵盖"词"，以为《春秋》之"修辞"即囊括字、词、句、段、篇，亦无不可。参见肖锋《"〈春秋〉笔法"的修辞学研究》，第119页。

④ 阮芝生对于《春秋》之"文"与"辞"有所分殊，在他看来："《春秋》借事明义，事必因文而见，故有《春秋》之文与《春秋》之辞。成句为文，单词片语为辞，故文可包辞，辞不可包文。"阮芝生：《从公羊学论〈春秋〉的性质》，北京：华夏出版社，2013年，第37页。

表达为辞者的志意。落实到《春秋》之中，则孔子修《春秋》（或谓笔削《春秋》），即"修其辞"，一则《春秋》经由孔子之手并未湮没鲁史之旧，故《春秋》仍为"信史"，一则孔子经由笔削《春秋》，以一字行褒贬，以鲁史托王心，《春秋》又成了表达圣人志意的管钥。"修辞立其诚"，即可以在此意义上用以解释《春秋》为辞（修辞）之术。

二 "属辞比事"考论

上文仅仅说明了"辞"本身的重要性，以及孔子修《春秋》之"辞"作为推重《春秋》为经，以寓圣人之志的理论预设。而作为解经门径的"辞"，散乱离析，不计其数，所谓"《春秋》文成数万，其指数千。万物之散聚皆在《春秋》"①。如何才能将纷乱之"辞"加以明晰，以实现对圣人志意的揭橥，则直接关乎解读《春秋》的具体方法，即所谓"属辞比事"。"属辞比事"最早见于《礼记·经解》，而后成为《春秋》学中的一个重要概念。然而，何谓"属辞比事"？在《春秋》诠释中这一方法究竟具有怎样的意义，不同的学者给出了截然不同的看法。而首先有待厘清的是："属辞比事"的本来面貌究竟为何。

《礼记·经解》有言："属辞比事，《春秋》教也。"郑玄《注》曰："属，犹合也。《春秋》多记诸侯朝聘、会同，有相接之辞，罪辩之事。"② 孔颖达《疏》同样以为："属，合也。比，近也。《春秋》聚合、会同之辞，是属辞，比次褒贬之事，是比事也。"③ 郑、

---

① 【汉】司马迁撰，【南朝宋】裴骃集解，【唐】司马贞索隐，【唐】张守节正义：《史记·太史公自序第七十》，第4003页。
② 【汉】郑玄注，【唐】孔颖达疏：《礼记正义·经解第二十六》，吕友仁整理，第1903页。
③ 【汉】郑玄注，【唐】孔颖达疏：《礼记正义·经解第二十六》，吕友仁整理，第1904页。

◎ 发天意而正名号：公羊学语境中的董仲舒名论

孔皆本于《春秋》所记会同之事而立论，以为"属辞比事"，即比合《春秋》所记朝聘会盟之事，识其辞令、察其事由，以辨其罪行。不过，宽泛地看，《春秋》所记并不限于会同之事、交接之辞，毛奇龄甚至认为汉儒以"属合辞令，比次战伐，则于作者之意全无统系"①。故在后来者的使用与解释中，"属辞比事"指涉的范围得以扩大，成了解读《春秋》的一般方法。有学者总结自宋代以降对于"属辞比事"一义的探究：一派认为"属辞比事"作为推明义例的重要方式，甚至等同于"例"，一派将"属辞比事"视作分析与综合的解读方式。② 对于"属辞比事"的两种不同解释直接关联着两种不同的解经方式：前者注重条例，如杜预注《左传》推明"五十凡"，何休解《公羊》主张以时月日例、名例、内外例、讥贬诛绝例解经，刘逢禄发明《何氏释例》等，皆可归于这一类方法。后者反对条例，主张"属辞比事"即随文见义，假事明义或由辞起义。当然，一味主张条例之学难免有扞格之患，凡设例皆不免于例外，对于无法归于"例"的经文，必当另立文辞加以解释，这无疑削弱了"例"的条理化、系统化的意义。事实上，若从经、传、注、疏之不同层面来推导其"例"，可知"例"之所设有一个

---

① 【清】毛奇龄：《春秋属辞比事记》，载庞晓敏主编《毛奇龄全集》（第十二册），北京：学苑出版社，2015年，第215页。

② 赵友林在其《〈春秋〉三传书法义例研究》一书中指出："反对以书法义例说经的学者，如家铉翁、程端学等主张通过属合《春秋》文辞，比观其所记之事，在对事实的把握中，明其大义；毛奇龄主张要通过比较《春秋》经的辞与事，在对礼的把握中，明其褒贬大义；吴澄则从方法论的高度对'属辞比事'作了说明，认为'属辞比事'就是分析与综合的理解方法。而主张以书法义例解经的学者，一方面也通过比较《春秋》之辞与事，在对事实的把握中明义，但另一方面又把它作为阐明书法的一种方法，清代后期的今文学者则完全把'属辞比事'看成阐明书法义例的一种方法。也有学者在书法与史法之间采取调和的态度，如赵汸，他认为'属辞比事'首在阐明《春秋》书法异同，但并不专就文字上立褒贬，而是在此基础上推考事迹，明嫌疑是非。"赵友林：《〈春秋〉三传书法义例研究》，北京：人民出版社，2010年，第295页。

由简入繁，逐渐弥合的过程。① 如皮鹿门径直以"属辞比事"为例则不免行之过远，将后来者之解读强加于孔子。②

不过，"条例"的意义在于将对孔子微言大义的解读系统化、条理化，反对将"属辞比事"视作"例"，仅仅是反对其刻板、僵化的弊端。事实上，后世读解所设之"条例"，其本质上亦是"属辞比事"，"属"之为"合"，"比"之为"次"，往往需要两辞、两事及以上方可为言。而条例的本质实则以设定"常"（常辞、常事或常例）为参照系，继而在变例中探赜圣人之意。兹举《公羊传》中3例。（1）即位。诸侯即位，当于元年书"春，王，正月，公即位。"然而，隐公元年未有"即位"，以为"成公意"，即以隐公终有让志；③ 又"继弒君不言即位"，桓公以公子翚弒隐，又书"即位"，《公羊传》以为"如其意"，即彰明其弒君之志。④（2）卒日葬月。大国之例，卒日葬月。复参之以天子七月而葬、诸侯五月而葬的礼制，《春秋》记诸侯之葬的日或不日，又有不同的说法，即《公羊传·隐公三年》："不及时而日，渴葬也；不及时而不日，慢葬也。过时而日，隐之也；过时而不日，谓之不能葬也。当时而不

---

① 兹举《公羊传》一系为证，赵友林在其《〈春秋〉三传书法义例研究》一书中并未总结分析《春秋》之书例，或可以为其并不认为《春秋》本身存在义例；而《公羊》之例有"书与不书例"约190条；"日月时例"约20余条；"称谓例"约150余条；"用字例"约40个字，130条。及至何休《解诂》，则有"书与不书例"约210条，"日月时例"约300余条，"称谓例"约190余条，"用字例"约90条。而徐彦之《疏》，则有约100余条书法。总体来看，从传到注、从注到疏，"例"的数量不断扩大，也有所调整与弥合。赵友林将之称为"书法义例的层累效应"。参见赵友林《〈春秋〉三传书法义例研究》，第二、三章。
② 皮锡瑞认为："古无'例'字，'属辞比事'即'比例'。"【清】皮锡瑞：《经学通论》，吴仰湘点校，北京：中华书局，2017年，第438页。
③ 参见【汉】何休解诂，【唐】徐彦疏《春秋公羊传注疏·隐公第一》，刁小龙整理，第13—14页。
④ 参见【汉】何休解诂，【唐】徐彦疏《春秋公羊传注疏·桓公第四》，刁小龙整理，第119页。

◎ 发天意而正名号：公羊学语境中的董仲舒名论

日，正也。当时而日，危不得葬也。"① 无论是渴葬、慢葬，还是不能、危之，皆为非常之事，寓非常之义，只有"卒日葬月"方属正例。（3）夷狄称谓。夷狄之爵七等，即"州、国、氏、人、名、字、子"②。当称国时称州，或当称人时称子，皆为变例，必有美恶之义。如庄公十年称"楚"为"荆"，襄公二十九年许"吴"为"子"，前者为贬，后者为褒，皆从称谓名例上着眼。③ 一言以蔽之，以"例"解经本身即意味着"属"与"比"的方法运用，元代赵汸著《春秋属辞》，虽以"例"非圣经所本有，却主张"非无例也，以义为例，隐而不彰"，"其间异同详略，触事贯通，自成义例"④，有折衷调和之意⑤。换言之，不必将"属辞比事"等同于"例"，却也不排除义例于其中。

事实上，"属辞比事，《春秋》教也"这一提法立足于事、辞、

---

① 【汉】何休解诂，【唐】徐彦疏：《春秋公羊传注疏·隐公第三》，刁小龙整理，第65—66页。

② 《公羊传·庄公十年》："州不若国，国不若氏，氏不若人，人不若名，名不若字，字不若子。"【汉】何休解诂，【唐】徐彦疏：《春秋公羊传注疏·庄公第七》，刁小龙整理，第263—264页。

③ 如《春秋·庄公十年》记载："秋，九月，荆败蔡师于莘，以蔡侯献舞归。"又《春秋·僖公二十九年》："阍弑吴子馀祭。"【汉】何休解诂，【唐】徐彦疏：《春秋公羊传注疏·庄公第七》，刁小龙整理，第262页；《春秋公羊传注疏·襄公第二十一》，刁小龙整理，第888页。

④ 《四库全书》为《春秋属辞》所作之提要引赵汸书信："汸《东山集》有《与朱枫林书》曰：'谓《春秋》随事笔削，决无凡例，前辈言此亦多，至丹阳洪氏之说出，则此段公案不容再举矣。其言曰：《春秋》本无例，学者因行事之迹以为例。犹天本无度，历家即周天之数以为度。此论甚当。至黄先生则谓鲁史有例，圣《经》无例。非无例也，以义为例，隐而不彰。则又精矣。今汸所纂述，却是比事属辞法。其间异同详略，触事贯通，自成义例，与先儒所纂所释者殊不同。然后知以例说《经》，固不足以知圣人，为一切之说以自欺而漫无统纪者，亦不足以言《春秋》也。是故但以《属辞》名书。'"【元】赵汸：《春秋属辞》，载【清】纪昀等编《景印文渊阁四库全书》（第一六四册），第441—442页。

⑤ 赵伯雄根据《春秋属辞》的篇目安排，指出："赵汸认为《春秋》既有史文，又有笔削，既有'史法'，又有'书法'的观点。"赵伯雄：《春秋学史》，第436页。

第六章 名号学说视域下的董子辞

义三者之间的密切关联。考诸《礼记·经解》这一段话的背景，实则是孔子以"入其国，其教可知"作为把握《六经》之理论视角。孔子在此考察之"《诗》教""《书》教""《春秋》教"等，皆指向了《六经》所具备之社会教化功能。所谓"属辞比事而不乱，则深于《春秋》者也"①。如孔颖达《疏》所指出："'《春秋》之失乱'者，《春秋》习战争之事，若不能节制，失在于乱。此皆谓人君用之教下，不能可否相济、节制合宜，所以致失也。"② "不乱"也就是"治"，人君经由"属辞比事"之法读《春秋》，需通晓正否相济之理，以乱世之事济治世之道，施教于下，则是推行治道，而非教以不臣、篡逆、作乱与战伐等事。所谓"不乱"的本质，即王道、即君臣名分，这正是孔子"因鲁史而加王心"的含义。一方面，鲁国旧史散乱不堪，孔子笔之、削之便加以比次编排之功；另一方面，读者读《春秋》，又势必经由"属辞比事"之法方可实现对于《春秋》所载之褒贬志意的揭橥。如毛奇龄所指出："夫辞何以属？谓夫史文之散漶者，宜合属也。事何以比？谓夫史官所载之事，畔乱参错，而当为之比以类也。此本夫子以前之《春秋》。而夫子解之如此，是以夫子之《春秋》亦仍以四字为之解。"③ 鲁史旧文即如"断烂朝报"，若要由史册之文，知人、论事乃至知兴替，势必前后连属，比观事辞同异。孔子笔削《春秋》，欲托以王道正义，更当于"属辞比事"一义有所领悟。于毛奇龄看来，"属辞比事"贯穿了《春秋》之史文、孔子之作《春秋》与后人之读《春秋》三个层面，其意义可想而知。至此可以明确："属辞比事"实是一种对文

---

① 【汉】郑玄注，【唐】孔颖达疏：《礼记正义·经解第二十六》，吕友仁整理，第1904页。
② 【汉】郑玄注，【唐】孔颖达疏：《礼记正义·经解第二十六》，吕友仁整理，第1905页。
③ 【清】毛奇龄：《春秋属辞比事记》，载庞晓敏主编《毛奇龄全集》（第十二册），第216页。

◎ 发天意而正名号：公羊学语境中的董仲舒名论

辞与事例采取比较、分析与归纳以推明义理的方式。①

历史上对于"属辞比事"纷繁复杂的解释导致了对于这一解《春秋》来说至关重要的范畴难得其确解。本书只采取一种最为直接而简单的解释：所谓"属辞比事"就是连缀文辞，排比事例，是一种对《春秋》之中的事与辞采取分析与综合的方式以推导出孔子所寓于《春秋》之中的志意的方法。而对于"属辞比事"与条例之学的区分虽然看似无关宏旨，然而仍有必要：一方面，条例之学往往预设"常"以应"变"，说明以"例"解经亦并非主张"例"的孤立性、绝对性，亦可归于广义的"属辞比事"的范畴；另一方面，同为公羊学之大宗，董子之学与何休之学即呈现为截然不同的面貌。何氏之学无疑侧重义例，而董子之学则更为衷于"属辞比事"之法。下文对此仍有详论，此处即不赘言。

三 "正名"与"属辞"的关系

对于《春秋》之中，"名"与"辞"在观念层面的联系，本书第二章第二节论及孔子"正名"思想时已有相关讨论。要而言之，"正名"即包含了"正书字"于其中，胡适将《春秋》中"正名"的含义分殊为"正名字""定名分"和"寓褒贬"。其中，"正名字""定名分"直接关乎"辞"（"词"），而"寓褒贬"或以"一字为褒贬"，或以连缀文辞为褒贬，亦不脱"属辞"之范围。可以

---

① 如吴澄所言："属辞所以合，比事所以析。不知比事，是舍轮舆盖轸而言车，离栋梁楄棁而求室也。知比事而不知属辞，则车与室其亡，矧于化工山岳乎何有？"赵友林亦指出："'属辞比事'作为一种探求书法的方式，它首先是一种比较的方法。利用'属辞比事'这种方法，经过前后比较，以明《春秋》书法之异，这是强调书法的特殊性……其次，利用'属辞比事'这种方法，经过前后比较，以明书法上的共同性，这又是一种归纳法，即经过比较同类事件，加以归纳推衍，揭示其普遍性。"【元】吴澄：《吴文正集》卷十九《春秋类编传集序》，载【清】纪昀等编《景印文渊阁四库全书》（第一一九七册），第205页；赵友林：《〈春秋〉三传书法义例研究》，第24页。

说，离开《春秋》辞，则无以言孔子之"正名"。如马一浮所指出："约而言之，《春秋》之大用在于夷夏、进退、文质、损益、刑德、贵贱、经权、予夺，而其要则正名而已矣。'必也正名'一语，实《春秋》之要义。'君君、臣臣、父父、子子'，即庄生所谓'道名分'也。"① 以"《春秋》以道名分"来提挈《春秋》之旨，可谓切中肯綮之论。兹举《春秋·成公八年》"天子使召伯来锡公命"的诠释为例，说明对《春秋》辞的考察与"正名"的关系，以及将之归于广义的名学研究的合理性。

《春秋·成公八年》记载："秋，七月，天子使召伯来锡公命。"② 就其史实而言，不过周简王派遣召伯来赐成公命而已。然而，其中之辞法有待考究之处颇多。首先，"锡命"有两解，或作诸侯即位，天子即赐以命圭解。或作功业显著，天子加以赏赐解。若是合乎礼制——或赐命圭按时、按制，或另加赏赐与诸侯之功业相匹配——则当属常事，例不当书。然而，《春秋》之书"锡命"者凡三见，究其缘由，在于三次赐命各有非礼之处：庄公元年之赐桓公命，其时作为弒君之贼的桓公已死，赐命非礼可知；文公元年之赐文公命，似合诸侯即位赐命之制，然而常事不书，《公羊传》释以"加我服者"，即以文公为有功业之主。不过，其时文公刚刚即位，何来功业，可知其同样非礼；由前两次"锡命"即可推知，今之赐成公命者，为其赐命圭过晚，为刺天子失礼。如《穀梁传》所指出："礼有受命，无来锡命，锡命非正也。"③ 又《左传》杜注则以为："诸侯即位，天子赐以命圭，与之合瑞。八年乃来，缓也。"④ 无论采取

---

① 马一浮：《复性书院讲录》，第89—90页。
② 【汉】何休解诂，【唐】徐彦疏：《春秋公羊传注疏·成公第十七》，刁小龙整理，第730页。
③ 【晋】范甯集解，【唐】杨士勋疏：《春秋穀梁传注疏·成公元年至八年》，载李学勤主编《十三经注疏》（标点本），第223—224页。
④ 【晋】杜预注，【唐】孔颖达疏：《春秋左传注疏·成公三年至十年》，载李学勤主编《十三经注疏》（标点本），第730页。

◎ 发天意而正名号：公羊学语境中的董仲舒名论

何种解释，皆可明于天子之失礼。《春秋》所记三"锡命"，其辞相同，其事各异，所讥亦殊。①

不过，《公羊传》并未就召伯来赐命一事议论，转而关注"天子"之名号，其言曰："其称天子何？'元年，春，王正月'，正也。其余皆通矣。"② "元年，春，王正月"，是《公羊传》所设之元始，故其为"正"者，何休《解诂》以为"文不变"是也，徐彦《疏》曰："据始言之，其实二年三年以下之经皆如是。"③ 即以"王二月""王三月"亦为"始"。不独文不变，义亦不变。其为天道、人道、王道之总系者，并无改易之理。④ "其余皆通"，即通于名号。以为非"元年，春，王正月"处，"王""天王""天子"之称所指为同一人，其义相通。如段熙仲所言："是王为正辞，天子与天王，通辞也。"⑤ 不过，围绕这一段经文的解释，以及"王""天王"与"天子"名号之异，《春秋》三传虽无异说，然而后世

---

① 孔颖达以为："《春秋》之时，赐命礼废，唯文公即位而赐，成公八年乃赐，桓公嗣后追赐，其余皆不得赐。苟以得之为荣，故不复讥其缓也。"亦可备为一说。【晋】杜预注，【唐】孔颖达疏：《春秋左传注疏·成公三年至十年》，载李学勤主编《十三经注疏》（标点本），第730页。

② 【汉】何休解诂，【唐】徐彦疏：《春秋公羊传注疏·成公第十七》，刁小龙整理，第730—731页。

③ 【汉】何休解诂，【唐】徐彦疏：《春秋公羊传注疏·成公第十七》，刁小龙整理，第731页。

④ 陈立《义疏》引《说苑·君道》："孔子曰：文王似'元年'，武王似'春王'，周公似'正月'，文王以王季为父，以太任为母，以太姒为妃，以武王、周公为子，以泰颠、闳夭为臣，其本美矣。武王正其身以正其国，正其国以正天下，伐无道，刑有罪，一动天下正，其事正矣。春致其时，万物皆以生；君致其道，万物皆以治。周公载己，而天下顺之，其诚至矣。"文、武、周公，德性功业并不一致，落实于"元年，春，王正月"者，皆无变例。又春之有王，非独正月，合岁首三月以为三正，亦知虽非同一王者，而其总系于王，以明乎王者之道虽有因革，仍有一以贯之之理。【清】陈立：《公羊义疏·成八年尽九年》，刘尚慈点校，第1996页。

⑤ 段熙仲：《春秋公羊学讲疏》，第157页。

· 316 ·

注者离析，有待辨正。杜预《注》曰："天子、天王，王者之通称。"① 孔颖达《正义》曰："天子之见经者三十有二：称'天王'者二十五，称'王'者六，称'天子'者一，即此事是也。三称并行，传无异说，故知天子、天王，王者之通称也，其不同者，史异辞耳。"② 其说平实，即以三者为"通称"，而之所以采取"异辞"，仅仅是史家记录之别而已。范甯《注》曰："天子、天王，王者之通称。自此以上，未有言天子者。今言天子，是更见一称。"③ 亦未添释义，仅仅说明其为新见于书册之称谓而已。何休《解诂》认为："其余，谓不系于元年者。或言王，或言天王，或言天子，皆相通矣，以见刺讥是非也。"④ 即以"王"之异称寓讥刺褒贬，便与别《传》殊异。故赐成公命而称"天子"，何休以为："此锡命称天子者，为王者长爱幼少之义，欲进勉幼君，当劳来与贤师良傅，如父教子，不当赐也。"⑤ 即以天子受命于天，有保幼辅进幼君之职分，非当赐以命圭，确立了君臣名分即草草了事，有讥刺天子之意。

又此处书月，何休《解诂》："月者，例也，为鲁喜录之。"⑥ 即以天子来锡命者，于鲁自为可喜之事而受之。然而成公之受无论就其赐命圭之过缓，抑或上文发挥称"天子"之义以贬天子不尽职

---

① 【晋】杜预注，【唐】孔颖达疏：《春秋左传注疏·成公三年至十年》，载李学勤主编《十三经注疏》（标点本），第731页。
② 【晋】杜预注，【唐】孔颖达疏：《春秋左传注疏·成公三年至十年》，载李学勤主编《十三经注疏》（标点本），第731页。
③ 【晋】范甯注，【唐】杨士勋疏：《春秋穀梁传注疏·成公元年至八年》，载李学勤主编《十三经注疏》（标点本），第224页。
④ 【汉】何休解诂，【唐】徐彦疏：《春秋公羊传注疏·成公第十七》，刁小龙整理，第731页。
⑤ 【汉】何休解诂，【唐】徐彦疏：《春秋公羊传注疏·成公第十七》，刁小龙整理，第731页。
⑥ 【汉】何休解诂，【唐】徐彦疏：《春秋公羊传注疏·成公第十七》，刁小龙整理，第731页。

守，鲁之所受均有非正之嫌。徐彦《疏》就时月日例考校："然则庄元年'锡桓公命'，文元年'锡文公命'，虽承上日，不蒙上日亦可知矣。"①《春秋》之中凡记天子遣使来赐命之事有三，其中庄公元年、文公元年两次，皆不记录时月（或蒙上条经文书月亦通），仅此次成公八年月录其事。《春秋》尊王，以朝聘会盟皆例时，而天子之使来我则书月，以凸显郑重其事，或有理可说。故赐命书月者或为无例，或作常例，皆无甚可喜，甚至因其过缓而有咎。胡安国《春秋传》申明成公之过，可矫何休"为鲁喜录"之说："成公即位，服丧已毕，而不入见，既更五服一朝之岁矣，而不如京师，又未尝敌王所忾而有功也，何为来赐命乎？'来赐公命'，罪邦君之不王，讥天子之僭赏也。"② 胡氏未申明赐命圭过缓之意，然而怪罪鲁公废朝天子之事而无王，可谓得理之说。《春秋》信史，陈其事而意自见。天子"锡命"过缓而讥之，一也；鲁君废朝事而无王亦当罪之，二也。

可以非常清楚地看到：对于此条经文之解读，首先建立在知晓何谓"锡命"的基础之上，其次尚需分析三次"锡命"之辞同背后是否事同，继而又需准之以"常事不书""一讥"之例，以推明其间义理上的微妙差异。不妨认为：《春秋》所记无非战攻侵伐、朝聘会盟、婚丧嫁娶，乃至祭祀、灾异等事，而对于这些事项所蕴含之义理的分析，首先即对名物、礼制的考辨，正太史公以《春秋》为"礼义之大宗"之意。而《公羊传》对于"王""天王""天子"之名的考辨，亦可归于这一序列，至于"天子爵称"或"天子僭天"，则是今文家阐微之说，其立论的基础仍然在于突出"天子"为"天之子"，强调其以爵事天，或以孝道事天的义涵，仍然是以其

---

① 【汉】何休解诂，【唐】徐彦疏：《春秋公羊传注疏·成公第十七》，刁小龙整理，第731页。
② 【宋】胡安国：《春秋胡氏传·成公下》，杭州：浙江古籍出版社，2010年，第317页。

第六章　名号学说视域下的董子辞

"名义"为核心。至于时月日例，公羊家解经自有一套说辞，如一时无事，亦必"首时过则书"，以为"四时具，然后为年"。①又有以日系月、以月系时、以时系年之说。而具体到记时、月、日之区别，往往以"时"为常，如朝聘会盟、战攻侵伐，如无特殊缘由皆当例时。而书月、书日者，或为突出，或为隐痛，或寓褒贬之意，不一而足。这就赋予时、月、日之史家笔法以特殊义涵。出于人之常情，史官记事往往由于过于琐碎或时日久远便草草记录，只有这一事项十分重大或有特殊之处，才特笔详录之。

仅仅对于这一条经文之分析，即包含了对"锡命""天子"之称以及"月录"之辞三者的归纳与分析，这也就是"属辞比事"。而三者不仅以对名物、名称之考察为前提，更于"属辞比事"——对于"辞"所记之事与所寓之义的归纳与分析——中进一步凸显"名"的重要性，且比之于第五章中所论之《春秋》名例侧重于考察"名"本身之义涵以及"名"与其所指称对象间的相对确定的关系不同，在《春秋》之属辞中对于"名"的义涵考察仅仅是前提，而"名"之确切所指，或其所寓的褒贬之意，则是变动的。这不仅局限于如"王""天王""天子"，乃至夫人、小君，世子、子某、公子等称谓之中随事、随文而变，即"动态称谓"②，甚至连书"锡命"、"雩"祭、螽灾等事，其具体义涵亦

---

① 【汉】何休解诂，【唐】徐彦疏：《春秋公羊传注疏·隐公第三》，刁小龙整理，第93—94页。
② 虞万里在其《先秦动态称谓发覆》一文中提出："所谓动态称谓，则是在静态称谓研究的基础上，依人的性别、家族辈分、社会地位以及所处场景之不同而区分其称人或被称等不同称谓形式，亦即将称谓依人和所处场景之不同而作进一步的分析研究。"而对于《春秋》之中的称谓，作者强调了自天子以至于士庶之等级制度，又指出称谥、爵、庙号、称名、字等不同场合，如："一、下称上，不名不字；二、上称下，名；三、上对下自称，不名；四、下对上自称，以称名为常。"这一总结无疑为解读《春秋》，尤其是站在公羊家的立场上把握名号称谓之变化确定了一套基准。虞万里：《先秦动态称谓发覆》，《中国文字研究》（第一辑），上海：华东师范大学，1999年。

· 319 ·

随事、随文而转。

　　总结上文：本节从对"辞"字含义的考察入手，明确了孔子笔削《春秋》实则是"修其辞"，而"辞"作为圣人志意的重要载体，包含名实与言意两个重要面向，故孔子修辞，既要不没其事，又要申明其义。故读《春秋》者，自不免要知其事、识其辞，方可知其意。可见，"辞"实为解读《春秋》的重要门径。而"属辞比事"作为解读《春秋》的重要方法，历来解释纷纭繁杂，归根结底，即连缀文辞，排比事例，对《春秋》之中的辞与事采取综合与分析的方法。"属辞比事"虽然不排斥条例之学，但在方法论上显然具有更为基础的地位。而经由对成公八年"天子使召伯来锡公命"的分析，则立足《春秋》的语境试图说明"正名"与"慎辞"的关联以及对于《春秋》辞的考察何以是广义的名学研究的题中之意。简而言之，"属辞比事"有赖于对于名物制度的准确理解，而在"辞"之"属"、"事"之"比"的过程中，"名伦等物"又呈现为随文、随事见义的特殊性，进一步扩展了"名"所指涉的义涵。下文即从《春秋》辞转入对董子辞的讨论。

第二节　董子《春秋》辞论：观念与方法

　　如本章开头业已说明的：董仲舒论"辞"有辞论与辞法两个部分。辞论是董仲舒从全局角度把握《春秋》诠释的一般原则与方法，而辞法则是根据《春秋》之中某类特定表述的特殊性加以概括所得的书法现象。显而易见，辞论比辞法要来得更为抽象，在董仲舒论"辞"的相关表述中也来得更为重要。本书认为：《春秋》之解经方法，一言以蔽之即"属辞比事"，而董仲舒所主张的《春秋》辞论——解经原则与方法——从方方面面贴合了"属辞比事"之法。下文即试图从董仲舒辞论之观念与方法两个面向证成这一观点。

第六章　名号学说视域下的董子辞

一　"慎辞"与"无达辞"

在董仲舒纷繁的"辞"论之中，一对互为表里的范畴构成了董仲舒"辞"论的核心观点，即"慎辞"与"无达辞"。两者既是董仲舒对于《春秋》辞的宏观把握，也是其以"属辞比事"之法诠释《春秋》的理论依据，故在董子"辞"论中具有逻辑上与观念上的优先性。

首先，董仲舒"辞"论之核心命题是"《春秋》慎辞，谨于名伦等物者也"①。苏舆《义证》释曰："因伦之贵贱而名之，因物之大小而等之，故曰名伦等物。"② 其中，"名""伦""等""物"四字各有含义。钟肇鹏以为："'名'，谓名称，此正名之事。'伦'谓人伦，'等'谓等级区分，'物'指事物。按大小、等级区别事物。"③ 要言之，"名伦等物"强调物各如其名、事各如其伦，有"正名定分，"即以名分示人伦之尊卑，故下文紧接着就是："小夷言伐而不得言战，大夷言战而不得言获，中国言获而不得言执，各有辞也。"④ 又："是故小大不逾等，贵贱如其伦，义之正也。"⑤《春秋》之中，战、侵、伐、围、入、灭，辞异而义殊。⑥ 中国与夷狄，君与大夫又有差等，用辞上即体现出不同的辞对应不同的大小、贵贱。易言之，不同的行为、处于不同政治序列的行为主体所用的辞亦相应不同。不过修辞上的差异仅仅是技术问题，真正强调"慎辞"、主张"名伦等物"的目的在于经由"辞"之异以体现大小、贵贱、尊卑之等，以明确下不可凌上、上不可居下的等级秩

---

① 【汉】董仲舒：《春秋繁露·精华第五》，第22页。
② 【清】苏舆：《春秋繁露义证·精华第五》，钟哲点校，第82页。
③ 钟肇鹏主编：《春秋繁露校释·精华第五》（校补本），第159页。
④ 【汉】董仲舒：《春秋繁露·精华第五》，第22页。
⑤ 【汉】董仲舒：《春秋繁露·精华第五》，第22页。
⑥ 如《公羊传·庄公十年》："曷为或言侵？或言伐？粗者曰侵，精者曰伐。战不言伐，围不言战，入不言围，灭不言入，书其重者也。"【汉】何休解诂，【唐】徐彦疏：《春秋公羊传注疏·庄公第七》，刁小龙整理，第259页。

◎ 发天意而正名号：公羊学语境中的董仲舒名论

序，这也正是董仲舒以为的《春秋》立"义"之所在，所谓"义之正"也。①《盟会要》篇中的相似论述可以进一步证明上述说法："立义以明尊卑之分，强干弱枝以明小大之职。"② 又："名伦等物不失其理。"③ 其中，"理"为道理，亦为条理，与"名伦等物"之"伦"与"等"略同。而强调"立义"的目的在于确立"尊卑之分""大小之职"，即与《精华》篇之义如出一辙。这一对于"名伦等物"的分析无疑提示出：在董仲舒看来，《春秋》之"辞"背后所欲呈现的"义"主要是以大小、贵贱、尊卑为表现形式的等级秩序。当然，这并不是说"辞"背后的"义"仅仅是等级秩序，如苏舆所言："《春秋》之治，始于义而终于仁义，以差等为亟。"④ 其中，"亟"字通释为急切、急迫之意，《春秋》据乱世而作，当以立纲常为先。不过其终归又有圣人仁义之心于其中，并非等级森严、铁板一块。换言之，经由"名伦等物"（或谓慎于"辞"），孔子所托寓的是人道世界的应然秩序与规范。⑤

与"慎辞"互为表里的是"无达辞"："《春秋》无达辞，从变从义，而一以奉人。"⑥ 又《竹林》篇："《春秋》无通辞，从变而

---

① 苏舆《义证》引《汉书·朱博传》曰："《春秋》之义用贵治贱，不以卑临尊。"【清】苏舆：《春秋繁露义证·精华第五》，钟哲点校，第82页。
② 【汉】董仲舒：《春秋繁露·盟会要第十》，第32页。
③ 【汉】董仲舒：《春秋繁露·盟会要第十》，第32页。
④ 【清】苏舆：《春秋繁露义证·精华第五》，钟哲点校，82页。
⑤ 马一浮则指出："深察名号为名伦，因事立义为等物，名伦即属辞，等物即比事也。名伦等物，得其理则治，失其理则乱。"其说虽未必合乎"名伦等物"之确解，不过也提示出"名伦等物"作为"慎辞"之意，最终直接关乎治乱安危，而治乱之所系，即为人道之秩序。马一浮：《复性书院讲录》，第89页。
⑥ 【汉】董仲舒：《春秋繁露·精华第五》，第24页。"奉人"，卢文弨以为"疑当作奉天"，苏舆《义证》以为："凌本无'人'字，连下'仁人'为一句，非。本书言奉天者，屡矣，《楚庄王》篇云'奉天而法古'，《竹林》篇云'上奉天施'，皆是。盖事若可贯，以义一其归；例所难拘，以变通其滞。两者兼从，而一以奉天为主。"可知皆倾向于以"奉天"为是。【清】苏舆：《春秋繁露义证·精华第五》，钟哲点校，第92页。

· 322 ·

移。"① 所谓"无达辞",苏舆《义证》以为:"《春秋》,即辞以见例。无达辞,犹云无达例也。"② 苏舆将"辞"等同于"例","无达辞"也就是没有放之四海而皆准的常例。因此,在诠释《春秋》经文的过程中,往往需要"从变从义",也就是准之以"义"、考诸其"变"。③ 如果说"名伦等物"的意义在于确立一套合乎应然之则的、以名号称谓为核心的规范系统,那么如遇事同而辞异,或事同、辞同而义殊之情形,则难免为"名伦等物"所不及。"无达辞"的意义正在于为《春秋》之解读提供了一种变通的可能。不过,"慎辞"之说亦提醒读者关注《春秋》"辞"的细微之处。无一辞虚作、无一辞无义,亦可知两者之互为表里。苏舆《义证》引胡安国曰:"正例非圣人莫能立,变例非圣人莫能裁。正例天地之常经,变例古今之通谊。惟穷理精义,于例中见法,例外通类者,斯得之矣。"④ 所谓"正例"即大经、大法,是万世不易的准则,而"变例"则是随时、随义而变的合宜,其间之关系略同于《春秋》之中"常礼"与"变礼",不过"变礼"是"于性,虽不安,于心,虽不平,于道无以易之"⑤。而解经之"变辞",则体现为对"常"的偏离,如诸侯生不称名而有称名者、弑君之贼不再见而有再见者皆在此列。而以"正例"为"天地之常经",同时

---

① 【汉】董仲舒:《春秋繁露·竹林第三》,第15页。
② 【清】苏舆:《春秋繁露义证·精华第五》,钟哲点校,第91页。
③ 苏舆《义证》引程子语曰:"《春秋》以何为准?无如中庸。欲知中庸,无如权。何物为权?义也,时也。《春秋》已前,既已立例,到近后来,书得全别,一般事便书得别有意思。若依前例观之,殊失也。《春秋》大率所书事同则辞同,后人因谓之例。然有事同辞异者,盖各有义,非可例拘也。"即以权变释《春秋》之辞。如贾逵之言,"《公羊》多任于权变",非独《公羊》之义侧重权变,其"辞"亦"从变从义",传《公羊》之董生,对于"辞"之中"变"的面向有深切体认,亦属合理。【清】苏舆:《春秋繁露义证·精华第五》,钟哲点校,第91—92页。
④ 【清】苏舆:《春秋繁露义证·精华第五》,钟哲点校,第92页。
⑤ 【汉】董仲舒:《春秋繁露·玉英第四》,第20页。

◎ 发天意而正名号：公羊学语境中的董仲舒名论

以"变例"为"古今之通谊"，则意味着虽然在具体的经文诠释中有常有变，但两者皆可施用于万世，乃至非圣人无以立之、裁之，这就指向了"辞"——无论是常辞还是变辞——的普遍性。

上述表达中，在主张"无达辞"而"从变从义"之后，又强调其"一以奉天"，其立义在于通过将《春秋》之辞与"天"关联起来，赋予其普遍性的意义。《精华》篇曰："其辞体天之微，故难知也。弗能察，寂若无；能察之，无物不在。是故为《春秋》者，得一端而多连之，见一空而博贯之，则天下尽矣。"① 苏舆《义证》解释道："天不言而四时行，圣人体天立言，而不能尽其意。所谓心之精微，口不能言，言之微眇，书不能文也。读《春秋》者，窥其微以验其著，庶几得仿佛耳。"② "体天之微"的含义可以析分为仲尼之"作《春秋》"与学者读《春秋》两个层面。对于前者而言，《春秋》辞成了圣人传达不言之天的天意的重要手段，正"圣人所发天意"是也。对于后者而言，读《春秋》正是读其辞，于其中精微之处，自当细加体认。一般认为《春秋》的精微之处——譬如"微言"与"微旨"——往往是圣人用心的微妙。而在董仲舒的理解中，这一"微"的来源并非作为"圣人"的孔子，而是孔子体认天道而来。能"体天之微"，故知《春秋》之辞并非呆板的规范或原则的记录，而是圣人体察人事与天道之微眇处而实有所得；"无物不在""天下尽矣"，则意味着《春秋》之辞以"常"为规范、以"变"为应事，故能范围天下万事万物，赋予了《春秋》以普遍性的意义。故不能察者即以《春秋》为"断烂朝报"，一无可取；能体察其微眇者则能以之范围天地，无物不在。

正是"慎辞"与"无达辞"构成了董仲舒"辞"论之两端，

---

① 【汉】董仲舒：《春秋繁露·精华第五》，第24页。
② 【清】苏舆：《春秋繁露义证·精华第五》，钟哲点校，第93页。

譬如阴阳，合则全其于道，分则不成其体，"慎辞"意味着常，"无达辞"指向了变，"变用于变，常用于常"，则可以《春秋》二百四十二年之文为汉，乃至为百世、万世立法。事实上，董仲舒论"辞"虽品目繁多，却不越常、变两端。确立这一点，即可以明确董仲舒解经的方法就是"属辞比事"。如上文业已说明："属辞比事"就是对辞与事采取分析与综合的方法，结合常变之义来看，即意味着于"常辞"确立常法，即一般的规范，于"变辞"中推求圣人志意，即"微言大义"。将常归于常，变归于变，自然是"属"（归纳），将常与变、变与变进行对比，或可归于"比"（分析、比较）。可知董生以"属辞比事"之法解经，不拘于常，不流于变，而是缀合文辞，以达义为要，而这也正是其解经方法的特殊之处。

不妨对《公羊传》、何休《公羊解诂》与董仲舒《春秋繁露》的解经方式稍做比较，以进一步说明董仲舒解经方法之特殊之处。《公羊传》为"传"体，最早虽无分传附经之体式，经与传之关系亦彼此对应，其中虽偶有援引别处经、传，但大体而言，仍然不脱一条经文对应一条传文（且常有有经而无传之条目），一条传文专释一条经文的体例。有学者将《公羊传》与《春秋繁露》的解经特点的差异概括为"辩而裁"与"博而切"，认为《公羊》"依经以辨理"，董生"合经以立义"，大体揭示出两个文本在解经方法上的关键差异。[①] 换言之，董生解经不拘泥于某条特定经文，而是缀合经文以明乎义理。而后出的何休之《解诂》，在解经的详备程度上自然要远过于董生，但其依从经传条目加以解释，亦不脱"辩而裁"之整体框架。不过，何休解经之特点更在于预设条例，如时月日例、内外例、讥贬诛绝例、朝聘会盟例等不一而足，在何休的诠释之下，《春秋》俨然具有了一套严格的文字系统，譬如"解码"与"编码"，特定的辞对应特定的例，特定的例对应特定

[①] 参见于雪棠《先秦两汉文体研究》，第126—136页。

◎ 发天意而正名号：公羊学语境中的董仲舒名论

的义。① 董生对于《春秋》经义的颖悟并不比何休来得浅，事实上，何休诸多说法在董仲舒那里皆可找到端倪，不过，与何休解经之方法决然不同的是，董仲舒以"属辞比事"之法解经往往随文见义，或针对一条经文、一则事例，或缀合几条经文、数则事例，比观其间异同以申明其义。如《王道》篇罗列王室失礼之事十余件，以说明天子失礼以至于诸侯僭越、篡弑无已；《精华》篇以逢丑父、辕涛涂、鲁季子、吴季子四者之"罪同异论"，以申明"贵志"之意。且在论述过程中，往往事义穿插，叙事之辞与陈义之文交织，两者互为表里，最终服务于"合经以立义"的目的。或许可以认为，董仲舒是真正娴熟地运用"属辞比事"之法诠释《春秋》的典范。

综上，"慎辞"与"无达辞"互为表里，构成了董仲舒"辞"论之核心。"慎辞"意味着圣人经由修《春秋》辞以确立"名伦等物"之王道秩序；而"无达辞"则意味着有常法、常经所不及者，需要变通予以应对。《盟会要》篇认《春秋》以褒贬"两言而管天下"，若化用其意，则"常用于常，变用于变"，《春秋》之辞即以常与变而范围天下。基于这一前提，董仲舒解经之方法——亦是其有别于《公羊传》与何休《解诂》之特点——是"属辞比事"之法，也就是用综合与分析之方法缀合《春秋》所记之辞与事以实现达义的最终目的。②

---

① "编码"与"解码"的说法参见许雪涛《公羊学解经方法——从〈公羊传〉到董仲舒春秋学》，广州：广东人民出版社，2006年，第54—55页。

② 主张董子解经方法即为"属辞比事"并非无端的臆说。苏舆《春秋繁露义证·自序》即指出："《繁露》非完书也。而其说《春秋》者，又不过十之五六。然而五比偶类，览绪屠赘，尚可以多连博贯，是在其人之深思慎述。"所谓"五比偶类，览绪屠赘"，与"多连博贯"，其本质即"属辞比事"。而《四库总目》则认为："繁或作蕃，盖古字相通。其立名之义不可解，《中兴馆阁书目》谓繁露，冕之所垂，有连贯之象。《春秋》比事属辞，立名或取诸此。亦以意为说也。""繁露"表示连贯垂象之意，其说虽不免臆测，却亦可与《春秋繁露》解经不拘泥于一事、一义，而注重"多连博贯"相表里。【清】苏舆：《春秋繁露义证·自序》，钟哲点校，第1页。

· 326 ·

二 "见其指者，不任其辞"

如果说《春秋》"无达辞"的观念意味着对于"辞"的解读不能拘泥于某一定式，而应当采取灵活变通的方法，那么，《竹林》篇中对于辞指关系的论述则从更为抽象、一般的意义上进一步突出了《春秋》诠释中灵活变通的特性。

董仲舒对于辞指关系的论述基于其对于《春秋》所记战伐事例的解读，《竹林》篇：

> 难者曰：《春秋》之书战伐也，有恶有善也。恶诈击而善偏战，奈何以《春秋》为无义战而尽恶之也？曰：凡《春秋》之记灾异也，虽有数茎，犹谓之无麦苗也。今天下之大，三百年之久，战攻侵攻不可胜数，而复者有二焉。是何以异于无麦苗之有数茎哉？不足以难之，故谓之无义战也。以无义战为不可，则无麦苗亦不可也；以无麦苗为可，则无义战亦可矣。若《春秋》之于偏战也，善其偏，不善其战，有以效其然也。《春秋》爱人，而战者杀人，君子奚说善杀其所爱哉？故《春秋》之于偏战也，犹其于诸夏也。引之鲁，则谓之外；引之夷狄，则谓之内。比之诈战，则谓之义；比之不战，则谓之不义。故盟不如不盟。然而有所谓善盟。战不如不战，然而有所谓善战。不义之中有义，义之中有不义。①

《春秋》记录战争有其特定的书法：如通过主客之序以区分伐人者

---

① 【汉】董仲舒：《春秋繁露·竹林第三》，第15—16页；【清】纪昀等编：《四库全书总目·经部·春秋类·附录》，《景印文渊阁四库全书》（第一册），第602页。

◎ 发天意而正名号：公羊学语境中的董仲舒名论

与见伐者①，通过时月日例示区别"诈战"与"偏战"②，以及"诈战不言战"③等书法。在董仲舒看来，之所以采取这些书法主要有两方面的用意：第一，表明反战、厌战的立场；第二，恶诈战而善偏战。《春秋》隐含了孔子的"微言大义"，但其根本仍然是仁者爱人之心，厌恶战争也就是理固宜然了。而在"偏战"与"诈战"的区分上，"偏战"作为双方各居一边，约定时间、地点，击鼓陈师的作战方式是《春秋》所认同的，因为其作为国之大事，合乎礼义。④ 然而，既有"善偏战"之说，却又何以能够认为"《春秋》无义战"呢？董仲舒试图圆其义。通过援引《春秋·庄公七年》之"无麦苗"并非寸草不生而犹有数茎，类推至三百年战伐之事无数，仍有两次出于复仇目的的正义之战。⑤ 并非寸草不生而可言"无麦苗"，并非无一义战而可言"无义战"也就说得通了。这一解释在逻辑上是否站得住脚有待商榷。不过董仲舒对于这一问题的分析显然着眼于《春秋》记事与明义之间的张

---

① 《春秋·庄公二十八年》："春，王三月甲寅，齐人伐卫，卫人及齐人战，卫人败绩。"《公羊传》："《春秋》伐者为客，伐者为主，故使卫主之也。"【汉】何休注，【唐】徐彦疏：《春秋公羊传注疏·庄公闵公第九》，刁小龙整理，第327—328页。

② 《公羊传·隐公三年》何休《解诂》："战例时，偏战日，诈战月。"【汉】何休注，【唐】徐彦疏：《春秋公羊传注疏·隐公第三》，刁小龙整理，第92页。

③ 《春秋·昭公十七年》记载："楚人及吴战于长岸。"《公羊传》："诈战不言战，此其言战何？敌也。"

④ 桓公十年何休《解诂》曰："偏，一面也。结日定地，各居一面，鸣鼓而战，不相诈。"【汉】何休注，【唐】徐彦疏：《春秋公羊传注疏·桓公第五》，刁小龙整理，第171页；又《春秋·僖公二十二年》记载了著名的宋楚泓之战，宋师虽大败，《公羊传》却以为："君子大其不鼓不成列，临大事而不忘大礼。"可知"偏战"合乎彼时之礼义，为《春秋》所认可。【汉】何休注，【唐】徐彦疏：《春秋公羊传注疏·僖公第十二》，刁小龙整理，第464页。

⑤ 即庄公四年之齐襄灭纪复仇与庄公九年之齐鲁乾时之战。参见【汉】何休注，【唐】徐彦疏《春秋公羊传注疏·庄公第六》，刁小龙整理，第219页；《春秋公羊传注疏·庄公第七》，刁小龙整理，第254页。

力，及其用辞之变通性之上。而后，董仲舒更排比《春秋》之中的变通之例，进一步加以说明。如诸夏对于鲁国而言谓之外，对于夷狄而言则成了内，偏战比之于诈战自然要更合乎礼义，但《春秋》爱人，偏战又不如不战。"古者不盟，结言而退"①，然而诸侯会盟有信与不信、小信与大信，信自然要义于不信，但歃血为盟终究不如古之不盟。要之，在爱人与战伐、偏战与诈战、夷夏内外、盟之信与不信等问题上，"义"的标准往往是相对而言的，正董子所谓"不义之中有义，义之中有不义"②。这就需要读者对于《春秋》事例的读解不能死守某种特定的道义准则，而不知灵活变通的道理。

接着上述对《春秋》战伐之事的分析，董仲舒进一步深入对辞指关系的讨论："辞不能及，皆在于指，非精心达思者，其孰能知之。"③ 又："见其指者，不任其辞。不任其辞，然后可与适道矣。"④ 狭义地看，此处所谓"辞"与"指"特指的是《春秋》之辞与《春秋》之旨。孔子所寓于《春秋》之中的"大义微言"皆可谓"指"，而在《春秋繁露》中又有《十指》一篇，其言曰："《春秋》二百四十二年之文，天下之大，事变之博，无不有也。虽然，大略之要有十指。十指者，事之所系也，王化之所由得流也……说《春秋》者凡用是矣，此其法也。"⑤ 也就是说，《春秋》之文辞以万数，所记之事亦无所不包，但王化流行却肇端于此。所谓"十指"，可以视作《春秋》所载录的纷繁复杂的事变之中的端绪。细绎"十指"的具体内容，其中既有"举事变见有重""见事变

---

① 【汉】何休解诂，【唐】徐彦疏：《春秋公羊传注疏·桓公第四》，刁小龙整理，第134页。
② 【汉】董仲舒：《春秋繁露·竹林第三》，第16页。
③ 【汉】董仲舒：《春秋繁露·竹林第三》，第16页。
④ 【汉】董仲舒：《春秋繁露·竹林第三》，第16页。
⑤ 【汉】董仲舒：《春秋繁露·十指第十二》，第33页。

◎ 发天意而正名号：公羊学语境中的董仲舒名论

之所至"等读《春秋》之法，也包含了"强干弱枝""亲近来远"等《春秋》之义。可知"指"既包含了《春秋》之义与法两个面向。辞以达义自无可疑，不过"十指"之中可以归于解《春秋》之法的条目也都指向了由《春秋》之辞推绎其背后之旨意的进路，如从重复的问题中读出《春秋》之所推重的美恶之意，推本事端以见其缘由等。也就是说，《春秋》之辞作为《春秋》之旨的管钥并不是读《春秋》者所当属意的重点，而是要关注到"辞"背后的"指"。

值得关注的是：董仲舒论述辞指关系的两个命题看似同义，却又有着递进的关系。"辞不能及，皆在于指"，意味着在面对言不及义的情况，应当考诸《春秋》的义旨。对"辞"的分析构成了对"辞"的超越的前提，因此，董仲舒在这里强调的是"精心达思"的工夫。苏舆《义证》即指出："思者，思圣人未言之旨要，以救世而拨乱。"[①] 对于圣人旨意的推求在"辞不能及"的情况下，才转而进入"未言"之旨。言与未言、有辞与无辞共同构成了揭橥《春秋》之义的一隅，且对于"辞"的体认与把握仍然是基础。而"见其指者，不任其辞"的表述则更接近于《庄子》所谓"得意忘言"式的对"辞"的扬弃。"不任其辞，然后可与适道"，则将揭橥《春秋》之中的道义与微旨的重任托付于未言或无辞之处。若对此处所谓"辞"与"指"作一宽泛的理解，即"辞"是语词、言语，"指"是语言所指涉的义涵的话，那么，董仲舒经由对于《春秋》之"辞"与"指"的论述，又进一步触及了抽象意义上的"言意之辨"的问题，即语言与其所表达的含义之间的关系。

在辞指关系上主张"指"有超越于"辞"的可能，有助于进一步扩大《春秋》解读的边界，如果说"《春秋》无达辞，从变

---

① 【清】苏舆：《春秋繁露义证·竹林第三》，钟哲点校，第48页。

从义"仅仅主张了《春秋》之中没有不易的准则的话,而"见其指者,不任其辞"则将《春秋》读解之边界扩充于《春秋》文辞之外,故董仲舒所主张的"属辞"之法,既有"览其绪"的一面,更有"屠其赘"的说法,认为有不见于经却可以"操之于在经者无异"的义理,归根结底,皆是由辞指关系奠立的基础。总之,比之于"无达辞",董仲舒在辞指关系上主张的对"辞"(语言文字)的超越进一步凸显了读解《春秋》之辞的灵活性与变通性,甚至为越出"辞"的边界寻求《春秋》的言外之意提供了依据。

三 "属辞"之法

确立了"慎辞"与"无达辞"作为董仲舒"辞"论的核心观念,则可以进入对"属辞"的具体讨论。董仲舒虽然没有径直用"属辞比事"来定位其解经方法,但在其围绕"辞"的相关表述中,可以非常明确地看到,董仲舒解经的方法论核心即"属辞比事",具体而言,则有"翻援比类""览绪屠赘""用辞去著"与"书重辞复"四则,其在董仲舒"属辞"之法中所占据的位置又有所不同,下文将一一讨论。

(一) 翻援比类

"属辞比事"的核心即在于"属"和"比","属"即连缀,"比"即参详比照。董仲舒以"属辞比事"之法解经,虽于《春秋繁露》并无明文,但若细绎其对于如何诠释《春秋》的方法论表述,则不难发现其核心是"属辞比事"。《玉杯》篇指出:"《春秋》赴问数百,应问数千,同留经中。翻援比类,以发其端。"[①]"端"即是端倪、端绪,"翻援比类",就是"反复援引相同的事例,互

[①] 【汉】董仲舒:《春秋繁露·玉杯第二》,第13页。

◎ 发天意而正名号：公羊学语境中的董仲舒名论

相比较"①。凌曙注引杨倞《荀子》注曰："通伦类，谓虽礼法所未该，以其等伦比类而通之，谓一以贯之，触类而长之。"②《春秋》之中"文成数万，其指数千"，如何能够经由纷繁错综之文辞把握圣人志意，董仲舒以为应当有归并同类、相互参详比照之方法。又："论《春秋》者，合而通之，缘而求之，五其比，偶其类，览其绪，屠其赘，是以人道浃而王法立。"③所谓"合而通之，缘而求之"，也就是"翻援比类，以发其端"，苏舆从《春秋》全书的角度予以把握："此董子示后世治《春秋》之法。合而通之，合全书以会其通，如传闻、所闻，所见异辞之类是也。缘而求之，谓缘此以例彼，如不与诸侯专封例贬，而杀庆封称楚子知为侯伯讨之类是也。"④而"五其比，偶其类"，则是强调《春秋》事例中必有同类可相证者，即以类推之。⑤段熙仲所谓"况辞"，亦可归于这一方面。所谓"《春秋》之辞多所况，是文约而法明也"⑥。苏舆《义证》以为："词多以况譬而见，所谓比例。"⑦"况辞"，也就是比例，即前文所谓参详比较之意，以此推彼，以彼例此，皆可谓之"况"。

经文之间的参详比照的本质就是"属辞比事"，董仲舒则表述为"翻援比类，以发其端"，"《春秋》之辞多所况"，"以比贯

---

① 钟肇鹏主编：《春秋繁露校释·玉杯第二》（校补本），第67页。
② 【汉】董仲舒撰，【清】凌曙注：《春秋繁露·玉杯第二》，载《丛书集成初编》，北京：中华书局，1991年，第16页。
③ 【汉】董仲舒：《春秋繁露·玉杯第二》，第12页。
④ 【清】苏舆：《春秋繁露义证·玉杯第二》，钟哲点校，第31页。
⑤ 苏舆《义证》指出："'五其比，偶其类'，此见于经，有类推者也。"【清】苏舆：《春秋繁露义证·玉杯第二》，钟哲点校，第31页。
⑥ 凌曙以为句读当作"多所况是，文约而法明也"。考诸"况"意，不当从凌说。俞樾有所驳正，其言曰："樾谨按'况'字绝句，言《春秋》之辞，多以况譬而见，辞其所以'文约而法明也'。凌氏曙注本读'是'字绝句，失之。"【清】俞樾：《诸子平议》卷二十五，第505页。
⑦ 【清】苏舆：《春秋繁露义证·楚庄王第一》，钟哲点校，第3页。

第六章　名号学说视域下的董子辞

类","贯比而论是非",等等。如前文业已说明的,董子诠经以"属辞比事"为方法,其核心地位在《繁露》的解经诸篇中的位置可想而知。不过,如若细分起来,"类"与"比"又指向了这一方法的不同面向。"类"强调的是辞与事的共通性,其对应的方法是归纳,"比"则突出的是辞与事的差异性,其对应的方法则是分析。如《楚庄王》篇即以"楚庄王杀陈夏徵舒"与"灵王杀齐庆封"说明诸侯不得自专、臣子不得专君;《玉杯》篇以文公丧娶、赵盾弑君与许止弑父申明"贵志"之意;《竹林》篇以楚庄王舍郑、秦穆公大败于殽、郑文公轻众丧师,以说明"敬贤重民"之志;《王道》篇则排比天王失礼之事,以明篡弑之祸所起;《灭国》篇排比诸侯亡国之事,以说明"存亡之端"。凡此种种,不一而足,皆可视为归纳的方法,其特点在于举大而遗小,关注的是对于某些经文之间共通之"大义"的揭櫫。相比之下,如《竹林》篇以"丑父欺晋"与"祭仲许宋"相比照以提揭"权变"之旨;《精华》篇以"逢丑父当,而辕涛涂不宜执,鲁季子追庆父,而吴季子释阖庐"四者"罪同异论"推明"教化"之意。乃至针对一事之中迂回曲折的分析,如《玉杯》篇分析赵盾非亲弑之贼何以《春秋》要称其弑君,《玉英》篇分析《公羊传》何以要"贤纪季"。① 以上种种,皆可视作分析的方法,其特点在于经由参详比照、透入精微,把握其细微的差异以实现对某些隐微之旨的揭櫫,正董子所谓"逆而距之,不若徐而味之"是也。

---

① 董仲舒发明"贤纪季"的真正目的是"贤纪侯",而《公羊传》则贤纪季能"服罪",以"后五庙以存姑姊妹",即为纪国存续宗庙祭祀。然而董子解经先是设定了"大夫不得用地""公子无去国之义""君子不避外难"三条"《春秋》之法"作为参照,继而推断:若欲贤纪季则势必为其开罪,故"以酅入齐"之事一定不是纪季之私行而当归之于纪侯,且纪侯能"大去其国",合乎"国灭君死"之正义,故当贤纪侯。其间孰是孰非暂且不论,仅就董仲舒分析纪季一事之迂曲而言,可谓"翻援比类"之方法的典型运用。

◎ 发天意而正名号：公羊学语境中的董仲舒名论

上举种种事例，足可见董子解经特重"翻援比类"的"属辞"之法。在《精华》篇中，董仲舒指出："为《春秋》者，得一端而多连之，见一空而博贯之，则天下尽矣。"《春秋》之所以能以褒贬"两言而管天下"，究其根本，即在于将散乱之辞与事加以连属、比照，以发明其义，若不参详比照，而是就事而论事，则事不胜数，义亦散乱，《春秋》圣人之微旨大义便无从知晓。可见，"属辞比事"之法正是董仲舒解经的核心方法。

（二）览绪屠赘

在董仲舒以"属辞比事"为核心的解经方法中尚有一种特殊的存在，即所谓"览绪屠赘"。《玉杯》篇曰：

> 论《春秋》者，合而通之，缘而求之，五其比，偶其类，览其绪，屠其赘，是以人道浃而王法立。以为不然？今夫天子逾年即位，诸侯于封内三年称子，皆不在经也，而操之与在经无以异。非无其辨也，有所见而经安受其赘也。故能以比贯类、以辨付赘者，大得之矣。①

其中，"合而通之，缘而求之，五其比，偶其类"也就是"翻援比类"的"属辞"之法。关键在于如何理解"览其绪，屠其赘"？究竟何谓"赘"，又如何"屠赘"？对于上述问题的回答，不妨先从董仲舒所针对的事例入手，即"天子逾年即位"与"诸侯于封内三年称子"这两条礼制规定。其说见于文公九年所记"毛伯来求金"之《公羊传》文。然而，"天子之逾年即位"并不见于经，《公羊传》以为可由"诸侯之逾年即位"推之，"诸侯于其封内三年称子"亦不见于经，而可以由"天子三年然后称

---

① 【汉】董仲舒：《春秋繁露·玉杯第二》，第12页。

第六章　名号学说视域下的董子辞

王"推之。① 可知所谓"赘"也就是不见于经之意（义）。俞樾《诸子平议》认为："'五'当为'伍'，古字通。'伍其比，偶其类'，两义相近，'伍'犹'偶'也，'比'犹'类'也……'屠'当为'杜'，昭九年《左传》'屠蒯'，《礼记·檀弓》篇作'杜蒉'是也。凡非经所本有之义，皆谓之赘。为《春秋》宜杜塞之，则圣人大义不为群言淆乱矣。"② 即以"屠"为杜绝、杜塞之意，"赘"为冗赘、多余之意，"屠其赘"即杜塞冗余之言，以免淆乱圣人之正法正经。苏舆则不以为然，在他看来："'览其绪，屠其赘'，此不见于经，余义待伸者也。赘，余也。"③ 苏舆虽然亦以"赘"为"余"，但并不以之为多余的"余"，而是"余意"的"余"，"屠其赘"也就成了申发言外之意的意思。又："赘者，董子之所重也。故下云：'有所见而经安受其赘。'屠，盖剖析之意。"④ 也就是说，只要能得圣人之意，即可"不任其辞"，甚至不见于经的义旨，经亦可安然受之。两说相较，自然苏说于义为长，因为若从俞说，则"屠赘"之说势必与"安受其赘"抵牾，且若"屠赘"为删其赘言，则孔子修《春秋》时业已笔之、削之，读《春秋》者又何必还要再多此一举而"屠其赘"呢？若以读《春

---

① 《公羊传》原文征引如下："毛伯者何？天子之大夫也。何以不称使？当丧未君也。逾年矣，何以谓之未君？即位矣，而未称王。未称王，何以知其即位？以诸侯之逾年即位，亦知天子之逾年即位也。以天子三年然后称王，亦知诸侯于其封内三年称子也。逾年称公矣，则曷为于其封内三年称子？缘民臣之心，不可一日无君；缘终始之义，一年不二君，不可旷年无君；缘孝子之心，则三年不忍当也。"又苏舆对之解释甚详："夫经书公即位，则诸侯逾年即位见矣，而天子逾年即位，于经无见也，武氏子毛伯不称使，则天子三年然后称王见矣，而鲁十二公无有三年称子于其封内者，是诸侯于其封内三年称子于经无见也。凡此皆所谓赘也。"【汉】何休解诂，【唐】徐彦疏：《春秋公羊传注疏·文公第十三》，刁小龙整理，第545—546页；【清】苏舆：《春秋繁露义证·玉杯第二》，钟哲点校，第31页。
② 【清】俞樾：《诸子平议》卷二十五，第508页。
③ 【清】苏舆：《春秋繁露义证·玉杯第二》，钟哲点校，第31页。
④ 【清】苏舆：《春秋繁露义证·玉杯第二》，钟哲点校，第31页。

◎ 发天意而正名号：公羊学语境中的董仲舒名论

秋》者尚需"屠其赘"，则又与"游、夏之徒不能赞一辞"之说扞格，撼动《春秋》"文约法明"、惜字如金之神圣性想象。

然而，"览绪屠赘"之法，作为发明余义，也并不是无端之作、任意发挥，如苏舆所指出："先师或得之口授，或由于推例，皆所以明义也。西汉治经，专重大义。要以原本礼纪，推极微眇，贵在不失圣人之意。然僻者为之，往往傅会而违戾经旨。"① 也就是说，对于赘言、余意之发挥，仍然需要加以"辨"别之工夫，故董仲舒强调的是"以辨付赘"。如苏舆所指出："必于经实有所见，然后引而申之，触类而长之，而经亦安然而受之也。"② 如董仲舒先征引之文公九年之经传，继而从天子推至诸侯、从诸侯推至天子，并考诸民心、天意，可知其对于《春秋》余意之发明皆有所本，并不是天马行空似的任意发挥。这是试图阐明《春秋》所载圣人志意者必须戒之慎之的。

值得关注的是："屠其赘"在董仲舒解经方法之中究竟占据怎样的比重。一种观点认为："解读《春秋》，必须由'文义解释'进至于'特殊涵义'之阐发，而后乃能发明《春秋》之'可能涵义'。而此'可能涵义'，实即历来论者所谓《春秋》'微言大义'之所在。而欲进此一层次，'文字'即成必须超越之'障碍'——超越文字，方能体会文字之真义……盖论者若执着于'文字'之解析，则眼界所及，就只能停留在'合而通之、缘而求之、排列类别、聚合统绪'之层次，亦即资料之搜集、整理、归纳与分析，而此类步骤，只能探知概念之含义与经典之意向，却难以掘发概念之'特殊意义'与经典之'可能涵义'。"③ 就其将《春秋》文辞之解读区分为"文义解释""特殊涵义"与"可能涵义"，且三者逐一深入、递进的观点而言，可谓实有所见。然而，鄙薄"合而通之、

---

① 【清】苏舆：《春秋繁露义证·玉杯第二》，钟哲点校，第31页。
② 【清】苏舆：《春秋繁露义证·玉杯第二》，钟哲点校，第31页。
③ 陈明恩：《诠释与建构——董仲舒春秋学的形成与开展》，第66页。

第六章　名号学说视域下的董子辞

缘而求之"的"属辞"之法，过分推重"超越文字"，即其经由意在言外发掘《春秋》之"微言大义"，则不免失之偏颇。事实上，"览绪屠赘"并不真正越过经文，其所见虽不在于经，但其所本仍根植于经，这一点从董仲舒所举天子、诸侯之守丧礼制即可推知，无须赘言。易言之，"览绪屠赘"虽然有别于一般意义上的"属辞"之法，故可以视作"翻援比类"的补充，但这绝不意味着对于"翻援比类"的抛弃而一味追求"余意"乃至"微言"的发挥，这一点从苏舆对于"僻者"凌空蹈虚解经，反而"违戾经旨"的批评即可明晓。① 或者用更为直白的话来说：即便要超越文字，也首先要有文字以供超越。可见，"览绪屠赘"并不与"翻援比类"之法相悖反，更谈不上动摇"辞"在董仲舒《春秋》学中的方法论核心地位。

（三）用辞去著

与"翻援比类"相为表里的另一则"属辞"之法，即"已明者去之，未明者著之"②。"翻援比类"就其本质而言即参详比照不同事例的同异以申明其义，然而，《春秋》记事纷繁，若其中尽是事同辞同或事异辞异之事则无所谓"比"或"类"，且董子解经，特重事辞同异，以期实现触类旁通、比贯连类的效果。故董仲舒总结孔子"修辞"之基本规律，所谓"已明者去之，未明者著之"，也就是相同的、业已申明的旨意可以不再重复交代，而对于尚有待说明之处则加以申明。苏舆《义证》引庄存与："《春秋》之辞，文有不再袭，事有不再见，明之至也。事若可类，以类索其别。文若可贯，以贯异其条。圣法已毕，则人事虽博，所不存也。"③ 苏舆本人亦认为："《春秋》用辞，有简有复。大美大恶之所昭，愚夫妇之所与知者，则一明而不赘，所谓壹讯而已者也。嫌于善而事

---

① 参见【清】苏舆《春秋繁露义证·玉杯第二》，钟哲点校，第31页。
② 【汉】董仲舒：《春秋繁露·楚庄王第一》，第9页。
③ 【清】苏舆：《春秋繁露义证·楚庄王第一》，钟哲点校，第4页。

或邻于枉，嫌于恶而心不诡于良，则必推其隐曲，往复连贯。或变文以起其别义，或同辞以致其湛思。"① 在苏舆看来，《春秋》之辞有简明之处，亦有重复之文。美恶之不待辨而明者，《春秋》不必重复申明其意，所谓"壹讥"，是只需要讥一次即可，其余之处则不必再无谓重复。② 若是存在嫌疑之处，则需要"翻援比类"，加以辨明。这里，"去明著未明"既与"翻援比类"互补又构成了其前提：一方面，"去明著未明"针对的是那些非常显著、明白的道理，如臣下不能僭上，子不能弑父，而"翻援比类"则针对那些相对更为隐微曲折之事的发明；另一方面，"去明著未明"意味着《春秋》之辞不存在无谓的重复，若读之再三而只觉得与别处经文雷同，别无新意，那么只是读者未能融会贯通、透过比照经文把握文辞背后之深意。如前文所举"锡命"之事，若不加以参详比照，则只知其"锡命"，而不知其称谓变化之所指、"锡命"之非礼不一，那么读来也就是无益之重复，宛若嚼蜡而已。

（四）书重辞复

不过，"已明者去之，未明者著之"仍有一种例外情况，那就是"复辞"。《祭义》篇："孔子曰：'书之重，辞之复。呜呼！不

---

① 【清】苏舆：《春秋繁露义证·楚庄王第一》，钟哲点校，第4页。
② "壹讥"之例见于《春秋·庄公四年》。经文记载："冬，公及齐人狩于郜。"《传》曰："公曷为与微者狩？齐侯也。齐侯则其称人何？讳与雠狩也。前此者有事矣，后此者有事矣，则曷为独于此焉讥？于雠者将壹讥而已，故择其重者而讥焉，莫重乎其与雠狩也。于雠者则曷为将壹讥而已？雠者无时，焉可与通；通则为大讥，不可胜讥，故将壹讥而已，其余从同。"齐襄公弑鲁桓公，庄公既即位为君，又为人子，却与杀父仇人齐襄公过从甚密，甚至一起打猎。故《公羊传》自当讥之、贬之，以其忘父仇而无子心。然而，何以仅于此处讥之呢？何休以为："狩者上所以共承宗庙，下所以教习兵行义。"狩猎是国家比较重大之事。孔广森《通义》曰："从禽为乐，与雠共之，乃忘亲之大者。"以见其贪乐而忘义。故"壹讥"即从其重处讥之，其余经文则不特笔，亦不发传，避免重复。【汉】何休解诂，【唐】徐彦疏：《春秋公羊传注疏·庄公第六》，刁小龙整理，第224—226页；【清】孔广森：《春秋公羊经传通义·庄公第三》，陆建松、邹辉杰点校，第344页。

第六章　名号学说视域下的董子辞　◎

可不察也。其中必有美者焉。'"① 这句话是否可以归于孔子，甚至是否本是《祭义》篇之文，都存在争议，不过，就其所透露出的义涵而言，合乎董仲舒论"辞"之整体面貌并无可疑。②"复辞"就是通过反复申述以张大、强调某个道理。与《祭义》篇原文稍异，苏舆《义证》以为："'其中必有美者焉'，或引作'必有大美恶焉'，于义为长。"③ 也就是说，《春秋》经由复辞所欲张大之意并不局限于"美"的一面，其说可通。考诸《春秋》经文，其中所谓"复"者亦多。如苏舆《义证》所指出："首止之会盟，葵丘之会盟，召陵之盟，皆再书焉，此书重之例也。稷之会，终之曰'成宋乱'；澶渊之会，终之曰'宋灾'。故尹氏立王子朝，先之曰'王室乱'，此辞复之例也。僖四年传：'师在召陵，则曷为再言盟？喜服楚也。'何注引孔子语释之，与此同。"④ 凡此种种，皆可视作"书重辞复"之书例。

若将视野扩大到《春秋》所记二百四十二年之事，可以发现："文约而法明"的总体面貌之中，仍有不少重复之处。这既是《春秋》信史之史家笔法的要求，也可归于某项特定的大义。"书重辞复"之说见于《祭义》篇，不妨亦以《春秋》所书"祭"事为例。

---

① 参见【汉】董仲舒《春秋繁露·祭义第七十六》，第91页。
② 如凌曙认为："'孔子曰'至'者焉'，见《春秋纬》。"卢文弨即指出："末段多有剩句，疑后人所附益。"又姚鼐《公羊补注》："孔子书重辞复之言，盖齐鲁儒者传之，公羊家载之注，此真圣人辞也，非出《春秋纬》也。汉人多习于《公羊》之说，西汉之末作《礼纬》、《春秋纬》者，剿其说以为书。世乃以九锡及书之重等语，皆谓引纬书以说经，则诬之甚矣。"不过，正如余治平所指出，"《祭义》在这里呈现给我们的文字，未必是董仲舒本人之亲撰，而是其后学（最晚不会超过汉代）窜入的可能性极大，但其所表现出来的观念、立场却可以与董仲舒的《春秋》辞法相同、相合"。【清】苏舆：《春秋繁露义证·祭义第七十六》，钟哲点校，第436—437页；余治平：《董子春秋义法辞考论》，第355页。
③ 【清】苏舆：《春秋繁露义证·祭义第七十六》，钟哲点校，第437页。
④ 【清】苏舆：《春秋繁露义证·祭义第七十六》，钟哲点校，第437页。

◎ 发天意而正名号：公羊学语境中的董仲舒名论

《春秋》书不行郊祭之事凡六次①，其不郊之缘由或有不同，如卜郊不从，或牛口或角伤，其有罪之处亦有别，或三卜、四卜、五卜，或免牛，或不免牛，或不郊而望等，然而其本质均为失郊祭之礼，如若作一归并，则四卜、五卜为一类，以"不郊"之书法表明其不免牛为一类，牛口伤与牛角伤失养牲之谨为一类，且成公失郊有二，襄公失郊有二，其间固然有细微之差异，但亦不免于"书重辞复"，究其缘由，当然首先是出于史家笔法，据实而录，但也可以归于《春秋》重天人之意，犹以郊祭以奉天为人君之所当重，故反复申明其义，以着重强调郊祭之重要性；又《春秋》之中记"雩"祭者凡二十一次，除昭公二十五年之"再雩"实为"聚众以逐季氏"外，其余皆因旱之故而求雨。何以要如此反复申述，当然首先亦是出于史家笔法，但读者或许可以从中发现旱灾直接关乎土地收成与民生，反复记录雩祭，也是为了突出《春秋》重民之意。当然，"书重辞复"之例并不限于祭祀之事，如庄公三十一年记载庄公一年三筑台，究其缘由，在于劳民、苦民、伤民之甚，反复记录实为张大重民之意，皆为相类似之书法。② 如《盟会要》篇所指出的："盖圣人者贵除天下之患。贵除天下之患，故《春秋》重而书天下之患遍矣。"③ 凡天下有患，终究难免重复，如地震、雨雪、虫灾、火灾等，孔子并不作删削，一则当然出于"信史"之要求，不过也可以视为圣人将除患去害之仁心托喻于《春秋》之中，故一一录之，表达隐痛之意、除患之志。

---

① 僖公三十一年、宣公三年、成公七年、成公十年、襄公七年、襄公十一年。

② 不过，《春秋》讥庄公"一年三筑台"的事由并不相同。讥"筑台于郎"是因为"临民之所漱浣"；讥"筑台于薛"，是因为"远"；讥"筑台于秦"，是因为"临国"。亦合乎"用辞去著"之例，不过，一年之中反复记述相似的事，亦合乎以"书重辞复"的书例，是为了张大、强调庄公之无道。可知两种方法本就相互补充，相辅相成。

③ 【汉】董仲舒：《春秋繁露·盟会要第十》，第32页。

第六章　名号学说视域下的董子辞

如庄存与所指出："苟一义一法，足以断其凡，则无可凡而皆削而不书。《春秋》非记事之史也，所以约文而示义也。是故有单辞，有两辞，有复辞，有众辞。众辞，可凡而不可凡也；复辞，可要而不可要也；两辞，备矣，可益而不可益也；单辞，明矣，可殊异而不可殊也。故曰：'游、夏之徒不能赞一辞'也。"[①] 依庄氏之意，"用辞去著"，针对的是一义一法足以说明，无须赘言之经文。而复辞之"可要而不可要"即指：就文辞来看固然有可以省约之处，但考诸义理，则不能简省，突出的是"复辞"的必要性。在庄氏的诠释中，"用辞去著"与"书重辞复"，乃至"众辞""两辞""单辞""各止其科"，各有各的适用领域，且具有不可移易的必然性。这不仅是出自诠释的需要而外在赋予的辞法，而是孔子笔削《春秋》时业已存在的，故后学不能增减一字。暂且不论其中的尊圣之意，这一主张不同的辞法之间各有其处的观点在一定程度上勾销了"用辞去著"与"书重辞复"之间的矛盾，或可说，"用辞去著"是为《春秋》属辞之常法，而"书重辞复"则是变例，两者相反而相成，读者凡遇重复之文，应当更加上心。

上文总结"翻援比类""览绪屠赘""用辞去著"与"书重辞复"四条董子《春秋》"属辞"之法，其中"翻援比类"为核心，"览绪屠赘"为补充，两者相合，可以达到"人道浃而王法立"的效果。"用辞去著"既可以被视作"翻援比类"的补充，如前者针对的是不辩自明的道理，后者则需经由一番分析、归纳之功夫，又可以被视作"翻援比类"的前提，即"用辞去著"确立了《春秋》之中"辞同"未必"事同"，"事同"亦未必"辞同"之基本书法，而需要以"翻援比类"之法加以辨明。而"书重辞复"狭义

[①] 转引自【汉】董仲舒撰，【清】凌曙注《春秋繁露·祭义第七十六》，载《丛书集成初编》，第260页。

地看可以被视作"用辞去著"的例外情况,但考诸《春秋》之全貌,则"书重辞复"亦为通过反复申述张大其事,其本质亦是一种同类归并,以实现强调、张大的目的。

总结上文,就董仲舒论"辞"的基本观念而言,"慎辞"强调了"辞"的重要性,"无达辞"意味着由辞解经需得灵活变通,而"见其指者,不任其辞"则进一步扩大了"属辞"之边界可以至于无辞之处以推明义理。在对于董仲舒"属辞"之法的分析中,"翻援比类""览绪屠赘""用辞去著"与"书重辞复"又各有其处。总之,经由对董仲舒论"辞"的基本观念与属辞之法的探究,基本可以确立"属辞比事"是董仲舒解经的方法论核心。

第三节　董子《春秋》辞法:常辞与变辞

上文对"慎辞"与"无达辞","见其指者,不任其辞",乃至"属辞"之法的具体讨论多少已涉及了"辞法"。若举其大略,所谓"辞法"不越常、变两端。其中,"常辞"可以被视作《春秋》之中的一般书法,往往与常礼、常法、常义等相对应。而"变辞"指的是在《春秋》之一般书法的基础上出于某种特定的意志或目的而采取变通的说法。如周桂钿所指出,"无通辞"指的是《春秋》之中"没有到处都可以套用的说法"[①]。考诸二百四十二年之文,虽有"尊王攘夷""贵元重始"等《春秋》大义如长夜秉烛一般昭明暗世,然而事有从权、世有变易,一套僵化不变的说辞确实无法尽述史事之纷繁,故在"常辞"之外尚设有"变辞"。并且,"变辞"品目繁多,有随事而变者、有随时而变者、有随义而变者,等等。若根据"变辞"之所设,大体可以析分为如下四类:1. 辞随事变;2. 温辞、微辞、婉辞;3. 诡辞、诛意不诛

---

① 周桂钿:《董学探微》,第 256 页。

辞；4. 君子辞。① 需要提前说明的是：董子许多"辞法"，如"婉辞""温辞"等在《春秋繁露》之中仅一见，孤证难立，本书亦只能准以《春秋》之辞、上下之文推绎其例而已。

一 常辞

明乎上文所论董子"属辞"之法，则可以展开对具体的董子"辞"的分析。如前文业已指出：《春秋》之辞虽有种种不同，究其根本，不越常、变二端，且确立"常辞"才谈得上变例，故下文将首先就董子辞法中的"常辞"入手，继而转入对于"变辞"之分析。

《春秋繁露》中，论及"常辞"之处有三：

> 《春秋》修本末之义，达变故之应，通生死之志，遂人道之极者也。是故君杀贼讨，则善而书其诛。若莫之讨，则君不书葬，而贼不复见矣。不书葬，以为无臣子也；贼不复见，以其宜灭绝也。今赵盾弑君，四年之后，别脈复见，非《春秋》之**常辞**也。②
>
> 《春秋》之**常辞**也，不予夷狄而予中国为礼，至邲之战，偏然反之，何也？③

---

① 黄铭在其《推何演董：董仲舒〈春秋〉学研究》中对董子"辞法"亦有较为全面的归类与分析，在他看来，与"常辞"相对应的是"与情俱之辞"，并根据内外远近的角度将之分为："温辞、微辞"，"婉辞、君子辞"与"诡辞、诛意不诛辞"三类。在他看来，"孔子作《春秋》托鲁君为受命之王，以鲁为内，故而有内外之辞；对内则有微辞、温辞，对外则有婉辞。再细分对内之辞，'温辞'三世都有，而'微辞'只出现在定、哀时期。婉辞针对的是'外大恶'，即以'恕道'对待'外大恶'。'君子辞'亦是'恕道'，针对的是内外之'小过'。而'诡辞'亦兼内外，通过改变'事实'或者'人物'的方式为尊者讳，为亲者讳，为贤者讳，比一般的讳辞更加曲折，体现的感情也愈加深厚。辞有内外远近之分，相应的情也有忠恕敬畏之别，辞与情俱。"黄铭：《推何演董：董仲舒〈春秋〉学研究》，第74页。
② 【汉】董仲舒：《春秋繁露·玉杯第二》，第13页。
③ 【汉】董仲舒：《春秋繁露·竹林第三》，第15页。

◎ 发天意而正名号：公羊学语境中的董仲舒名论

《春秋》**常辞**，夷狄不得与中国为礼。至邲之战，夷狄反道，中国不得与夷狄为礼，避楚庄也。①

其中，"赵盾弑君"之事见于宣公二年，然而，在宣公六年又见赵盾率军与卫国大夫孙免一起侵略陈国。《公羊传》以为晋灵公无道，有杀赵盾之心，而赵盾又并非亲弑之贼，且"天呼！无辜"，明其无弑君之志。故赵盾的过错仅仅在于"不讨贼"而已。且赵穿弑君之时赵盾并不在场，其罪又可稍加宽赦。然而，在董仲舒看来，赵穿弑灵公终究是出于保护赵盾的目的，故赵盾虽未亲弑，但未行讨贼之臣子义务而使赵穿谊诛，亦不能免于有罪之嫌。且赵盾本为贤臣，"加弑"于盾以张大其罪，是为了使人"湛思反道"，即强调君臣之大伦不可有纤芥之失。而"别嫌复见"则是为了与真正的亲弑之罪稍加区别，当然，这并不是说赵盾不宜诛，《春秋》加弑君之罪于赵盾，恰恰是出于矫枉过正以求其直的目的。此处，董仲舒所谓"常辞"，即国君见弑，臣子当有讨贼之义，故"善书其诛"；若出于种种理由未能讨贼，则以君书卒不书葬以申明，且弑君之贼不复见于《春秋》。之所以采取这样的书法，是因为葬为生者之事，不能讨贼则臣子之义不彰，故"以为无臣子"；而君臣之义为人伦之大者，弑君之贼绝无宽宥之理，故不复见于经以其当被诛绝之故。

另外两则"常辞"所针对的均是"邲之战"，其事见于宣公二十六年。晋国大夫荀林父率军与楚庄王战于邲邑，结果楚军击败晋师。《公羊传》记载事情本末，即楚庄王率军伐郑，郑伯肉袒请罪，楚庄王不贪利土地，尊礼重信，认为郑伯既然已经服罪，请求宽赦，自当引兵而去。晋师本为救郑之故，却姗姗来迟，甚至要战于楚，楚庄王不惧晋国之强，坦然应战，最终大败晋师。楚庄王薄于利而重于信，既不恃强凌弱，亦不畏强御，诚可谓知礼。不过，

---

① 【汉】董仲舒：《春秋繁露·观德第三十三》，第 56—57 页。

第六章 名号学说视域下的董子辞

《春秋》特重夷夏之防，其"常辞"应当"不予夷狄，而与中国为礼"，何故在"邲之战"中却褒楚而贬晋？究其缘由，在于楚庄王知礼而贤，晋师失礼而罪，一消一长之间，夷与夏的分界悄然松动，可知夷夏之别并不在于地域，而是文明教化，知礼与否。①

《精华》篇中存在着与"常辞"相近的表述，即"正辞"："《春秋》之法，未逾年之君称子，盖人心之正也。至里克杀奚齐，避此正辞而称君之子，何也？"② 其中，"未逾年之君称子"是"正辞"。然而，在僖公九年晋国大夫里克弑奚齐的书法中用的却是"君之子"的"变辞"。若按《公羊传·庄公三十二年》之书例："君存称世子，君薨称子某，既葬称子，逾年称公。"③ 故僖公九年，奚齐之见弑而称"君之子"，《公羊传》以为是"杀未逾年君之号"，也就是不在"正辞"之列。董仲舒不仅认为"君之子"为变其名号以说明奚齐为未逾年之君，同样也有突出强调奚齐作为国君之子，富贵自足，本不必贪得国君之位，以至于为里克所杀。在这里，从"子"到"君之子"的称谓变化，即将奚齐之身份系之于先君，突出其参与夺嫡之争的无谓，乃至最终申生、奚齐与卓子三君皆死之伤痛。

经由上述事例之分析，可以发现：所谓"常辞"即由人心、道义与礼制背书的一般书法。④ 一方面，"常辞"本身就是由固定的辞法所表达的《春秋》大义；另一方面，通过预设"常辞"便可

---

① 如余治平所指出："夷夏之间虽然有辨，但亦有变。礼乐之荡然无存，诸夏也会沦为新夷狄。这便足以颠覆《春秋》一书'不予夷狄，而予中国为礼'之常辞书法。"余治平：《董子春秋义法辞考论》，第294页。
② 【汉】董仲舒：《春秋繁露·精华第五》，第23—24页。
③ 【汉】何休解诂，【唐】徐彦疏：《春秋公羊传注疏·庄公闵公第九》，刁小龙整理，第245—247页。
④ 如黄铭所指出："'常辞'所体现的是'应当'之价值体系，而且董仲舒认为这套价值体系，是'人心之正'。"黄铭：《推何演董：董仲舒〈春秋〉学研究》，第48页。

◎ 发天意而正名号：公羊学语境中的董仲舒名论

以用"属辞"之法推求"变例"或"变辞"。与权变之义势必"归之以奉钜经"相同，"变辞"也并非"常辞"之对立面，而是一种以绕道、迂回为手段，进入对"常辞"所寓之大经、大法的深入剖析的方法。如赵盾之"别麊复见"，终究归于确立君臣大伦；在"邲之战"的予夷狄为礼，以阐明夷夏之辨在文明礼义而非地理区隔。而"君之子"的书法则旨在发明即位不正，以至于夺嫡之祸深重伤痛之意。由"常"而"变"，对于《春秋》大义的揭橥实则走向了深入，而其根本仍在于"常辞"及其所蕴含之大经、大法。《楚庄王》篇曰："观其是非可以得其正法。"① 苏舆《义证》注曰："法曰正法，辞曰正辞，凡以审视是非于天下。"② 正是此意。

虽然"常辞"二字在《繁露》之中仅三见，算上"正辞"，亦仅有四处而已。然而，若以之准董仲舒解经之文，则可以发现"常辞"远不止这些。如段熙仲所谓"恶战伐之辞"亦可归于常辞之列。宽泛地看，会盟、战伐之事皆有"常辞"。如《竹林》篇："会同之事，大者主小；战伐之事，后者主先。苟不恶，何为使起之者居下。"③ 即确立了《春秋》书会盟、战伐之事排序的一般书例。如果将考察的视域扩大到《繁露》之中的解经之文，则又可以发现，凡称"《春秋》之法""《春秋》之道""《春秋》之义"者，虽以彰明《春秋》道义为要，但其皆有某种特定之辞法为表现形式。兹举数例以作说明，详见表6-1：

---

① 【汉】董仲舒：《春秋繁露·楚庄王第一》，第10页。
② 【清】苏舆：《春秋繁露义证·楚庄王第一》，钟哲点校，第12页。
③ 苏舆《义证》举其成例，曰："庄二十八年：'齐人伐卫，卫人及齐人战，卫人败绩。'以卫主齐。文十二年，秦伐晋，而书'晋人秦人战于河曲'。以晋主秦，并其例矣。庄二十八年《传》云：'《春秋》伐者为客，伐者为主，故使卫主之也。'……僖十八年：'宋师及齐师战于甗。'《传》：'《春秋》伐者为客，伐者为主，曷为不使齐主之？与襄公之征齐也。'然则恶之则使后者居先，与之则使先者居先，《春秋》之例也，董盖申《传》义。"【清】苏舆：《春秋繁露义证·竹林第三》，钟哲点校，第46页。

第六章 名号学说视域下的董子辞

表6-1　　　　　　　　《春秋》义法与常辞对应举隅表

《春秋繁露》之文	义、法	常辞
《王道》："《春秋》之义，臣不讨贼，非臣也。子不复仇，非子也。"	臣子之义	《玉杯》："君杀贼讨，则善而书其诛。若莫之讨，则君不书葬，而贼不复见矣。"
《郊祭》："《春秋》之义，国有大丧者，止宗庙之祭，而不止郊祭，不敢以父母之丧，废事天地之礼也。"	重郊、重天	常事不书，郊祭非礼则一一书之
《玉英》："《春秋》之法，大夫不得用地。"	重地，大夫不自专	以某来奔，以某入于某、据某以叛，"以"辞①
《玉英》："《春秋》之法，君立不宜立，不书，大夫立则书。书之者，弗予大夫之得立不宜立者也。不书，予君之得立之也。君之立不宜立者，非也。"	居正	常事不书，书之则必有嫌疑②
《二端》："《春秋》之道，以元之深正天之端，以天之端正王之政，以王之政正诸侯之即位，以诸侯之即位正竟内之治，五者俱正而化大行。"	正五始	元年，春，王正月，公即位
《王道》："诸侯来朝得褒，内出言'如'，诸侯来曰'朝'，大夫来曰'聘'，王道之意也。"	王道、王鲁	如、朝、聘之书法

注：①如庄公三年，"纪季以酅入于齐"；昭公五年，"莒牟夷以牟娄及防兹来奔"；昭公三十一年，"黑弓以滥来奔"；定公十三年，"晋赵鞅入于晋阳，以叛"等。"以"字虽为虚词，仅仅表达使用某种途径、方法，或凭借之意，而《春秋》录大夫之以邑叛者，强调的是所用，或所凭借者，即国君所封赏之地，既以去国，则当归还国君之封赏，而不能自专携邑叛逃。

②如隐公四年，"卫人立晋"；昭公二十三年，"尹氏立王子朝"。皆可被视作大夫立君之例。苏舆《义证》引庄存与曰："《春秋》非记事之史，不书多于书，以所不书知所书，以所书知所不书。治乱必表其微，所谓礼禁未然之前也。凡所书者，有所表也。是故《春秋》之中无空文。""不书"与"书"之对比，可以发现，"不书"在一定意义上意味着"辞"之常者，而书之则必有迂曲。【清】苏舆：《春秋繁露义证·玉英第四》，钟哲点校，第79页。

· 347 ·

◎ 发天意而正名号：公羊学语境中的董仲舒名论

从上表所举数例来看，《春秋》之中的"常辞"大体上可以归为两类。一类是配合某项义理的固定书法，如"元年，春，王正月，公即位"，以表明"五始"皆备，而有些元年或无"王正月"，或无"公即位"，原则上皆有特殊之处有待辨明；如、朝、聘亦是《春秋》之中的"常辞"，如董仲舒所谓"王道之意"，而何休则就此申发"王鲁"之意，皆可归于此类。① 另一类则较为特殊，即所谓"常事不书"，不过，"不书"就意味着不见于经，虽然可归于"常辞"之列，不过其形态上却是空白、阙如。考诸《春秋》之文，"常事不书"并非孔子无意之留白，而可以视作一种"已书写"的留白，同样关联着事与义。② 《公羊传》有"常事不书"的说法，董仲舒也显然有"常事不书"的观念，但并未将之提揭出来。然而这样一种"无辞之辞"，就其本质而言可以归于"常辞"之列，因为原则

---

① 在《三代改制质文》篇中，确有"王鲁"的表述，然而其是否为董子之作本即存疑，且《三代改制质文》篇中，"王鲁"仅关乎礼制，却无关于某项特定的《春秋》辞法。及至何休才将"王鲁"与《春秋》之辞相关联。《春秋·隐公十一年》记载："十有一年，春，滕侯、薛侯来朝。"《公羊传》："其言朝何？诸侯来曰朝，大夫来曰聘。"何休《解诂》即指出："传言来者，解内外也。《春秋》王鲁，王者无朝诸侯之义，故内适外言如，外适内言朝聘，所以别外尊内也。"其中，"朝"与"聘"区别的是外诸侯与外大夫，而"朝"与"如"区别的则是鲁公与外诸侯，《春秋》以鲁为我，我之与人在措辞上有所区别，本亦可归于史家之笔法，何休则以为"王者无朝诸侯之义"，故不书鲁朝外诸侯，即可归于"王鲁"之义，故"朝""聘"与"如"之用法，亦可归于《春秋》之"常辞"。与"王鲁"一义相关的还有另一则"常辞"书法，即"内不言战，言战乃败"。【汉】何休注，【唐】徐彦疏：《春秋公羊传注疏·桓公第五》，刁小龙整理，第171页。

② 李纪祥从"书写学"的角度关注到孔子的"空白叙述"，通过区分"不书"与"阙文"，认为"不书"是一种"已书写"，不过，《春秋》经文中并无"不书"一词，而是"三传包括注家通过成立一个'不书'的词语，来揭示这个书写学上称之为属于孔子书法的'空白叙述'"。与"有形之文"一样，"无形之文"的"空白叙述"同样包含事与义。参见李纪祥：《孔夫子的书写：〈春秋〉中的"阙"与"不书"》，第一届世界汉学中的〈春秋学〉学术研讨会会议论文，2004年，http://fguir.fgu.edu.tw:8080/handle/039871000/3706。

第六章　名号学说视域下的董子辞

上某些合乎礼制规定、属常事之列的事见之于经，本即意味着事有蹊跷，亟待辨明，"常事"之"不书"与偏离常道而"书"，也就是"常辞"与"变辞"的关系。不过，值得注意的是：并不是所有"不书"之例皆可被视为"常（辞）"，如《玉英》篇："桓之志无王，故不书王……不书王者，以言其背天子。"①鲁桓公弑君而立，目无王法，其"不书王"，有张大其恶之意，"不书"反而成了"变辞"；又《玉英》篇针对"宋督弑其君与夷"和"臧孙许与晋郤克同时而聘乎齐"两件事的可怪之处加以分析，认为："不书聘乎齐，避所羞也。不书庄公冯杀，避所善也"②，皆可被视作"变辞"。总之，"不书"作为"常辞"限于"常事"之例。理论上来说，若从《春秋》诠释之事、辞、义三个环节入手，只要表义、述事，皆有与之相应的辞，而作为《春秋》之大义，则应当皆有与之相应的"正辞"或"常辞"，不过落实于《春秋》的具体考察中，则未必能够做到如此严丝合缝。而"常事不书"之例更可用以圆后世传注、解经者的说辞。落实到董仲舒那里，虽常有"《春秋》之法"或"《春秋》之义"的表述，但真正能提炼出与之对应的辞法也相对有限。③不过上文的探究至少阐明了：董仲舒的"常辞"书法，绝不局限于《春秋繁露》中"常辞"与"正辞"的四则事例。

经由上文对"常辞"之例的相关讨论，旨在说明：所谓"常辞"即《春秋》之中的一般书法。且"常辞"并不仅仅包括《繁露》之中论及"常辞"与"正辞"的四则事例，段熙仲所谓"恶

---

① 【汉】董仲舒：《春秋繁露·玉英第四》，第20页。
② 【汉】董仲舒：《春秋繁露·玉英第四》，第20页。
③ 杨济襄在《董仲舒春秋义法思想研究》一书中总结董仲舒所发凡之"春秋学义法"百余条。其中不乏对《春秋》的整体把握，"变辞"之属亦不少，故可归于"常辞"之列的相对有限。究其缘由，或许在于《春秋》有"常事不书"之例。参见杨济襄《董仲舒春秋义法思想研究》（下），新北：花木兰文化出版社，2011年，第557—575页。

◎ 发天意而正名号：公羊学语境中的董仲舒名论

战伐之辞"亦可归于"常辞"之列。如若准之以《春秋》之义法，则董仲舒所谓"常辞"之范围又可进一步扩大，既包括表达某些《春秋》大义的辞法，也包括贯穿《春秋》始终的"常事不书"这一特殊的"常辞"。若进一步抽绎"常辞"的特点，则："常辞"是由史实、道义、礼制与人心背书的《春秋》书法，往往表达的是《春秋》之中简洁、直白，无须过多揣摩体味的"大义"，故"常辞"的一个重要作用在于确立《春秋》之常法、大义与正经，以为"变辞"寻求一个基准与根据。下文即由"常"而"变"，进入对"变辞"的讨论。

二 辞随事变

如《楚庄王》篇所指出，《春秋》对于远近、亲疏、贵贱、轻重、厚薄、善恶皆有分殊，以此耦合之形式即可窥见《春秋》之中的圣人志意。就此来看，远近、亲疏、贵贱、轻重之属作为某种相对确定的价值观念，理应有固定的辞法与之相应。事实上亦是如此，在段熙仲所总结的 22 种辞法中，内外、贵贱之辞即属此类。内外之辞中，史事上的或归于内，或起于外可以被视作"常辞"，如苏舆《义证》所举之例："如夷伯之庙，内事也，待雷而后震，则先书震以起外词。宋之有蜚，内事也，待雨而后坠，则先书雨以起外词。皆其例。"[1] 其中固然有隐微深刻的义涵。[2] 然而，就《深察名号》篇中所谓"内外"言性而论，则其本质是以内外为内外，并无特殊之处。落实到《春秋》的事例中，强调内外之嫌则又意味

---

[1] 【清】苏舆：《春秋繁露义证·深察名号第三十五》，钟哲点校，第 295 页。

[2] 余治平将段熙仲所谓"内外之辞"解读为"内事起外辞"，遵从苏舆征引"震夷伯之庙"的理路，分析其中的微言大义。具体而言，则有如下三个层面：第一，"震夷伯之庙"实际上是天戒之、天毁之；第二，鲁祸之不可避；第三，夷伯为展氏祖先，预示要警惕陪臣。参见余治平《董子春秋义法辞考论》，第 350—351 页。

第六章　名号学说视域下的董子辞

着对某种常义的背反。如段熙仲《讲疏》所举之例,《春秋·桓公十三年》:"十有三年春,二月,公会纪侯、郑伯。己巳,及齐侯、宋公、卫侯、燕人战,齐师、宋师、卫师、燕师败绩。"《公羊传》:"曷为后日?恃外也。其恃外奈何?得纪侯、郑伯,然后能为日也。内不言战,此其言战何?从外也。曷为从外?恃外故从外也。"①《春秋》"王鲁",故"内不言战,言战乃败",则此处确实可归于"变辞"之例。其中,"内不言战"是常例,与之相应的书法则是"常辞"。因为此次交战中,鲁国是仗着纪、郑两国的势力才能与齐、宋、卫、燕之联军一战,且最终鲁国并未战败。违背了"言战乃败"的"常辞",而是恃外而战的变例。此处之所以采取"变辞"虽然有讥刺鲁国恃外的用意,但其根本仍然在于事情本身的变化。

同样,"贵"与"贱"在《春秋》之中也有一套相应的规定,如诸侯生不称名,称名则有贱之、贬绝之意;称"人"而贱,称"子"而贵等,虽然未必具备"常辞"那样的一般性,但皆有一定之则在其中。不过,在司马子反擅君命而与宋平的事例中,子反"见人相食,惊人相爨",虽然忘礼义,失让道,却本于人情而能归于仁道,董仲舒以之为"贵乎贵"者。对于"贱乎贱"者,董仲舒并无论述。不过《春秋·哀公四年》记载"盗弑蔡侯申"一事,《公羊传》以为:"弑君,贱者穷诸人,辞其称盗以弑何?贱乎贱者也。贱乎贱者孰谓?谓罪人也。"② 应当可以被视作董仲舒所谓"贱乎贱"者的出处。弑君之大夫称名氏,贱者则称人,然而若是盗贼、刑人弑君,则又再降一等,称"盗"。可以推知"贱乎贱"与"贵乎贵"的"尤贵尤贱之辞"应当归于张大、强调之"变

---

① 【汉】何休解诂,【唐】徐彦疏:《春秋公羊传注疏·桓公第五》,刁小龙整理,第180—181页。

② 【汉】何休解诂,【唐】徐彦疏:《春秋公羊传注疏·哀公第二十七》,刁小龙整理,第1156—1157页。

◎ 发天意而正名号：公羊学语境中的董仲舒名论

辞"。且其所谓"变"，亦以事实本身为据。可见《春秋》之书法中，"内外""贵贱"之辞有双重性，既有据彼时之史事、礼制而使用的"常辞"，也存在着针对特定情况的变例，而其之所以"变"的依据，在于事的变化。

三 温辞、微辞、婉辞

温辞、微辞与婉辞，就其本质而言皆为避讳之辞，故可以归于一类。不过三者之间仍然有细微的差别有待辨明，下文即作一简要分析。

温辞在董仲舒的表述中仅出现一次，且不见于《公羊传》。《春秋繁露·楚庄王》篇曰：

> 《春秋》，义之大者也。得一端而博达之，观其是非可以得其正法。视其温辞，可以知其塞怨。是故于外道而不显，于内讳而不隐。于尊亦然，于贤亦然。此其别内外、差贤不肖而等尊卑也。义不讪上，智不危身。故远者以义讳，近者以智畏。畏与义兼，则世逾近而言逾谨矣。①

《春秋》之辞广博深邃，能够范围天下万物。而透过"温辞"可以窥见圣人于《春秋》文辞中积藏的幽怨之情。这里首先有必要回答何谓"温辞"。俞樾认为："温，当读为蕴，古字通。蕴辞，谓蕴蓄之词，即上所谓'微其词'者。"② 苏舆则认为："温辞，自合，不必改字。"③ 无论是"温辞"还是"蕴辞"，其本质并无移易，即指潜藏深意于其中的温婉曲折之辞。其次，"温辞"之指涉范围十分宽泛。"于外，道而不显，于内，讳而不隐"，也就是说：对于

---

① 【汉】董仲舒：《春秋繁露·楚庄王第一》，第10页。
② 【清】俞樾：《诸子平议》卷二十五，第507页。
③ 【清】苏舆：《春秋繁露义证·楚庄王第一》，钟哲点校，第12页。

鲁国以外的事叙述清楚但不讲得过于显露、直白，对于鲁国内部的事则采取避讳的说辞但不隐没事实。换言之，"温辞"范围了对内与对外之辞。而"于尊亦然，于贤亦然"，若参之以《公羊传》所谓"为尊者讳，为贤者讳，为亲者讳"之书例，则可以推知："温辞"所针对的对象往往是亲者、尊者、贤者，而其本质即避讳之辞。因为处于亲者、尊者、贤者之不忍或不可直陈讥贬，故只能采取委婉曲折的说法，以全亲者、尊者与贤者之颜面。而"远者以义讳，近者以智畏"，则从时间维度定义了"温辞"之范围，即包含了远与近，且对于远者采取讳辞即可，对于近者则更要花费一番心思，既要将自己的态度表达清楚、明白，还要明哲保身。这既是出于为人臣子的道义要求，也是不危害自己身家性命的现实考量，正所谓"义不讪上，智不危身"是也。① 综合以上几个方面，可以推知："温辞"就其本质而言就是避讳之辞，且在范围上包含了内外与远近。可惜的是，董仲舒并未给出"温辞"的具体事例，不过从上面的表述中，只能缘木求鱼，尝试推绎究竟哪些辞法可以归于"温辞"。

首先，"于外，道而不显"。苏舆《义证》认为："大恶书而抑多婉辞。"② 可知在苏舆看来，这里"温辞"即等同于"婉辞"，针对的是"外大恶"之事。《春秋》之"指"虽有数千，然而归根到底在于惩恶扬善，并非授人以篡弑、犯禁之法，故在书记大恶之事时应当考虑留存百世之文辞所能造成的影响，故采取"婉辞"——也就是以委婉曲折的书法——以免成为乱臣贼子的造反教科书。然而"婉辞"的书法在《繁露》之中亦只有一见。针对的

---

① 苏舆《义证》引《汉书·艺文志》："《春秋》有所褒讳贬损，不可书见，口授弟子。"又云："《春秋》所褒损大人，当世有威权势力，其事实皆形于传。是以隐其书而不宣，所以免时难也。"【清】苏舆：《春秋繁露义证·楚庄王第一》，钟哲点校，第13页。

② 【清】苏舆：《春秋繁露义证·楚庄王第一》，钟哲点校，第12页。

◎ 发天意而正名号：公羊学语境中的董仲舒名论

是昭公十二年"晋伐鲜虞"一事。晋为诸夏大国，携伯主之余烈，《春秋》何以直称"晋"而等同于夷狄？《楚庄王》篇中对于这一问题的分析颇可玩味：首先，董仲舒设身处地，假鲜虞人之口答之："今我君臣同姓适女，女无良心，礼以不答。有恐畏我，何其不夷狄也。"① 也就是说，晋与鲜虞本为同姓，鲜虞小国，以谦谨事晋，不料晋国却以大国之强威吓于我小国，这样暴虐的国家，怎能不等同于夷狄？然而，话锋一转，对于"晋伐鲜虞"一事的分析又转向对鲁晋关系之剖析上："公子庆父之乱，鲁危殆亡，而齐侯安之。于彼无亲，尚来扰我，如何与同姓而残贼遇我……今晋不以同姓忧我，而强大厌我，我心望焉。故言之不好。谓之晋而已，婉辞也。"② 苏舆认为："卫伐凡伯，晋败王师，直书为戎。辞第去爵号。以彼例此，犹是婉辞。《春秋》严于乱臣贼子之防，纤芥必贬。至于事关君父，则辞多隐讳。对于邻敌，亦义取包容。原贤者之心，避难言之隐，皆不失忠厚之旨。"③ 在苏舆看来，"卫伐凡伯，晋败王师"两件事，《春秋》不书卫、晋而直称为"戎"，也就是将其直接归于夷狄之名号、序列，而在"晋伐鲜虞"一事上，《春秋》却只是称国名（晋）以贬，比之于称"戎"算得上是委婉一些。且因为晋国为邻近之敌国，采取"婉辞"、用包容的态度以避免给自己招致战祸。然而，苏舆之说有待商榷。④ 一方面认为晋灭同姓实属大恶，《春秋》对于乱臣贼子之事，虽纤芥亦必贬之。另一方面，又认为站在晋国之邻国的立场上要"包容"这种恶，难免自相抵牾。若依苏舆之言，则孔子笔削《春秋》何以能够"贬天子，退诸侯，讨大夫"，又何以能"畏大人"？倒不如说是成了

---

① 【汉】董仲舒：《春秋繁露·楚庄王第一》，第9页。
② 【汉】董仲舒：《春秋繁露·楚庄王第一》，第9页。
③ 【清】苏舆：《春秋繁露义证·楚庄王第一》，钟哲点校，第7页。
④ 对于苏舆之说的辩正，可以参见黄铭《推何演董：董仲舒〈春秋〉学研究》，第85—87页。

第六章　名号学说视域下的董子辞

"畏于大人"的贪生畏死之流了。可知此处所谓"婉辞"既非包容之意，亦不可援"以仁安人，以义正我"之义，或儒家所谓"恕道"解之。

那么，究竟该如何理解"婉辞"呢？细绎董仲舒对"晋伐鲜虞"之事的分析，始终站在第一人称的视角，先假鲜虞人之口，斥责晋国无人心；继而转到鲁国的立场，认为齐国非我同姓尚能救我于水火，相邻之晋国，且为同姓，却见死不救。不仅不救，还时不时骚扰我，仗势欺凌于我。可知其论述的重点始终在我、在鲁，而非鲜虞。如所周知，《春秋》为鲁史，以鲁为我。结合上下文推测：董仲舒在这里似乎是假借晋国失道于鲜虞之事，来指责晋国失道于鲁。如若采取这一读解，则所谓"婉辞"就不是比之于前事为轻，且考虑到晋国为邻敌的宽赦之辞，而是委婉曲折、指桑骂槐、缘此讥彼的绕道之辞。

回到董仲舒论"辞"之核心，即"属辞比事"或"翻援比类"，或许可以大胆断言上述对"婉辞"的解读并非只是本书的臆说。《公羊传·隐公十年》有"内大恶讳"之说，并且认为："《春秋》录内而略外，于外大恶书，小恶不书，于内大恶讳，小恶书。"[①] 这里就留下了一个问题，那就是如何把握"内大恶"。鲁国为诸侯，晋国亦为诸侯，晋有灭同姓之恶而鲁国亦然。庄公八年，"夏，师及齐师围成，成降于齐师"[②]。《公羊传》即认为"成"就是"盛"，是与鲁公同姓的小国。故变"盛"为"成"以为内大恶讳。且鲁齐联军灭盛，却只说盛国向齐师投降，似乎与鲁国无半点关系。好比齐、鲁联合灭盛既是出于齐国的意愿，最后盛国也归附了齐国，以为鲁国避讳开罪。段熙仲认为："《春

---

① 【汉】何休解诂，【唐】徐彦疏：《春秋公羊传注疏·隐公第三》，刁小龙整理，第108页。
② 【汉】何休解诂，【唐】徐彦疏：《春秋公羊传注疏·庄公第七》，刁小龙整理，第247页。

· 355 ·

◎ 发天意而正名号：公羊学语境中的董仲舒名论

秋》讥鲁之失礼也多矣，皆其犹可言者也，其不可言者则托之于齐。"① 不独齐如此，凡外国之大恶，皆当使鲁君生怵惕恐惧之心，以达防微杜渐之效。而读者读《春秋》，则当比贯连类，内外参详。

其次，"于内，讳而不隐"。苏舆《义证》则将之等同于"微辞"，并罗列大量事例："微其辞而已，不隐其事。是故君道失则不书即位，不书玉，不书正。夫人之道失则书夫人姜氏，书妇姜，书孟子。大事曰大雩，大阅曰大蒐。曰考宫，曰献羽，曰立宫，曰毁泉台，所以正其失礼。曰初税亩，曰作丘甲，曰用田赋，曰作三军，曰舍中军，所以箴其失政。曰筑郿，曰新延厩，曰新作南门，病民则书之。曰大水，曰螟，曰蠡，曰震电，曰雨雹，慢时则书之。不以尊亲之故，而概宽责备也。"② 苏舆所举事例，涵盖人伦、礼法、制度、民生、灾异等各个方面。尤为需要注意的是：《春秋》对于上述事例的记述，或为直陈其事，或稍有变文，但其背后均隐含了隐微的志意。换言之，是其所寓的圣人志意决定了记录上述事例的文辞可以归于"微辞"之属，其特点在于以隐晦的文辞记录事件，但也将其所蕴含的恶揭露了出来，即所谓"讳而不隐"。换言之，"微辞"之为"微辞"，既意味着"辞"之"微"，也包含了"旨"之"微"。

然而，就苏舆所引例证来看，"微辞"似乎涵盖三世，其特点是内辞，即仅针对内事而为言。那么，又要如何区分"微辞"与"温辞"呢？一种观点认为：根据董仲舒将十二世分为三等且"于所见微其辞"与"定、哀之所以微其辞"的说法，主张从时间维度区分"温辞"与"微辞"，即温辞不局限于三世，而"微辞"则

---

① 段熙仲：《礼经十论》，《文史》（第一辑），北京：中华书局，1962 年，第 30 页。
② 【清】苏舆：《春秋繁露义证·楚庄王第一》，钟哲点校，第 12 页。

第六章　名号学说视域下的董子辞

局限于所见世。① 不过，似乎也有将"微辞"作扩大理解的可能。其理由在于：无论是"于所见微其辞"还是"定哀之所以微其辞"只表达了在所见世或定哀之际可见，或多见微辞，并非说只在定哀之际或所见世有微辞，而隐公至襄公之世则不存在"微辞"。孔子在笔削《春秋》之时，即便面对的是鲁国的远祖、先君，亦断无任意臧否之理，若欲讥贬先君似乎也要适当克制、寓于隐微。并且，如果说"义不讪上，智不危身"是作"微辞"的出发点，那么，在"所见世"使用"微辞"显然是"义不讪上"的道义要求与"智不危身"的生存需求两相作用的结果，而"所传闻世"与"所闻世"则更多的是出于"义不讪上"的道义要求，故采取"微辞"中隐微、委婉的特点不那么明显的避讳之辞即可。如隐公五年，"公观鱼于棠"，就其实质而言，即为隐公避讳贪利张鱼之事，如若没有圣人隐微之志于其中，何故不言"公张鱼于棠"呢？这里，之所以仅仅书"观鱼"，自是为隐公讳，但其中仍有"微"处，读者若不识其事，只知隐公千里迢迢去观鱼而已，只是其隐微的特质不如"所见世"那么突出罢了。而到了所见世，如昭公欲驱逐季氏，却书"又雩"。读者若非亲见，或得口耳之传于先师，则茫然无所知何以一年要再雩。可见，"世愈近而辞愈谨"，其为"微辞"并无二致，但其"微"的程度，与"微"的缘由则随时而移。如逐季氏而言"又雩"的事例中，若孔子秉笔直书，则不免给自己招致杀身之祸，是为"智不危身"。

总结上述三种辞法，本书认为：温辞、婉辞与微辞，就其本质而言，皆是避讳之辞。三者的区别在于温辞涵盖了婉辞与微辞，于外即"婉辞"，于内则是"微辞"。尤为值得注意的是：对于这一类辞法的把握与分析不能拘泥于形式，即外在的"辞"。考诸上文

---

① 黄铭主张"温辞"不等同于"微辞"，其理由在于："一为'微辞'仅适用于'所见世'，一为'微辞'有'智不危身'的考虑。"黄铭：《推何演董：董仲舒〈春秋〉学研究》，第77页。

◎ 发天意而正名号：公羊学语境中的董仲舒名论

所引诸例，其中虽不乏变文以见义之处，但也有不少"微辞"就其形式而言仅仅是直陈其事，故在《春秋》之中找不到与之相对应的"常"。但这并非说这个作为基准的"常"不存在，而是要准之以常事、常礼与常理。如"作三军""舍中军""初税亩"等事，应当考察彼时之历史情境与制度才能知悉其所"微"者。也就是说，"微辞"之"微"既在于"辞"，但更为重要与关键的在于"旨"，即经由与"常"的对照透入圣人的"微旨"。

四　诡辞、诛意不诛辞

"诡辞"与"诛意不诛辞"就其本质来看仍然是避讳之辞，不过比之于微、婉之辞，在形式上要来得更为复杂，且其之所以讳的志意也要来得更为幽怨而深沉。故将这两个辞法归并在一起讨论。

《春秋繁露》中"诡辞"的说法同样只出现在一处：

> 《春秋》之书事时，诡其实以有避也。其书人时，易其名以有讳也。故诡晋文得志之实，以代讳避致王也。诡莒子号谓之人，避隐公也。易庆父之名谓之仲孙，变盛谓之成，讳大恶也。然则说《春秋》者，入则诡辞，随其委曲而后得之。今纪季受命乎君而经书专，无善一名而文见贤，此皆诡辞，不可不察。《春秋》之于所贤也，固顺其志而一其辞，章其义而褒其美。今纪侯《春秋》之所贵也，是以听其入齐之志，而诡其服罪之辞也，移之纪季。故告于齐者，实庄公为之，而《春秋》诡其辞，以予臧孙辰。以入于齐者，实纪侯为之，而《春秋》诡其辞，以与纪季。所以诡之不同，其实一也。①

---

① 【汉】何休解诂，【唐】徐彦疏：《春秋公羊传注疏·玉英第四》，刁小龙整理，第21—22页。

就"诡辞"的形态来看，可以分为"诡其实"与"易其名"，即改变事实与篡改当事人的名字称谓两种方式。晋文公招致天子而诡之曰"天王狩于河阳"，纪侯遣纪季存宗庙之祀而诡之曰"纪季以酅入于齐"，庄公使臧孙辰告籴于齐，却不称"使"，皆为"诡其实"之例。而莒子与盟却诡而称"人"，鲁国之乱臣庆父而诡之以"齐仲孙"，为鲁、齐联军所灭之"盛"而诡之曰"成"，皆可被视作"易其名"之例。可见，"诡辞"之"诡"在于对史事本身的较大偏离，这与上文所论微、婉之辞在形式上有较大的差异。不过，改变事实是为了"有避"，篡改名字是为了"有讳"，可见"诡辞"也同样是为了避讳。从《玉英》篇所举的例子来看，即包括了内之尊者、亲者，如"诡莒子号谓之人""易庆父之名谓之仲孙""变盛谓之成"与"臧孙辰告籴"皆为鲁国内事，或为尊者，或为亲者，皆有避讳之义，而纪季携邑入齐、晋文招致天子皆为外事，与鲁无涉，不过纪季为贤者，晋文公为尊者。可知"诡辞"兼涉内外，基本合乎为亲者、尊者与贤者避讳的原则。

"诡辞"对于史事的偏离与其之所以要避讳的志意的幽深有着内在的关联。兹举"诡名"与"诡实"各一例。《春秋·闵公元年》："冬，齐仲孙来。"《公羊传》："齐仲孙何？公子庆父也。公子庆父，则曷为谓之齐仲孙？系之齐也。曷为系之齐。外之也。曷为外之？《春秋》为尊者讳，为亲者讳，为贤者讳。"① 然而，考诸史实则齐无仲孙，《公羊》《穀梁》皆以为是鲁国公子庆父。之所以要称其为"齐仲孙"是因为庆父淫乱后宫，接连弑世子般、闵公两位国君，最终有赖齐国协助方可安定。诚可谓"不去庆父，鲁难未已"②。《春秋》之所以采取"诡辞"，目的有三。第一，为内讳

---

① 【汉】何休解诂，【唐】徐彦疏：《春秋公羊传注疏·庄公闵公第九》，刁小龙整理，第352页。
② 【晋】杜预注，【唐】孔颖达正义：《春秋左传注疏·闵公元年至二年》，载李学勤主编《十三经注疏》（标点本），第304页。

◎ 发天意而正名号：公羊学语境中的董仲舒名论

大恶，亦为亲者讳之例。《春秋》本为鲁史，亦孔子之亲人，鲁君亦为尊者，接连见弑，数年难安，自当有为亲者、尊者避讳之义。第二，诡"庆父"之名以为"齐仲孙"以绝去其鲁国公子之身份，即不系于鲁而去其与鲁之亲亲之义，《顺命》篇云："公子庆父，罪亦不当系于国，以亲之故为之讳，而谓之齐仲孙，去其公子之亲也。故有大罪，不奉其天命者，皆弃其天伦。"① 庆父与庄公、子般乃至闵公本有亲亲之义，然而，淫乱宫闱，祸害社稷，罪孽深重，亲情恩义尽可绝之，故将之绝出鲁国。第三，祸起萧墙本为国家大忌，亦为大耻，故诡"庆父"谓之"齐仲孙"者，好像鲁国之祸肇端于外，而非内乱，以为鲁杀耻。

"纪季以酅入于齐"之事见于庄公三年，前文已有论述，此处不再详述其原委。就《公羊传》之义来看，纪季携邑出奔齐国，是为存宗庙之祀，且能服罪，故贤之。然而，若准以常事，服罪则服罪即可，何以要携邑出奔？且"服罪"之说当指服九世之祖谱言齐哀公，致使其烹于周之罪。若要服罪也当纪侯服罪才能令齐侯满意，何以要纪季来服罪呢？可知以服罪之说贤纪季于理有未合之处。董仲舒的解释另辟蹊径，纪季携酅邑投奔齐国无论从"大夫不得用地""公子无去国之义"还是"君子不避外难"三条《春秋》之义来看，都很难以纪季为贤，故董仲舒质疑："贤臣故盗地以下敌，弃君以避难乎？"② 若以纪季为贤则必不会行此乱臣贼子之事。可以推知：纪季携邑出奔并非私行，而是听命于纪侯，纪侯作为国君，出于"国君一体"之义，务必要誓死守国，派遣纪季表达服罪之意，并存续宗庙祭祀。这里名为贤纪季，实则贤纪侯，服罪的也并不是纪季，而是纪侯，所谓"诡其服罪之辞也，移之纪季"是也。③ 纪季在这件事上亦可谓良臣，既能为君受过、蒙不臣之罪，

---

① 【汉】董仲舒：《春秋繁露·顺命第七十》，第85页。
② 【汉】董仲舒：《春秋繁露·玉英第四》，第21页。
③ 【汉】董仲舒：《春秋繁露·玉英第四》，第22页。

第六章　名号学说视域下的董子辞

亦可守死善道、恪尽君命。针对纪侯，董仲舒以为《春秋》善其能服罪，且恪守为君之职分，在后一年齐国以复仇之名义来讨时便"大去"之。①《公羊传》解经虽贤纪侯能"大去"，但并未以纪侯能服罪，且存宗庙之祀。而在董仲舒的解释中，"服罪"之事与贤之之义虽看似归于纪季，实则皆当属纪侯，这是《公羊传》未曾有之意，且《左传》与《穀梁传》亦无，董仲舒却以为这是"诡其实"的书法。然而，准之以《春秋》为臣之道，则《公羊传》贤纪季之于理难安或可推之，董仲舒之说亦诚可谓得理。

结合上述两则事例，可以认为：无论是诡"庆父"之名为"齐仲孙"，还是诡"服罪"之实以托贤于纪季，"诡辞"之为"诡辞"，在作为形式的文辞上离事实较远，甚至可谓乖谬，而其所蕴含之意或深沉，或幽远，皆非以《春秋》之中的常辞、常例可轻易推知，读者若不明就里，且考诸史册之文亦无征的情况下，则茫然无所知《春秋》何以要如此书写。或许可以将由"诡辞"的书法所蕴含的志意视作"览绪屠赘"之"赘"，虽不见于《经》却与在《经》无异，这就势必要求读者有更为缜密、深入的辨明工夫。

"诛意不诛辞"的曲折之处与"诡辞"有所不同，且其所表达的义涵也相对集中而明确。《王道》篇曰："晋文再致天子，讳致言狩。桓公存邢、杞、卫，不见《春秋》，内心予之……桓公救中国，攘夷狄，卒服楚，晋文再致天子，皆止不诛，善其牧诸侯，奉

---

① 对于"大去"二字，《春秋》三传的解释存在歧义。如《公羊》以"大去"为"灭国"："大去者何？灭也。孰灭之？齐灭之。"《春秋繁露·玉英》篇也认为："率一国之众，以卫九世之主。襄公逐之不去，求之弗予，上下同心而俱死之。故谓之大去。"而《穀梁》与《左传》则认为"大去"为去而不返之意。陈立《义疏》指出："如董生所记，似纪侯死难，并未出奔，故有贤之之义。盖亦《公羊》先师所传，与何氏所习少异。善善从长，《春秋繁露》所记不可不存也。若如《左》、《穀》二家师说，以大去为不反，则国灭不能死义，宗庙社稷委之于季，置身事外，《春秋》应罪之不暇，何为贤之？"【清】陈立：《公羊义疏·庄三年尽四年》，刘尚慈点校，第678页。

◎ 发天意而正名号：公羊学语境中的董仲舒名论

献天子而服周室，《春秋》予之为伯，诛意不诛辞之谓也。"① 齐桓、晋文能尊王攘夷，九合诸侯，然而其行事不能无嫌，如桓公之专封、专灭，晋文之专致，皆可被视作不尊天子的篡逆之举。然而，《春秋》仅仅记录了齐国"次于聂北，救邢"，却不书邢国已为狄所灭，书"城楚丘""城缘陵"，却不书其为卫、杞而城，晋文招致天子，而诡其辞为"天王狩于河阳"，凡此种种，皆记录实情，或只记录部分实情，以为齐桓、晋文避讳。这就是《春秋》"诛意不诛辞"的辞法，针对的是既有功于天下，又不免于篡乱之嫌的伯主。苏舆认为："防其逼上之渐，故诛意。录其尊主之功，故不诛辞。予伯者，《春秋》不得已之苦衷也。后世有功王室之臣，或遂终于篡窃，知《春秋》虑患深矣。"② 在这一"诛意"与"不诛辞"的形式上的矛盾中，董仲舒以为其所蕴含的志意十分幽深。一方面，"不诛辞"肯定了齐桓、晋文有"尊王"之义。且事实上周室空虚，若非伯主带头尊王，则王室旦夕可亡，可知表面上的道义背后亦潜藏着迫于现实的无奈。另一方面，"诛意"则意味着防微杜渐，以避免专权之诸侯终成篡逆之事。《春秋》为万世立法，要有震慑乱臣贼子之功效，故诛其意以绝权臣篡弑之念。

与"诛意不诛辞"十分类似的是何休"诛意不诛事"的说法。定公十三年《春秋》经记载："晋赵鞅归于晋。"《公羊传》曰："此叛也，其言归何？以地正国也。其以地正国奈何？晋赵鞅取晋阳之甲以逐荀寅与士吉射。荀寅与士吉射者，曷为者也？君侧之恶人也。此逐君侧之恶人，曷为以叛言之？无君命也。"根据同年秋季"赵鞅入于晋阳以叛"的记载，可知其在没有君命的情况下私自取晋阳之甲兵，有据邑叛国的嫌疑。但此处的经文书"归"似乎又有宽宥赵鞅之罪的意思。究其缘由，在于赵鞅取晋

---

① 【汉】董仲舒：《春秋繁露·王道第六》，第27页。
② 【清】苏舆：《春秋繁露义证·王道第六》，钟哲点校，第114页。

· 362 ·

阳之甲并非为了叛国，而是为了"清君侧"，即诛讨荀寅与士吉射。何休《解诂》曰："无君命者，操兵向国，故初谓之叛，后知其意欲逐君侧之恶人，故录其释兵，书归赦之，君子诛意不诛事。"① 其中，"诛意"针对的是赵鞅无君命而行又擅自兴兵，以杜绝篡弑之端，"不诛事"是就书"归"以赦赵鞅，肯定其有"清君侧"之功。

总结上述两种辞法："诡辞"与"诛意不诛辞"仍然是避讳之辞，不过比之于微、婉之辞在文辞上离记录史实更远，在意旨上也更深。或可谓：在"诡辞"与"诛意不诛辞"的例子中"事"与"辞"愈远，则其"义"愈深。

五 君子辞

如果说微辞、婉辞、诡辞等皆为避讳之辞，虽讳却不隐没其实，意味着对尊、亲、贤的求全责备的话，那么，"君子辞"中，孔子从笔削《春秋》的"幕后"走向了"台前"，为《春秋》以笔为刃，诛罚乱臣贼子的刻削之整体面貌增添了一些宽宥之意。就其形式而言，"君子辞"亦属变文以见义之类，且其所宽宥的对象往往是合乎礼制的"常辞"之外的变例，故亦可归于"变辞"之列。

首先，"君子辞"的说法并非董仲舒的发明。《公羊传》中以"君子辞"来解释经文者即有三处，即桓公十八年"葬我君桓公"、宣公十二年"葬陈灵公"与襄公三十年"葬蔡景公"。与之相对应的"常辞"，当为"君弑，贼不讨，不书葬，以为无臣子也"②。然而，上述三则事例，皆出于种种缘由在贼未见讨的情

---

① 【汉】何休解诂，【唐】徐彦疏：《春秋公羊传注疏·定公第二十六》，刁小龙整理，第1122页。
② 【汉】何休解诂，【唐】徐彦疏：《春秋公羊传注疏·隐公第三》，刁小龙整理，第112页。

◎ 发天意而正名号：公羊学语境中的董仲舒名论

况下书葬，如弑鲁桓公者为齐襄公，但彼时齐强鲁弱，虽有讨贼之心却无力讨①；而弑陈灵公者为夏徵舒，弑君之贼业已为楚庄王所讨，一贼不能二讨；蔡景公则为世子娶楚女，又与之私通，世子弑君自立。父乱伦，子弑君，是中国之大耻，故需得避讳，使若本无贼可讨。②

不难发现："君子辞"所针对的事例十分明确，即弑君而书葬的特殊情况，"君子辞"很好地弥合了"君弑，贼不讨，不书葬"的常例与弑君之贼未讨却书葬的变例之间的关系。而之所以要采取"君子辞"的缘由，亦十分明确：皆为弑君之贼不可、不能或不得讨。在这种情况下，强行要求臣子讨贼未免不近人情，故以"君子辞"来表达宽宥之意。不过，虽"辞"为宽宥，却并不是说篡弑之贼即可安之若素，为人臣子便可安然无事。如君子虽以"量力"之说宽宥鲁庄之不复仇，但其"念母"则不与，与齐襄狩则讥之。③ 可知弑父之仇不敢一日或忘。

董仲舒对于"君子辞"的解读与《公羊传》并不一致。《俞

---

① 何休《解诂》即指出："时齐强鲁弱，不可立得报，故君子量力，且假使书葬。于可复雠而不复，乃责之，讳与齐狩是也。"【汉】何休解诂，【唐】徐彦疏：《春秋公羊传注疏·桓公第五》，刁小龙整理，第195页。

② 何休《解诂》即指出："君子为中国讳，使若加弑。"然而，"为中国讳"并不是对于这件事情用"君子辞"的唯一的，或者优先的理由，究其根本还是在于，蔡灵公既然已为国君，则君臣名分已定，则作为臣子自然不可再行弑君讨贼之事了。这一点上，董子在《玉英》篇里讲得十分清楚："既立之，大夫奉之是也。"孔广森《春秋公羊经传通义》同样认为："恕蔡人不敢讨君之嫡嗣，又臣民之心莫不欲讳其国恶。使若般弑为疑狱者，故缘情量力不过责也。"孔广森并未抛弃何休"为中国讳"的说法，而是认为蔡国之民为内讳，且增加了"不敢讨君之嫡嗣"的含义。兼合了董、何之意。【汉】何休解诂，【唐】徐彦疏：《春秋公羊传注疏·襄公第二十一》，刁小龙整理，第899页；【汉】董仲舒：《春秋繁露·玉英第四》，第21页；【清】孔广森：《春秋公羊经传通义·襄公第九》，陆建松、邹辉杰点校，第623页。

③ "念母"之讥见于庄公元年，"公及齐人狩于郜"则见于庄公四年。参见【汉】何休解诂，【唐】徐彦疏《春秋公羊传注疏·庄公第六》，刁小龙整理，第205、225页。

第六章　名号学说视域下的董子辞 ◎

序》篇曰：

> 上奢侈，刑又急，皆不内恕，求备于人，故次以《春秋》缘人情，赦小过，而《传》明之曰："君子辞也。"孔子明得失，见成败，疾时世之不仁，失王道之体，故缘人情，赦小过，《传》又明之曰："君子辞也。"①

在董仲舒的使用中，"君子辞"所欲对治的问题是在位者穷奢极欲，滥用刑罚，不知推己及人的道理，反而对他者求全责备。故孔子笔削《春秋》，体察人情，宽赦小的过错，这就是"君子辞"。言至于此，或许可以发现：董仲舒虽然非常明确地说"《传》明之曰：'君子辞。'"即董仲舒确实以《公羊传》文中所涉三则"君子辞"的事例为基础加以阐发，但董仲舒所谓"君子辞"，并不等同于《公羊传》的"君子辞"，至少两者在义理上有所嫌隙。事实上，《春秋繁露》之中"君子辞"的表述亦仅此一见，且并未举出具体的事例。且《俞序》作为"序"，其撰作之旨当为概括《春秋》之意，故其以"仲尼之作《春秋》"起笔。落实到"君子辞"的问题上，在其语境中说得更像是恶有大小、义有轻重，故辞有先后。这里所谓的"缘人情"，结合上下文之"上奢侈，刑又急"，"世之不仁，失王道之体"云云，当指世风、人情。而"赦小过"则更接近于"于外大恶书，小恶不书；于内大恶讳，小恶书"②中的"小恶"，这岂不正是以《春秋》之文辞为"赦小过"吗？且下文曰："故其所善，则桓文行之而遂，其所恶，则乱国行之终以败，故始言大恶杀君亡国，终言赦小过，是亦始于麤粗，终于精微，教化流行，德泽大洽，天下之人，人有士君子之行而少过矣，亦讥二名之

---

① 【汉】董仲舒：《春秋繁露·俞序第十七》，第36页。
② 【汉】何休解诂，【唐】徐彦疏：《春秋公羊传注疏·隐公第三》，刁小龙整理，第108页。

· 365 ·

◎ 发天意而正名号：公羊学语境中的董仲舒名论

意也。"① 《春秋》本为治乱之书，首当其冲要面对如何解决弑君、亡国之大事，其次才处理一些小的过失，乃至在"所见世"，业已臻至太平，外小恶都不存在了，只能讥刺"二名"这种小之又小的事了。故在大恶尚书之不尽、禁之不绝的情况下，对于小恶无暇，亦不必书。或许可以认为：董仲舒对于"赦小过"的解读，实则植根于《春秋》二百四十二年的内外、详略之文，基于辞随世移，或"辞与情俱"而为言。亦可知其所谓"赦"也并非真正的宽宥、宽赦，而仅仅是无暇书、不及治罢了，最终的目的是实现"教化流行，德泽大洽"的太平之世。

基于上述分析，则董仲舒所谓"君子辞"并不等同于《公羊传》的"君子辞"可知。不过，这并不是说董仲舒所谓"君子辞"就不能涵盖《公羊传》的"君子辞"。如果说，《春秋》首当其冲关注的是弑君亡国之事，且以"君弑，贼不讨，不书葬"的书法以申明臣子不可弑君的道理的话，那么在真正的弑君之贼尚无暇，或未能诛绝除尽的情况下，对于那些情有可原的弑君之例归于"小过"虽有勉强，亦未为不可，对之稍加宽赦也就说得通了。不过正如前文所申明的，"君子辞"之宽赦，也并非以仁心、"恕道"为内涵的推己及人的宽宥，只是基于《春秋》为辞之术而采取的变文之辞，一则以"信史"，原其所以弑君之委曲；一则以达义，明乎君臣大伦不可有纤芥之失。这或许更合乎孔子以"君子辞"所要表达的隐微之旨。

总之，董仲舒所论《春秋》之辞法，不越常、变两端。常辞表达常礼、常法、常义，既包含了"常辞"之论述，也可以由"《春秋》之法""《春秋》之义"或"《春秋》之道"等表述中推求"常辞"，且作为《春秋》书法中最为常见的"常事不书"，亦可归于"常辞"之列。而"变辞"则可以被视作出于某种意志或目的，

———

① 【汉】董仲舒：《春秋繁露·俞序第十七》，第36页。

在常辞基础上所衍生的变例。其所以变的目的不同，其所变的形态不同，"变辞"又呈现出十分复杂的面貌。本书总结董仲舒所论"变辞"有四类：1. 辞随事变：基于事之变而导致的辞之变；2. 温辞、微辞、婉辞：基于为亲者、尊者、贤者讳的目的而产生的变辞；3. 诡辞、诛意不诛辞：与前者同属讳辞，但形态更为迂曲、志意更为幽深；4. 君子辞：出于记大恶之不暇而对于小过稍加宽宥的变辞。

本章小结

本章以前人的研究为基础，对董仲舒围绕"辞"所展开的纷繁复杂的表述加以分析、归类，区分为"辞论"（观念与方法）与"辞法"（具体书法现象）两个部分。"辞论"包括了"慎辞"与"无达辞"以及"见其指者，不任其辞"的观念。其中，"慎辞"与"无达辞"互为表里，构成了董仲舒论"辞"的核心观念，且两者建立在《春秋》之辞"一以奉天""体天之微"，是圣人体会天道与人事之微眇所得的基础之上。而"见其指者，不任其辞"则意味着解《春秋》经不必拘泥于语言文字，而应当更关注《春秋》义旨，甚至言外之意（义）。与之相应，董仲舒的"辞论"包括以"辞"为核心的解经方法，即："翻援比类""览绪屠赘""用辞去著"与"书重辞复"四条。其中，"翻援比类"可以被视作"属辞比事"的翻版；"览绪屠赘"则建基于"见其指者，不任其辞"的观念，关注的是对《春秋》余义的推勘；"用辞去著"则意味着相同的、业已说明的旨义不必重复交代，以收删繁就简之效；"书重辞复"则指向通过反复申述以张大其事或强调某个道理的方式。并且，"翻援比类"与"览绪屠赘"，"用辞去著"与"书重辞复"两两互补，基本涵盖了《春秋》"属辞"的一般方法。

至于董仲舒所论书法现象（"辞法"）则不越"常辞"与"变

◎ 发天意而正名号：公羊学语境中的董仲舒名论

辞"两端。"常辞"不仅包括了《春秋繁露》之中明确出现"常辞"与"正辞"的表述，还应当包括了"《春秋》之法""《春秋》之义"或"《春秋》之道"所隐含的一般书法。乃至"常事不书"的情况，也可被视为"空白叙述"的"常辞"。而"变辞"则按其形式或特点区分为四类，即：（1）辞随事变，（2）温辞、婉辞、微辞，（3）诡辞、诛意不诛辞，与（4）君子辞。除"辞随事变"之外，其他三类大体皆为讳辞，但所讳之事由不同，讳之深浅不同，故有所区别。究其实质，"变文"是为了"见义"，故《春秋》之中的"常辞"虽然大多是为了设立常法、大经或正义，但若要推求圣人寓于《春秋》之中的"大义微言"，则更多地有赖于"变辞"。而其推求的方法，即前文所谓"翻援比类"与"览绪屠赘"，而其之所以能够对于《春秋》之辞采取如此迂曲、复杂的解读，则基于"慎辞"与"无达辞"的预设观念，前者预设了《春秋》之辞不虚作，无一字无义，后者则导向了《春秋》之辞本身的灵活变通的特性。

综上，董仲舒论"辞"虽繁复且有失条理，而本书从辞论与辞法两个方面展开论述，即试图予之以系统、条理。

结　语

　　本书以董仲舒的名号学说为研究对象，从文献角度梳理并进一步澄清了《深察名号》篇的文本面貌。从观念发展的脉络中进一步挖掘董仲舒名号学说的思想渊源。从思想架构的角度分析董仲舒的名号学说，并以"深察名号"为视角，重新审视了其心性与教化学说。而经由《深察名号》篇与董子诠释《春秋》之文的互证，以期证明《深察名号》篇的文本可靠性，同时试图将"名"作为贯通董仲舒的学说中经义与哲理两大畛域的枢要。经由对董子辞的讨论，本书试图强化"正名"与《春秋》之"道名分"及"属辞比事"的关联，以挖掘董仲舒如何由《春秋》诠释凸显"名"与"字"作为经义的重要载体的意义。一言以蔽之，从经学、哲学、思想史与文献等角度分析《深察名号》篇，旨在揭橥名号学说在董仲舒思想，乃至汉代名学思想中的意义与价值。

　　如本书的绪论中所指出的，"名"贯穿并关联起董仲舒思想中的各个面向，使其辍合成一个有机整体。首先，"名"之为"天人之际"，是贯通天意与民心、天道与人事的枢要。"名"为"圣人所发天意"，即作为天意之呈现，背后又由民心背书，是为"天人之际"。而"天道"之阴阳、四时、五行、十端，又体现为对万物的分判与归纳，即赋予万物以秩序。而其之所以可能，则有赖于"名"所具有之"真物"与"别物"的功能。其次，"名"是贯通董仲舒的形上架构、伦理与政治哲学、语言与认识思想的枢要，这

◎ 发天意而正名号：公羊学语境中的董仲舒名论

有赖于"名"本身所具有的丰富义涵。"名"首先关乎名言与认识的问题，"如何命名""谁来命名"是任何名学思想不能回避的重要问题。在董仲舒那里，对于"名"的来源上溯于"天"，"天"是"名"的形上基础，由"天意"所背书的"名"具备了赋予人伦政治以秩序、规范的意义，更为圣人（王者）以"名"为媒介传达"天意"，并以"天意"为内在根据的"名"来实现善政提供论证。《深察名号》篇的这一运思路径既回答了"如何命名""谁来命名"等问题，又将认识的、语言的论域中的"名"内嵌于人伦、政治的论域。再次"名号""心性"与"教化"的问题在董仲舒的名号学说中得以整合融通。既往对于《深察名号》篇的研究较少关注其篇章架构的问题，即何以要在专论"名号"的篇章中谈"心"论"性"的问题。当然，秦汉时期文献移篡的情况所在多有，《深察名号》篇极有可能也并非董子旧文。将如今的文本面貌归咎于后世编辑者任意编排的解释固然可以成立，但在学理上始终欠缺一些说服力。本书认为：深察名号之为方法贯穿于董仲舒对于"心""性"与"教"的考察之中。以"正名"为核心，对于天子、诸侯、大夫、士与民之考察旨在构建的是自上而下的教化序列。而"心"与"性"则是"正名"得以可能与"教化"得以展开的内在基础。易言之，"正名""心性"与"教化"在《深察名号》篇里是一个立体的架构，"深察名号"、谈"心"论"性"最终的目的都是董仲舒为了向帝王推销"教化"主张的理论建构。最后，正是"名"有助于破除历来董学研究中经学与哲学两个面向分而治之的状况。"深察名号"之建基于"天"，关联起董仲舒以"天"为核心的哲学架构。"《春秋》以道名分"，董仲舒之为《公羊》先师侧重以《春秋》经义之诠释推明王道正义，亦时刻着眼于"名字""名言""名分"乃至"名义"的考察。天子、诸侯、大夫、士与民各有其"名"、也各守其"名"，是为"名分"。"属辞比事"，以"辞"为事与义的载体，是为"名字"与"名言"。

结 语

由之推明《春秋》所寓的王道正义,则是"名义"。其所谓"名"兼人物之"名"与《春秋》之"辞"而为言,其所谓"义"亦兼人伦、政治之道义与《春秋》所寓之经义而为言。

值得一提的是:凸显"名"的地位并未僭越"天"在董仲舒思想中的决定性意义。在董仲舒那里,"名"就其本质而言仍然是由圣人所"发天意"而来,也就是说"天"对于"名"仍然具有决定与支配的作用。当然,这一观点本身并非不可商榷。一方面,董仲舒设定"天"的范畴是为了论证或支撑其他范畴的合法性,落实于"名"的论域中同样如此。换言之,就实然层面,则先有"名"的存在与使用,后有"天"对"名"的支配与证成;而在应然层面,"天"或"天意"才成了"名"得以确立的前提与基础。就此来看,以"天"为董学的大本大根似乎仅仅是预设了一个理论前提或一个可以为一切观念奠基的"信念",对此我们似乎没有进一步追究的可能。另一方面,董仲舒以《春秋》诠释为基础所构建起来的王道政治秩序虽然也有"天"的背书,但"天"远不足以支撑起这一套政治秩序或政治理想何以正当、合法的所有论证。①相形之下,"名"才是那个可以琢磨、有待探究的范畴。第一,董仲舒对于"名"的来源、谁来命名等问题的讨论仍然有其思想史的意义与价值;第二,任何对于人伦的、政治秩序的设想或架构皆离不开"正名","名"更适合成为董仲舒伦理与政治思想的观念基础;第三,仅将董仲舒的名号学说视作思想资源而回到"名"本身以探讨"名"的哲学意蕴,甚至在比较哲学的语境中展开对儒家名

---

① 如任剑涛所指出:"王道政治作为古典政治哲学的理论建构,具有复杂的理论结构。天道、王道、王权,是相互紧密联系在一起的王道政治的三个基本方面。"其中,"天道"是"正当性依据","王道"是"合法性根据","王权"是"实体化建构"。换言之,"天"仅仅是"王道政治"的三大支柱之一而已。任剑涛:《天道、王道与王权——王道政治的基本结构及其文明矫正功能》,《中国人民大学学报》2012年第2期。

◎ 发天意而正名号：公羊学语境中的董仲舒名论

学与西方理论——如认同理论、角色伦理等——的比较研究更是一个未尽的话题。因此，本书认为：在董仲舒的整个思想架构中，"名"虽然并不具备"天"那样的形上的、本体的统摄性，但在将董仲舒思想的不同面向勾连为一个"体系"或"系统"，并延伸出董学更为丰富的义理向度与思想价值方面，"名"所扮演的角色可能比"天"更为突出。

董仲舒名号学说的重要性更体现在：从先秦时期的名学思想到后来之"名教"观念，正是董仲舒的名号学说扮演了承前启后的重要角色。先秦之名学思想蔚为大观，儒家、黄老、法家、名家等皆有关于"名"的论述。然而，秦汉之际名家沉寂、消亡，"名"的问题似乎也不再重要，鲜有问津者。然而，及至魏晋时期阮籍、嵇康等人讨论"名教"与"自然"的关系问题，"名"的问题再被提起。然而由周秦至于魏晋。两汉是否有"名学"，却是一个未解的问题。曹峰从政治思想的角度指出：《春秋繁露》《白虎通义》的"名号论"处于儒家"名"的思想的延长线，可谓得之。① 然而，汉代名学思想究竟是何面貌却始终未能探明。如果说，魏晋时期对于"名"的讨论可以被视作反"名教"的话，那么，是否可以用"名教"来概括汉代的名学思想特质？倘若用"名教"来概括汉代的名学思想，但其所谓"名教"是否就等同于以"三纲五常"为核心的"纲常名教"？

对于以上问题的回答，需要回到董仲舒的名号学说。董子思想以儒为宗，孔子主张"为政"必先"正名"，然而论之不详；荀子的正名说本为辨正时弊而作，虽然关乎名言与政治的关系问题，却尤有未尽；及至董仲舒"深察名号"的主张，才将"正名"与"教化"的问题缀合为一。"正名"是为了实施"教化"，而"教化"的实施则有赖于"正名"的理路才得以明确。但这一以"名"

---

① 参见曹峰《中国古代"名"的政治思想研究》，第21页。

为核心的"教化"观念是否等同于"名教"却有待辨正。有学者指出:"董仲舒在继承前人思想的基础上,结合西汉大一统专制社会的形成,提出'三纲五常'思想。"① 但《春秋繁露》之中虽然论及"三纲",如《深察名号》篇:"循三纲五纪,通八端之理。"② 又《基义》篇:"王道之三纲,可求于天。"③ 但对于何谓"三纲""五纪"与"八端",历来注疏却只能援引后来之文献——如《白虎通》等——来加以说明。同样,在《春秋繁露》中虽然对所谓"五常"——"仁""义""礼""智""信"五种德性——均有所论及,但并未整合、提出"五常"之说。即便在《天人三策》中董仲舒明确指出:"夫仁谊礼知信五常之道,王者所当修饬也。"④ 却也仅仅是将"五常"视作对上,而非对下的德性规定。就此来看,董仲舒所谓以"名"为核心的"教化"观念与后来所谓"名教"仍有可观的距离,董仲舒所谓"三纲五纪"也不能轻易等同于后来之"三纲五常"。

不过,我们是否有理由推断:汉代"名教"观念之建构滥觞于董仲舒对于"名"的重视与讨论?答案应当是肯定的。因此,理解影响,乃至支配中国近两千年的"名教"不能不回到董仲舒。就其消极的一面来看,后来之"名教"成为在上者压制与剥削在下者之借口与工具。如徐复观所指出:"后世之暴君顽父恶夫,对臣子妻之压制,皆援三纲之说以自固饰,且成为维护专制体制,封建制度的护符,而其端实自仲舒发之。"⑤ 就其积极的一面来看,君臣父子、礼义廉耻等观念,重名言、爱名声之心理,业已成为汉语思

---

① 张造群:《礼治之道——汉代名教研究》,北京:人民出版社,2011年,第91—92页。
② 【汉】董仲舒:《春秋繁露·深察名号第三十五》第62页。
③ 【汉】董仲舒:《春秋繁露·基义第五十三》,第74页。
④ 【汉】班固撰,【唐】颜师古注:《汉书·董仲舒传第二十六》,第2179页。
⑤ 徐复观:《两汉思想史》(二),第382页。

想，乃至中国人的观念底层中不可磨灭、消弭不掉的思想印记。魏晋之"越名教而任自然"可能只是一时风气。章太炎、鲁迅、胡适等人投身其中的现代名教批判，对于"思想""主义""口号""标语"的破除似乎也只收到了一时之效。① 如何将"名"作为可观的思想资源而非消极的思维定式，以构建一种有益于现代社会的"名教"观念?② 或者干脆不要"名教"，将其视作陈词滥调扫进历史的故纸堆？无论采取何种立场，回到董仲舒，探讨"名教"思想之肇端源头，分析"名教"之所以诞生，"名"之所以重要的缘由，均具有积极的意义。这是本书的未尽之言与未尽之意，有待后续进一步研究。

---

① 对于现代名教批判之研究，可参见金理《文学史视野中的现代名教批判》，桂林：广西师范大学出版社，2019年。

② 如方朝晖在其《"三纲"与秩序重建》一书中即试图为"三纲"说"正名"。一方面，作者试图辩明"三纲"并不是臣对君、子对父、妻对夫的绝对服从；另一方面，作者有意为"三纲""正名"，认为"三纲五常"作为过去几千年的"核心价值"，有其意义，甚至为现代中国寻求"秩序重建"的可能亦要回到"三纲"。书中亦有不少的篇幅在讨论董仲舒的思想。参见方朝晖《"三纲"与秩序重建》，北京：中央编译出版社，2014年。

参考文献

【先秦】邓析：《邓析子》，上海：上海古籍出版社，1990年。

【先秦】尹文撰，【汉】仲长统校定：《尹文子》，上海：上海古籍出版社，1990年。

【汉】班固撰，【唐】颜师古注：《汉书》，北京：中华书局，2012年。

【汉】蔡邕：《独断》，【清】卢文弨校注，北京：中华书局，1985年。

【汉】董仲舒：《春秋繁露》，上海：上海古籍出版社，1989年。

【汉】董仲舒撰，【清】凌曙注：《春秋繁露》，载《丛书集成初编》，北京：中华书局，1991年。

【汉】韩婴：《韩诗外传集释》，许维遹注释，北京：中华书局，1980年。

【汉】何休解诂，【唐】徐彦疏：《春秋公羊传注疏》，刁小龙整理，上海：上海古籍出版社，2014年。

【汉】贾谊：《新书校注》，阎振益、钟夏校注，北京：中华书局，2000年。

【汉】孔安国传，【唐】孔颖达疏：《尚书正义》，载李学勤主编《十三经注疏》（标点本），北京：北京大学出版社，1999年。

【汉】刘熙：《释名》，北京：中华书局，2016年。

【汉】刘向：《说苑校证》，向宗鲁校证，北京：中华书局，1987年。

【汉】毛亨传，【汉】郑玄笺，【唐】孔颖达疏：《毛诗正义》，载李学勤主编《十三经注疏》（标点本），北京：北京大学出版社，1999年。

【汉】司马迁撰，【南朝宋】裴骃集解，【唐】司马贞索隐，【唐】张守节正义：《史记》，北京：中华书局，2014年。

【汉】许慎著，【清】段玉裁注：《说文解字注》，上海：上海古籍出版社，1981年。

【汉】许慎著，【宋】徐铉校定：《说文解字》，北京：中华书局，2013年。

【汉】郑玄注，【唐】贾公彦疏：《仪礼注疏》，载李学勤主编《十三经注疏》（标点本），北京：北京大学出版社，1999年。

【汉】郑玄注，【唐】贾公彦疏：《周礼注疏》，载李学勤主编《十三经注疏》（标点本），北京：北京大学出版社，1999年。

【汉】郑玄注，【唐】孔颖达疏：《礼记正义》，吕友仁整理，上海：上海古籍出版社，2008年。

【三国魏】王肃注：《孔子家语》，【日】太宰纯增注，宋立林校点，上海：上海古籍出版社，2019年。

【魏】何晏集解，【南朝梁】皇侃义疏：《论语集解义疏》，载【清】纪昀等编《景印文渊阁四库全书》（第一九五九册），台湾：商务印书馆，1983年。

【魏】何晏注，【宋】邢昺疏：《论语注疏》，载李学勤主编《十三经注疏》（标点本），北京：北京大学出版社，1999年。

【魏】王弼注，【唐】孔颖达疏：《周易正义》，载李学勤主编《十三经注疏》（标点本），北京：北京大学出版社，1999年。

【晋】杜预注，【唐】孔颖达正义：《春秋左传注疏》，载李学勤主编《十三经注疏》（标点本），北京：北京大学出版社，1999年。

【晋】范甯集解，【唐】杨士勋疏：《春秋穀梁传注疏》，载李学勤主编：《十三经注疏》（标点本），北京：北京大学出版社，1999年。

【晋】葛洪：《西京杂记》，周天游校注，西安：三秦出版社，2006年。

【晋】郭璞注，【宋】邢昺疏：《尔雅注疏》，载李学勤主编《十三经注疏》（标点本），北京：北京大学出版社，1999年。

【晋】郭象注，【唐】成玄英疏：《庄子注疏》，北京：中华书局，2011年。

【南朝梁】顾野王：《宋本玉篇》，北京：中国书店，1983年。

【南朝梁】刘勰：《增订文心雕龙校注》，黄叔琳注，李详补注，杨明照校注拾遗，北京：中华书局，2000年。

【唐】释玄应：《玄应音义》，载徐时仪校注《一切经音义》（三种校本合刊），上海：上海古籍出版社，2012年。

【唐】魏征等撰：《隋书》，北京：中华书局，1973年。

【宋】陈振孙：《直斋书录解题》，载【清】纪昀等编《景印文渊阁四库全书》（第六七四册），台北：商务印书馆，1983年。

【宋】程颢、程颐：《二程集》，王孝鱼点校，北京：中华书局，1981年。

【宋】胡安国：《春秋胡氏传》，杭州：浙江古籍出版社，2010年。

【宋】黄震：《黄氏日钞》，载【清】纪昀等编《景印文渊阁四库全书》（第七〇八册），台北：商务印书馆，1983年。

【宋】李昉：《太平御览》，北京：中华书局，2011年。

【宋】黎靖德编：《朱子语类》，北京：中华书局，1986年。

【宋】楼钥：《攻媿集》，载【清】纪昀等编《景印文渊阁四库全书》（第一一五三册），台北：商务印书馆，1983年。

【宋】欧阳修：《文忠集》，载【清】纪昀等编《景印文渊阁四库全书》（第一一〇二册），台北：商务印书馆，1983年。

【宋】朱熹：《楚辞集注》，蒋立甫点校，上海：上海古籍出版社，2001年。

【宋】朱熹：《四书章句集注》，北京：中华书局，1983年。

【元】吴澄：《吴文正集》，载【清】纪昀等编《景印文渊阁四库全书》（第一一九七册）。

【元】赵汸：《春秋属辞》，载【清】纪昀等编《景印文渊阁四库全书》（第一六四册），台北：台湾商务印书馆，1982 年。

【明】胡应麟：《少室山房笔丛》，载【清】纪昀等编《景印文渊阁四库全书》（第六七四册），台北：商务印书馆，1983 年。

【清】陈立：《白虎通疏证》，吴则虞点校，北京：中华书局，1994 年。

【清】陈立：《公羊义疏》，刘尚慈点校，北京：中华书局，2017 年。

【清】戴震：《戴震文集》，赵玉新点校，北京：中华书局，1980 年。

【清】戴震：《六书音韵表序》，载徐中舒《说文解字段注》，成都：成都古籍书店，1981 年。

【清】董天工：《春秋繁露笺注》，上海：华东师范大学出版社，2017 年。

【清】顾栋高：《春秋大事表》，北京：中华书局，1993 年。

【清】康有为：《春秋董氏学》，北京：中华书局，1990 年，第 125 页。

【清】孔广森：《春秋公羊经传通义》，陆建松、邹辉杰点校，上海：上海古籍出版社，2014 年。

【清】纪昀等编：《四库全书总目》，载【清】纪昀等编：《景印文渊阁四库全书》（第一册），台北：商务印书馆，1983 年。

【清】焦循：《孟子正义》，沈文倬点校，北京：中华书局，1987 年。

【清】刘宝楠：《论语正义》，北京：中华书局，1990 年。

【清】刘逢禄：《春秋公羊经何氏释例》，郑任钊校点，北京：北京大学出版社，2012 年。

【清】刘师培：《刘师培学术论著·周末学术史序》，劳舒编，雪克校，杭州：浙江人民出版社，1998 年。

【清】马瑞辰：《毛诗传笺通释》，北京：中华书局，1989 年。

【清】毛奇龄：《春秋属辞比事记》，载庞晓敏主编《毛奇龄全集》（第十二册），北京：学苑出版社，2015 年。

【清】毛奇龄：《春秋毛氏传》，载庞晓敏主编《毛奇龄全集》（第十册），北京：学苑出版社，2015 年。

【清】皮锡瑞:《经学通论》,吴仰湘点校,北京:中华书局,2017年。

【清】苏舆:《春秋繁露义证》,钟哲点校,北京:中华书局,1992年。

【清】孙星衍:《尚书今古文注疏》,北京:中华书局,1986年。

【清】王念孙:《广雅疏证》,虞万里主编,张靖伟、樊波成、马涛等校点,上海:上海古籍出版社,2017年。

【清】王念孙:《读书杂志》,虞万里主编,徐炜君、樊波成、虞思徵、张靖伟等校点,上海:上海古籍出版社,2017年。

【清】王聘珍:《大戴礼记解诂》,北京:中华书局,1983年。

【清】王先谦:《荀子集解》,沈啸寰、王星贤点校,北京:中华书局,1988年。

【清】王先谦:《释名疏证补》,龚抗云整理,长沙:湖南大学出版社,2019年。

【清】王先慎:《韩非子集解》,钟哲点校,北京:中华书局,1998年。

【清】王引之:《经义述闻》,虞万里主编,虞思徵、马涛、徐炜君校点,上海:上海古籍出版社,2017年。

【清】吴大澂:《说文古籀补三种》,丁佛言,强运开辑,北京:中华书局,2011年。

【清】姚际恒:《古今伪书考》,顾颉刚校点,上海:朴社,1933年。

【清】俞樾:《诸子平议》,北京:中华书局,1956年。

【清】朱右曾:《逸周书集训校释》,载王云五主编《万有文库》,北京:商务印书馆,1912年。

陈明恩:《诠释与建构——董仲舒春秋学的形成与开展》,台北:秀威咨询科技股份有限公司,2011年。

陈启云:《中国古代思想文化的历史论析》,北京:北京大学出版社,2001年。

陈苏镇:《〈春秋〉与"汉道":两汉政治与政治文化研究》,北京:中华书局,2011年。

陈赟:《回归真实的存在——王船山哲学的阐释》,上海:复旦大学出版社，2002年。
程树德：《论语集释》，程俊英、蒋见元点校，北京：中华书局，1990年。
曹峰：《中国古代"名"的政治思想研究》，上海：上海古籍出版社，2017年。
崔涛：《董仲舒的儒家政治哲学》，北京：光明日报出版社，2013年。
董英哲：《先秦名家四子研究》，上海：上海古籍出版社，2013年。
段熙仲：《春秋公羊学讲疏》，南京：南京师范大学出版社，2002年。
方朝晖：《为"三纲"正名》，上海：华东师范大学出版社，2014年。
方朝晖：《"三纲"与秩序重建》，北京：中央编译出版社，2014年。
冯契：《中国古代哲学的逻辑发展》，上海：东方出版中心，2009年。
冯友兰：《中国哲学史》，北京：中华书局，1947年。
傅斯年：《性命古训辨证》，上海：上海古籍出版社，2012年。
《古文字诂林》编纂委员会：《古文字诂林》，上海：上海教育出版社，1999年。
苟东锋：《孔子正名思想研究》，上海：上海人民出版社，2016年。
顾实：《重考古今伪书考》，上海：大东书局，1926年。
顾颉刚讲授，刘起釪笔记：《春秋三传及国语之综合研究》，巴蜀书社，1988年。
郭沫若：《十批判书》，北京：人民出版社，2012年。
国家文物局古代文献研究室编：《马王堆汉墓帛书》，北京：文物出版社，1980年。
何宁：《淮南子集释》，北京：中华书局，1998年。
胡适：《先秦名学史》，上海：学林出版社，1983年。
胡适：《中国哲学史大纲》，上海：上海古籍出版社，1997年。
洪诚：《训诂学》，南京：江苏古籍出版社，1984年。
黄晖：《论衡校释》，北京：中华书局，1990年。
黄开国：《公羊学发展史》，北京：人民出版社，1997年。

黄开国：《儒家人性与伦理新论》，西安：陕西人民出版社，2006年。

黄铭：《推何演董：董仲舒〈春秋〉学研究》，北京：生活·读书·新知三联书店，2023年。

黄朴民：《天人合一：董仲舒与汉代儒学思潮》，长沙：岳麓书社，1999年。

黄云眉：《古今伪书考补证》，南京：金陵大学中国文化研究所，1932年。

蒋礼鸿：《商君书锥指》，北京：中华书局，1986年。

姜义华、张荣华编校：《康有为全集》，北京：中国人民大学出版社，2007年。

金春峰：《汉代思想史》，北京：中国社会科学出版社，1987年。

金理：《文学史视野中的现代名教批判》，桂林：广西师范大学出版社，2019年。

匡亚明：《孔子评传》，南京：南京大学出版社，1990年。

赖炎元：《春秋繁露今注今译》，台北：商务印书馆，1984年。

黎翔凤：《管子校注》，梁运华整理，北京：中华书局，2004年。

刘国民：《董仲舒的经学诠释及天的哲学》，北京：中国社会科学出版社，2007年。

刘梁剑：《天·人·际：对王船山的形而上学阐明》，上海：上海人民出版社，2007年。

刘梁剑：《汉语言哲学发凡》，北京：高等教育出版社，2015年。

陆宗达、王宁：《训诂与训诂学》，太原：山西教育出版社，1994年。

陆宗达：《训诂简论》，北京：北京出版社，2002年。

马一浮：《复性书院讲录》，济南：山东人民出版社，1998年。

毛礼锐、沈灌群主编：《中国教育通史》（第一卷），济南：山东教育出版社，2005年。

牟宗三：《政道与治道》，桂林：广西师范大学出版社，2006年。

欧阳祯人：《先秦儒家性情思想研究》，武汉：武汉大学出版社，

2005 年。

钱玄，钱兴奇：《三礼辞典》，南京：江苏古籍出版社，1998 年。

阮廷焯：《先秦诸子考佚》，台北：鼎文书局，1975 年。

阮芝生：《从公羊学论〈春秋〉的性质》，北京：华夏出版社，2013 年。

宋福邦、陈世铙、肖海波主编：《故训汇纂》，北京：商务印书馆，2003 年。

谭戒甫：《公孙龙子形名发微》，北京：中华书局，1963 年。

王琯：《公孙龙子悬解》，北京：中华书局，1992 年。

王力：《同源字典》，北京：商务印书馆，1982 年。

王永祥：《董仲舒评传》，南京：南京大学出版社，1995 年。

汪奠基：《中国逻辑思想史》，武汉：武汉大学出版社，2012 年。

汪荣宝：《法言义疏》，北京：中华书局，1987 年。

温公颐：《先秦逻辑史》，上海：上海人民出版社，1983 年。

吴礼权：《中国语言哲学史》，台湾：商务印书馆，1997 年。

吴毓江：《墨子校注》，孙启治点校，北京：中华书局，1983 年。

伍非百：《中国古名家言》，成都：四川大学出版社，2009 年。

肖锋：《"〈春秋〉笔法"的修辞学研究》，北京：中国社会科学出版社，2020 年。

熊十力：《读经示要》，《熊十力全集》（第三卷），武汉：湖北教育出版社，2001 年。

徐广东：《三纲五常的形成和确立——从董仲舒到〈白虎通〉》，黑龙江：黑龙江大学出版社，2014 年。

徐复观：《中国人性论史·先秦篇》，北京：九州出版社，2014 年。

徐复观：《两汉思想史》，北京：九州出版社，2014 年。

许维遹：《吕氏春秋集释》，北京：中华书局，2017 年。

许雪涛：《公羊学解经方法——从〈公羊传〉到董仲舒春秋学》，广州：广东人民出版社，2006 年。

姚振宗：《二十五史补编》，上海：开明书店，1937年。

杨伯峻：《列子集释》，北京：中华书局，1979年。

杨国荣：《善的历程》，上海：华东师范大学出版社，2009年。

杨济襄：《董仲舒春秋学义法思想研究》，台北：花木兰文化出版社，2011年。

余敦康：《易学今昔》，北京：新华书店出版社，1993年。

余嘉锡：《古书通例》，上海：上海古籍出版社，1985年

余英时：《士与中国文化》，上海：上海人民出版社，1987年。

余英时：《论天人之际：中国古代思想起源试探》，台北：联经出版社，2014年。

余治平：《唯天为大——建基于信念本体的董仲舒哲学研究》，北京：商务印书馆，2003年。

余治平：《董子春秋义法辞考论》，北京：上海书店出版社，2013年。

余治平：《春秋公羊夷夏论》，上海：上海书店出版社，2014年。

于省吾主编：《甲骨文字诂林》，北京：中华书局，1996年。

于雪棠：《先秦两汉文体研究》，北京：北京师范大学出版社，2012年。

张岱年：《中国哲学大纲》，北京：中国社会科学出版社，1982年。

张造群：《礼治之道——汉代名教研究》，北京：人民出版社，2011年。

赵伯雄：《春秋学史》，济南：山东教育出版社，2004年。

赵振铎：《中国语言学史》，河北教育出版社，2000年。

赵友林：《〈春秋〉三传书法义例研究》，北京：人民出版社，2010年。

周桂钿：《董学探微》，北京：北京师范大学出版社，2008年。

周云之：《名辩学论》，沈阳：辽宁教育出版社，1996年。

钟肇鹏主编：《春秋繁露校释》（校补本），石家庄：河北人民出版社，2005年。

【比利时】戴卡琳：《解读〈鹖冠子〉——从论辩学的角度》，杨民译，沈阳：辽宁教育出版社，2000年。

【美】桂思卓：《从编年史到经典——董仲舒的春秋诠释学》，朱腾译，北京：中国政法大学出版社，2010 年。

【英】鲁惟一：《董仲舒："儒家"遗产与〈春秋繁露〉》，陈颢轩、王珏、戚轩铭译，香港：中华书局，2017 年。

【清】章炳麟：《后圣》，《实学报》（一———四册），载《中国近代期刊汇刊》，北京：中华书局，1991 年。

安文强：《董仲舒正名思想研究》，硕士学位论文，湖北大学，2014 年。

崔涛：《董仲舒政治哲学发微》，博士学位论文，浙江大学，2004 年。

郝祥莉：《董仲舒"天人关系"视域下的"名号"思想研究——以〈春秋繁露·深察名号〉篇为例》，硕士学位论文，吉林大学，2018 年。

刘国民：《董仲舒的经学诠释及天的哲学》，博士学位论文，首都师范大学，2003 年。

刘梁剑：《际：对王船山的形而上学阐明》，博士学位论文，华东师范大学，2006 年。

刘水清：《汉代声训研究》，博士学位论文，武汉大学，2014 年。

孙秀伟：《董仲舒"天人感应"论与汉代的天人问题》，博士学位论文，陕西师范大学，2010 年。

蔡伯铭：《董仲舒的神学逻辑思想》，《湖北师范学院学报》1987 年第 3 期。

曹峰：《对名家及名学的重新认识》，《社会科学》2013 年第 11 期。

陈丽桂：《董仲舒的黄老思想》，《道家文化研究》（第六辑），上海：上海古籍出版社，1995 年。

程郁：《深察名号——董仲舒王道建构的名辩学基础》，《诸子学刊》2014 年第 1 期。

邓红：《〈春秋繁露〉"董仲舒真篇"新探——以"贤良对策"检索〈春秋繁露〉的尝试》，《衡水学院学报》2020 年第 2 期。

董平:《天人之际:中国传统文化中的"边界"意识》,《衡水学院学报》2020年第3期。

段熙仲:《礼经十论》,《文史》(第一辑),北京:中华书局,1962年。

贡华南:《从形名、声名到味名——中国古典思想"名"之演变脉络》,《哲学研究》2019年第4期。

苟东锋:《孔子正名说的古典诠释考述》,《武陵学刊》2014年第4期。

苟东锋:《"新名学"刍议》,《思想与文化》2015年第2期。

苟东锋:《"名教":古代中国的核心价值观》,《社会科学报》,2020年2月27日。

关汉亨:《关于董仲舒的先天概念说——逻辑史札记》,《光明日报》,1964年4月3日,引自《中国逻辑思想论文选(1949—1979)》,中国逻辑学会,1980年。

何善蒙:《〈春秋繁露〉论"心"》,《衡水学院学报》2020年第3期。

胡传顺:《"新名学"研究之洞识、疑难和展望——关于苟东锋名学新观点的释义学考察》,《思想与文化》2015年第2期。

黄波:《董仲舒名号思想简论》,《唐都学刊》2016年第4期。

黄开国:《董仲舒的人性论是性朴论吗?》,《哲学研究》2014年第5期。

黄朴民:《董仲舒〈春秋繁露〉考辨》,《衡水学院学报》2014年第6期。

晋荣东:《历史分析与文化诠释——一种名辩研究的新方法》,《思想与文化》2015年第2期。

李巍:《春秋大义与黄老思潮——"〈春秋〉以道名分"说探析》,《社会科学战线》2019年第4期。

李现红:《董仲舒"天人三策在,不废万年传"——余治平教授学术访谈录》,《哲学分析》2015年第5期。

李祥俊：《董仲舒的认识论和经学解释学》，《唐都学刊》1999年第1期。

李旭然：《老、荀思想关照下的"深察名号"理论》，《科学·经济·社会》2013年第3期。

李振纲：《董仲舒思想五题》，《河北学刊》1999年第1期。

李宗桂：《论董仲舒的政治哲学》，《社会科学研究》1992年第3期。

刘桂荣：《论董仲舒对荀子逻辑思想的接受》，《合肥学院学报》（社会科学版）2011年第1期。

刘培育：《秦后八百年逻辑发展概观》，《自然辩证法研究》1988年第6期。

刘悦笛：《"情性""情实"和"情感"——中国儒家"情本哲学"的基本面向》，《社会科学家》2018年第2期。

林聪舜：《西汉郡国庙之兴废——礼制兴革与统治秩序维护的关系之一例》，《南都学坛》2007年第3期。

林存阳：《帝王名号的历史考察》，《中国社会科学院研究生院学报》1998年第2期。

林沄：《说"王"》，《考古》1965年第6期。

罗毓平：《〈深察名号〉本体建构的逻辑进路》，《船山学刊》2011年第2期。

孟琢：《论正名思想与中国训诂学的历史发展》，《北京师范大学学报》（社会科学版）2019年第5期。

庞朴：《作为生存背景的天人合一》，载刘小枫、陈少明主编《经典与解释》第3期，北京：华夏出版社，2004年。

平飞：《汉代公羊家政治考量的伦理向度》，《现代哲学》2014年第1期。

任剑涛：《天道、王道与王权——王道政治的基本结构及其文明矫正功能》，《中国人民大学学报》2012年第2期。

宋锡同：《汉代经学走向管窥——以〈春秋繁露〉与〈白虎通〉的对比分析为视角》，《河北大学学报》（哲学社会科学版）2008年第1期。

孙景坛：《董仲舒的〈天人三策〉是班固的伪作》，《南京社会科学》2020年第10期。

王传林：《修辞立其诚——〈春秋繁露〉的语言现象举要》，《衡水学院学报》2018年第4期。

王冬：《从正名论推出人性论：董仲舒人性学说新探》，《衡水学院学报》2016年第5期。

王刚：《"〈春秋〉无达辞"的知识生成与董仲舒的〈春秋〉"辞论"》，《衡水学院学报》2017年第5期。

王四达：《"深察名号"与汉儒对礼制秩序的价值探索——以〈春秋繁露〉和〈白虎通义〉为中心的考察》，《学术研究》2011年第3期。

魏义霞：《儒家的语言哲学与和谐意识》，《黑龙江社会科学》2010年第4期。

吴龙灿：《董仲舒"深察名号"的认识论及其实践意义》，《中国儒学》，北京：中国社会科学出版社，2016年。

薛学财：《名号的神圣性及其在天人之间的中介作用——〈春秋繁露·深察名号第三十五〉笺释》，《中国图书评论》2015年第12期。

余明光：《董仲舒与黄老之学——〈黄帝四经〉对董仲舒的影响》，《道家文化研究》（第二辑），上海：上海古籍出版社，1992年。

余治平：《天：王之为王的可能与根据——董仲舒对王者之名的哲学诠解》，《新疆大学学报》（哲学·人文社会科学版）2006年第1期。

余治平：《儒家圣王治理传统：政教合一、官师一体——董仲舒对古代中国"弥漫性宗教"建构之贡献》，《江海学刊》2019年第 5 期。

余治平：《重视董仲舒传世文献的挖掘、整理与研究——2019 年中国·德州"董仲舒思想研究高峰论坛"开幕辞》，《德州学院学报》2019 年第 5 期。

余治平：《风雨沧桑七十年，董学研究归正道——1949 年新中国成立以来的董仲舒哲学研究回望与反思暨"2019 中国·衡水董仲舒与儒家思想国际学术研讨会"开幕式致辞》，《衡水学院学报》2019 年第 5 期。

虞万里：《先秦名字、爵号、谥号、庙号与避讳论略》，载袁行霈主编《国学研究》（第七卷），北京：北京大学出版社，2000 年。

虞万里：《先秦动态称谓发覆》，《中国文字研究》（第一辑），上海：华东师范大学，1999 年。

虞万里：《王念孙〈广雅疏证〉撰作因缘与旨要》，《史林》2015 年第 5 期。

臧克和：《中国文字学与儒家思想》，《学术研究》1996 年第 11 期。

曾暐杰：《在荀学中开展"善端"——董仲舒形而上性恶系统的源流、建构与意义》，第四届中国·德州董仲舒学术研讨会，2017 年 11 月。

谌祥勇：《心柢而乘教——"正名"思想笼罩下的董仲舒人性论》，《国际儒学论丛》2019 年第 1 期。

张丰乾：《董仲舒的心学：以其引〈春秋〉与〈诗〉为基础的探讨》，《衡水学院学报》2017 年第 6 期。

周光庆：《董仲舒〈春秋〉解释方法论》，《孔子研究》2001 年第 1 期。

周光庆：《"名"族词考论》，《江汉大学学报》（人文科学版）2007 年第 6 期。

周炽成：《董仲舒对荀子性朴论的继承与拓展》，《哲学研究》2013 年第 9 期。

周炽成:《董仲舒人性论新探:以性朴论为中心》,《中山大学学报》(社会科学版)2019年第1期。

【比利时】戴卡琳:《名还是未名:这是问题》,崔晓姣,张尧程译,《文史哲》2020年第1期。

【美】萨拉·奎因(Sarah Queen):《董仲舒和黄老思想》,《道家文化研究》(第三辑),上海:上海古籍出版社,1993年。

Carine Defoort, "How to Name or not to Name: That is the Question in Early Chinese Philosophy," *Keywords in Chinese Culture*, Li Wai-yee and Yuri Pine (ed.), Hong Kong: Chinese University of Hong Kong, 2020.

Jana S. Rošker, *Traditional Chinese Philosophy and the Paradigm of Structure* (*Li* 理), Newcastle upon Tyne: Cambridge Scholars, 2012.

Jana S. Rošker, "Specific features of Chinese logic: analogies and the problem of structural relations in confucian and Mohist discourses", *Synthesis philosophica* Vol. 29, No. 1, 2014.

Michael Loewe, Dong Zhongshu as a Consultant, *Asian Major*, Vol. 22, No. 1, 2009.

后　记

　　子曰："逝者如斯夫。"一晃，博士学位论文已进入出版流程了。以董仲舒作为选题范围，是博士入学时便已确定的。但选择《深察名号》篇，以及董仲舒的名学思想作为博士学位论文的研究对象，则有着一番因缘。读博的第一年，我偶然购得苟东锋老师的《孔子正名思想研究》一书，通读之后，引起了我对儒家名学思想的兴趣。而后读到曹峰老师《中国古代"名"的政治思想研究》一书，其中提出《春秋繁露》，《白虎通义》的"名号论"处于先秦儒家"正名"思想的"延长线"上的观点，让我发现董仲舒的《深察名号》篇有着深入研究的必要。在与导师余治平教授商量之后，我便大体确定了董仲舒的名号学说作为我博士学位论文的选题。

　　选题得以确定自然欣喜，但如何写作却是另一个问题。《春秋繁露》虽然难读，文本的体量却并不大，聚焦于某个单篇则显得更小，如何展开成足以支撑起一篇学位论文的研究实在是一个令人犯难的问题。万幸的是，在进一步阅读的过程中发现："名"的问题牵涉甚广，关联起董仲舒思想的各个方面。这就让我能够以"名"为切入点，寻求"小题大做"的可能。

　　论文写作不免枯燥，其中艰辛亦冷暖自知，好在吾道不孤，写作过程中得到了许多师长的提点。首先当然是我的业师余治平教授。读博之前，我对汉代学术的了解几乎是一张白纸，对董仲舒其

后 记

人、其学的认识也几乎只停留在哲学史教科书上的一鳞半爪。对于《公羊传》的了解，也仅仅是本科时课上听到的"元年，春，王正月"以及"不知所云"的"大义微言"而已。幸得余老师的耳提面命，我才能在如此短的时间内略窥董学之门径，并相对顺利地将研究视域与方法从哲学向经学转换。在确立以董仲舒的名号学说作为选题后，老师更是时不时提点我要如何以"名"的问题将董仲舒的思想贯通一气，如何将经学的视角贯穿论文的始终。在余老师的指导与督促下开展的《春秋公羊传》读书班，也为我得以顺利完成论文提供了极大的助力。从隐公到哀公，十余次的讲稿撰写都是对学问的砥砺与精进。熟读经、传只是基础，还要竭力做到泛观博览、旁征博引，在明乎典章制度、名物故训的同时，更要透入精微，将对于字、词、句之分析，转入对于微言与大义的揭橥与解释。同学之间的切磋与琢磨更是不可多得的"他山之石"，编纂近一百万字的《春秋公羊传余门讲读记》（所传闻世）也让我对《春秋》学与《公羊传》的理解由粗转精、由疏转密。不独问学，余老师待人平易随和，处事则一丝不苟。在平日交流中往往会关心学生的生活近况，聊些家长里短，褪去几分师者之尊，更多是长者之慈。而随老师操持各类学术会议，从前期准备，到会中接待，再到会后总结，实是待人、接物与处事上的极大砥砺。

在上海交通大学求学的过程中，旁听虞万里教授的经学文献课程让我获益匪浅。博士学位论文的撰写虽然未得虞老师指导，但文中诸多观点实是受惠于虞老师在课堂上的讲授。博一时选修张玉梅教授的训诂学课程也让我受益。彼时的自己对于何谓"训诂"知之甚少，幸得指导才稍有领会。经过一学期的课程也完成了《董仲舒"心名为栝"考论》一文的雏形，最终成了本书第四章第一节的部分内容。论文评审时，张老师也对其中的诸多不足与疏漏之处一一予以指正，为我进一步修改完善论文提供了极大的帮助。论文答辩时，王中江教授、曹峰教授、邓红教授、郭晓东教授、曾亦教授、

◎ 发天意而正名号：公羊学语境中的董仲舒名论

陈赟教授、杜保瑞教授就篇章布局、"名"的义理阐发、董仲舒的"名"论与先秦名学的关系、公羊学视域中的"名"等方面提出了许多宝贵的建议，为我进一步修改、完善论文提供了极大的助益。

还要感谢我的硕士研究生导师刘梁剑教授。虽然我在攻读博士学位期间转向了董学与公羊学的研究，但机缘巧合下由刘老师指导撰写的《虚词、句式与论理：以王弼〈老子指略〉为中心》一文，进一步加深了我对"汉语哲学"的相关思考。事实上，对于《春秋》辞的研究理应包括对于《春秋》之中虚词、语序乃至句式的分析。当然这并非董仲舒的名号学说所能范围，只能以待来日了。还要感谢我的联合培养导师，美国 Loyola Marymount University 的 Robin R. Wang 教授。身在异国他乡，是王老师帮我尽快融入当地的学习与生活，在疫情居家期间更时时关心我的状况。访学适逢疫情固然颇多遗憾，不过正是王老师的殷切关心与指导才令我不虚此行。博士毕业之后，复旦大学哲学学院白彤东教授欣然接受我跟随他从事博士后研究，让我得以在"自由而无用"的校园氛围中继续从事或许更为"无用"的研究。白老师学识渊博，为人随和风趣。求学两载，亦多承蒙白老师的指导与照顾。

博士学位论文顺利出版，要感谢国家社会科学基金重大项目"董仲舒传世文献考辨与历代注疏研究"、衡水市人民政府董仲舒研究专项经费与中国博士后科学基金的资助。本书的观点多有受惠于曹峰教授之处，又承蒙曹老师惠赐佳序，学生感激不尽。中国社会科学出版社编辑郝玉明老师亦在本书的出版过程中提供了许多帮助，从排版、校对到封面设计等各个环节，郝老师细致认真的工作态度令我受益良多。

"同门曰朋，同志曰友。"张禹、张凯、唐艳、张咪、Paul Napier、魏姝等同门先后入学，大家一起研董学、读《公羊》，不仅是事实上的同门，更可谓同志与同道。若非有如此生机与奋进之同门互相切磋、促进，恐怕于我而言更要少几分学习的动力与乐趣。

后　记

最后要感谢我的家人，尤其是我的妻子顾怡女士。年逾而立而未立，倘若没有家人的理解、包容与支持，这样的生活恐怕也是难以为继的。

张靖杰
2023 年 10 月 6 日